职业技能等级认定培训教材

企业人力资源管理师

（二级）

上海企业人力资源管理师职业技能等级认定培训教材编审委员会　组织编写

中国劳动社会保障出版社

图书在版编目（CIP）数据

企业人力资源管理师：二级 / 上海企业人力资源管理师职业技能等级认定培训教材编审委员会组织编写．-- 北京：中国劳动社会保障出版社，2024

职业技能等级认定培训教材

ISBN 978-7-5167-6475-6

Ⅰ．①企… Ⅱ．①上… Ⅲ．①企业管理 - 人力资源管理 - 职业技能 - 鉴定 - 教材 Ⅳ．①F272.92

中国国家版本馆 CIP 数据核字（2024）第 112096 号

中国劳动社会保障出版社出版发行

（北京市惠新东街 1 号　邮政编码：100029）

*

北京市科星印刷有限责任公司印刷装订　　新华书店经销

787 毫米 ×1092 毫米　16 开本　27 印张　522 千字

2024 年 7 月第 1 版　　2024 年 7 月第 1 次印刷

定价：78.00 元

营销中心电话：400-606-6496

出版社网址：http://www.class.com.cn

前 言
Preface

为促进新时代高技能人才队伍建设，深化人才评价机制改革和健全完善技能人才职业技能等级制度，加快推进职业技能等级认定工作，进一步规范培训管理，提高培训质量，上海企业人力资源管理师职业技能等级认定培训教材编审委员会组织有关专家编写了企业人力资源管理师职业技能等级认定培训教材（以下简称教材）。

教材紧贴《企业人力资源管理师国家职业技能标准（2019 年版）》要求，在结构上按照职业功能模块编写，不但有助于读者通过等级认定，而且有助于读者真正掌握本职业的核心技术与操作技能。

教材在编写过程中得到上海市技师协会等单位的大力支持与协助，在此一并表示衷心的感谢。

教材编写是一项探索性工作，由于时间紧迫，不足之处在所难免，欢迎各使用单位及个人对教材提出宝贵意见和建议，以便教材修订时补充更正。

Contents

目录

企业人力资源管理师
（二级）

第一篇　人力资源规划

第二篇　招聘与配置

第三篇　培训与开发

第四篇 绩效管理

第五篇 薪酬管理

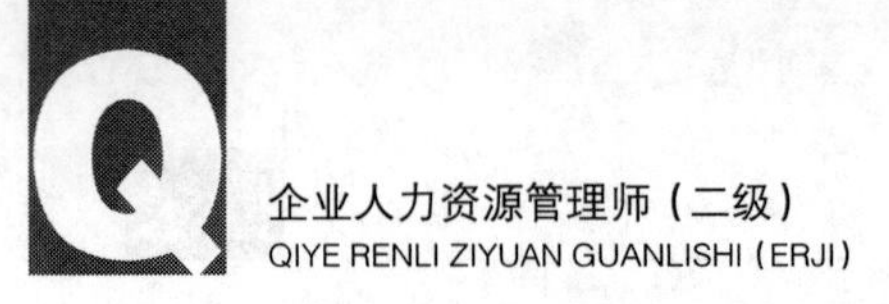

第六篇 劳动关系管理

第一篇 人力资源规划

第一章

人力资源规划组织管理

引导案例

张珊进入一家专门从事再生资源生产的公司已经有三年了，半个月前她被调任公司人力资源部经理。面对桌上那一大堆文件和报表，她有点儿晕头转向。副总经理李飞直接委派她在十天内拟出一份本公司未来五年人力资源规划。张珊把这个任务仔细看了好几遍，她觉得要编制好这份规划，必须考虑下列各项关键因素。

首先，目前公司员工的现状。公司现有生产与维修工人 825 人，行政和文秘人员 143 人，基层与中层管理人员 79 人，工程技术人员 38 人，销售人员 23 人。

其次，员工离职率情况。据统计，近五年来员工的平均离职率为 4%，预计未来也不会有大的变化。但是，不同岗位员工的离职率并不一样，生产一线员工离职率高达 8%，而技术和管理人员离职率则只有 3%。

再次，生产经营对人员需求的变化情况。按照既定的扩产计划，行政人员和销售人员要新增 10%～15%，工程技术人员要新增 5%～6%，中层管理人员不增也不减，而生产与维修工人要新增 5%。

最后，政策因素。有一个特殊情况要考虑：最近本地政府部门颁布一项新政策，要求当地企业招收新员工时，要优先照顾妇女和下岗职工。张珊所在公司虽未有意地排斥妇女或下岗职工，只要他们来求职，公司就会按同一种标准进行选拔，但也未予以特殊照顾。而如今的事实却是，几乎全部销售人员都是男性，只有一位是女性；基层与中层管理人员中除两人是女性外，其余也都是男性；工程技术人员中只有三位是女性；生产一线岗位中约有 11% 是女性或下岗再就业人员，而且都集中在最基层的岗位上。

张珊还有七天就得交出规划，其中必须包括现有各类管理、技术人员和一线员工的人数，需要从外部招收的各类人员的人数以及如何贯彻政府关于照顾妇女与下岗职工政策的计划。

此外，公司研发出几种具有市场竞争力的新产品，所以预计公司年销售额未来五年会翻一番，张珊还得提出一项应变计划以适应公司的快速发展。

案例思考

1. 张珊所在公司在人力资源管理方面存在哪些问题？

2. 张珊在制订公司未来五年人力资源规划过程中要考虑哪些关键因素？

第一节　人力资源战略与规划

随着经济全球化进程的加速，企业经营环境发生了深刻变化，竞争日益激烈，人力资源作为最具创造性的资源，对企业的发展具有决定性的作用。做好企业的人力资源战略与人力资源规划，已成为企业发展的重要环节。人力资源战略与人力资源规划作为人力资源管理的重要内容，两者之间既相互适应又相互融合，共同形成对企业整体战略的适应与支撑。

一、人力资源战略

人力资源作为与市场营销、财务会计和生产制造并列的子系统，对企业总体战略的实现具有重要意义。然而在现实中，企业战略与人力资源战略之间存在很多不一致情况。例如，企业在实行成本领先的整体战略时，可能会采取降低劳动力成本的措施来达到成本最小化的目标，而企业为了降低成本而进行裁员时，又会与企业人力资源管理强调的对员工的收入稳定、个人发展以及社会稳定负责的承诺相悖。又如，企业战略可能是鼓励产品创新和技术领先，而企业的人力资源管理采取的却是成本导向战略，这时企业的人力资源管理对企业整体目标的实现所起的也不是促进作用。如果企业采取的是产品创新和技术领先战略，而企业的人力资源状况却不足以支撑这样的战略，那么企业战略在很大程度上就会受到企业人力资源的制约。总之，在人力资源成为企业竞争力来源的今天，人力资源战略与企业战略的匹配对企业目标的实现具有关键意义。

对人力资源战略可以有两种理解。一种是将它理解为市场定位过程。按照这种理解，有人根据美国著名管理学家迈克尔·波特对企业战略分类的思路，将人力资源战略划分为成本领先、质量领先和差异化三种战略。另一种是将人力资源战略理解为一种管理过程，即企业通过人力资源管理实现战略目标的过程，这也可以被称为“战略性人力资源管理”。一般而言，对人力资源战略的各种理解在实践中没有本质区别。本书对人力资源战略的理解是基于以上两个方面的，并力图将这两种思路融合起来。可以这样理解，人力资源战略是指企业根据内部和外部环境分析，确定企业目标，从而制定人力资源管理目标，进而通过各种人力资源管理职能活动实现企业目标和人力资源管理目标的过程。

二、人力资源战略与人力资源规划

早期，企业将人力资源规划作为一项单独的人力资源管理职能来进行管理。现在，由于企业内外部环境的变化，人力资源规划逐渐与人力资源战略联系起来，成为人力资源战略整体框架的一部分。美国著名的人力资源专家詹姆斯·沃克认为，20 世纪 90 年代的人力资源规划已经开始与人力资源战略联系起来，其趋势有以下几种：一是企业正在使其人力资源规划更加适合其敏捷而较短期的人力资源战略；二是企业的人力资源战略与规划更加注意关键环节，以确保人力资源战略与规划的实用性和相关性；三是人力资源战略与规划更注意特殊环节的数据分析，更加明确地限定人力资源战略与规划的范围；四是企业更加重视将长期的人力资源战略与规划中的关键环节转化为行动方案，以便对其效果进行测量。

1. 人力资源战略与人力资源规划的关系

企业的人力资源战略与规划要适应企业的整体战略。企业的整体战略包括战略计划、经营计划和预算计划等几个方面。其中，企业的战略计划是指制定目标和决定为实现这些目标所需要采取的行动。它包括以下几项内容：明确宗旨，即明确企业存在的目的和企业的特殊作用；建立目标，即确定企业的总任务和用来实现企业总任务的各个部门任务；评价优势和劣势，即找出促进或阻碍将来为实现企业目标而从事的活动的各种因素；确定架构，即确定企业各个部门在实现企业总体目标过程中的作用，以及各个部门之间的关系；制定战略，即确定企业目标实现的层次以及企业目标实现程度的数量标准和时间标准；制订方案，即明确各个方案的组成部分，以及衡量各个方案有效性的方法。

这些战略计划都涉及企业最本质的根本决策，对企业具有长期影响。例如，企业收购、放弃或增加产品线，投入新的资本或应用新的管理方法、产品组合、消费者组合，调整竞争重点和市场的地理限制等都属于战略计划。战略计划的影响范围很广，可能需要投入大量的资源。一般而言，战略计划会涉及大量的资料收集和分析工作，并由高级管理者反复审查和评价。

从总体上来看，企业战略会对人力资源战略与规划过程起到制约和限制作用。具体而言，企业战略制约人力资源战略，企业的一般经营计划又制约人力资源规划，企业的预算方案制约人力资源的行动方案。由于企业的一般战略计划制约企业的一般战术计划，而企业的一般战术计划又制约企业的预算方案，因此在人力资源战略与规划中，人力资源战略制约人力资源规划，而人力资源战术计划又制约具体的人力资源行动方案。总之，人力资源管理目标既要与企业的长远战略目标相一致，又要与企业的短期目标相一致。

2. 人力资源战略与人力资源规划的融合

人力资源战略与规划作为人力资源战略整体框架的一部分，与企业战略和人力资源其他职能如招聘和选拔、薪酬管理、绩效考核等是紧密相关的。传统的人力资源战略与规划主要关注于确保企业在适当的时间和地点聘请合适数量和质量的员工。在传统的人力资源规划中，偏重于定量分析人力资源规划的模型，目的是保证在适当的时间和适当的岗位上寻求适当类型的劳动者，也就是偏重于处理和解决“硬”问题。“软”人力资源规划明确地将重点放在创建和形成企业文化上，以整合企业目标和员工的价值、信念和行为。当“硬”人力资源规划被批判缺少广度和只关注员工数量时，相应的“软”的部分就会适应整个人力资源管理的主旨。

人力资源规划的目标存在于企业战略目标体系中，是企业总体战略目标实现的保证。企业人力资源规划应该服务于企业发展战略和目标。在制订人力资源规划时首先要明确企业发展的战略和目标，以及企业为完成这些目标所需要的组织能力。人力资源规划与企业战略的关系体现在以下两点：一是企业制订人力资源规划的前提是有明确、清晰的经营战略规划和核心业务规划；二是企业人力资源规划的质量取决于企业决策者对企业战略目标的明确程度以及组织结构、财务预算和生产规划等因素。

三、人力资源规划的功能

人力资源规划能够预测和判断企业所面临的机会和所受到的威胁，能够深化对企业优势和劣势的认识，能够有力地支持企业发展目标的实现，能够预见企业战略实施和执行过程中遇到的障碍，能够帮助企业控制人工成本、创造经济效益。人力资源规划具有五大功能。

1. 企业战略规划的重要组成部分

人力资源规划是企业整体规划和财务预算的有机组成部分，是企业发展战略总规划的核心内容，在人力资源管理中具有统领与协调作用。人力资源规划是关系企业和员工长期的、战略性的计划决策，是人力资源战略指导思想和企业战略发展方向的具体体现，为企业的竞争计划和发展提供了坚实的基础。

2. 实现人力资源管理职能

人力资源规划是人力资源各项管理职能实现的基础，可以使企业及时预见未来人力资源潜在的问题，为各种人力资源管理活动提供准确的信息和依据，从而保障人力资源管理在未来变幻莫测的环境中能够有效运行。可以说，人力资源规划的成败直接关系到人力资源管理工作整体的成败。

3. 企业管理的重要依据

在企业管理中，如果不事先为各个经营阶段提供所需要的人力资源，企业就有可能出现人力资源短缺或者过剩，企业经营战略和企业生产经营活动就有可能受到影响，甚至导致企业经营管理的失败。人力资源规划为各项企业管理活动配置所需的人力资源数量、质量和结构提供了依据，并成为制定人力资源政策的依据。

4. 帮助企业降低人工成本

人工成本中最大的支出是工资，而影响工资总额的主要因素是企业中人力资源的配置。人力资源规划通过各种措施可以促进人工成本的下降和效能的提升。为了企业的长期利益，人力资源规划需要在预测未来发展的条件下，有计划地调整人力资源配置不平衡的状况，寻求人力资源的合理使用与开发，把人工成本控制在合理范围内，从而提高企业的劳动效率。

5. 充分调动员工的积极性

科学的人力资源规划可以极大地调动员工的积极性。人力资源规划通过合理的人员招聘规划和培训规划可以让员工找到适合自己的岗位，充分发挥自己的潜能。通过晋升和职业生涯规划，员工可以看到自己职业生涯的发展前景。人力资源规划还需要充分考虑员工的需求，着力营造企业与员工共同成长的文化氛围，规划企业愿景，使员工对企业发展充满信心和希望，愿与企业同甘共苦、共同发展。

第二节　人力资源规划编制与实施

人力资源规划编制是着眼于未来企业生产经营活动变化，预先准备企业人力资源，持续和系统地分析企业在不断发展变化的过程中对人力资源的需求，开发制订出与企业长期效益相适应的人力资源规划的过程。

一、人力资源规划编制的目的

人力资源管理的各种职能，如招聘、任用、培训、绩效评估、薪酬管理和劳动关系等，基本上是相互联系的，具有一定的连贯性，并不是各自独立和分散的。因此，在高度竞争的市场环境中，企业必须制订适当的人力资源规划，使企业的人力资源得到合理的开发与利用。

1. 广义目的

从广义上来说，人力资源规划编制的目的是配合企业发展的整体战略，评估企业在人力资源方面的机会与威胁，分析企业内部人力资源的优势、劣势，确保企业获得适当的人力资源，并充分利用人力资源为企业的经营服务。

2. 狭义目的

从狭义上来说，人力资源规划编制的目的体现在以下几点。

（1）减少用人成本。人力资源规划可以通过对企业现有人力资源状况进行分析，找出影响人力资源效能发挥的制约因素，使人力资源充分发挥主观能动性，减少不必要的人力资源浪费。

（2）合理配置人力资源。人力资源规划可以改善企业内部人力资源配置不平衡和不合理的状况，使各个部门在经营过程中做到人尽其才。

（3）适应企业的未来发展需要。人力资源规划针对企业的未来发展拟订人力资源招聘与培训计划，培养企业所需要的各类人才，使企业的发展与人力资源的成长相互协调，实现员工与企业共同成长的目标。

（4）满足员工需求。人力资源规划能够让员工充分了解企业对人力资源需求的计划，以根据企业未来发展中可能空缺的职位，制定个人努力的目标，并按照所需条件不断充实和发展自己。人力资源规划一方面适应了企业目前和未来对人力资源的需求，另一方面也使员工获得了个人成长的满足感。

二、人力资源规划编制的原则

编制人力资源规划应遵循适应变化原则、确保供给原则和共同发展原则。

1. 适应变化原则

编制人力资源规划应充分考虑企业内部环境和外部环境的变化。只有充分考虑了内外环境的变化，才能适应需要，真正做到为企业发展目标服务。内部变化主要是指企业文化的演变、员工关系的动态变化或者企业发展战略的变化，以及企业员工的流动变化等。外部变化主要是指宏观经济环境、政府有关人力资源政策和人才市场的变化等。为了更好地适应这些变化，在人力资源规划中应该对可能出现的情况做出预测，最好能有风险应对策略。

2. 确保供给原则

人力资源规划解决的核心问题是企业的人力资源保障问题，它包括人员的流入预测、流出预测、内部流动预测、社会人力资源供给状况分析、人员流动损益分析等。只有有效保障对企业的人力资源供给，才有可能进行更深层次的人力资源管理与开发。

3. 共同发展原则

人力资源规划不仅是面向企业的规划，也是面向员工的规划。企业的发展和员工的发展是互相依托、互相促进的关系。如果只考虑企业的发展需要而忽视了员工的发展，则会影响企业发展目标的达成。优秀的人力资源规划一定是能够使企业和员工得到长期利益的规划，一定是能够使企业和员工共同发展的规划。

三、人力资源规划编制的内容

1. 编制人员配置计划

根据企业的发展规划，结合企业各部门的人力资源需求报告进行摸底调查，明确人力资源需求的真实情况；再结合企业现有职位的人员数量、职位可能出现的变动情况、职位的空缺数量等掌握企业整体的人员配置情况，编制相应的人员配置计划。人员配置计划阐述了企业每个职位的人员数量、人员的职位变动、职位空缺数量等情况。编制人员配置计划的目的是描述企业未来的人员数量和素质构成。

2. 编制职位计划

随着企业的发展，除原有的职位外还会不断有新的职位诞生，因此，在编制人力资源规划时不能忽视职位计划。编制职位计划要充分做好职位分析，根据企业的发展规划，综合职位分析报告的内容，详细陈述企业的组织结构、职位设置、职位描述和任职资格要求等内容，目的是描述企业未来的组织职能规模和模式。

3. 合理预测各部门人员需求

根据人员配置计划和职位计划，使用适合的预测方法，合理预测各部门的人员需求状况。在进行人员需求预测时，应注意将需求的职位名称、人员数量、希望到岗时间等详细列出，形成一个标明员工数量、招聘成本、技能要求、工作类别以及为完成组织目标所需的管理人员数量和层次的分列表，依据该表有目的地实施日后的人员补充计划。实际上，预测人员需求是整个人力资源规划中最困难和最重要的部分。

4. 确定人员供给计划

人员供给计划是指人员需求对策性计划，主要阐述人员供给方式（内部提升、外部招聘等）、人员内部流动和外部流动政策、人员获取途径和获取实施计划等。通过分析原有的劳动力人数、组织结构以及人员流动、年龄变化和录用情况等资料，可以预测出未来某个特定时刻的人员供给情况，根据预测结果就可以规划出企业现有人力资源状况以及未来企业人员退休、淘汰、升职及其他相关方面的发展变化情况。

人员供给主要有两种方式，一是企业内部提升，二是从外部招聘。如果采取第一种方式，人力资源部经理就需要充分了解企业各部门的优秀员工，了解符合提升条件的员工数量和整体质量等，也可由各部门经理推荐。内部提升是一种比较好的人员供给方式，因为被提升的员工基本上已经接受了本企业的文化，省去了文化培养的程序，并且通过提升员工可以得到某种满足，其工作的热情和积极性更易被激发。相对来说，外部招聘比内部提升在文化适应方面需要花费更多精力，但如果能够从外部招聘优秀人才并留住人才，充分发挥其作用，则也是一种行之有效的方式。在确认供给计划时，要清楚地陈述人员供给方式、人员内部流动和外部流动政策、人员获取途径和获取计划实施等内容。

5. 编制人员培训计划

对员工进行必要的培训已经成为企业发展必不可少的内容。培训的目的一方面是提升企业现有员工的素质，以适应企业发展的需要；另一方面是帮助员工认同企业的经营理念和企业文化，培养员工爱岗敬业的精神。培训计划要包括培训目标、培训需求、培训内容、培训形式和培训效果评估等内容，每一项都要有详细的说明，要有时间进度和可操作性。

6. 制订人力资源管理政策调整计划

人力资源管理政策调整计划是编制人力资源规划的先决条件，只有制订好相应的管理政策调整计划，才能更好地实施人力资源调整，实现调整目标。该计划要明确阐述计划期内人力资源管理政策的调整原因、调整步骤和调整范围等。人力资源管理政策调整是一项牵涉面很广的工作，包括招聘政策调整、绩效管理制度调整、薪酬和福利制度调整、职业生涯规划政策调整、激励制度调整、员工管理制度调整等。

7. 编制人力资源费用预算

人力资源费用预算包括招聘费用、员工培训费用、工资费用、社会保险和福利费用等的预算。详细的人力资源费用预算可以帮助企业决策层了解每一笔钱都花在了什么地方，使人力资源部更容易获得相应的费用，从而保障人力资源规划的顺利实施。

此外，编制人力资源规划时，还要注意规避人力资源管理中可能会遇到的风险。例如，优秀员工被猎头公司相中、新的人力资源管理政策导致员工情绪不满、内部提升遇到阻力、外部招聘失败等。这些潜在的风险有些甚至会影响企业的正常运作，对企业造成致命的打击。规避这些风险是人力资源部的一项重要职责，在编制人力资源规划时要结合企业实际情况，综合职务分析和员工情绪调查结果，提出可能存在的各种风险及应对办法，尽可能减少风险带来的损失。

人力资源规划编制完毕，应先积极地与各部门经理进行沟通，根据沟通结果进行修改，最后提交企业决策层审议通过。这样可以使人力资源规划在实施时能够得到各部门经理的配合与支持，确保规划顺利实施。

四、人力资源规划编制的影响因素

对企业来说，对人力资源规划编制影响较大的因素主要是企业发展战略、企业经营状况和人力资源战略环境。

1. 企业发展战略

企业发展战略可以指出企业的发展方向，提出未来的明确目标，指导企业围绕战略目标进行资源调配。企业发展战略的着眼点并不在于未来要做什么，而是在于现在应该做什么，简单地讲，就是现在要为未来准备什么，从而可以在不确定的未来能够达成希望实现的目标。

企业的战略目标和经营策略决定了人力资源需求，而这种需求的满足程度取决于企业内部和外部的人力资源市场。确立战略目标和经营策略，关键在于了解企业内部优劣势，剖析企业外部环境，帮助企业迎接未来的挑战，提供企业发展的目标及方向，使每位员工明确企业的目标。实践证明，拥有完善战略经营体系的企业成功概率更大。

企业发展战略决定人力资源的发展方向和路径，直接指导企业人力资源规划的制订。成长型企业的战略是发展和扩张，相应的人力资源战略就是员工队伍规模扩大；成熟型企业的战略是稳定发展，其人力资源战略着眼于员工队伍素质提高和结构优化；企业进入国际化经营阶段，其人力资源战略就以实施国际化和跨文化发展战略为主；衰退型企业的战略是收缩业务战线，其人力资源战略会选择降低用工成本并保持企业运行效率的保守战略。人力资源发展规划是人力资源战略实现的途径，必须服务和服从企业发展战略。

2. 企业经营状况

生产规模、研究开发水平和管理水平以及财务情况等企业经营状况会影响企业人力资源规划的编制。

（1）生产规模。生产是指企业投入转化为产品和服务的一系列活动。人力资源需求量在很大程度上依赖于企业生产规模的大小，生产规模越大，容纳的就业岗位就越多，人力资源需求量也就越大；反之，人力资源需求量就越小。反过来，人力资源需求量的增加也会导致企业生产规模相应扩大。

（2）研究开发水平和管理水平。研究开发水平和管理水平的高低反映并决定着企业的市场竞争力和企业经营绩效。研究开发能力是企业竞争能力的重要组成部分，研究开发人员数量及其占全员比例、研究开发投入及其占销售额比例、专利数量和质量是衡量企业研究开发水平的重要因素，直接影响企业人力资源规划的制订。管理水平的提高，有利于企业经济效益的提高和生产规模的扩大，从而不断增加企业对人力资源的需求，尤其是对有创造力和经营管理能力的高级人员的需求。

（3）财务情况。财务情况是最能直接反映企业竞争能力的标准，企业的财务情况是制定企业发展战略和人力资源规划的基本条件。企业的生产经营活动遵循利润最大化原则。企业利润的增加，有利于企业扩大生产规模，从而增加对人力资源的需求；反之，会减少对人力资源的需求。

3. 人力资源战略环境

人力资源战略环境也是影响企业人力资源规划编制的因素之一。人力资源战略环境包括外部环境和内部环境。外部环境主要包括企业所处地域的经济形势及发展趋势，企业所处行业的演变、生命周期、现状及发展趋势，企业在行业中的地位、所占的市场份额，竞争对手的现状及发展趋势，竞争对手的人力资源状况、人力资源政策，预计可能出现的新竞争对手，企业外部的劳动力市场状况，政府的人力资源政策和法规等。内部环境主要包括企业内部的资源、企业所处的生命周期和发展阶段、企业总体发展战略、企业的组织文化，以及企业员工的现状和他们对企业的期望。

五、人力资源规划实施的监控

人力资源规划具有“闭环”特征，因此，在实施的过程中应当对其及时跟踪，及时发现偏差并采取相应的纠偏措施，从而保证人力资源规划与企业战略步调一致，提高自身运作的有效性。

1. 人力资源规划实施的监控范畴

人力资源规划实施的监控范畴包括人力资源成本指标、事项执行指标和员工反馈指标等。

企业只要有员工就会涉及人力成本问题。人力资源成本指标是指用于企业取得、开发和保全人力资源使用价值而付出的代价的指标，也是人力资源的取得、开发、使用、保障和离职等投入成本的财务指标。人力资源成本由三个部分构成：标准工作时间的员工标准所得，即员工工薪部分；非标准工作时间的企业付出，如福利部分；开发费用，包括内部开发和外部开发的费用，内部开发主要是指培训，外部开发主要是指招聘。

人力资源成本指标反映了人力资源管理系统的投入，事项执行指标反映了人力资源管理系统运行的效率，员工反馈指标反映了人力资源管理系统的结果质量。良好的人力资源成本结构和有效的事项执行可以提高员工能力成熟度和工作满意度，进而提高出勤率和工作效率，降低流动率，提升企业的发展潜力。

2. 人力资源规划实施的监控步骤

（1）建立目标。企业的高级管理人员和战略规划部门确定企业的战略、使命和愿景，根据企业近几年的运营状况，制订人力资源的短期计划和长期规划，产生人力资源管理的部门关键指标及各指标被接受的控制目标（控制目标是指监控指标所要达到的目标值及能被接受的最低值或最高值。例如，某企业为了实施成本领先战略，将人力成本降低率作为部门指标）。此外，还需要不断调整关键指标方案，保持与其他部门步调一致，保证可行性。

（2）识别关键事项。在建立人力资源管理的部门目标之后，需要分析和识别影响实现部门目标的关键事项；利用 ABM/ABC 方法（一种基于活动的分析方法），将关键事项逐层分解、落实到人；结合自上而下和自下而上的模式，从目标计划、企业要求、岗位说明书等方面出发，明确每个小组、每个人负责的相关事项。

（3）建立指标体系。建立指标体系就是针对各个事项，归纳其监控指标，确定控制目标、分配权重，制定计分公式和评分规则，定位数据来源，区分测评周期。指标体系的建立要从质量、成本和时间三个维度进行评价。质量是指事项执行的结果，成本是指事项执行的开支费用，时间则反映事项完成的及时性。

（4）实施监控。即将各指标按每个季度、每个月或者实施的实际值与目标值进行对比，根据实际值与目标值差距的程度分级预警。实时进行环比、同比分析，可以及早发现问题，及时预警。此外，在监控过程中，还需要关注关键事项在执行过程中是否符合企业战略、企业目标，执行过程是否规范化、是否符合企业制度等。

（5）分析问题。即通过监控及时发现企业存在的问题，继而深入分析问题，找出问题的根源。

（6）产生结果报告。即快速地将分析结果进行汇总，形成内部报告，为企业管理者提供决策依据，及时从源头上解决问题。

以上六个步骤形成一个“闭环”：从建立目标开始，识别可能影响目标实现的关键事项，针对关键事项建立指标体系，实施监控，以便及时发现问题进行分析，经分析、辨别后得到内部报告，再通过报告提供的依据果断调整目标，形成一个周而复始的过程。

第三节　人力资源规划评价与控制

企业的人力资源规划活动会受到各种因素的干扰，这些干扰因素主要来自以下几个方面。

第一，外部环境的巨大变化，如 2001 年中国加入世界贸易组织后，外资企业对高级经营人才和技术人才展开白热化争夺。

第二，企业员工对自身价值观的重新塑造、对工作生活质量的日益关注，以及积极寻求自身职业的稳定发展。

第三，企业发展战略、人力资源战略的主动调整。

第四，国家和地方的法律法规、规章制度以及行业标准的不断完善和调整等。

以上这些因素无不深远地影响企业的人力资源规划工作。

要判断人力资源规划的制订与实施能否真正实现人力资源规划的目标，能否积极而经济地服务于企业的发展战略，能否客观地适应外部环境变化而不会过时，人力资源规划的评价与控制起着重要的保障作用。按照经济、有效与可行的原则，在对人力资源规划进行评价与控制时，只能对人力资源规划的关键控制点进行评价与控制，而评价与控制不足或过多都会给人力资源规划工作带来损失，企业经营者仔细斟酌评价与控制的内容是人力资源规划成功实施的基础。

一、人力资源规划评价与控制的内容

企业根据自身的经营理念、人性假设、内外部环境的情况与特点、人力资源规划所要实现的目标等综合关联性因素的相关性和重要性，选择并构建适合本企业的人力资源规划评价与控制系统。一般而言，企业人力资源规划评价与控制的内容包括三个层面：人力资

源规划的制订基础层面、人力资源规划的实施层面、人力资源规划的技术层面。

1. 人力资源规划的制订基础层面

评价与控制人力资源规划的制订基础，就是不断反省人力资源规划的前提和基础。如果人力资源规划的前提和基础发生重大变化，就有可能需要对本阶段的人力资源规划进行重大调整，甚至重新制订人力资源规划。对人力资源规划制订基础的评价与控制往往持续很长时间，有的企业可能会持续数十年，但实施意义重大而深远。这一层面需要评价与控制的内容包括以下几点。

（1）形成人力资源规划的过程是否经过充分考虑和酝酿，是否有具体数据支持，对关键性问题是否有针对性。

（2）对企业内外部环境的评价与预测是否充分和客观。

（3）企业是否具备战略规划概念和资金等资源保障。

（4）企业的管理能力和实施能力是否有保障。

（5）企业的战略与战术目标能否测量，企业员工是否人人知晓企业的战略。

（6）所有层次的管理者能否有效、持续地理解和实施人力资源规划。

（7）企业的结构与人力资源规划是否相互支持和匹配。

（8）企业文化与人力资源规划是否冲突。

（9）企业的评价、奖励和控制机制是否有效。

（10）人力资源规划与企业总体战略目标的关联度。

（11）控制手段和意识能否达成统一或者实现协调性妥协。

2. 人力资源规划的实施层面

对人力资源规划的实施过程也应加以评价和控制。虽然各个企业由于自身特点、面临情况与问题差异很大，因此在人力资源规划的实施方面带有明显的本企业风格，但一些基本的需要评价与控制的内容还是共通的，主要包括以下几点。

（1）经理是否按照企业战略规划把任务分解到各个部门。

（2）工作的职责、具体规定和描述是否清楚。

（3）预测的员工流动率和缺勤率指标是否准确、客观，以及预测的人员需求量与实际的人员招聘量之间的差距。

（4）部门员工和部门经理的努力目标是否一致。

（5）人力资源规划的目标是否均达到。

（6）人力资源规划的实际实施成本与预算的差距，人力资源规划的成本与收益状况。

（7）人力资源规划的关键任务是否得到有力支持。

（8）人力资源规划实施所需要的信息种类是否齐全，是否具有畅通的信息交流渠道。

（9）是否需要对实施人员进行培训。

（10）人力资源规划的制订与实施人员对自身工作的熟悉和重视程度。

（11）企业高层对人力资源规划的预测结果、实施方案、各种建议和意见的重视和利用程度。

（12）人力资源规划在企业高层心目中的地位和作用以及在关键决策中的利用价值。

进行人力资源规划的评价与控制，还需要将人力资源规划的行动结果与人力资源规划的最初要求和目标进行比较，努力发现规划与现实之间的差距，从而对规划工作进行调整与优化，并为今后的人力资源规划工作提供参考资料。

3. 人力资源规划的技术层面

随着信息技术、控制技术等许多相关科学技术和方法的不断创新与发展，人力资源规划的评价与控制手段也在不断地推陈出新。各种评价与控制手段的有机组合可以有效地保证人力资源规划的成功实施，但如何根据本企业的实际情况对众多传统和新兴的评价与控制技术进行合理、经济的选择与搭配，就需要在了解各种评价与控制技术特点的基础上，重点考虑以下三个方面。

（1）人力资源规划评价技术是否适合本企业的实际情况。

（2）人力资源规划控制力度和频度的合理范围。

（3）人力资源信息系统的实用性与有效性。

二、人力资源规划评价与控制的过程

为了保障人力资源规划评价与控制目的的实现，使人力资源规划的实施效果尽量符合人力资源战略的预期目的，人力资源规划评价与控制过程一般分为四个步骤，即制定人力资源规划效益标准、衡量和分析实际人力资源规划效益、定量定性评价实际人力资源规划效益状况以及采取修正措施和应变手段。

1. 制定人力资源规划效益标准

人力资源规划评价与控制的第一步就是，根据预期的人力资源战略目标或计划制定应当实现的目标，确定科学、实事求是的效益标准。在确定效益标准之前，企业需要评价已经制订的人力资源规划，明确企业目前需要努力的方向，清楚实现目标必须完成的工作任务，从而指出人力资源规划评价与控制的重点应该放在哪些可以确保人力资源规划和人力资源战略成功实施的环节或关键点上。企业常用的人力资源规划效益标准有求职率、员工流失率、员工结构比率、劳动力市场人员供给、招聘成本、企业招聘美誉度、员工素质、劳动生产率等。

2. 衡量和分析实际人力资源规划效益

人力资源规划评价与控制的第二步主要是判断与衡量实现人力资源规划效益的实际条件，将各种人力资源数据加以收集、整合并处理，并不断监测内部人力资源条件和外部人力资源状况的变化。相比较而言，内部人力资源效益参数更容易被观察，而管理人员对外部人力资源规划基础变化的反应可能就比较迟钝，对变化信息强弱的敏感度往往较差。企业管理人员在判断和衡量人力资源规划效益时，不仅要有能力迅速、准确地捕捉到企业内外部实际人力资源规划效益的参数信号，还要灵敏地觉察、分析出人力资源规划效益结果的发展态势，以具体的衡量方法以及衡量范围来保证衡量的有效性和可信度。

3. 定量定性评价实际人力资源规划效益状况

该步骤是指企业管理人员通过将实际的人力资源规划效益与计划的规划效益相互比较，解析出两者之间的差异以及差异方向，在此基础上，通过一系列定量指标和定性手段来分析出差距的形成原因。人力资源规划的效益评价在过去往往更多地偏向定性分析，定量分析由于存在数据提取困难以及标准难以真正界定等原因而较少使用。随着企业管理的集约化发展，越来越多的企业开始有机结合定性、定量的工具和方法，以保证对实际人力资源规划的效益状况给予客观评价。

4. 采取修正措施和应变手段

人力资源规划评价与控制的最后一个步骤是采取修正措施和应变手段。企业在完成上述各步骤的基础上，针对变化的外部人力资源条件和内部劳动力需求往往会采取修正措施或应变手段。无论变化给企业人力资源规划带来的是机会还是威胁，都应积极主动地采取相应的修正措施或应变手段。企业采取的修正措施和应变手段往往有三种方式：常规方式、专题解决方式以及专家模型方式。所谓常规方式，是指企业按照以前的程序性处理方法来对付出现的差异，这种方式也是企业在实施人力资源规划评价与控制时采用最多的一种方式。专题解决方式主要是指企业管理人员专门针对人力资源规划实践中出现的问题或者机会进行专题分析、突击解决，此方式能做到反应迅速。专家模型方式是指企业根据其他企业实施人力资源规划的经验和本企业的具体情况，组织有关专家对可能出现的问题建立专家应急模型，以便当有关问题真的出现时企业能及时做出反应。

应变手段是指企业在进行人力资源规划评价与控制过程中，应在出现最严重问题和困难之前准备好应对方法。这些方法实际上属于补救措施，能帮助企业管理人员处理棘手或不熟悉的情况。

学习案例

近年来，某公司高层领导经常为人员空缺而烦恼，特别是经理层管理人员的空缺。经理层人员的空缺已使公司业务发展陷入被动局面。最近，公司总经理督促人力资源部进行公司人力资源规划的制订，同时要求各部门经理也要完成部门的人力资源规划。人力资源部负责收集和分析目前公司生产经营部、市场管理部、计划财务部、人力资源部四个职能部门的管理人员和专业人员的需求情况以及劳动力市场的供给情况，并预测年度内各职能部门可能出现的职位空缺数量。上述结果既是公司人力资源规划的基础，也是直线经理制订行动方案的依据。但是四个职能部门在独立制订规划时感到很困难，因为确定技术培训方案和实行岗位轮换等工作需要跨部门的通力合作。例如，生产经营部经理制订了将本部门优秀员工轮换到市场管理部的培养方案，这就需要市场管理部提供合适的职位，同时人力资源部要做好相应的人力资源服务。职能部门在制订方案过程中遇到的困难也直接影响人力资源部进行公司人力资源规划的制订，因为职能部门之间合作的可能性与程度将直接影响规划的实施。

在公司高层领导的支持下，人力资源部克服种种困难，对经理层管理人员的职位空缺做出了较准确的预测，制订了详细的人力资源规划，使各层次人员空缺比上一年同期减少50%，跨地区的人员调动和从内部选拔任职者的时间也比以前有所缩减，人员配备过程得到改进。人力资源规划还使公司的招聘、培训、员工职业生涯计划与发展等各项工作得到改善，节省了公司人力资源管理成本。

公司取得上述进步，不仅得益于人力资源规划的制订，还得益于公司对人力资源规划的实施与评价。在每个季度，高层领导会同人力资源咨询专家共同对人力资源部的工作进行检查与评价。这一过程按照标准方式进行，即人力资源部要在以下14个方面做出书面说明：各职能部门现有人员，人员状况分析，主要职位空缺及候选人，一般职位空缺及候选人，多余人员数量，自然减员情况，人员调入情况，人员调出情况，内部变动率，招聘人数，劳动力来源，工作中的问题与难点，组织问题，其他方面（如预算情况、职业生涯考察、方针政策的贯彻执行等）。同时，人力资源部必须指出上述14个方面实际情况与预测（规划）的差距，并讨论可行的纠正措施。通过检查，一般能够对下一季度各职能部门应采取的措施达成一致意见。

在检查结束后，人力资源部的人员会对他们分管的职能部门进行检查。在此过程中，职能部门直线管理人员审核重点工作，并根据需要与人力资源部的人员共同制订改进方案并且报上级领导批准。

讨论题

1. 根据案例概述制订企业人力资源规划的要素。
2. 根据案例指出人力资源规划有效评价的要点。

本章思考题

1. 人力资源规划一般有哪些具体内容？
2. 人力资源规划编制的影响因素有哪些？
3. 人力资源规划编制的原则有哪些？
4. 人力资源规划评价与控制的内容有哪些？

第二章

组织设计与工作再设计

引导案例

某图书公司原本是美国一家地方性图书公司，经过多年的发展，这家公司从一个中部小镇的书店发展成为一个跨越7个地区、拥有47家分店的图书公司。多年来，该图书公司的经营管理基本上是成功的。它下属的各分店，除7个分店处于市镇的闹市区外，其余分店都位于僻静的地区。除少数分店也兼营一些其他商品外，绝大多数分店都专营图书。但是近三年来，公司的利润开始下滑。

两个月前，该图书公司新聘苏珊任总经理。经过对公司历史和现状的调查与了解，苏珊召开会议与3位副总经理和6位地区经理共同讨论公司的形势。

苏珊认为，她首先要做的是对公司的组织结构进行改革。就目前的情况来说，公司的6位地区经理都全权负责各自地区内的所有分店，并且掌握有关资金的借贷、各分店经理的任免、广告宣传和投资等权力，权力过大。在阐述了自己的观点以后，苏珊便提出了改革组织结构的意见。

一位副总经理说道："我同意你改组的意见，但是，我认为我们需要的是分权而不是集权。就目前的情况来说，我们虽然聘任了各分店经理，但是我们并没有给予他们进行控制、指挥的权力，我们应该使他们成为有职有权、名副其实的经理，而不是像现在这样有名无实，只有经理的虚名，实际上却在做销售员的工作。"

另一位副总经理抢着发言："你们认为应该对组织结构进行改革，这是对的，我认为，我们不需要设什么分店的业务经理，我们需要的是更多的集权。我们公司的规模这么大，应该建立管理信息系统，我们可以通过管理信息系统在总部进行统一的控制和指挥。广告工作也应由公司统一规划，而不是让各分店自行处理。如果统一集中管理，就用不着下这么多功夫去聘请这么多的分店经理了。"

"你们两位该不是忘记我们了吧？"一位地区经理插话说，"如果我们采用第一种

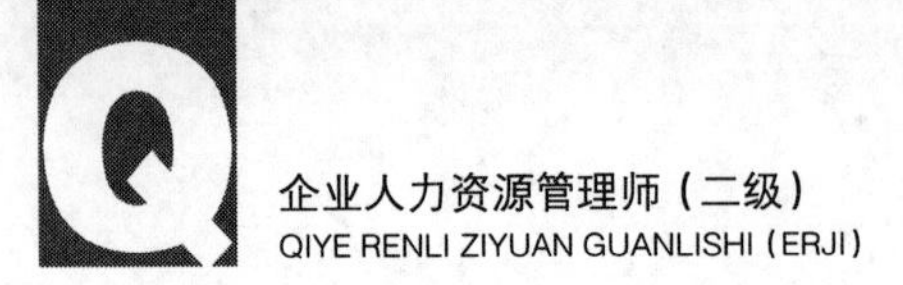

方案，那么所有的工作都推到了分店经理的身上；如果采用第二种方案，那么总部就要包揽一切。我认为，如果不设立一些地区性的部门，要管理好这么多分店是不可能的。”

“我们并不是要让你们失业。”苏珊插话说，“我们只是想把公司的工作做得更好。我要对组织结构进行改革，并不是要增加人手或是裁员。我只是认为，如果公司某些部门的组织结构能安排得更合理，工作效率就会提高。”

会议虽然讨论很热烈，但始终没能达成大家一致认同的组织改革方案。

案例思考

1. 苏珊提出的公司组织设计意见存在什么问题?

2. 在公司组织设计中要注意哪些方面的问题?

第一节　组织设计

一、组织设计的影响因素

市场竞争的日益激烈和外部环境的不断变化，使权变的组织设计思想被广泛地应用。权变的组织设计思想要求把组织看成一个与外部环境有普遍直接联系的开放式系统，即以系统的、动态的观点来思考和设计组织。

1. 环境的影响

这里所说的环境是指外部环境和特定环境。外部环境即对企业管理有间接影响的因素，如政治、经济和文化等。特定环境即对企业管理有直接影响的因素，如政府、顾客和竞争对手等。外部环境和特定环境会相互影响。

环境的复杂性和频繁变化，会引起管理者因不了解环境而无法做出正确决策的情况。管理者可以通过以下手段提高企业适应环境的能力。

（1）对传统职位和职能部门进行调整。

（2）根据外部环境的不确定程度来设计不同类型（机械或灵活）的组织结构。

（3）根据企业各部门目标进行差别性、整合性的组织结构设计。

（4）通过加强计划和对环境的预测减少不确定性。

（5）通过企业之间的合作减少企业对环境的过度依赖。

2. 战略的影响

（1）企业战略发展的四个阶段。战略即决定和影响组织活动性质的总目标以及实现目标的路径和方法。小艾尔弗雷德·钱德勒认为，企业战略发展有以下四个阶段，每个阶段都有相应的战略目标。

1）数量扩大阶段。其目标为扩大组织规模。

2）地区开拓阶段。其目标为建立新的组织结构，以协调各个业务单元。

3）纵向联合发展阶段。即在原有行业的基础上向其他领域扩展，需要建立与相关部门适应的职能部门。

4）产品多样阶段。即利用现有资源实现组织转型，这也要求创造转型所需的职能部门。

（2）企业战略类型及其组织结构。迈尔斯（R. E. Miles）和斯诺（C. C. Snow）根据外部环境对企业的影响，总结了四种战略类型和相应的组织结构。

1）防御者型（环境稳定）：集权化组织结构，具有严密的层级控制和分工差异性。

2）探险者型（环境动荡，需要不断创新）：柔性分权化组织结构。

3）分析者型（环境动荡，但目标灵活）：规范化和灵活性并举的组织结构。

4）反应者型：因无法及时应对环境变化而只能被动做出反应。

3. 技术的影响

技术按生产规模可划分为小批量生产技术、大批量生产技术和流程生产（连续流水线式作业生产）技术。

从传统角度来说，从小批量生产到流程生产，复杂程度越来越高，所需的组织结构也越来越复杂，而使用先进信息技术的企业可以在精简的组织结构下实现复杂的生产。

查尔斯·佩罗创立了利用技术的多变性和可分析性来为技术分类的方法。多变性即生产中出现意外的概率；可分析性即通过统一理论和固定程序完成工作的可能性，分析是与直觉和经验对立的。查尔斯·佩罗将技术分为以下四种类型。

（1）常规型：多变性小，可分析性大。

（2）工艺型：多变性和可分析性都小。

（3）工程型：多变性和可分析性都大。

（4）非常规型：多变性大，可分析性小。

组织越是常规化，越适合集权规范管理；越是非常规化，越适合灵活柔性管理。

4. 组织规模与生命周期的影响

彼得·布劳对组织结构和组织规模之间的关系进行了研究，认为组织结构的设置应该根据组织规模变化而变化，以确保管理层能准确做出决策。大型组织和小型组织的区别见表 2–1。

表 2–1　大型组织和小型组织的区别

区别项	大型组织	小型组织
规范化程度	严格	松散
集权化程度	高	低
复杂化程度	高	低
人员结构比率	管理人员快速增加	管理人员减少

伊查克·爱迪思创立了企业生命周期理论，许多学者在该理论的基础上进一步发展出多种不同的理论模型，其中一些模型将企业生命周期简化为四个阶段，每个阶段都有稳定期和转型期。企业生命周期理论的四个阶段具体如下。

（1）创业阶段：小规模，非官僚，非规范，重点在于及时调整产品结构。

（2）集合阶段：拥有较多的职能部门，但权力依然集中，需要及时放权。

（3）规范化阶段：出现官僚化，组织分层明显，工作程序化、规范化；高级管理者要向下授权，还要保证不失去控制力。

（4）精细阶段：规模巨大，拥有庞大的官僚体系；需要创建跨部门的管理团队，或者适当更换管理者。

二、组织设计的实施

企业在设计好组织方案并进行整合之后，所面临的问题是如何将这种新的设计方案应用到组织当中，使之能够起到提高绩效的作用。企业在系统思想指导下，将纸上的方案应用到组织当中，使组织发生一些变化，这一转变的过程被称为组织设计的实施。

“在系统思想指导下，使组织发生一些变化”，就是说组织设计的实施活动是有计划展开的，而不是随意发生的，其具体含义可以从以下两个方面来理解：一是组织设计实施所依据的计划应能具体地被制订出来，二是要根据组织设计实施的目标确定“计划”与“实施过程”的关系。

组织设计的实施在一定意义上等同于变革，对企业来说，是极具挑战性的。这一过程所针对的不仅是实施对象本身的硬环境，还要涉及环境营造、企业价值观重塑、沟通体系重建等方面的辅助工程。必须对组织设计的实施进行全面的规划和管理，制定科学的程序，一步一步地完成。

组织设计的实施过程分为准备、实施和评估三个阶段。

1. 准备阶段

在准备阶段必须创造出实施组织设计的动力，必须在组织成员中创造出一种乐于接受新的组织设计的气氛。

（1）面对现实，确定基准。为了了解现状，企业必须积极地根据顾客期望、竞争者优势以及本行业和其他行业的领先者水平来确定自己的基准，并与之进行对比，发现自己的不足之处。

所有企业都有与特定绩效或系列战略目标相关联的优势和弱势，人们在收集企业运营现状并与期望状况进行对比的过程中，如果发现企业已经到了必须进行改革的地步，则会产生支持改革的动力。

（2）创造企业愿景。准备阶段的第二项工作就是要创造一个企业愿景，传递组织设计实施能带来的正面预期。愿景可以由两部分组成，一是企业的核心意识形态，二是一个生动的未来前景。

1）描述企业的核心意识形态。企业愿景的基础就是企业的核心意识形态，它描述了企业的核心价值观和目的，并且在较长时期内是相对稳定的。核心意识形态能够为实施方案的选择提供终极目标。

2）构建可见的未来前景。构建可见的未来前景包括以下两个基本要素：第一，有价值且鼓舞人心的目标；第二，渴望的未来状态，此要素以生动的细节具体地描绘新的组织设计方案如何实现上述目标，它从成员的感情方面激励他们支持组织设计的实施。

2. 实施阶段

企业要领导和管理组织设计的实施进程，相关推动者需要寻求资源支持，并建立协调机制，确保各部门尽可能同时发生转变，并确保企业的正常工作和实施活动同时进行。

（1）获取资源支持。这一阶段要努力辨别关键的利益相关者，并对其施加影响，使其支持组织设计的实施。

1）辨别利益相关者。相关推动者应努力发现那些从组织设计的实施中获益或受损的重要个体和团队，获得这些信息能使推动者知道应该对哪些人和哪些团体施加影响，使他们接受并支持新的设计方案。

2）影响利益相关者。常用的影响利益相关者的策略有以下两种：一是确定特定利益相关者的需要，并提供新方案给他们带来的好处的信息；二是与其他有势力的个体和团体组成联盟，直接与关键利益相关者交流，以及通过各种渠道来影响关键利益相关者，使其支持实施活动。

（2）管理组织设计的实施过程

1）制订行动计划。推行组织设计的实施，企业要制订一个行动计划，这个计划应当包括如何帮助企业中的每个人从自己目前的位置走向目标点的机制，应当涵盖情感、认知及行为等多个维度。

2）建立协调机制。在实施过程中，除了需要保障企业的各种运营机制，还需要建立协调机制，以协调企业各部门同时发生变革。协调机制的另一个作用是使组织结构方面的调整尽量不影响正在向客户提供的产品和服务，否则，组织设计的实施就失去了其本意。

3. 评估阶段

在评估阶段要收集有关实施进展情况和新设计方案运行情况的信息，分析设计和实施的问题，做出必要的调整。

（1）对组织设计实施的结果进行评价。组织设计新方案的总体效果是很难全面衡量的，可以选择常用的两种评价方法，一种是效果的权变评价法，另一种是效果的平衡评价法。

1）效果的权变评价法。效果的权变评价法主要有目标评价法、资源评价法和内部过程评价法三种。

①目标评价法。效果的目标评价法是指识别企业的产出目标以及测评企业在何种程度上实现了这些目标。这种方法的优点是产出目标易于衡量；缺点是企业的目标是多重的，而且有些是难以定量评价的主观指标。因此，采用这一评价方法时，需要注意衡量这些目标完成程度的客观性问题。

②资源评价法。这种方法通过考察企业在变革过程中将所需资源成功加以整合和管理的能力来衡量组织设计的实施效果。当效果从其他方面的评价指标中难以被衡量时，这种评价方法就非常有用。其缺点是对企业与外部环境中顾客需求的联系考虑不周。资源评价法最适合在对目标达成情况难以衡量时使用。

③内部过程评价法。这种方法通过评价企业内部的健康状况和效率来衡量组织设计的实施效果。这种评价方法的优点是同时考虑资源利用率与内部功能的协调性；缺点是没有评价总产出和企业与外部环境的关系，另外对内部健康状况的评价往往带有主观性。

2）效果的平衡评价法。效果的平衡评价法主要有利益相关者评价法和冲突价值观评价法两种。

①利益相关者评价法。这是一种综合考虑企业各种不同活动的评价方法，它把利益相关者的满意程度作为评价组织绩效的尺度。这种评价方法的优点是能够全面地反映组织设计实施的效果，特别是在适应性方面，既考虑了企业内部因素也考虑了环境因素，并且把

对社会的责任也考虑进去了。其缺点是有些指标难以衡量，如员工的满足感、社区服务等，这些指标只能采取主观方法进行评价，因而影响了评价结果的准确性。

②冲突价值观评价法。这种方法综合考虑了管理人员和研究人员所采用的不同绩效标准，总结出能反映企业中持有相互冲突的管理价值观的人们对效果评价标准的各自不同的侧重。效果评价标准的第一个维度是企业的关注重点，是指企业的主导价值观是关注内部因素还是外部因素。效果评价标准的第二个维度是企业的组织结构，是指设计的主要注重方面是稳定性还是灵活性。关心重点和组织结构这两个维度结合起来就形成了组织效果评价的四种模式。这种方法的优点如下：一是它将人们对效果评价标准的几个方面的不同认识有机地结合到一个模式中，它综合了产出目标、资源获取、人力资源开发等思想，把这些作为企业将要力图实现的目标；二是它将效果评价标准提高到价值观的高度，并说明了各种看似对立的价值观是如何并存的。

（2）对组织设计实施的过程进行评价。仅仅对组织设计实施的结果进行评价是不够的，还需要对实施过程本身进行评价。

组织设计实施过程的评价包括以下两方面的内容，一方面是组织设计实施过程是否按原定规划进行，另一方面是组织设计实施过程的效率和效果如何。在组织设计实施过程中可能出现两类问题，一类问题是执行偏离原方案，另一类问题是方案与实际脱节。组织设计的实施执行机构应该区分不同的问题并采取不同的办法加以解决。组织设计实施过程的效率和效果可以从以下三个方面进行评价：组织设计实施的成本、组织设计实施的速度、未预料到的行为和事件。

在评价阶段中应注意三个主要问题：一是要正确对待组织设计实施中的“滞后”现象；二是要与高级管理者建立协作关系，共同探讨评价体系；三是要善于发现进步，正确评价进步。

在整个组织设计实施的三个阶段当中，为了获得有关实施进程的信息，企业需要建立超越日常经营所需的多种反馈机制。这种反馈机制能够以一种连续、及时和可靠的方式，从高级管理者、中级管理人员、一线管理人员、普通员工以及顾客和主要的利益相关者那里获得组织设计实施情况的信息。企业应在各个层次设立情报收集中心和信息评审机制，以便在向目标状态过渡的过程中对出现的变化有充分的了解并及时做出反应。

第二节　组织诊断

从理论上来讲，企业的寿命应当是无限长的，但是实际上企业存活的平均寿命却是很短的。研究表明：在日本和欧洲国家，企业的平均寿命是12.5年；在美国，有62%的企业平均寿命不到5年，存活超过20年的企业仅占企业总数的10%，仅有2%的企业能存活50年。要想延长企业寿命，就要进行组织诊断，及时发现并解决问题。

组织诊断是指调查和分析企业经营的实际状况，发现运营中存在的问题，然后有针对性地深入企业的具体运作中，运用科学方法进行定量或有依据的定性分析，查明产生问题的原因，提出切实可行的改进方案，进而指导方案的实施，以提高企业经济效益、谋求企业合理经营的一个过程。

一、组织调查

组织调查是指为组织诊断而进行的收集企业各种资料和相关情况的过程。

1. 组织调查的步骤

（1）制订分析计划。明确分析的目的与范围、所要搜集的资料、与有关人员商讨的内容与方式、工作进度表、参加分析的人员。

（2）收集资料。明确企业的目标与经营计划、组织规程、办事细则、组织系统图及工作说明书等；明确权责划分及工作联系方式；明确各项有关法令、规章制度及作业标准等；制定明细的调查表并送请有关人员填写。

（3）分析资料。主要分析所设置的各项职能是否均为达成企业目标所必需的；各部门的权责是否明确，有无交叉；权与责是否行之有效、密切配合；组织结构是否为该企业所需的最简单形态；组织是否均衡；职与权是否有适当下授，使各级主管人员能适时、适地、适人地做出决定；内部控制与联系制度是否完善等。

（4）提出解决方案。根据现有事实分析结果，提出行动方案，建议试行或正式实施的步骤与时间。

2. 组织调查的方法

（1）系统收集相关资料。这方面的资料主要包括各类职位说明书、组织系统图、组织手册（组织手册通常综合了职位说明书与组织系统图）、管理业务流程图、管理工作标准、管理工作的人员配备、员工的绩效考核及奖惩制度。

（2）问卷调查。问卷调查的主要对象是管理人员。进行问卷调查需要有科学的问卷设计、严格的调查实施和科学的结果分析。

（3）个别面谈和小型座谈会。对高级管理人员进行调查，一般采取个别面谈和小型座谈会的方式，这样有利于了解比较深层次的情况。在进行这种调查之前，应事先准备谈话提纲。

在掌握了丰富、真实的资料和情况后，应该进行组织分析，明确现行组织结构在设置和运行上的问题和缺点，为组织改革打下基础。

二、组织分析

1. 职能分析

内外环境的变化经常导致企业经营目标和战略改变，因而必须进行职能分析，了解需要增加哪些新的职能，哪些职能需要加强，哪些陈旧的职能可以取消或合并。职能分析主要包括以下两个方面的内容。

（1）分析哪些职能是企业的关键职能，这将因企业、因时间而异。

（2）分析职能的性质和类别。这里所说的职能包括产生成果的职能、支援性职能和附属性职能。产生成果的职能是指直接为企业做出经营成果的职能，如市场营销、产品制造等职能。支援性职能其本身并不产生收益和成果，但是它的“产生”为其他职能服务，可以增加其他职能的收益和成果。附属性职能不是企业组织结构必不可少的部分，应当逐步由社会上各种独立经营的服务性企业来承担。

2. 决策分析

决策分析是确定各管理层次、各管理部门的职责与权力的重要依据。它主要包括以下内容：应该制定哪些决策，这些决策应该由哪些管理层制定，决策制定应该牵涉哪些业务，决策制定后应该由哪些部门负责执行。

3. 关系分析

关系分析是指对管理层之间、各部门职能之间相互关系进行的分析。它主要包括以下内容：分析某部门应该具备哪些职能，哪些部门的职能重复或衔接不够，某部门应当承担直接指挥还是参谋服务的职能，这些部门的业务工作应当同哪些部门和人员发生怎样的联系，要求什么人为部门提供配合和服务，本部门又该为其他部门提供哪些配合和服务，各部门之间的协调配合和综合工作组织得如何等。

4. 运行分析

运行分析是指对组织结构的运行机制进行的分析。它主要包括以下内容：人员配备状况是否合理，管理人员的考核制度是否健全和得到贯彻，奖惩制度是否完善和得到落实。

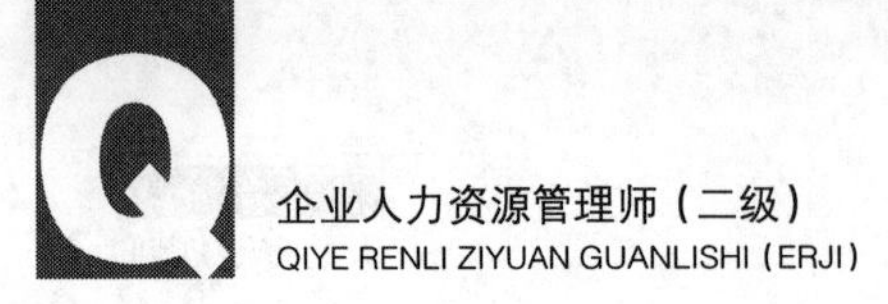

三、组织诊断的原则

1. 健康标准原则

各行各业都有自己是否健康的判别标准，只有掌握了这些标准，才能准确地诊断企业是否有问题、在什么地方出了问题。

2. 调查原则

进行组织诊断时，要本着实事求是的态度，客观公正地调查实际情况，否则可能导致诊断工作走入误区。

3. 系统原则

企业常常是一个大系统，进行组织诊断时应运用系统方法论，从企业的环境、元素、层次、结构、联系和功能等多个方面去考察企业的状况，然后再综合判断，从而确定企业的“病症”所在，这样的诊断结果才可信、可靠。

4. 非系统原则

系统原则是运用系统整体的方法来诊断企业经营存在的“病症”，而非系统原则是用非系统论的思想方法来对企业经营的各要素、各环节进行解剖和诊断。

5. 动态跟踪原则

运动是物质的根本属性，所以，组织诊断也必须是动态的。

四、组织诊断的内容

组织诊断的内容主要如下：企业战略和经营策略；企业组织结构和形态；企业价值观和企业文化；企业管理流程和作业流程；企业组织效率和效能；部门设置和岗位设置；工作设计问题；企业知名度、企业能力、企业伦理、社会责任、商业信誉、品牌价值；企业内部冲突状况；人力资源状况，包括薪酬福利状况、绩效管理状况、培训与发展状况、职业生涯管理状况、人事政策、制度问题、员工关系和员工素质等。

五、组织诊断的实施

组织诊断着眼于帮助企业改善经营活动，提高经济效益。组织诊断的实施一般分为以下三个阶段。

1. 预备诊断阶段

这一阶段的主要工作是对企业的组织结构、管理制度、近期经营情况等做全面了解，搜集有关资料，进行预备性调查研究。

2. 正式诊断阶段

这时要分部门对企业的运营情况进行深入调查，通过对大量资料进行分析找出企业运营中存在的问题，根据已找出的问题提出科学的、便于操作的管理建议。

3. 总结报告阶段

这一阶段的主要工作是编写和提交“诊断报告及管理改善建议书”。建议书将对本次工作进行全面的总结，其中包括对改进方案的全面汇总和说明。“诊断报告及管理改善建议书”是组织诊断工作最重要和最有价值的成果。

第三节　工作再设计

工作再设计是指为了有效地达到企业目标，提高工作绩效，对原有的工作内容、工作流程、工作职责、工作关系、合作方式等进行改革和再设计。工作再设计所要解决的主要问题是：企业为提高效能，如何依靠成员本身的主动性重新定位工作任务与职责。

一、工作再设计的思想

从员工的角度来看，工作再设计是激发员工工作热情，使员工目标与企业目标相一致的过程，这个过程需要根据环境的变化而不断调整和改进。因此，工作再设计应该被视为将企业、个人和环境相“匹配”的过程，其根本要义是“让员工参与，重在改进”，而此过程的结果就是使企业以新的形式各异的工作集合体凝聚员工并实现增效。

工作分析或最初的工作设计可以归类为以任务为导向的工作设计思想，而工作再设计则强调以人为导向和以团队、价值为导向的工作设计思想。

以任务为导向的工作设计思想是指以美国著名管理学家泰勒的科学管理理论为核心的传统工作设计思想。尽管在某些行业，这种工作设计思想已经不能适应环境的变化，但在特定的情况下，这种思想指引的工作设计方法仍被证明是有效的。

泰勒的科学管理理论发展了以任务为导向的工作设计方法。该理论的核心观点是如何使工作更加多产和高效。泰勒列出了改善工作表现的步骤。

步骤一，找出10～15个不同的人（最好来自不同的公司和地区），要求他们对所分析的特定工作十分精通。

步骤二，研究这些人在工作中使用的基本操作或基本动作的精确序列，以及每个人所使用的工具。

步骤三，用秒表记录每个基本动作所需的时间，找出做每一步工作的最快方法。

步骤四，消除所有错误动作、缓慢动作和无效动作。

步骤五，将最快、最好的动作和最佳工具组合在一起，成为一个序列。

在确定做某件事的每一步操作和行动之后，能够确定完成某项工作的最佳时间，有了这种信息，管理者可以判断员工是否干得很出色。泰勒的贡献在于，他促使研究者思考工作的本性及如何能最好地管理人和资源，使研究者开始重视工作问题。

1. 以人为导向的工作再设计思想

以人为导向的工作再设计思想是在人权解放斗争中建立起来的，它以人性的眼光来看待工作。实践证明，这种思想不但把人从繁重、机械、枯燥的重复性工作中解放出来，而且确实提高了工作绩效。

人际关系学派对泰勒的劳动分工原理进行了修正，如人际关系劳动分工，并且他们特别注重员工的态度和感受。他们采用具有激励性的技术，确定高度专业化和一般日常工作对员工的影响，并寻求良方来改善相应的环境，再次科学地从整个企业而不是员工个体的角度进行更深入的研究。

总体来说，以上研究对工作再设计提供了以下启示。

（1）要想对员工有较深的了解，管理人员需要先了解自我并具备客观性。如果一个人能认识并承认自己的不足，那么了解他人就会变得比较容易。

（2）人与人之间具有某些相同的心理和生理需求。人们都知道生理需求是生存的需求，而心理需求则主要是被他人认同和接受的需求。

（3）对工作的清晰描述有助于企业业绩增长。畅通的沟通渠道和良好的人员实践是有效处理工作中人的问题的基本条件。缺乏沟通会导致环境混乱和人员焦虑。

（4）员工在能够真诚地考虑员工福利的企业中工作，将具有更高的生产效率。

（5）员工对工作的态度在很大程度上由其需求得到满足的状况来决定，假如员工觉得自己被作为一个人而不是一部机器来对待，就能产生积极的态度。

（6）除了个人态度，团队士气对实现企业目标来说也很重要。当员工对工作感到满意，觉得工资标准和提升机会可以接受，并且觉得自己“属于”企业的时候，团队士气才会高涨。

根据上述启示，有学者进一步提出工作扩大化和工作丰富化的观念。

长期以来，人们围绕以任务为导向和以人为导向的工作再设计思想孰优孰劣的问题展开讨论。实际上，这两种思想各有所长。以任务为导向的工作再设计思想，其最大的优点在于，每一项工作简单明了、易于操作，提高了工作的安全性和确定性，但没有考虑员工的需求；而以人为导向的工作再设计思想则考虑了人的需求，把员工需求与工作的内在激励相结合，主张技能多样化、工作丰富化，提高了员工的满意度。

2. 以团队、价值为导向的工作再设计思想

以团队、价值为导向的工作再设计思想还只是一种刚刚发展起来的思想，这种思想对现在不断变化、竞争日益激烈的环境有更好的适应能力，并在一些实践中取得一定成效。因此，该思想被许多学者和人力资源经理视为最有潜力的工作再设计思想，在越来越多的企业中得到应用。

这种工作再设计思想提倡在企业业务流程不可缺少的环节上，建立自我管理型团队，代替传统工作岗位人员。一方面，这种工作再设计思想吸收了前两种思想的大部分优点，以企业价值为取向来取舍业务流程环节，进行团队自我管理和内部培训，这在一定程度上降低了成本，同时，适当的分工又使工作得以高效完成。另一方面，自我管理型团队的高度自治以及任务转换制的实行也提高了员工工作满意度。团队根据员工的目标决定员工之间的任务分配和角色分配，并负有相应的责任。团队领导将成为一个指导者和激励者，其工作不仅要对工作进行内在激励的设计，还要寻找符合工作要求并与企业目标相符的人来组建团队，保证团队在企业中拥有足够的权限和资源来完成任务。

二、工作再设计的方法

当代管理大师彼得·德鲁克认为，管理的重要任务之一就是要使员工有成就。而要使

员工有成就，就必须使工作有取得成就的可能。因此，富于生产性的工作是使员工有成就的第一步。同时，富于生产性的工作也是提高生产率的要求，这对企业实现自身的使命具有重大意义。所以，使工作富于生产性也成为管理的任务之一。

要使工作本身富于生产性，对员工有激励作用，就需要对工作进行设计与再设计。

通常，工作再设计方法有以下四种：工作轮换、工作扩大化、工作丰富化和工作专业化。

1. 工作轮换

工作轮换又称交叉培训法，是指在员工感到当前工作不再具有挑战性和激励性时，就把他们轮换到同一水平且技术要求相近的另一个岗位上去。

工作轮换的优点在于，通过丰富员工的工作内容，减少员工的枯燥感，激发员工的工作积极性，提升员工自身的竞争力。而且，它可以为员工提供一个个体行为适应总体工作流程的适宜环境，增加员工的成就感。当然，它也能够给企业带来很大益处，因为这种工作再设计方法能够扩大员工的技能范围，能够使管理人员在安排工作填补职位空缺时具有很大的灵活性，这对每一个处在变幻莫测的竞争环境中的企业来说都是至关重要的。

工作轮换的不足之处有以下三点。

（1）实行这种工作再设计方法会使培训费用上升，因为要使员工在不同于以前的岗位上继续保持同样甚至更高的效率是需要对其进行多方面培训的。

（2）员工在原岗位上的工作效率已经很高，如果这时将该员工轮换到另一个岗位，则会影响企业的现有生产力。

（3）当员工的工作环境改变以后，他就需要重新调整和适应与周围人的关系，这也需要管理人员付出很多精力来处理这些来自人际关系方面的问题。

2. 工作扩大化

工作扩大化是指通过增加工作数量、丰富工作内容，使工作本身变得多样化。工作扩大化可以使员工有更多的工作可做，通常这些新工作同员工原先所做的工作非常相似。

这种工作再设计能够产生高效率，是因为它不必把产品从一个人手中传到另一个人手中，从而节约了时间。此外，由于完成的是整个产品，而不是在一个大件产品上单单从事某一项工作，因此员工在心理上也可以得到安慰。而且，该方法通过丰富某一项工作的内容，要求员工掌握更多的知识和技能，从而提高员工的工作效率。

工作扩大化主要有“纵向工作装载”和“横向工作装载”两条途径。“装载”是指将某种任务和要求纳入工作职位的结构之中。“纵向工作装载”是指增加更多责任、更多裁量权或更多自主权的任务或职责。“横向工作装载”是指增加属于同阶层责任的工作内容，以及用增加目前包含在工作岗位中的权利的方式来扩大工作内容。

一些研究报告证明，工作扩大化的实施提高了员工的工作满意度，改进了工作质量。但是从整体而言，工作扩大化的实施效果不尽如人意。尽管工作扩大化在克服专业化过强、工作多样性不足方面效果显著，但在激发员工工作积极性和培养员工挑战意识方面却没有太大意义，而工作丰富化的引入则恰恰弥补了这方面的不足。

3. 工作丰富化

工作丰富化是指工作内容和责任层次的基本改变，它旨在向员工提供更具有挑战性的工作，它是对工作责任的垂直深化。

那么，管理人员如何做才能使员工的工作得以丰富化，应该采取哪些措施来提高员工的潜在动力？下面对此做简要介绍。

（1）组合工作任务。即尽可能把独立的和不同的工作合成一个整体。尽量先清理现有的零散的工作任务，把它们组合在一起，形成内容更广泛的工作单元，这样就可以增加技术的多元性和任意性。

（2）构建自然的工作单元。这意味着尽可能地将工作构成一个完整的、有意义的整体。工作单元可以根据地理位置、产品和生产线、业务或顾客来划分。让员工负责一个独立而有意义的工作整体，可以增强员工的“主人翁意识”，促使员工感到自己的工作是有意义的，而不是无关紧要的。

（3）建立员工－客户关系。这意味着将生产者和其产品的使用者联系起来，这样不仅可以使生产者了解评价产品的标准，而且可以提高员工工作的多样性、自主性以及及时反馈的程度。

（4）扩大纵向的工作负荷。即尽可能地给生产者计划、参与和控制自己工作的权力。这样，不需要经过其他部门专门培训，生产者的控制能力就会获得提高。这种控制能力也意味着给予生产者计划工作、控制存货、预算资金和质量控制的权责。同时，这样做也可以弥合工作中“执行”与“控制”之间的鸿沟，增强员工的工作自主性。

（5）创建信息反馈渠道。这意味着尽可能地向生产者提供更多的有关结果的信息，如成本、产量、质量、组织结构和消费者投诉等。迅捷的、多角度的工作信息反馈对于员工了解自己的工作进度、绩效状况，进而提高工作质量和工作绩效具有重要意义。

工作丰富化的工作再设计方法虽然意味着培训费用的增加、工资报酬的上升以及工作设施的完善或扩充，但却可以提高对员工的激励水平和员工的工作满意度，进而提高生产效率与产品质量，并对员工离职率和缺勤率的降低产生积极影响。况且，企业培训费用的支出本身就是提高人力资源素质的一项必不可少的投资。

4. 工作专业化

工作专业化通过对动作和时间进行研究，将工作分解为若干个很小的单一化、标准化及专业化的操作内容和操作程序，并对员工进行培训和适当的激励，以达到提高生产效益的目的。

（1）工作专业化的核心。工作专业化的核心是充分体现效率的要求。其特点具体如下。

1）将工作分解为许多简单的高度专业化的操作单元，最大限度地提高员工的操作效率。

2）对员工的技术要求低，既可以利用廉价的人力资源，又可以节省培训费用，而且有利于员工在不同岗位之间轮换。

3）具有标准化的工序和操作规程，便于管理部门对生产数量和质量进行控制，保证生产均衡和工作任务的完成。但是，这种方法没有考虑员工的反应，因此，工作专业化所带来的高效率有可能与因员工的不满和厌烦情绪所造成的旷工或辞职相抵消。

（2）工作专业化的原则。在施行工作专业化时，应遵从以下五条原则。

1）提高工作要求。应该以增加责任和提高难度的方式提高工作要求。

2）赋予员工更多的责任。在管理人员保留最终决策权的条件下，应该让员工拥有对工作更多的支配权。

3）赋予员工工作自主权。在一定的限制范围内，应该允许员工自主安排工作进度。

4）反馈。将有关工作业绩的报告定期、及时地反馈给员工，而不是反馈给他们的上级。

5）培训。应该创造有利环境来为员工提供学习机会，以满足他们个人发展的需要。

三、从工作再设计到业务流程再造

现实使企业认识到顾客在变化、企业自身在变化、经营环境在变化，因此，工作也要随之变化。工作再设计是企业通过改变已有工作的性质、任务和方式等来保持或改善绩效的过程。在工作设计层面对工作产生重要影响的环境变化是工作再设计的预报器，而改进企业绩效是进行工作再设计的目的。

不满意的绩效是工作再设计的主要原因，但是，导致出现不满意绩效的原因可以分为组织层次的原因、经营层次的原因和实施层次的原因三个方面。组织层次的原因是指工作性质定位与经营环境、背景不匹配。经营层次的原因是指工作过程与企业目标不匹配。实施层次的原因是指工作实施时工作职位的设定没能很好地激励任职人员，使工作岗位与任职者个体不匹配。这几种情况都会造成企业绩效低下，因此，工作再设计已经从岗位层面上升到以下三个层面：企业重组、企业流程再造、缓解工作压力。

1. 组织层面的工作再设计——企业重组

企业重组是企业对于环境变动做出的战略反应。重组有助于化解企业风险，使老牌大型企业焕发生机。有学者认为，广泛的企业重组是企业重新获得竞争优势的重要原因之一。许多学者对于企业重组的内容有较为一致的认识，认为企业重组的内容可以分为业务重组、财务重组和组织重组。

（1）业务重组。业务重组的要点在于立足于长期战略而对企业业务活动范围进行的调整和平衡。业务重组涉及放弃一些业务和兼并业务，即通过一系列兼并、剥离和分立等动作构造企业新的业务组合。

（2）财务重组。财务重组涉及调整企业的资产、债务组合，对股东支付更多的红利，调整现金收入结构等。财务重组的两个重要措施是举债收购或杠杆收购。

（3）组织重组。组织重组涉及企业组织结构、制度的变动，旨在提高企业管理队伍的效率。组织重组是企业对环境变化的有效反应，必须与业务重组以及企业战略相匹配。在对企业业务进行剥离、分立和兼并时，企业组织结构都会发生相应调整。

2. 经营层面的工作再设计——企业流程再造

（1）企业流程再造的内涵。与企业重组不同的是，企业流程再造的主要内容是过程创新、过程改善和过程再设计。它旨在改进内部效率，对企业业务流程的基本问题进行反思和彻底的重新设计。它在本质上是局部改革，不涉及总体战略的变化。

迈克尔·哈默和詹姆斯·钱皮在其著作《企业再造》中将企业流程再造定义为：在对企业现有业务流程进行根本性重新思考后，对其进行彻底改变并设计出新的业务流程，以期在业绩上取得显著性的提高。

在企业流程再造的具体操作中，可以将几道工序合并由一人完成，也可以将负责不同工序的人员组成工作小组或团队来共同完成，以便共享信息、简化交接手续、缩短时间。另外，还可以将原来依次分为几步的工序变成同时进行，即将连续性工作转化为同步性工作。必须强调一点，再造的对象是业务流程，而不是具体的组织，因此，企业流程再造不是再造销售部、生产部或财务科，而是对这些部门人员的工作程序及其方法进行再造。

通用电气公司有一个著名而有趣的“摧毁你的业务”活动，这一活动实际上就是流程再造。该公司花钱雇人用电子邮件的方式在各个部门挑毛病，这些人并不负责公关工作，而是观察正式员工的工作流程，提出建议，如废除多余的流程、建立新的流程。正如通用电气原董事长杰克·韦尔奇所认为的，与其等别人来摧毁你，不如自己先来摧毁自己、改造自己。

（2）企业流程再造的支撑点

1）高度发达的信息技术。信息技术是企业流程再造的一个重要支撑点。高度发达的信息技术是企业流程顺利再造必须具备的前提条件。信息技术的发展改变了企业传统的工作方式，使流程再造从构想变为现实。信息技术与业务流程的创造性结合催生了新型人力资源管理模式，但必须避免把信息技术的应用等同于流程再造本身，因为流程再造最重要的是流程设计。信息技术在企业中被运用的层次越高，企业流程再造就越彻底，新的企业流程效率就会越高。

2）高素质人才。高素质人才是企业流程再造的又一个重要支撑点。企业最重要的资源是人，特别是在当前知识经济、信息经济时代，人成为企业流程再造能否成功的关键。企业流程再造的负责人除了必须懂管理，还必须懂业务流程和信息技术等，只有这样才能设计出合理的新业务流程，并保证其得到贯彻实施。

3）畅通的信息沟通。企业流程再造势必造成中级管理人员的减少，这就要求各部门加强沟通。同时，由于流程再造与以流程为基础的思想这两个概念不易掌握，因此流程再造的负责人必须经常性地进行核查，以确保工作人员都理解其含义。

总之，企业流程再造的实质就是对传统的分工理论进行重新审视，把被分割得支离破碎的业务流程重新整合起来，实行流程管理。传统的企业组织是在亚当·斯密分工理论指导下发展起来的。分工可以提高工作效率，已被大家所承认，但任何一种理论的产生与运用都有一定的客观条件。在市场需求量大的卖方市场条件下，进行大量生产和劳动细分具有经济性。然而，随着消费者需求的变化（从“量”到“质”的转变）以及信息技术的发展与应用，分工的“度”的重要性日益显现，分工过细会造成组织结构重叠，组织效率降低，违背组织分工的初衷，分工所带来的效益为零或为负，这时企业就需要对组织进行再设计和再造。

3. 实施层面的工作再设计——缓解工作压力

压力是一种动态情景，在这种情景中，个体要面对与自己所期望的目标有关的机会、限制及要求，并且这种动态情景所产生的结果是重要且不确定的。

压力主要来源于三个方面：环境、组织和个人。这三个方面是否会导致现实压力感的形成取决于个体差异，如工作经验与个人认知等。当个体体验到压力时，其外化的症状有三类：生理症状、心理症状和行为症状。

导致形成工作压力感的因素，尤其是任务要求、角色要求和组织结构这三个因素，是由管理人员控制的，是可以被调整和改变的。下面介绍减轻员工压力感的工作再设计方法。

（1）可供选择的工作时间方案。在安排工作时间时，实施弹性工作制是一种较为有效的缓解工作压力的方法。弹性工作制的典型做法是，企业要求员工在一个核心时间段内（如上午10点到下午3点）必须工作，但上下班时间由员工自行决定，只要工作时间总量符合规定即可。其优点在于，员工可以自己掌握工作时间，为实现个人要求与企业要求的一致性创造条件，降低缺勤率和离职率，提高工作绩效。但该方法也存在缺点，每天工作时间的延长会增加企业费用，同时，要求企业建立更加复杂的管理监督系统来确保员工工作时间总量符合规定。这种方法对工作较为独立的专业人员比较合适。

（2）设置切实可行的目标。当员工的目标比较具体又富有挑战性，而且能及时得到有关情况反馈时，他们会做得更好。利用目标设定可以减轻工作压力，提高员工的工作动力。如果目标比较具体，而且员工认为目标可以达到，将有助于他们明确自己的绩效预期。另外，如果工作反馈及时，就有助于降低员工实际工作绩效的不确定性，这样能够相应地减轻员工的受挫感、角色模糊感和压力感。重新设计工作可以给员工带来更多的责任、更有意义的工作、更大的自主性和更强的反馈，这样就有助于减轻员工的压力感。

（3）提高员工的参与程度，减轻员工的角色压力。因为员工对于工作目标、工作预期、上级对自己的评价这些方面可能会有种不确定感，所以，这些方面的决策会直接影响员工的工作绩效。因此，如果管理人员让员工参与这方面的决策，就能够增强员工的控制感，帮助员工减轻角色压力。从这个角度来讲，管理人员应提高员工的决策参与度。

1）加强沟通。强化企业与员工的沟通有助于减轻角色模糊与角色冲突，从而减少不确定性。在“压力感－员工反应”这对关系中，员工个人认知是一个很重要的中介变量，管理人员可以运用有效的沟通来改变员工个人认知。

2）设立企业身心健康项目。企业为员工提供身心健康方案，这些项目应从改善员工的身心健康状况着手。例如，企业会提供各种活动以帮助员工改善饮食状况，培养良好的锻炼习惯。实施这种福利举措的理论假设是员工应该对自己的身心健康负责，企业只是提供他们达到目的的手段。

从企业角度来讲，员工压力感低于中等水平时，管理人员可能并不在意，因为低于中等水平的压力感有助于员工提高绩效。但如果压力感水平过高，或者即使压力感水平较低，但持续时间过长，都会使员工绩效降低，这就需要管理人员采取相应的行动加以调整。尽管一定的压力感有助于员工提高绩效，但他们自己并不这样看。从员工个人角度来讲，即使压力感水平很低，他们也并不愉快。

那么，工作压力感多大才好？关于这个问题，管理人员和员工个人的观点有所不同，管理人员认为“对肾上腺良好运转起积极推动作用”的压力感在员工看来就过分沉重了。所以，在讨论员工个人和企业应对工作压力问题的方法时，应注意双方的差别。

四、人力资源流程再造

1. 人力资源流程再造的任务

人力资源流程再造包括两项任务，一是组织架构的优化，二是人力资源管理业务模块的流程优化。

组织架构的优化服从于企业整体流程再造的逻辑结构。企业业务职能划分基本上是按照纵向功能进行的，但是人力资源功能是横向的，它是企业财务、营销、生产、研究开发、投资、安全环保等功能的支持，是企业整体组织架构不可缺少的部分。为了提高企业对市场用户的反应速度，为用户提供更多、更快、更好的服务，企业组织架构需要扁平化、柔性化和弹性化，改变传统的官僚结构，淘汰冗员，保持市场信息的快速上传下达，保证职能部门对人力资源的需求得到及时满足，以推进企业业务的发展。

人力资源管理业务模块的流程优化就是根据企业人力资源管理的理念和企业文化要求，应用信息技术对招聘、配置、培训、薪酬福利管理、绩效考核、战略规划等人力资源业务模块进行重新设计，使各个模块之间的矛盾甚至冲突、互不配合支持等问题得到解决，从而形成一个能够支持企业人力资源战略实施的整体。

2. 人力资源流程再造的团队保障

再造团队是企业人力资源流程再造的保障。企业再造理论的倡导者迈克尔·哈默和詹姆斯·钱皮认为，参与企业再造工程的人是企业再造成败的关键。参与再造工程的人主要有两类，一类是领导者，另一类是再造工程指导团。

企业再造必须有一个具有创新意识，并能意识到改革重要性的资深领导者。这并不是随便哪一个领导者都能胜任的。一般来说，企业再造的领导者一定要了解再造，由衷地相信再造，并愿意全力以赴。该领导者还必须精通、熟悉业务，全面掌握业务情况和财务状况，并了解其中的互动关系。事实上，也只有注重流程、能够全面思考流程的领导者，才能领导再造。总之，选择再造领导者不仅要考虑资历与权威，其理解力和正确的心态也是关键。

企业再造还需要组建一个强有力的再造工程指导团，负责新流程的具体策划、设计和实施。成功经验表明，再造工程的管理工作相当复杂，除了需要有一个资深领导者，还需要有一个以领导者为核心、由5～50位各方面的优秀人员组成的再造工程指导团。这个指导团应具有实权，团结一致，主要对企业再造负责，能对再造中出现的问题进行实质性决策。组成再造工程指导团的人员包括资深领导者，流程主任（应该是企业的一位高级管理者，具有很强的组织、领导再造团队的能力和与有关部门进行协调的能力，具有较深和较全面的专业知识），人力资源部相关资深人员（需要对流程了如指掌，又有创新变革的欲望），一线工作人员和外部专家（在团队中提出问题，就问题引起争论，促进交流）。各方面人员应具有互补的技能与专长，彼此尊重，并能随时保持良好的沟通，对企业再造进行集体领导与协作。

D公司是国有控股的股份制企业，近十年来获得飞速发展，产值由最初的3 000多万元迅速增至现在的50亿元。该公司共有2 000多名员工，其中50%为大学毕业生。目前D公司已成为通信行业的重要企业，被确定为国有大中型企业之一。

随着规模的扩大以及产品多元化的需要，D公司在20世纪80年代进行了组织结构改革，由直线职能制调整为事业部制，1994年又改制为股份制企业，成立了董事会、监事会和股东会（股票已上市）。D公司组织结构如图2–1所示。

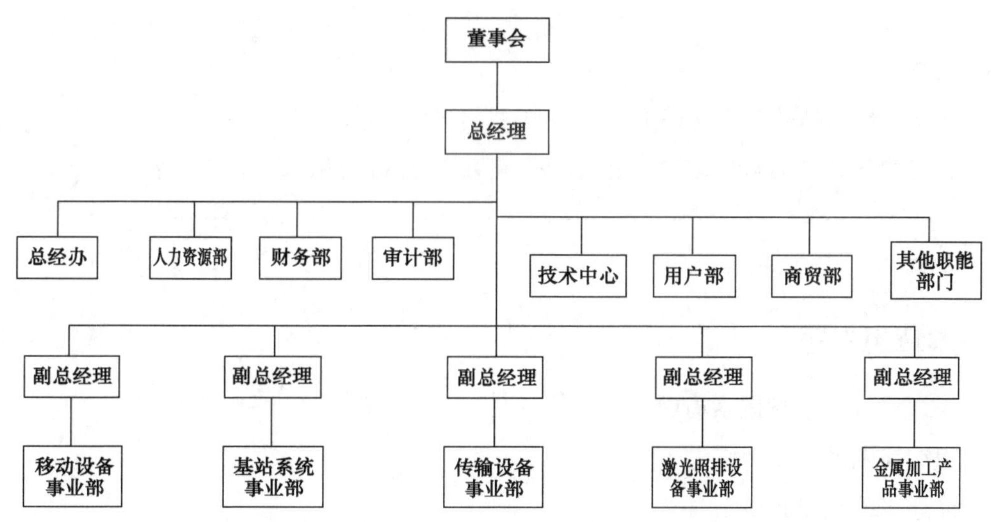

图2–1　D公司组织结构

当前，D公司在组织结构及公司运作中又出现了新的矛盾。

1. 五个事业部（原来的分厂）分别生产经营移动设备、基站系统、传输设备、激光照排设备、金属加工产品等，产、供、销“一条龙”，各自运作，互不通气，公司总部难以对各事业部进行控制。事业部的财务主管名义上由总部派出，实际上在事业部拿奖金，只听事业部经理的。各事业部都有独立的销售队伍，各自打广告、搞公关、抓营销，往往在同一地区做重复工作，甚至相互“残杀”，他们都打着“公司”旗号，严重影响D公司的企业形象。曾经有人提出成立统一的市场部和销售公司，统一进行营销，但是一些人认为不妥，原因是移动设备与基站系统的用户和销售方式差异巨大，难以统一运作。

2. 各事业部经理都兼任公司副总经理，加上正、副董事长，总经理和负责职能部门的副总经理，这些一级经理组成经理办公会，成为经营决策机构，而各职能部门的经理均为二级经理。令各职能部门经理苦恼的是，职能部门缺乏权威，其制定的文件一旦下发到事业部，往往卡在事业部经理那里而无法得到贯彻执行。因为事业部经理是公司的副总经理，是一级经理，而职能部门经理只是二级经理，这就造成了事业部各自为政的现象。

3. 各事业部遇到关于发展规划或技术创新的重要项目、市场运作的重大决策、人力资源管理的重大政策变动、企业文化建设等需要公司总部审批和协调的工作时，总部职能部门难以胜任，而且往往找不到专门机构做初审工作，直接拿到经理办公会上又难以深入讨论和做出决策。

面对这些矛盾和问题，一级经理们的意见出现了分歧。负责事业部的副总经理多主张进一步分权，允许事业部成为子公司，他们说："我们已不是蹒跚学步的孩子，我们成熟了，让我们独立干吧！"其他一级经理则力主加强职能管理，加强对事业部的控制与协调，特别是在市场营销方面。

讨论题

1. D公司组织结构及公司运作中存在哪些问题？
2. 利用组织设计与诊断理论，谈谈如何解决D公司的组织结构问题？

本章思考题

1. 组织设计的影响因素有哪些？
2. 组织诊断的原则有哪些？
3. 简述工作再设计的方法。
4. 如何根据企业发展需要实施人力资源流程再造？

第三章 人力资源预算管理

A公司成立于2011年，经过两年的发展，公司产品市场占有率快速上升，公司出现人手严重不足的局面。因此，2013年7月1日，公司决定招聘20名应届大学毕业生，充实公司员工队伍。公司到一些相关学校进行了广告宣传，共计有200名大学生来应聘。在招聘和选拔中，总共支出广告、接待、资料、面试以及测试等各种费用50 000元。面试结束后，20名优秀者进入了公司，试用期3个月，每个月工资3 500元，公司财务部门在确定新招聘人员7月人工成本时，把该笔费用计入公司人工成本中的其他项目中，7月新招聘人员的人工成本费用为120 000元。

案例思考

1. 请分析A公司财务人员的处理方法是否恰当。
2. 招聘过程中的费用主要包括哪些？这些费用是否可以计入人工成本？

第一节 人力资源费用预算

人力资源费用预算作为企业整体预算的重要组成部分，关系到企业整体预算的准确性、完整性和严肃性。因此，在编制和审核人力资源费用预算时必须慎之又慎，一旦企业的预算被董事会批准，如果发现存在纰漏，再予以纠正是相当困难的。

一、人力资源费用的构成

人力资源费用包括人工成本和人力资源管理费用。

1. 人工成本

人工成本是指企业在一个生产经营周期（一般为一年）内，支付给员工的全部费用，主要包括工资项目、保险福利项目和其他费用项目等。

（1）工资项目。即根据劳动合同以及国家相关规定，定期直接支付给本企业全体员工的劳动报酬总额，主要由计时工资、基础工资、职务工资、计件工资、奖金、津贴和补贴（包括洗理卫生费和上下班交通补贴），以及加班工资等组成。

（2）保险福利项目。即根据劳动合同以及国家相关规定，定期支付给本企业全体员工或定期替员工缴纳的保险、福利费用，如基本养老保险费和补充养老保险费、医疗保险费、失业保险费、工伤保险费、生育保险费、员工福利费、员工教育经费、员工住房基金以及其他费用，其他费用包括根据《中华人民共和国工会法》（以下简称《工会法》）规定应拨缴的工会经费等。这部分人力资源人工成本与工资项目存在一定的比例依存关系，各个项目的提取比例与企业所在地区的经济发展水平、劳动力结构状况、政府现行的法律法规和政策等有直接联系。

（3）其他费用项目。即除上述两项基本费用之外的其他一些费用，如其他社会费用、非奖励基金的奖金、其他退休费用等，是在发生之后才有的费用项目。

2. 人力资源管理费用

人力资源管理费用是指企业在一个生产经营周期（一般为一年）内，人力资源部的全部管理活动的费用支出，它是计划期内人力资源管理活动得以正常运行的资金保证，主要包括招聘费用、培训费用和劳动争议处理费用等。

（1）招聘费用。招聘费用是指企业在进行人员招聘过程中发生的所有费用，按发生时间主要包括以下三项。

1）招聘前发生的费用。如调研费、广告费、招聘会经费、高校奖学金等。

2）招聘中发生的费用。如选拔测试方案制订与实施的经费、获取测试工具的经费等。

3）招聘后发生的费用。如通知录取的经费、分析招聘结果的经费、签订劳动合同的经费等。

（2）培训费用。培训费用是指企业在对员工进行培训过程中发生的所有费用，既包括企业内部的培训，也包括企业外部的培训。

1）培训前发生的费用。如绩效评估经费和制订培训方案的经费，前者包括考评方案制订与实施的经费、购置评估工具的经费、处理评估结果的经费等。

2）培训中发生的费用。如教材费、教员劳务费、培训费（含差旅费）等。

3）培训后发生的费用。如评价培训结果的经费等。

（3）劳动争议处理费用。劳动争议处理费用是指企业在处理劳动争议的过程中发生的费用，如法律咨询费、仲裁费等。

二、人力资源费用预算的原则

人力资源费用预算的原则主要包括合法合理原则、客观准确原则、整体兼顾原则和严肃认真原则。

1. 合法合理原则

即为了保证人力资源费用预算的正确性和准确性，人力资源管理人员应当关注国家相关部门发布的各种相关政策和法律法规信息，如地区与行业的工资指导线、消费价格指数、最低工资标准等涉及员工权益资金和社会保险等方面的规定和标准的变化情况，以及本企业对下一年度工资调整的指导思想和要求等。凡涉及各自主管项目的子项目比例变化的，都要准确地反映到预算中。

2. 客观准确原则

即各种项目的预算要客观合理，防止人为加大加宽，避免出现有预算没使用的情况。

3. 整体兼顾原则

即从企业整体出发，密切注意不同预算项目之间的内在联系，防止顾此失彼而造成整体预算失衡。

4. 严肃认真原则

即在进行费用预算时，要秉持严肃认真、实事求是的工作作风，缜密地进行分析测算，不可主观臆测。

三、人工成本预算

1. 工资项目预算

（1）工资项目预算的前期工作

1）分析当地政府相关部门本年度发布的最低工资标准，如果有新的变化将影响企业工资标准水平，则需要对工资预算进行必要的调整。

2）分析当年消费价格指数的同比变化情况，是否大于或等于最低工资标准增长幅度。一般情况下，消费价格指数只会大于或等于最低工资标准的调整幅度，因为最低工资标准是根据消费价格指数进行调整的。

3）掌握并理解企业高层领导对下一年度工资调整的意向。政府虽然对计划期内的工资指导线即基准线、预警线和控制下线提出了建议，但采取何种工资调整策略完全取决于企业高层领导的决策。

4）考察和对比上一年度工资各子项目的预算和结算情况，分析上一年度工资费用的发展趋势以及企业的生产经营状况。

5）考察和对比本年度工资各子项目的预算和已发生费用结算情况，分析本年度工资费用的发展趋势以及企业的生产经营状况。

（2）工资项目预算的步骤

1）单纯从工资项目预算、结算结果的发展趋势进行预测

①分析上一年度和本年度的工资项目预算、结算情况，分析两者之间的规律，如本年度预算（结算结果）是否比上一年度上升（下降），上升（下降）幅度有多大。

②根据上述规律，预测下一年度工资费用的变化趋势，从而提出下一年度的预算方案一。

2）从公司的生产经营发展趋势进行预测

①根据工资费用的发展趋势和企业的生产经营状况，预测下一年度工资费用的变化趋势。例如：若某类人员因供不应求（供过于求），其工资有上涨（下降）趋势，则应相应加大（减少）这类人员工资费用的预算；若某类产品的产量需求有扩大（减小）趋势，则相应岗位上的人员必将增多（减少），应相应加大（减少）这些岗位的工资费用的预算；若某类技术创新带来生产的集约化，则相应岗位上的人员数量需求必将减少，人员的素质需求也可能改变，此时应根据实际情况调整预算。

②在上述分析的基础上，按照工资总额的项目逐一进行测算、汇总，提出预算方案二。

3）结合最低工资标准、消费价格指数和工资指导线，以及企业高层领导对下一年度

工资的调整意向，对比分析并调整预算方案一、预算方案二，形成最终工资项目预算方案，并写出研究报告和工资年度预算表，提出工资调整的建议。

总之，人力资源管理人员应按照上述步骤，通过对比分析，对工资调整提出合理建议。例如，当企业对下一年度工资调整的意向小于最低工资标准与消费价格指数两者增长幅度时，应建议企业适当提高调整幅度，切实保证企业合法经营。

4）工资项目预算流程如图 3-1 所示。

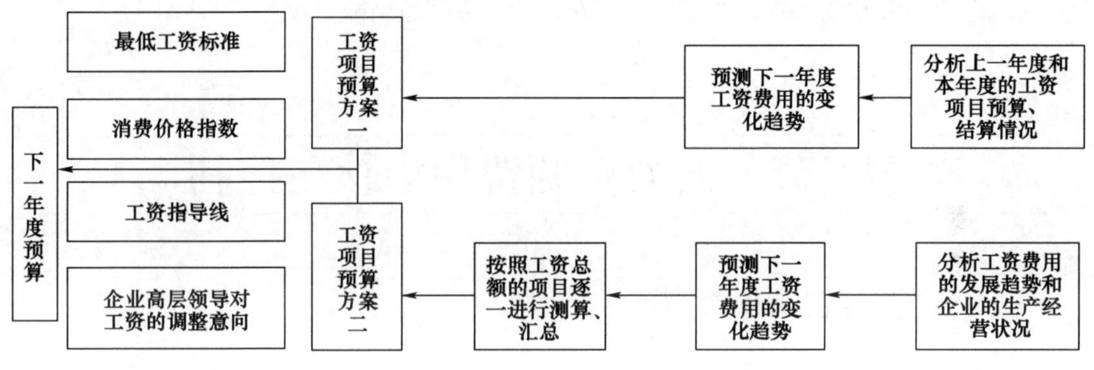

图 3-1 工资项目预算流程

2. 保险福利项目与其他费用项目的预算

这类费用主要受国家、地区相关规定的影响，具有较强的连续性，相对来说易于预测。

（1）对照国家相关规定，检查对涉及员工权益的项目有无增加或减少，标准有无提高或降低。

（2）掌握本地区相关部门公布的上一年度工资水平的各类数据资料，如上一年度员工平均工资水平等。

（3）准备企业上一年度工资及社会保险等方面的相关统计数据和资料，本类项目的提取比例一般是按照本地区上一年度员工月平均工资测算的。

四、人力资源管理费用预算

根据人力资源管理的职能和国家有关规定，人力资源部要开展一系列活动，才能履行其职责，实现其功能。人力资源部的日常业务工作在实施操作过程中必须有一定的费用保障，这些费用是部门自身活动和建设的需要。人力资源管理费用预算一般是指企业在一个生产经营周期（一般为一年）内，人力资源部全部管理活动预期的费用支出。

人力资源管理费用一般包括人员招聘的广告费、会务费、猎头费用，人才测评费，人员培训费，劳动合同认证费，员工辞退补偿费，劳动纠纷法律咨询费，薪酬水平市场调查费，办公业务费等费用。

人力资源管理费用预算一般要根据企业下一年度的经营活动以及企业的经营目标而定，当企业处于扩展期时，招聘费用、人员培训费等都会相应增加，预算肯定要增加。同时，要考虑物价水平变化引起的人力资源部日常活动成本的增加，还要考虑企业的实际情况，并结合往年的人力资源管理费用等情况，编制人力资源管理费用预算。如果企业处于下降期，生产经营效益下降，经济形势不好，可以考虑适当减少预算。

第二节　人力资源费用审核与控制

一、人力资源费用预算审核

人力资源费用预算审核是指在一个生产经营周期（一般为一年）内对各项人力资源费用的预算进行审核，以保证其符合政府有关法律法规要求及企业自身发展需求，并为企业人力资源下期费用规划提供依据。

1. 人力资源费用预算审核的基本要求

（1）确保人力资源费用预算的合理性。人工成本及人力资源管理费用的各项内容应按照政府有关部门定期发布的工资指导线、消费价格指数、最低工资标准、劳动争议处理办法等参照指标进行测算，同时应兼顾企业自身发展情况，使企业人力资源费用预算具有合理性。

（2）确保人力资源费用预算的准确性。审核的根本目的是保证人力资源费用预算的准确性，人力资源管理人员应当掌握预算及核算的相关知识，对各项费用进行审查，不仅要对数字重新核算，还要对各项费用进行分析，使人力资源费用规划具有准确性。

（3）确保人力资源费用预算的可比性。各项人力资源费用是不断变化的，劳动力市场价位、招聘培训价位等的变化需要定期进行市场调查，形成同行业、各项目之间的比较、分析模式。通过对人力资源费用预算进行审核，能够完成一个生产经营周期（一般为一年）内本企业各项费用计划与实际的对比、分析，为企业人力资源费用规划的动态调整提供依据。

2. 人力资源费用预算审核的要点

人力资源管理人员必须认真按照规定的程序，缜密思考，仔细审核人力资源费用预算。

在审核下一年度的人工成本预算时，要检查项目是否齐全，尤其是那些子项目，例如工资项目下的工资、加班工资、轮班津贴、岗位津贴、奖金等，又如保险福利项目下的养老保险费、医疗保险费、失业保险费、员工教育经费、员工住房基金、工会经费等，这些子项目一般都是根据国家有关规定设置的。其他费用项目一般是指属于人工成本范围而又不属于工资项目与保险福利项目下的费用，如非奖励基金的奖金等。在审核时，必须保证这些项目齐全完整，特别是应当密切注意企业在调整人力资源某种政策时，可能会涉及人员费用的增减问题，在审核费用预算时应使其得到充分体现，以获得资金上的支持。总之，工资项目和保险福利项目必须严格加以区别，千万不能混淆。

在审核费用预算时，还应当关注国家有关规定和发放标准的新变化，特别是那些涉及员工权益的资金管理、社会保险等重要项目，应保证在人力资源费用预算中得以体现。

审核人力资源管理费用预算的要点与审核人工成本预算的要点基本相同。招聘、培训等管理费用在审核时还要分析其是否符合职位需求，如果高于职位实际需求，则会造成资源浪费。

3. 人工成本预算审核的方法

（1）注重内外部环境变化，进行动态调整

1）关注政府有关部门发布的年度企业工资指导线，用三条线即基准线、预警线和控制下线来衡量本企业生产经营状况，以确定工资增长幅度，维护企业和员工双方各自合法权益。

①基准线。生产发展正常、经营成果良好的企业可以围绕基准线调整工资水平。

②预警线（上线）。对于生产发展较快、经济效益增长也较快的企业，可以在不突破预警线的范围内调整工资水平。预警线可以防止企业出现“吃光花光”的短期行为，给企业留有一定的发展空间。同时，也要注意不能去迎合董事会某些董事不正确的“利润越多越好”的心理状态，杜绝“鞭打快牛”的错误做法。在完成董事会下达的利润指标后，企业应当在调整工资之后，将剩余部分用于固定资产投资，改善和更新企业生产设备，为提高生产能力做好准备。同时，工资调整也不可以突破预警线，要居安思危。提高员工工资，员工皆大欢喜；但是当企业遇到困难需要下调工资时，往往会导致人心浮动，造成员工的流失。所以说，工资是把“双刃剑”，工资的增长不仅要看到当前，还要考虑长远。

③控制下线。当年经济效益严重下降或亏损的企业，在支付员工工资不低于当年本地区最低工资标准的前提下，工资应控制在下线不予增加。值得注意的是，如果当年本地区最低工资标准提高了，企业即使亏损，也要将在最低工资标准以下的员工工资调整到最低

工资标准水平。注意，亏损企业需要降低工资时，必须慎之又慎，除非企业领导与员工在这方面达成共识。

2）定期进行劳动力工资水平的市场调查，了解同类企业各类劳动力工资价位的变化情况，掌握劳动力市场工资水平的上线、中线和下线，在此基础上对本企业各类员工工资水平进行比较分析，看清本企业工资水平处在何种位置上，对内是否公平合理，对外是否具有竞争力，并以此为依据决定是否应当调整本企业工资以及具体的调整幅度。

需要强调的是，要进行同类企业的比较。因为不同类型企业的比较往往会出现偏差，据此调整人工成本的结果，不是加大人工成本使企业不堪重负，就是造成人员的流失、挫伤员工的积极性。

3）关注消费价格指数，因为消费价格指数与老百姓的日常生活息息相关。消费价格指数是用某一时期的价格水平同另一时期的价格水平相比，来说明价格变动的趋势和程度。在审核人工成本预算时一般用同比的办法，也就是用本年当月的物价与上年同月比较，以此确认消费价格指数是上升还是下降。消费价格指数被称为“经济的晴雨表”，它反映了全社会平均价格水平的变化。为了不使员工的生活水平降低，在消费价格指数上升的时候，工资应当进行相应调整。

总之，国家的工资指导线、社会的消费价格指数和企业的工资水平市场调查是相互关联的，在进行人工成本预算审核时，应当将三者联系起来一同考虑。

（2）注意比较分析费用使用趋势。在审核下一年度的人工成本预算时，先将本年度费用预算和上一年度费用预算，以及上一年度费用结算和本年度已发生的费用结算情况统计清楚，然后进行比较分析，从预算与结算的比较结果分析费用使用趋势，再结合上一年度和本年度生产经营状况以及预测的下一年度生产经营状况进行分析。人工成本预算过程如图 3-2 所示。

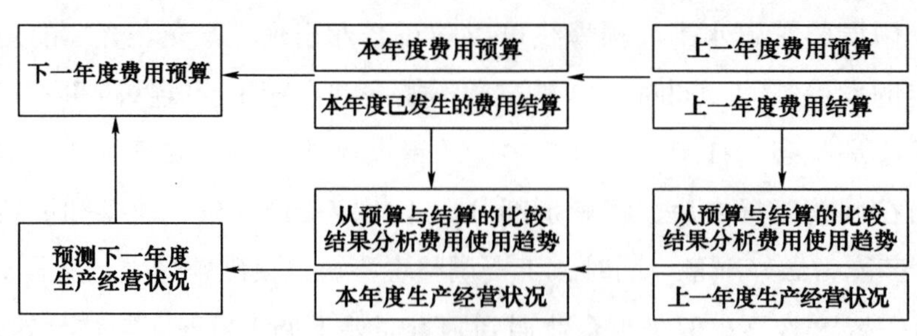

图 3-2　人工成本预算过程

（3）保证企业支付能力和员工利益。预测人工成本在企业经营预算中的额度，以保证企业的支付能力和员工利益的实现。企业在做经营预算时常用以下两个公式。

$$收入-利润=成本$$

$$收入-成本=利润$$

这两个公式代表两种经营思想。第一个公式实际上表达了“算了再干”的思想，也就是在预测市场状况后，企业得到的总收入应首先保证利润，当然利润应是合情合理的，这主要是为了控制成本、不造成浪费，余下的是企业生产经营成本。第二个公式实际上表达了“干了再算”的思想，也就是在预测市场状况后，企业应得到的总收入首先扣除企业生产经营成本，利润剩下多少是多少。在这两个公式中，成本与利润之间呈现的都是此消彼长的状态。当然，这两个公式不能完全分开，应交互使用，但总体上是“收入 – 利润 = 成本”模式在企业经营预算中起主导作用，它体现了预算的严肃性、严谨性和严格性，能使企业有序经营。企业经营成本的具体构成见表 3–1。

表 3–1　企业经营成本的具体构成

人工成本	材料成本	企业管理费用	销售费用	财务费用
直接成本		间接成本		
企业总成本				

从表 3–1 中可以看出，人工成本是企业的直接成本，是影响企业能否正常经营的关键因素之一。

人工成本在直接成本中占多大的比例，在总成本中又占多大的份额呢？企业的性质不同、经营观念不同，在这方面是有很大区别的。例如，生产型企业的人工成本比例就低于科研生产型企业，而商业型企业的人力资源费用又低于生产型企业。又如，对于采取成本领先战略的企业，其人工成本比例低于采取产品差别化战略的企业，而采取产品差别化战略的企业又比采取市场焦点战略的企业要低。这是一般性规律，并不排除例外或特殊情况。

人工成本在直接成本或企业总成本中占多少比例和份额没有统一定式，各个企业要按上述要点具体情况具体分析。总之，企业要根据对外具有竞争性、对内具有公平性的原则，有效地控制工资增长水平以及人工成本的比例，使人力资源费用能适应人力资源战略发展需要。

（4）审核人工成本预算应与人力资源规划工作结合起来。费用预算的审核实际上是对企业人员结构和数量的审核，因为人工成本总预算是由人力资源规模和人员工资水平两个重要因素决定的。

4. 人力资源管理费用预算审核的方法

（1）认真分析人力资源管理各方面的活动及其过程，确定各项人力资源管理活动所需的费用项目，对这些费用按企业财务科目分类，分别统计核实，纳入相关会计科目。

以某企业人力资源部为例，其职责范围内的活动项目以及所需费用项目见表 3–2。

表 3-2　　某企业人力资源管理费用项目表

活动项目	费用项目
招聘	广告费、招聘会经费、高校奖学金
工资水平市场调查	调研费
人员测评	测评费
培训	教材费、教员劳务费、培训费（含差旅费）
公务出国	护照费用、签证费
调研	专题研究会议费用、协会会员费用
劳动合同签订	签订费
辞退	补偿费
残疾人安置	残疾人就业保障金
劳动争议处理	法律咨询费
日常办公	办公用品费与设备购置费

（2）根据企业实际情况对各项费用预算进行审核。企业根据上一年度预算与结算比较情况给出一个控制额度，大部分由人力资源部掌握，项目之间根据余缺，在经过批准程序后可以调剂使用。对有些活动项目如培训，相关费用按使用部门进行控制，避免部门之间相互挤占而完不成各自的培训需求。

二、人力资源费用支出控制

1. 人力资源费用支出控制的作用

（1）人力资源费用支出控制是在保障员工切身利益、保证工作顺利完成的前提下，使企业达成人工成本目标的重要手段。

（2）人力资源费用支出控制是降低招聘、培训、劳动争议处理等人力资源管理活动费用的重要途径。

（3）人力资源费用支出控制为防止滥用管理费用提供了保障。

2. 人力资源费用支出控制的原则

（1）及时性原则。通过控制人力资源费用支出，能及时发现费用预算与实际支出之间的差异，结合有关制度规定的标准及时调整、消除偏差，减少失控期间的损失。

（2）节约性原则。在控制招聘、培训、劳动争议处理等人力资源管理活动的费用支出时，通过切实有效的控制措施降低成本，使费用利用价值最大化。

（3）适应性原则。随着时间的推移，内外部条件会发生变化，应使人力资源费用支出的控制适应这种变化，并能在变化的条件下较好地发挥控制作用。

（4）权责利相结合原则。实施人力资源费用支出的控制时，应严格把握各项费用的出处及去向，各部门以及个人在使用费用的同时，有责任让费用充分发挥作用。

3. 人力资源费用支出控制的程序

（1）制定控制标准。制定控制标准是实施控制的基础和前提条件。结合政府有关规定及企业自身要求制定人工成本及人力资源管理费用的控制标准，要遵循合理、切实可行、科学严谨等原则。这个标准是在正常生产情况下对各职位、各员工确立的一个适度范围。该标准被制定后，要组织人力资源管理人员在各部门进行论证，如制定培训费用标准时，要和需要进行培训的部门进行沟通，了解需要何种等级的培训、培训应完成何种目标，而后进行市场调查等，以确定最优的培训费用标准。

（2）实施支出控制。将控制标准落实到各个项目，在发生实际费用支出时看是否在既定标准内完成目标。对费用支出实行过程控制，收集各种信息资料并对其进行加工整理，形成系统的人力资源费用支出的控制材料。一般情况下，控制是在进行费用预算时就开始的。这会有一定难度，因为有许多不确定因素会影响预算结果，致使人力资源费用标准和实际支出的差异扩大，所以需要人力资源管理人员在做预算与支出时遵守控制标准，如有差异及时反馈。

（3）处理差异。如果预算与实际支出之间出现差异，要尽快分析差异出现的原因，要以实际情况为准进行全面综合的分析，并做出进一步调整，尽量消除预算与实际支出之间的差异。对人力资源费用支出的控制是一个循环反复的过程，只有持续地进行对比分析并采取有效的改进措施才能最终消除差异。当然，在预算与支出的平衡过程中，也存在控制标准制定不合理的情况，需要重新审核人力资源费用的预算，若确实是控制标准不合理，则需要考虑对其进行修订。

A会计师事务所2012年计划招聘一批大学刚毕业的新员工30人，人力资源部负责此项工作，3月进行招聘和选拔工作。张澜是A会计师事务所的人力资源部经理，下面是她所做的人力资源招聘费用核算。

3月28日至31日，进行4天招聘新员工的笔试和面试，然后进行阅卷、调查、分析等选拔工作。选拔成本主要包括以下几个方面。

1. 进行初步口头面谈，选拔人员工资率 20 元 / 小时，面试人数为招聘人数的 3 倍，面谈前的准备时间为每人 2 小时，面谈所需时间为每人 0.25 小时。选拔者面谈的时间费用应冲减管理费用，计算方法如下：

选拔者面谈的时间费用 =（2 小时 / 人 +0.25 小时 / 人）×20 元 / 小时 ×90 人 =4 050 元

2. 汇总申请资料费用，包括印发每份申请表资料费 2 元和每人资料汇总费 2 元，选拔人数 90 人，则该项费用总计为 360 元，冲减管理费用。

3. 进行书面和口语测试，平均每人的材料费 5 元，平均每人的书面测试评分成本 10 元、口语测试评分成本 5 元，选拔人数 90 人，书面和口语测试各一次，书面和口语测试费用的计算方法如下：

书面和口语测试费用 =（5 元 / 人 +10 元 / 人）×90 人 +5 元 / 人 ×90 人
=1 350 元 +450 元 =1 800 元

其中，材料费 450 元冲减管理费用，另 1 350 元支付现金。

4. 人力资源部请各部门代表进行各种调查和比较分析，人力资源部人员的工资率为 20 元 / 小时，各部门代表的工资率平均为 25 元 / 小时，讨论 3 次，每次 4 小时，评审费用的计算方法如下：

评审费用 =4 小时 ×（20 元 / 小时 +25 元 / 小时）×3=540 元

该费用冲减管理费用。

5. 根据候选人员资料、考核成绩、调查分析评论意见，召开负责人会议讨论决策录用方案 2 次，均有 5 位经理参加，每次 1 小时，其工资率为 50 元 / 小时，则决策费用总计为 500 元，冲减管理费用。

6. 口头面谈，与候选人讨论录取后职位、待遇等条件，费用 300 元，冲减管理费用。

7. 获取有关证明材料，通知候选人体检，费用为每人 10 元，共 300 元，冲减管理费用。

8. 体检费用等，每人 300 元，共 9 000 元，以银行存款支付。

讨论题

1. 张澜所做的人力资源招聘费用核算存在什么问题？

2. 人力资源招聘费用包含哪几个方面？

本章思考题

1. 简述人力资源费用的构成。
2. 简述人力资源费用预算的原则。
3. 简述人工成本预算审核的方法。
4. 简述人力资源费用支出控制的程序。

第四章

人力资源信息化管理

引导案例

B连锁股份有限公司是一家著名的超市连锁企业，1999年10月完成股份制改造，成为当地首家股份制连锁公司。B连锁股份有限公司现有直营店74家，经营面积16万平方米。公司连年荣获“全国商业质量奖”等荣誉称号。

作为一家超市连锁企业，B连锁股份有限公司正面临该行业非常典型的人力资源管理问题。

1. 快速扩大的人员规模和门店数量导致人力资源管理体系难以有效贯彻。随着企业快速发展，门店数量不断增加，在这种情况下人力资源管理体系能否有效贯彻、各门店能否有效执行政策，成为公司总部人力资源部面临的现实问题。

2. 复杂的人员类别增加了管理难度。连锁经营企业中普遍存在人员类别复杂的现象，既包括企业自有人员，又包括各种供应商所属人员，以及劳务派遣人员。不同的人员类别需要在人员管理、薪资管理、保险管理等方面采取差异化的策略和管理方式，很显然，这将增加很多工作量。

3. 分散的门店和人员流动带来巨大的工作量和劳动纠纷风险。各个超市门店分散，而且人员数量较多，再加上人员流动频繁，结果就是总部人力资源部甚至无法及时掌握各门店的人员状况。随着国家对劳动合同管理规范性要求的提高，由于各门店管理水平高低不一，因此整个企业正面临很高的劳动纠纷风险。

4. 无法满足企业高层对决策信息的需要。人力资源数据是企业高层进行决策的重要依据，但在传统管理模式下，手工编制各类人力资源报表会耗费大量时间，而且人员快速流动、信息分散会导致数据滞后、准确度不高，这些都制约了人力资源部支持高层决策的力度。

5. 无法满足企业在快速发展条件下加强管控的需要。超市行业具有很强的集中管控需求，因为集中管控能够实现规模效应、降低管理成本、提高整体效能。但从地理分布上来看，门店分散，人力资源管控能力亟待加强，加强对员工招聘、培训、薪酬等人力资源管理各环节的管控成为当务之急。

案例思考

1. B连锁股份有限公司在人力资源管理方面存在哪些问题？
2. 如何通过人力资源信息化管理来提升B连锁股份有限公司的管理效率？

第一节　人力资源信息化管理概述

一、电子化人力资源管理的概念、作用和实施效果

1. 电子化人力资源管理的概念

电子化人力资源管理是人力资源信息化管理的全面解决方案。电子化人力资源管理是从“全面人力资源管理”角度出发，利用互联网技术为人力资源管理搭建的一个标准化、规范化和网络化工作平台（人力资源管理信息系统），主要由面向人力资源管理部门的人力资源业务管理系统与面向企业不同角色（高管人员、直线经理、普通员工、人力资源管理者）的网络自助服务系统两大部分组成，是传统人力资源管理在互联网技术与理念方面（强调全员的共同参与）的延伸。

电子化人力资源管理是新经济时代人力资源管理的发展趋势，网络技术的成熟运用是其硬件基础，企业资源计划等概念的出现和具体实施是其存在和发展的大环境，而人力资本开发和增值的迫切性是其出现的根本原因。企业管理者已经逐渐认识到，人力资源是企业经营诸要素中位于第一位的资源，技术和资金相对于人力资源已经退居于其次。电子化人力资源管理不仅使企业的人力资源管理自动化，实现了人力资源与财务流、物流、供应链、客户关系管理等系统的关联和一体化；而且整合了企业内外人力资源信息和资源，使其与企业的人力资本经营相匹配。

2. 电子化人力资源管理的作用

（1）提高人力资源部的工作效率。将更多行政性、重复性的工作交由电子化人力资源管理系统来处理，可使人力资源管理人员能抽出更多时间考虑对企业人力资源战略更有价值的问题。

（2）优化业务流程。通过搭建基于标准化、规范化的人力资源管理业务流程工作平台，将不同管理人员的个人管理习惯统一到更为规范的管理体系之中，帮助实现人力资源管理人员的一贯化。

（3）提供基于信息的决策支持。通过建立一系列人力资源管理指标（人力资源状态指标与经营指标，如员工满意度、人力资源成本分析等），来提升企业基于“以人为本”“投资于人”理念的经营决策能力，为高级管理者的战略经营决策提供及时、有效的支持。

3. 电子化人力资源管理的实施效果

（1）员工自由地完成培训。企业会为新员工或者转岗员工提供相关的上岗培训，为此往往需要许多后勤支持工作，如场地安排、课程规划等。但如果把这些例行性培训放在企业网络上，那么员工任何时候都能在企业网络上接受相关培训，这会使培训工作更为灵活。这样的培训方式能让员工在尚未正式进入企业或走上新岗位之前就了解并学习所需的技能，当员工进入企业或上岗以后，将会很快地适应工作环境。所有固定模式的培训都可以利用这种方式来进行。企业也可以通过网络记录知道员工是否进入培训系统学习，并且可以进行在线测验，考查员工的学习效果。为了实现这种培训方式，人力资源部必须要做以下几项工作：设计及时、有效的培训评估体系，以保证培训效果；设计在线教育培训计划；做一个内部培训局域网；在内部培训局域网上发布在线教育培训计划以及各种供员工自主选择的课程，也可以发布一些培训材料（如企业培训制度、企业文化、员工手册、聘请的培训师所讲的内容、公司礼仪、相关培训教材等）；与企业外部的专业人力资源培训网站合作，共同进行企业员工培训。

（2）公文流程得到简化。电子化人力资源管理能够简化烦琐的公文流程，省去许多需要人工操作的工作或需要层层签核的事项，提升工作效率。例如，原来企业必须每天、每月、每年记录并统计员工的请假条以了解其出勤情况，但是现在员工只要在计算机上提出请假申请，管理人员在批示后，一方面发送给员工，另一方面将这些记录直接传送到相关部门，如人力资源部、财务部，以计算该员工的薪资，并统计分析其他相关资料，就可以完成整个过程。

（3）沟通方式更有效。电子化人力资源管理突破了人与人之间的空间限制，减少了因为地理因素造成的疏离感。人与人之间的互动会因为电子化人力资源管理而增加，例如，不在同一办公室工作的员工，也能够通过网络随时进行互动。建立一个便于交流的聊天群是实现员工交流互动的一条有效途径。

（4）员工的工作空间增大。在电子化人力资源管理系统支持下，企业可以采用项目雇佣方式利用外部人力资源。在这种关系模式下，企业和员工都拓展了各自的生存空间，而企业内部部分人员也可以根据需要在家工作，提高工作效率。

（5）绩效管理得到改善。原来人力资源部仅负责绩效评估办法的制定，其余的绩效管理工作都交给各业务部门主管负责。然而现在，人力资源部必须参与员工绩效目标的制定，并确保绩效目标能够与企业目标一致，同时还必须协助员工提升绩效。人力资源部可以在内部局域网上发布考核管理办法和制度，方便员工了解自己是如何被考核的、企业对他们有哪些期望；在内部局域网上发布考核通知，方便地统一企业的考核行动；在内部局域网上发布考核结果，对员工的表现给予更迅速、及时的反馈，如发布通知表扬优秀员工，使他们感受到企业对他们的重视，这对员工有很大的激励作用。此外，人力资源部还可以在内部局域网上进行考核记录管理。

（6）统计更便捷，成本更低。电子化人力资源管理不仅可以使管理人员摆脱一些烦琐重复的劳动，还可以使企业管理者获得及时、有效的信息，进而促进人力资源信息共享。通过电子化人力资源管理系统，企业管理者可以及时了解员工的工作情况，并将其作为员工招聘、晋升、奖惩、培训等的依据。

二、电子化人力资源管理的优势

随着信息技术的快速发展，电子化人力资源管理可以借助集中式信息库、信息自动处理、员工自助服务、外部协助以及服务共享等信息化手段，使人力资源管理达到降低成本、提高效率、改进员工服务模式的效果。它通过与企业现有的网络技术相联系，可保证人力资源管理与日新月异的技术环境同步发展。因此，电子化人力资源管理的优势是显而易见的。

1. 降低管理成本

电子化人力资源管理可以通过减少人力资源管理工作的操作成本、减少行政性人力资源管理人员、减少通信费用等达到降低企业成本的目的。电子化人力资源管理是企业信息化的组成部分，能助力企业实现无纸化办公，节省办公用品等开支。

2. 畅通信息传递

电子化人力资源管理通过互联网，使人力资源管理的触角成功地延伸到每一位员工的身边，使人力资源管理的信息传递畅通有效。传统的人力资源管理是逐层推进的，一般是树形结构，所有人力资源管理政策与信息要从总部一级级传递到基层，速度比较慢，甚至可能在贯彻中走样变形。电子化人力资源管理可以将有关信息和资料直接传递到基层员工，有利于政策的实施。电子化人力资源管理还可以迅速、有效地收集各种信息，加强企业内部的信息沟通，员工可以直接从系统中获得自己所需的各种信息，并根据相关信息做出决策和采取行动，使人力资源管理信息服务实现自助化。

3. 促进技术变革

在传统的人力资源管理工作中，人力资源管理人员必须在日常行政事务性操作上花费大量的时间、精力，因而无暇顾及更为重要的策略性工作。技术的进步最终解放了人力资源管理人员的“双手和大脑”，使人力资源工作发生较大变革。当行政事务性工作可以由电子化系统完成时，就只需占用人力资源管理人员极少的精力和时间，人力资源管理人员就可以真正地将工作重心放在服务员工、支持管理层的战略决策、为管理层提供咨询等方面。电子化人力资源管理的最终目的是革新企业管理理念，不仅仅停留在改进管理方式、优化企业人力资源管理方面。

三、实施电子化人力资源管理需要处理的关系

电子化人力资源管理的实施不是买几台计算机、装一套软件、组建一个网络这么简单的工作，它包含了以下两层含义：首先是人力资源管理的电子化，其次是高效的人力资源管理。因此，电子化人力资源管理需要处理好以下两个方面的关系。

1. 信息技术与管理理念的关系

计算机硬件、网络、网站和数据库等都是电子化人力资源管理实施的基础，相关技术水平将直接影响电子化人力资源管理能否顺利实施。随着科技发展，音频压缩与视频压缩技术等许多先进技术也被纷纷运用到电子化人力资源管理中来。现在电子化人力资源管理已经不再是简单追求无纸化办公这一目的了，呼叫中心、人工智能、互联网电话等技术的运用，使电子化人力资源管理可实现的功能更为强大。在这种情况下，很容易产生电子化人力资源管理的技术先导论，即技术决定电子化人力资源管理的实施水平与效益。因此，人们会过分重视信息技术，而忽视了真正影响电子化人力资源管理实施的关键是管理本身的优化，信息技术只是帮助实施管理的一种手段罢了。其实，信息技术与管理理念之间的关系就好像是渠道与水的关系，宽畅的渠道能将水更快地输送到目的地。因此，在实际操作中要重视信息技术的利用，但更要注重管理理念的更新和贯彻。

2. 自助服务与专业服务的关系

随着电子化人力资源管理功能的逐渐强大，员工自助服务从政策咨询、信息传递等

方面延伸到了薪酬福利、绩效评估等管理层面。但是对于企业战略、员工职业生涯发展等高层次的人力资源管理开发层面的服务，仍然需要人力资源管理人员来实施，以保证企业发展对高层次人才的需要。因此，在人力资源管理服务中，既要着力于电子化人力资源管理自助服务功能的完善和补充，又要努力在员工专业服务方面有所建树和提高。

第二节　人力资源管理信息系统建立

一、人力资源管理信息系统建立的原则

不同企业人力资源管理信息系统的内容和管理方式是不同的，因此，给每个企业规定统一的系统模式是没有必要的。但是，为了真正发挥人力资源管理信息系统的功效，企业在建立该系统时还应遵循以下原则。

1. 根据实际情况选择系统管理方式

要根据企业目前的发展规模以及人力资源部对人力资源管理信息系统的运用程度和期望程度来选择系统管理方式。

2. 系统要能够为管理服务

如果人力资源管理信息系统无法服务于企业的战略经营和日常管理，就失去了存在的意义。

3. 系统要适应企业的发展变化

在建立人力资源管理信息系统时，应当考虑企业发展时该系统的可扩展性，以及在使用过程中当需求发生变化时该系统的可修改性等。

二、人力资源管理信息系统建立时需要考虑的内容

建立人力资源管理信息系统需要考虑以下五个方面的内容。

第一，需要制定人力资源管理信息化策略。例如，制定员工关系管理和人力资源管理服务模型电子化的目标、策略和实施计划，这一切要从提高人力资源管理服务质量出发，

认真考虑如何为每位员工提供个性化的人力资源管理服务。

第二，考虑企业的工作性质和信息化水平。例如，是否每位员工都拥有个人计算机和相应软件，所有员工是否都可以获得联网支持，如何让那些没有条件随时上网或经常上网的员工也得到这样的服务。

第三，要从为一个企业建立人力资源门户网站的角度出发，来规划整个人力资源管理信息系统的建设，要使这一系统成为不同用户的垂直型门户网站，要规划好员工界面、管理层界面和人力资源管理界面。

第四，规划人力资源管理信息系统应该具备的功能，如在线全面薪酬管理、绩效管理、招聘、培训、人力资源管理评估、福利管理和不同用户的人力资源管理自我服务。

第五，要全面考察企业是否具备完整的系统运行环境，如服务器、硬件设备、用户服务支持、数据处理和管理、流程控制等。

电子化人力资源管理的关键在于管理者如何利用信息技术来改进对用户的服务，用户对象包括普通员工、经理、人力资源管理人员或专家、退休员工等，这是用户层面的问题。在数据层面的关键问题是，各种人力资源数据是如何记录和保存的，以及这些数据如何转化才能成为人力资源管理信息系统可以识别和利用的信息。在功能层面，需要根据企业人力资源管理的实际情况，规划实际有效的、能够产生价值的功能模块，如招聘、培训发展、薪酬管理、沟通渠道管理、绩效管理、福利管理、时间管理、自助服务等。

三、人力资源管理信息系统的类型

随着企业纷纷应用企业资源计划、客户关系管理、供应链管理等解决方案，人力资源管理作为整体方案的一部分，形成了多种类型的人力资源管理信息系统。

完整的人力资源管理信息系统通过先进的信息技术与人力资源管理的结合，一方面实现人力资源管理事务性工作电子化、流程自动化，提升人力资源管理工作的品质和效率，并使人力资源管理人员能更多地考虑战略层次问题；另一方面则为企业高层提供大量数据及分析信息作为决策支持。人力资源管理信息系统的建立可以将企业管理职能进行整合。

选择适合自身的人力资源管理信息系统对企业至关重要。单从价格来看，市面上的人力资源管理信息系统从完全免费到几千万元共有几百种，企业应该根据自身的具体需要做出合理的选择。

人力资源管理信息系统按复杂程度可以分成四种类型，具体见表 4–1。

表 4-1 人力资源管理信息系统的四种类型

类型	特征	技术需求	适合企业
资料库	• 档案管理电子化 • 人力资源信息索引、查询 • 侧重人力资源管理职能的资料处理	• 单机 • 一般配置	• 现有信息化程度低 • 规模小或新成立企业 • 资金、人力资源管理人才不足
独立功能	• 单个或多个独立人力资源管理功能模块 • 人力资源作业流程处理大部分自动化	• 简单局域网 • 一般配置	• 现有信息化程度中等 • 人员达到一定规模 • 资金、人力资源管理人才不足 • 人力资源管理任务较重
功能整合	• 完整的人力资源管理功能模块 • 各功能模块信息共享 • 人力资源管理功能通过信息技术横向整合	• C/S（客户端 / 服务器）、B/S（浏览器 / 服务器）架构局域网 • 互联网接入	• 现有信息化程度高 • 人员规模大 • 资金充足，具备优秀的人力资源管理人才
系统整合	• 与其他管理系统信息共享 • 高度客户定制化 • 提供战略预测、规划决策支持 • 支持人力资源深度开发 • 企业完整管理系统的一个环节	• C/S、B/S 架构局域网 • 互联网接入 • 高性能服务器及网络硬件	• 已建立生产、销售、财务等管理系统 • 信息化程度较高 • 资金充足，具备各类优秀人才

1. 资料库类型

确切地说，这种类型还不能被称为人力资源管理信息系统，一台单机加上 Access 软件或许就可以解决问题。资料库类型人力资源管理信息系统主要侧重于人力资源管理信息的整理归类及查询，虽然简单，但却是解决人事档案管理混乱、人力资源管理信息不易查找或经常出错的好办法。

对于小企业或新成立的企业，由于人员少、部门层级扁平，使用这类简易的信息系统可以提高人力资源管理工作效率。这类系统费用低廉、实施快捷，所以被大量采用。另外，一些传统行业如机械制造、食品加工等的企业，即使人员规模超过百人，也比较倾向于选择这类系统，因为这些企业信息化程度低，而且人力资源管理内容比较简单。

2. 独立功能类型

很多中小企业的人力资源部承担了非常繁重的管理任务，工作人员的大部分精力都花在日常性事务的处理上，如果要在短时间内解决这些问题，则可以采用独立功能类型人力资源管理信息系统。这类系统偏重于某一项人力资源管理功能，或采用多项人力资源管理功能模块各自独立运行。其效果是将人力资源管理事务性工作电子化、流程处理自动化，大大减少人力资源管理人员非增值性工作时间，并减少人力干扰因素，提高事务性工作的质效。这类系统最大的优点是，企业可以根据自身最迫切的需要来选择功能模块，并能很快运作起来。例如一家生产橡胶密封件的企业，人员规模达到6 000人，其人力资源部在选择人力资源管理信息系统时，考虑到企业信息化程度以及人力资源管理人员素质等限制因素，只采用了考勤管理系统以及薪资福利管理系统。

此类型的人力资源管理信息系统已经开始引入人力资源管理的先进理念，并利用软件系统来优化企业现有人力资源管理制度和作业流程。

3. 功能整合类型

功能整合类型人力资源管理信息系统的特点是，从人力资源管理的整体出发，建立完整的人力资源管理功能模块，包含员工管理、招聘选拔、培训、薪资福利管理、考勤、绩效评估等，并进行横向的整合，用集中的数据库将几乎所有与人力资源相关的数据统一管理起来，形成集成的信息源。人力资源信息自助服务、高效的报表生成工具和跨职能人力资源管理作业流程的自动化处理，使人力资源管理人员得以摆脱繁重的日常工作，能够集中精力从战略角度来考虑企业人力资源规划和政策。

适合这类系统的企业需要达到一定的人员规模，并且进入良性经营状态，企业内部管理制度已经基本完善，高层领导重视人力资源管理工作，高级管理人员拥有先进的管理理念。

由于这一类型的人力资源管理信息系统在实施过程中要调整、优化企业所有人力资源管理制度和流程，改变人力资源部的角色，并使员工能参与人力资源管理过程，因此从某种程度上可以将其看作组织管理及企业文化的一次变革。在这一过程中，企业需要投入大量时间、资金、人员进行制度流程优化、培训及宣导。

4. 系统整合类型

对于已经建立生产、销售、财务等管理系统的大中型企业，系统整合类型人力资源管理信息系统最为适合，其典型结构如图 4–1 所示。

系统整合类型人力资源管理信息系统建立在功能整合类型人力资源管理信息系统的基础上，一方面内接既有的其他管理系统，另一方面提供战略规划、决策支持系统分析工具，使人力资源管理人员能够担任企业管理咨询角色。选择这类系统，对企业的管理水平、信息化程度和资金投入要求非常高。只有在企业规模发展到一定程度，业务稳定增长，经营管理系统运作成熟，并且具备高素质的管理人才的情况下，才可以考虑选择系统整合类型人力资源管理信息系统。

这类系统对企业核心竞争力的提升有巨大帮助，能够将企业的项目管理系统及知识管理系统进行整合。

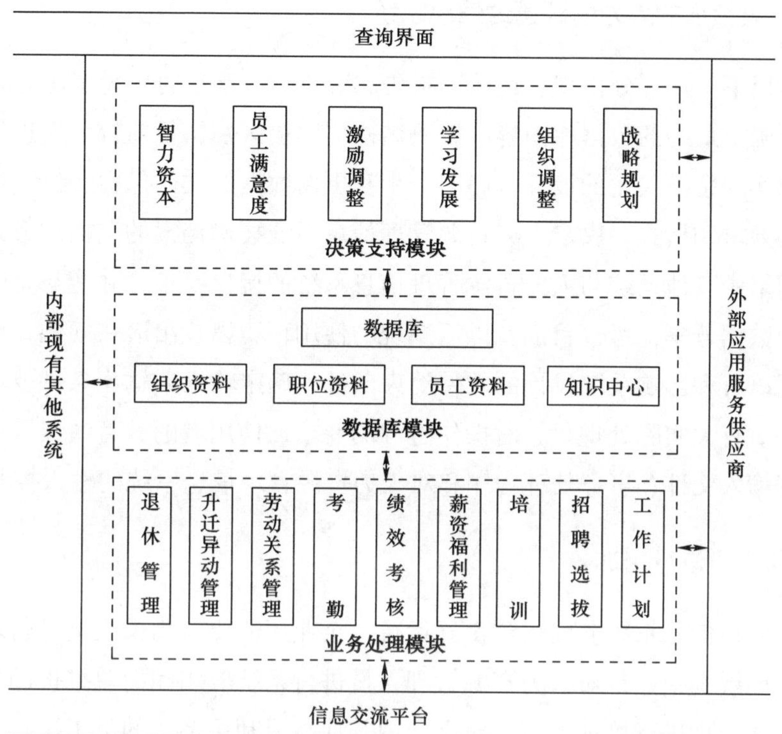

图 4-1　系统整合类型人力资源管理信息系统的典型结构

四、人力资源管理信息系统建立的步骤

一般来说，企业建立一套人力资源管理信息系统，需要经过以下步骤。

1. 制订规划

全体员工都要充分理解人力资源管理信息系统的概念，而高级管理者除了要在预算、人力、时间、决策等方面提供支持，还要考虑人力资源资料收集和处理的方案，进行现有人力资源制度完善和作业流程优化，引入合适的管理模式，确定企业人力资源管理的发展方向和优先顺序，做好系统建设的时间进度安排，全局规划，分步实施。

2. 建立项目团队

企业成立一个跨部门的项目团队负责组建人力资源管理信息系统，该项目团队至少应包括人力资源部和信息技术部的员工。该项目团队的职责是统一负责评估人力资源管理信息系统使用者的需要，设计系统的功能和组成模块，选择供应商以及与供应商合作对系统进行调试。

3. 选择一套合适的人力资源管理信息系统

具体包括以下工作：分析现有记录、报告和表格，以确定对人力资源管理信息系统中数据的要求；确定最终的数据库内容、编码结构、模块区别，目前较为先进的人力资源管理信息系统都实现了模块化的设计，确定产生和更新数据的文件保存和计算过程；规范人力资源报告的要求和格式；决定人力资源管理信息系统技术档案的结构、形式和内容；确定企业内部网络中其他系统与人力资源管理信息系统的接口要求，并能与企业其他系统良好整合，实现数据分享；考察目前及以后系统的使用环境以找出潜在问题；检查计算机硬件结构、所用语言和影响系统设计的软件约束条件；确定输入－输出条件要求、运行次数和处理量；提供有关实际处理量、对操作过程的要求、使用者的教育情况及所需设施的资料；设计数据输入文件、事务处理程序和对人力资源管理信息系统的输入控制。

4. 对相关人员进行培训

人力资源管理信息系统若要得到良好运行，企业还需要对相关人员进行培训。这种培训分为三个不同层次：一是对人力资源管理人员进行系统应用和简单维护的培训；二是对高级经理和直线经理进行培训；三是对企业中其他需要利用系统的员工进行系统操作方法的培训。培训必须以授权访问系统权限的高低来加以区别。

5. 实施推广

实施推广的工作包括设计、安装系统，建立电子化人力资源管理工作流程、用户角色、界面，开发新的功能和流程，提供技术支持和维护以及评估系统的整体效果。

6. 确保系统安全

现行的人力资源管理信息系统大都建立在网络技术基础之上，因此，系统的安全问题显得尤为重要。企业要保证系统内有关员工隐私和健康状况的数据不被不具有访问权限的人获取和篡改。另外，人力资源部评估员工绩效的程序以及薪酬计划的制订等内部机密也应当得到有效的保护。

第三节　人力资源管理数字化转型

以移动互联网、云计算、大数据、人工智能、物联网、区块链等为代表的新一代数字技术正颠覆着人类的生产和生活方式，正在重塑一切。新技术催生新的商业模式、新的经济形态，同时促使传统经济体进化重生。有数据显示，全球 1 000 强企业中的 67%、中国 1 000 强企业中的 50% 都把数字化转型作为企业的战略核心。数字化转型已经成为企业的核心战略。人力资源作为企业管理的重要组成部分，同样经历着数字化带来的深刻变革。

一、数字化转型的社会经济背景

影响社会生活的最大因素是互联网和移动互联网。互联网的出发点是连接，移动互联网最大的价值和特征更是连接。同时，物联网技术的普及，加速了社会经济进入完全互联的时代。人与人的连接、人与组织的连接、组织与组织的连接、人与物的连接、物与物的连接逐渐强化，充分连接带来复杂管理的挑战，组织和个体之间的关系重构成为新课题。早在 2016 年，数字经济在中国整个国民生产总值的占比已经超过 30.1%。数字经济的特征不仅仅体现在网上购物和网约车等共享生活方式上，更体现在人们沟通、协作等工作和生活的数字化上。数字经济正在深度改变人们的工作和生活。

数字化转型的主要推动力来自移动互联网的快速发展，可以看到，近几年移动互联网发展极为迅速，特别是各种移动社交平台的发展，改变了中国大多数人的生活方式与工作方式。目前，互联网已经由 PC（个人计算机）时代的重点针对年轻人，走向覆盖范围更广的群体。特别是在中国，互联网应用以及社交工具的快速发展，推动更多的人群成为移动互联网网民。在移动互联网时代，手机已经不再是一个通信工具，而是移动互联网入口。在这样的社会环境下，越来越多的人基本形成移动互联网化的生活方式与工作方式，人们用手机获取各种信息，用手机完成各种日常生活必需品的采购，用手机完成出行等各种日常生活的安排等。移动互联网时代的消费者已经形成新的、移动化的生活方式，企业要尽快适应这一特征。

二、数字化与信息化的区别

为什么要进行数字化转型？数字化转型与当前企业信息系统的区别是什么？很多企业有这样的疑问：我们搞了几十年的企业信息化，也做了很大的投入，现在为什么要转型搞数字化？

解答这些问题首先需要明确，数字化并不是将企业以往的信息化工作推倒重来，而是需要整合优化以往的企业信息系统，在整合优化的基础上，用新的互联网技术手段提升企业的技术能力，以支撑企业适应移动互联网环境变化带来的新要求。

其次要分清数字化与信息化的四个主要区别。

1. 链接与没有链接的区别

很多企业的信息系统是在互联网没有高度发展的时期搭建的。上一波信息化建设热潮在2000年左右完成，在当时的环境下，互联网整体发展与目前相比差异较大，也可以说，当时的环境还比较缺乏对链接的深度认识。所以，目前看企业信息系统最大的问题是没有建立链接，特别是没有建立与客户或消费者的链接，没有打通企业各个职能单元的链接，没有实现企业各个数据单元的链接。

没有链接所造成的问题有以下两类：一是效率低，企业面对内部外部变化的应对效率非常低；二是模式缺陷，企业的整体经营模式无法适应外部环境变化的要求。

2. 打通与没有打通的区别

传统企业的信息系统是割裂的，并且各个数据系统单元彼此独立，形成相对独立的数据孤岛，信息系统整体的运行没有形成完整的数据闭环，所带来的问题就是企业效率低。

例如，一些企业的关键岗位员工在查询相关数据时，需要登录企业的不同系统，如销售是一套系统、库存是一套系统、客户数据是另一套系统，这样就要花费很多时间。企业亟须打通各个数据系统的链接，使整个数据系统在各个单元之间形成有机衔接，各个数据关系能够集中反映与满足不同用户的数据需求，并且将核心数据关系打通。这种打通的最终目标是提升企业效率，进一步整合挖掘企业的数据价值，推动企业的经营发展。

3. 用户思维与管理思维的区别

这是数字化与信息化的一个非常重要的区别。以往的企业信息化从构建之初，所体现的就是一种管理思维。企业进行信息化管理的主要指导思想就是通过建立一套管理工具，把企业的各个环节都能管起来。所要体现的信息化管理目标是管好、管严格。目前来看，这种在管理思维环境下设计的企业信息系统，缺乏有效解决用户效率低下问题的思维，结果就是用户效率非常低，很多用户需求得不到满足。企业需要借助移动互联网技术，通过数字化改造，打破以往的单纯管理思维，实现既能够保证管理效率、又能够切实提升用户效率的目标。

数字化的核心是要提升用户效率，也就是说，数字化改造的过程要高度体现如何有效提升各个系统节点的用户效率，既要有效提升他们的查询效率，又要有效提升他们的作业效率。数字化的最终目标是把相关的查询、作业逐步迁移到手机端，从根本上改变用户效率现状。

4. 经营理念与管理理念的区别

数字化改造的根本目标是解决企业的经营问题。经营问题涉及企业的整体战略、市场竞争、客户需求、产品创新等方面，是关乎企业生存和发展的根本性问题。数字化改造通过运用信息技术和数字化手段，可以帮助企业提高经营效率、优化资源配置、拓展市场渠道、提升客户体验等，从而解决经营问题，增强企业的竞争力和盈利能力。

而管理问题则主要关注企业内部的管理流程和运营效率，如人力资源管理、财务管理、生产管理等。管理问题虽然也是企业运营中不可忽视的一部分，但它们通常是服务于经营问题的，即通过优化管理流程和提高运营效率来支持企业的经营和发展。

三、信息化与数字化的特征

1. 信息化的特征

在信息化时代，流程是核心，软件系统是工具，而数据是软件系统运行过程中的副产品。由此产生信息化的两个特征：一是人类的活动以物理世界为主，少量的行为借助信息化手段进行改进和提升；二是思维模式还是线下的流程化思维，信息化是为线下物理世界活动服务的。当线上与线下规则发生碰撞产生冲突的时候，以线下物理世界为主。

办公自动化就是很典型的代表。办公自动化就是把线下的纸质法规、文件、流程都线上化，用软件实现一遍的过程，但是在最后一步，还是要打印表单请领导亲笔签字，再以这个表单为准。这个时候，信息化是一种工具、一种手段，并没有改变业务本身，大家还是用物理世界的思维模式在进行思考。

2. 数字化的特征

在数字化时代，人们利用数字技术将物理世界完全重构、建模到数字化世界。人类大部分活动及交互都在数字化世界中进行，少量决策指挥活动回到物理世界，通过指挥设备和机器完成操作。数据是物理世界在数字化世界的投影，是一切的基础，而流程和软件系统则是产生数据的过程和工具。

通过物联网、移动互联网、区块链、AR/VR（增强现实 / 虚拟现实）、AIGC（人工智能生成内容）等数字化工具的使用，物理世界正在被一一重构并搬到数字化世界中，这个过程不仅是技术实现的过程，更是思维模式转变的过程。在物理世界里，人类大脑的计算力、记忆力、行动力都是有限的，所以传统的人类思维在数字化时代需要“升维”，构建数字化思维。数字化思维是人类超越自己的物理实体的能力、范畴、经验，在了解数字技术的基础上构建的新思维方式。

在数字化时代，大部分的协作、沟通、设计、生产都已经通过数字技术在数字化世界里实现了。每天从早上一醒来，人们就沉浸在数字化世界里，智能穿戴设备随时记录个人运动数据，手机中的社交软件时刻更新个人社交信息。在数字化世界里，每个人都是实际存在的，一切的沟通、协作都以数字化世界为准、为核心，而传统的物理世界则成为数字化世界的辅助和补充。

四、人力资源管理数字化趋势

人力资源管理经历了一个持续迭代、不断发展的转型过程，完成从“电子化人力资源管理”到“数字化人力资源管理”的转变。在 1.0 时代，人力资源的信息系统主要是部门级、面向事物的，以记录人事信息为主。到了 2.0 时代，以人力资源部业务管理为主的人力资源管理信息系统（电子化人力资源管理）开始从企业的整体进行管控。如今是 3.0 时代，企业的人力资源管理开始以移动互联网、云计算、大数据、人工智能等新技术为手段，以“智慧协同、赋能员工、激活组织”为目标，建立社会级、服务性的数字化人力资源管理云服务平台（数字化人力资源管理），完成人力资源管理数字化的转型和升级。2018 年，中国人民大学劳动人事学院联合用友网络科技股份有限公司共同发起“中国企业人力资源管理数字化成熟度”调查项目，调查结果显示，98% 的受访者表示公司已经应用一项或多项人力资源管理数字技术。人力资源管理数字化，已经是一种势在必行的转型趋势。

最先享受数字化福利、接触未来工作方式的将是人力资源管理人员，因为他们的工作将被科技重新定义。数字化带来互联互通，打破了“办公孤岛”，使人力资源管理可以利用量化的数据指标做决策，使人力资源管理人员从纯执行者升级为企业战略布局者。数字化通过实现人力资源管理从凭直觉、感觉、经验向量化、精准、细化的过渡，完成基于平台化的专项赋能，这既是企业内部流程再造、降本增效的必由之路，也是企业提升外部竞争力的有效手段。

五、人力资源管理数字化转型的思路

人力资源管理的数字化转型不是简单地把人力资源部的名字改为数字人力资源部，而是需要人力资源管理人员进行更富有创造性的思考，跳出支撑角色，成为企业数字化转型的引领者或者推动者，通过数字化转型帮助企业建立员工能动、业务创新和文化升级的人力资源管理体系，进而激发企业活力。人力资源管理的数字化转型不是一蹴而就的过程，而是一个持续迭代、不断进化的过程。相信未来随着政府政策和企业态度的不断明朗和数字技术的高速发展，数字技术在人力资源管理领域的应用将越来越广泛，并实现大跨度发展。当然，在人力资源的数字化转型和变革过程中，需要企业全面规划、充分沟通、强力推动。人力资源的数字化转型包括打造数字化工作场所、打造数字化人力资源运营和打造数字化决策体系三个方面的工作。

1. 打造数字化工作场所

数字化工作场所，就是企业要利用新技术和现代移动通信工具，打造一个能够提高透明度、提高协同效率、提升员工敬业度、提升团队生产力的线上工作环境。根据企业情况，数字化工作场所的应用形式多种多样，常见的有以下几种。

（1）通过统一的数字入口（PC 端 / 移动端）为各角色打造一站式服务门户。

（2）突破组织边界，建立团队网络，随时沟通、跟踪项目或任务进展。

（3）通过网络会议、视频直播、工作群组，把原来不好组织的线下会议，直接转成随时发起的网络会议，提高沟通效率，形成的结论和成果还可以及时共享、传播。

（4）通过员工荣耀积分、权益兑换，把贴在墙上的文化通过游戏化的有趣方式深植员工内心，打造企业文化基因。

（5）通过数字化工作场所，重新定义团队的工作方式，实现团队之间的智慧、高效协同。

2. 打造数字化人力资源运营

数字化人力资源管理转型的核心是企业应该如何变革人力资源部自身来进行数字化运营，如何运用数字化工具来提供解决方案并持续地尝试和创新。人力资源部自身需要进行变革，实现数字化运营，并通过端到端的流程，实现人力资源管理的流程化、自动化；通过智能化的员工服务，提升员工整体体验；通过数字化的人才管理，打造满足企业战略发展需要的人才供应链。

（1）端到端的人力资源管理流程。重新定位人力资源管理的价值，从构建与战略相匹配的人才供应链、提供强体验员工服务和高效运营等多维角度，借助数字技术和数字化运营的思维，打造端到端的闭环人力资源管理流程。在业务流程梳理和完善过程中，充分理解数字技术能为运营管理带来的价值，通过“制度流程化、流程表单化、表单信息化”的方式，将人力资源管理的方方面面落实到数字化系统平台中，实现业务集成化、流程自动化和智能化的高效运作。

（2）智能化的员工服务。越来越多的企业通过构建共享服务中心为员工提供高效、优质和多元化的员工服务，实现降本增效、提升员工体验和敬业度的目标。在从员工接收入职通知到离职的全职业生命周期中，企业借助数字技术为员工提供高感知、强体验的服务。由于工作和生活的边界越来越模糊，为了追求员工高体验和高敬业度，先进企业提供的员工服务已经开始从常规的人事服务扩展到员工生活方面的服务（如出行、居住、婚恋等）。例如，越来越多的企业提供门户网站、移动应用程序、微信公众号、自助终端机和呼叫热线等服务渠道，让员工服务随时随地、触手可及；应用智能机器人、语义分析等技术，让员工畅享智能化服务（如智能应答、简单业务表单机器人代填写等），享受极致的数字化体验。

以入职服务为例，候选人通过邮件接收入职通知，扫描邮件自带的二维码下载员工服务应用程序，可以提前了解企业文化、入职办理流程并提交个人信息等。入职前一天，数字平台主动向员工手机推送企业报到地址、乘车路线的短信。人力资源部确认入职手续办理完成后，数字平台及时向员工工作邮箱推送欢迎邮件。新员工被引导到工位，计算机、办公文具等早已准备就绪。新员工在入职后对制度、流程、业务办理等有疑问时可随时随地通过员工服务应用程序咨询机器人小友，也可以拨打企业开通的员工服务热线。

（3）数字化的人才管理。数字技术改变了企业的商业逻辑，数字化转型是对企业战略的重塑或调整，执行企业战略的人才也需要被重新定义。借助数字技术在人力资源管理领域发挥的作用和趋势，运用“数字化思维”顺势而为，打造与企业战略相匹配的人才供应链、建立符合数字化人才管理的机制，是人力资源部从容应对数字时代人才管理挑战的必然选择。

1）在人才吸引与招聘方面。数字时代的人才招聘已经不再是机械性操作，企业需要运用数字技术打造品牌形象，吸引更多的优秀人才；需要运用人工智能技术帮助招聘人员自动筛选和甄别竞聘人员；需要运用视频技术和虚拟现实等面试技术，让候选人和招聘者进行更高效的沟通；需要运用大数据技术对标行业人才报告、薪酬报告等，帮助企业更明确地进行人才决策。

2）在员工学习与发展方面。数字技术给员工学习带来诸多变革：员工学习模式由以老师为中心的学习模式向以员工自主学习模式转变，员工利用移动设备，在碎片化时间内进行非正式的社交化学习（如知识社群和问答互动等）。大数据技术结合员工学习档案、行为数据等为员工量身定制个性化学习方案，自动推送学习课程，助力员工成长等。传统的基于流程与职能的学习管理系统，将向基于员工社交化和知识管理的学习管理平台转变。企业的人力资源部应充分利用数字平台特点，做好企业内部培训运营工作，打造学习型企业，通过赋能员工，提升人力资本的回报率和贡献率。

3）在绩效管理与激励方面。为了应对全球化竞争压力和不断变化的商业模式，超过75%的企业都通过重塑绩效管理，建立持续绩效管理流程，将企业战略目标转化为员工日常行动。数字化企业绩效管理将实现以数据为驱动的绩效目标管理，绩效辅导实现实时沟通互动，管理更快捷；员工激励管理与绩效管理集成一体化，充分调动员工积极性，激发企业活力，最终达到持续提升企业绩效、发展员工能力的目标。

3. 打造数字化决策体系

数字化决策体系的任务包括：以数据为基础，对内部数据和外部数据进行智能化分析，了解组织人才管理现状、人才市场竞争力，有效预测人才管理未来可能面临的问题和挑战，从而帮助企业制定更科学的人才决策；通过监控企业运营，提高企业效能、人力资源管理效能、人力资本投入产出比；通过数据预测管理风险和难题，制订更具前瞻性的人才管理规划。

（1）构建人力资源大数据仓库和数据分析体系。在大数据时代，谁都无法掌握全面的信息，任何一个小的决策都会需要大量的信息关联分析，靠人的经验决策随机性太大、风险太高。科学的决策需要企业整合内外部数据（包括人力资源管理业务系统数据、数字化工作场所员工行为数据、财务数据、业务内部运营数据等），构建人力资源主题的大数据仓库，建立全面的、开放的、可快速探索数据价值的数据分析体系。

（2）建立场景化的分析模型。将大数据算法与人力资源专业知识相结合，建立从战略制定、组织运营与决策、人才管理等业务场景出发，再到业务场景验证的模型化分析闭环，以终为始，追踪评估人力资源管理的数字化程度，倒逼人力资源管理的量化和数字化的迭代完善，实现人力资源大数据价值的不断深入挖掘和数据驱动决策的目标。

（3）完善“以数据和数据分析为决策依据”的体系。通过业务流程化的数字平台，将这一体系融入战略制定、业务运营和员工管理的方方面面。例如，根据管理需要，定期向管理者推送（或提供在线实时查询功能）企业效能、员工效能等仪表盘，提供简单实时决策；对异常数据及时预警，数字平台根据指标间关系智能化分析、判断可能存在的原因，并以信息推送方式给到业务指标负责人；在业务中嵌入数据分析，让管理者在招聘、员工请假审批等日常业务决策中，做到信息透明、有据可依，如审批招聘需求时，管理者可实时参考行业内、公司内同岗位人员薪资情况和部门人员结构情况。

学习案例

D公司是一家股份制企业，经过多年的发展，生产与销售能力居国内同行业的前列。该公司现有员工2 000余人，其中中专以上文化程度者200多人，各专业工程技术人员百余人。公司现有多个生产车间，其设备及配置的先进程度堪称国内一流。在北京、上海、香港及欧洲等地设有分公司或办事机构，多渠道的营销网络使产品尽产尽销。

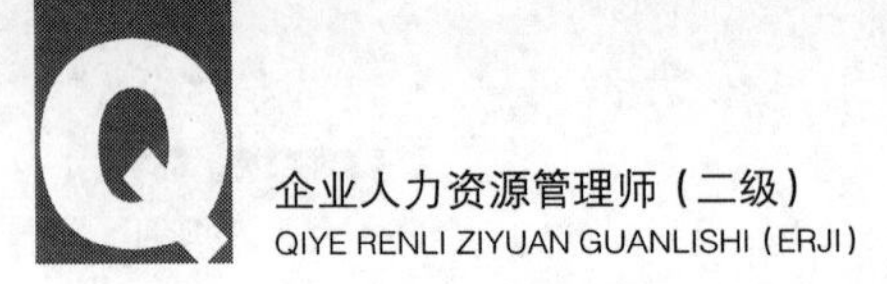

然而，尽管设备和技术都非常先进，但D公司管理比较落后，信息化程度较低。面对行业竞争，公司的高层领导意识到解决公司的管理问题迫在眉睫。

那么，如何解决企业管理问题？从哪里入手？经过慎重思考和多方面考察，公司决定先从人力资源管理入手做些尝试，并由专人负责。考虑到公司原有人力资源管理基础薄弱、信息化程度低的现状，该公司总经理决定，工作通过三步来实现。

第一步，完善人力资源管理体系，并应用到企业的实际管理工作中。

第二步，在管理体系规范、稳定运行的情况下，归纳、提炼企业人力资源管理信息化的需求，并结合当前可以选择的人力资源管理信息系统功能，确定企业信息化的内容及范围，并选定合适的人力资源管理信息系统供应商。

第三步，将人力资源信息化的需求做到信息系统中，并且通过对信息系统实施过程关键点的控制，实现提升企业管理水平的预期效果。

为了平稳高效地实现这三步，总经理选择一家咨询公司来帮助企业完成这项工作。

讨论题

1. D公司在推进人力资源信息化管理方面有哪些值得借鉴的地方？
2. 电子化人力资源管理具有哪些优势？

本章思考题

1. 电子化人力资源管理具有哪些重要的作用？
2. 电子化人力资源管理的实施效果有哪些？
3. 实施电子化人力资源管理需要处理好哪些方面的关系？

第二篇 招聘与配置

第五章 招聘管理

哈佛大学是一所具有悠久历史的大学，教职工超过 14 000 人，其中 5 000 多人是临时聘用人员。

哈佛大学的招聘工作延伸到社区团体与城市的各种机构，同时实施各种职业培训计划。它与各种文化多元的职业机构建立关系，并支持员工的志愿活动，此外还举办一年一次的“哈佛大学职业论坛”。

哈佛大学所取得的成果是惊人的，空缺岗位的数量下降了 20%，在关键性行政管理机构雇用的非白人增加了 25%，信息技术人员的离职率一年内下降了 25%。正如行政管理处副主任说的：“为了使招聘员工的状况有所改善，我们与当地的一些职业机构合作，以便扩大我们的人才库。同时也传达这样一种理念，哈佛大学是一个欢迎和培养来自不同社会背景的人才的好地方。从求职者数量增多和实际招聘情况来说，我们已看到了这一努力的成果。”

尽管已取得了很大进步，但哈佛大学如何与当地的管理者和人力资源管理人员合作，以留住最优秀的员工还有待进一步讨论。

案例思考

1. 哈佛大学招聘工作取得成效的主要原因有哪些？
2. 企业如何做好招聘计划和拓展招聘渠道？

第一节　胜任素质模型

一、胜任素质的概念

1. 胜任素质的含义

胜任素质的概念最早可追溯到古罗马时代，当时人们通过构建胜任剖面图来说明“一名优秀罗马战士”的属性。

胜任素质是个体所具备的，能够以之获得或预测优秀工作绩效的内在基本特征和特点。它可以包括动机、特质、自我概念、态度、价值观、具体知识、技能、认知方式和行为模式等要素。简单地说，胜任素质就是决定个体在既定职位上能够取得优秀工作成果的那些独特的内在特点。

2. 胜任素质和工作分析

如果说工作分析说明书中提供的基本生理和社会特征、知识和技能特征是人员甄选中的“硬约束”，那么对于人员甄选中更具有实际意义的便是“软约束”——心理特征。虽然有的工作分析涵盖此项内容，但更多的还是借助胜任素质理论来进行探讨。

总体来说，工作分析所要关注的要素有两点，即“职位”与“人”。在没有将胜任素质模型引入人力资源管理体系之前，工作分析往往主要依据图 5-1 上方的单边流程来进行。引入胜任素质模型后的工作分析流程，不但注重分析职位特征，更注重对完成高绩效产出员工所具备的特征进行研究和分析，找出高绩效员工和一般绩效员工的区别，并据此建立任职标准。所以，如果说传统的职位说明书更多地关注职位而忽视对人（尤其是具备高绩效特征的员工）的研究，那么引入胜任素质模型后的工作分析说明书则充实了这一研究。从某种意义上来说，建立胜任素质模型的过程也是工作分析的过程，正如苏珊·E. 杰克逊（Susan E. Jackson）等所指出的：“建立胜任素质模型是职位分析的一种特殊形式，两者是内在统一的。”尤其值得关注的是胜任素质模型与“人员”这一因素相结合而建立起的任职资格体系，这是胜任素质模型在人力资源管理领域运用的重要部分，也是基于胜任素质理论的人力资源管理研究新方向之一。

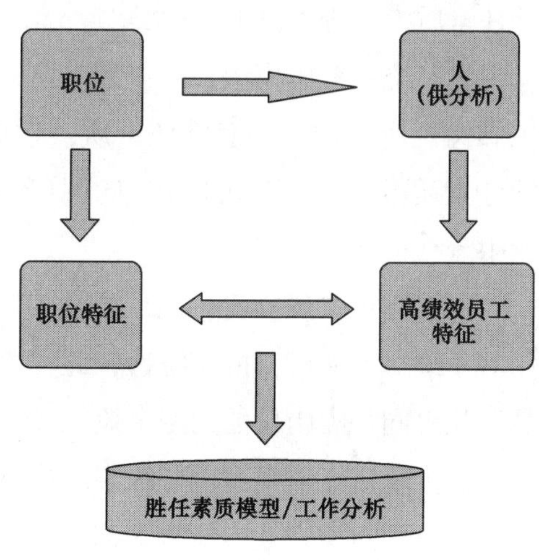

图 5-1　引入胜任素质模型后的工作分析

3. 胜任素质的分类

一般而言，胜任素质可分为三类：第一类是门槛素质，主要是指一个人在工作上所需的最低限度素质，通常是一些专业领域的知识和技能；第二类是差异素质，即分辨表现优秀与表现一般的员工的关键因素，通常是个人的潜能，如动机、人格特质、价值观等；第三类是转化素质，是指那些管理人员和员工都普遍缺乏的胜任素质，而一旦他们在这种胜任素质上得到提高和改善，那么将会大大提高他们的工作绩效。

二、胜任素质模型的概念

1. 胜任素质模型的定义

胜任素质模型是指为了完成某项工作，达成某一绩效目标，要求任职者具备的一系列不同素质要素的组合，其中包括不同的动机表现、个性与品质要求、自我形象与社会角色特征以及知识与技能等。也就是说，若干数量的胜任素质有机地结合在一起，针对某个既定职位的要求构成一个胜任素质集合体，这个集合体就是胜任素质模型。

可见，胜任素质模型是对绩效（包括一般绩效）工作产出所需的胜任素质的规范化文字性描述和说明。在素质体系发展过程中，理查德·鲍伊兹通过对大量原始资料进行重新分析和研究，归纳出一组用来寻找和辨别优秀经理的胜任素质，这种有效的胜任素质组合就是胜任素质模型的雏形。

2. 胜任素质模型的分类

胜任素质模型的分类是建立胜任素质模型时必须关注的一个核心问题。目前，通常将胜任素质模型分为以下五种类型。

（1）统一素质模型。统一素质模型即组织类胜任素质模型，是指在同一组织中所有员工和岗位所共用的一套胜任素质，它集中体现了组织文化和组织价值理念。这一类型的胜任素质模型的构建可以在组织中形成共同语言，能够把员工融合到共同的胜任素质文化中。

（2）岗位素质模型。岗位素质模型是指根据企业内具体岗位所开发的胜任素质模型。相对于统一素质模型的笼统性，此类模型具体到一个个职位上，精确度高，对于那些许多员工从事同一类岗位的大型企业来说，这种模型更具有适用性。

（3）职级素质模型。职级素质模型的建立需要分两步：首先，要有一套基本的胜任素质组合，即对于企业内所有人都适用或都要具备的一套基本素质模板；其次，在每一个渐进的职级上，对该职级员工的每一项胜任素质都有更高的预期和要求，同时增加更多的胜任素质条目。

（4）通用素质模型。莱尔·斯宾塞等人通过对近300个素质模型进行研究，总结出一个包括21项胜任素质的胜任素质辞典，这是一种针对管理和专业岗位的通用型胜任素质模型，如图5–2所示。这种模型为各种不同群体间的素质进行比较建立了一个参照系统，但是对具体岗位缺乏适用性。

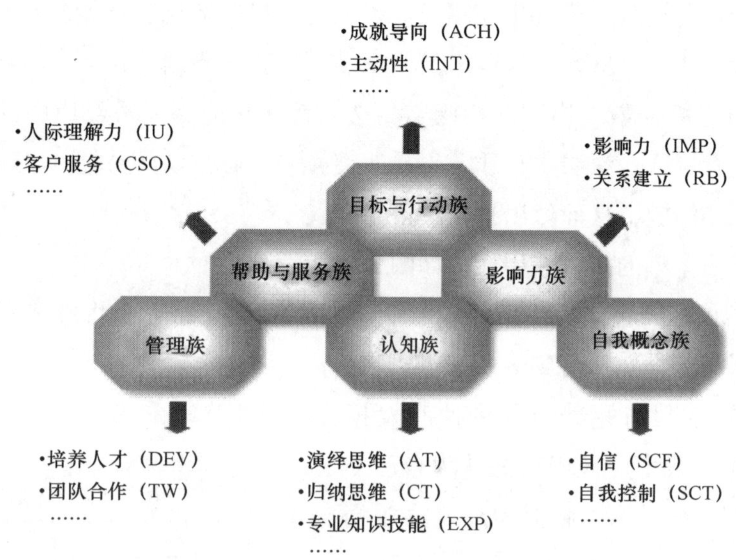

图5–2　通用型胜任素质模型

（5）职簇素质模型。职簇素质模型类似于微型的统一素质模型，它是在一个职位种群内所开发的一套胜任素质模型。尽管在这个职簇内，各个不同层级的职位对胜任素质的要求不同，但是在一定程度上，该胜任素质模型可以弥补统一素质模型笼统、不精确的缺点，也可以避免岗位素质模型在建立过程中费时、昂贵等缺点。

3. 胜任素质模型在招聘管理中的应用

哈佛大学教授戴维·麦克莱兰是将胜任素质应用于实践的第一人。20世纪50年代初，戴维·麦克莱兰应美国国务院邀请，为之设计一种能够有效预测驻外服务信息官员能否做出优秀绩效的方法。戴维·麦克莱兰采用行为事件访谈法收集第一手材料，比较分析工作表现优秀和一般的驻外服务信息官员具体行为特征的各项差异，最终提炼出驻外服务信息官员胜任工作且能做出优秀绩效所应具备的能力素质。

胜任素质模型自其诞生之日起就被应用到人力资源管理的各个方面。实践证明，运用胜任素质模型可以提高企业的人力资源质量，提升企业竞争力，从而推进企业发展战略目标的实现。胜任素质模型在招聘管理中的应用主要体现在以下两个方面。

（1）工作分析。工作分析是企业实施招聘的基础，如果仅对岗位的组成要素如岗位性质、特征、职责权限、劳动条件和环境进行分析，则很难识别岗位的胜任特征要求。基于胜任素质模型进行的工作分析，则侧重研究岗位要求与优秀绩效表现相关联的特征及行为，并结合胜任特征及其行为表现来定义岗位的任职资格要求，因而具有更强的绩效预测性，能为招聘与录用提供参考。

（2）录用决策。企业招聘之难在于如何识别应聘人员的潜在素质，即如何根据应聘人员以往的工作表现预测其未来的工作绩效。以应聘人员的知识、技能及经验背景等外在特征为依据做出录用决策，缺乏对应聘人员未来绩效的科学判断与预测，将会给企业带来很大风险。基于员工胜任素质模型的招聘与甄选，旨在从应聘人员经历中的行为表现发掘其潜在素质（能力素质是深层次特质，不易改变），分析其与应聘岗位任职资格的契合度，并预测其未来工作绩效，从而做出录用决策。

基于胜任素质模型的招聘录用流程如图 5–3 所示。

从 20 世纪 90 年代起，一些企业和专业研究机构就开始着手将胜任素质体系引入各个具体的应用领域，如引用到人力资源管理体系中，尤其是在招聘与甄选流程中使其发挥作用。在很多招聘实践中，人们往往认为自己知道要寻找哪些类型的候选人，而且也经常会根据自己对这类候选人特征的理解去选择或设计一些甄选方法来识别候选人。但是，他们所依据的经验式标准以及由此所使用的甄选方法往往是一厢情愿的，因为他们并没有找到职位对任职者的真正要求。而当利用已经建立起来的、有效的胜任素质模型进行招聘与甄选时，关注的将是候选人所具备的那些能够实现企业所要求的绩效结果的心理特征和行为模式，而避免关注那些无关紧要的因素。当能有效利用胜任素质模型获得符合录用要求的候选人时，这些合格的候选人在工作中所创造的价值将是不可估量的。

胜任素质模型不但可以清晰地界定职位所需要的素质类型，还可以根据职位需要确定理想的素质类型等级，作为人员甄选的依据。表 5–1 是某管理职位胜任素质模型示例。

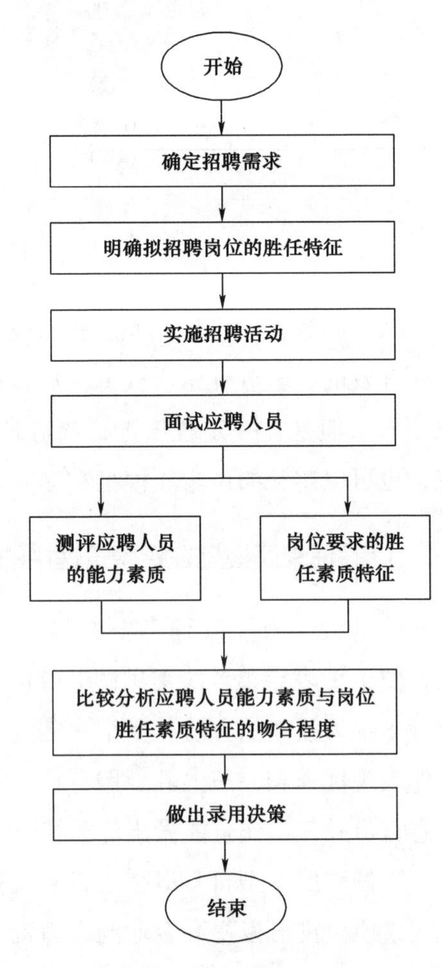

图 5–3　基于胜任素质模型的招聘录用流程

表 5-1　　某管理职位胜任素质模型示例

素质维度	描述	等级要求
成就导向	为自己所管理的团队设立目标，具有提高工作绩效的动机与愿望	6 级以上
主动性	超越工作的基本要求，抓住机遇或为未来可能出现的问题与机会做好准备	3 级以上
信息搜集	了解情况，洞察局势，并判断未来潜在的某些机会，具体体现为系统的信息汇总，多渠道的资讯搜寻以及各种亲自获取外部信息的行为	2 级以上
团队合作	给他人以信任与认可，特别针对一些与他人有关并会产生影响的事务，与他人共同商议与处理	4 级以上
培养人才	对下属提供建设性的反馈意见，在下属遇到困难时给予安慰与鼓励；通过各种指导、建议或从事某个职位的工作等支持手段与方式培养下属	3 级以上
领导能力	为团队设立绩效目标，在更宽泛的组织层面上维护所在团队的利益，同时为团队成功赢得必要的资源与支持等	2 级以上
演绎思维	系统地分析某一情况或信息的含义，厘清因果关系，对可能出现的困难进行预估，并提前准备解决办法等	2 级以上
归纳思维	发现他人没有发现的某种联系或模式，注意到他人没有注意到的各种矛盾或差异，同时能够迅速把握问题的关键并采取行动	3 级以上
专业知识技能	掌握所需的专业知识与技能	4 级以上
影响力	擅长运用良好的个人及社会影响力，树立个人在团队中的权威	6 级以上
关系建立	与同僚建立与保持联系，定期拜访客户，与客户定期进行良好的互动交流等	3 级以上
自信	对自身能力表现出自信，同时乐意接受各种挑战性工作，在必要时能够向上级直接提出疑问或对其行为发起挑战	2 级以上

在胜任素质模型界定的基础上，应根据素质维度的具体要求选择适当的人员甄选方法，以获取企业所需要的人员。企业在人员甄选与录用标准的设定过程中，应注意确保甄选方法的科学性。所谓科学性，是指结合定量与定性的方法对应聘者各方面胜任素质特征进行评估和比较，衡量其优缺点及与拟聘职位的契合度。

第二节　招 聘 策 略

招聘策略主要是指企业为了达到一定的战略目标，尤其是为了满足对人力资源的需求，充分利用各种资源采取的招聘行动的总计划。例如，企业选人是讲求“实用性”还是为后期发展储备人才，不同的目的有不同的招聘策略。当不同的企业根据环境状况和自身情况确定不同的发展战略之后，人力资源管理人员就需要制定相应的招聘策略。

一、人才吸引策略

为了吸引足够多的应聘者，企业需要分析与研究人才吸引策略。在制定人才吸引策略前应做一些调研工作：首先，分析目前已经在本企业任职的员工，他们最初是出于什么目的来到这里的，现在他们认为本企业有哪些吸引力，还有哪些让他们担忧和犹豫的地方；其次，了解本企业最近一个时期的招聘情况和效果，如投递简历的应聘者一般来自哪些地方，他们为什么选择本企业，由此基本可以确定本企业在招聘中的优势和劣势；最后，了解优秀企业具有哪些共性特点，通过与优秀企业的比较找出差距，提出改进措施。通常情况下，吸引度高的企业往往有以下特点。

1. 高薪酬和高福利

高薪酬和高福利是吸引人才的重要因素，但不是唯一因素。由于薪酬对于应聘者而言非常重要，因此，向员工支付高于现有市场薪酬水平的工资和福利，可以使企业在招聘方面具有一种独特的优势。

2. 良好的企业形象

良好的企业形象是企业在生产、市场、管理、技术等方面的综合反映。一方面，企业形象和声誉是广大应聘者选择应聘单位的重要因素，企业的招聘工作会受到其形象和声誉的影响。另一方面，人员招聘也是企业向社会展示形象的机会，如果企业在招聘过程中能创造尊重知识、重视人才的氛围，给社会以良好的印象，就会增强企业的吸引力。

3. 企业和职位的稳定性和安全感

应聘者会对企业和工作环境进行感知和判断，包括今后一段时间内企业发展前景、企业发展与个人发展之间的关系，以及对工作持续性和发展性风险的预测、对今后职业发展的综合判断等。

4. 工作本身的成就感

虽然目前某些企业有可能并不是最有竞争力的，如正处于发展阶段，很多体系还没有构建起来，效益和收入也不太好，但是员工可以经历一个企业初创的过程，亲身经历很多创造性的工作，这对于那些希望体验成就感的人来说是很有吸引力的。

5. 更大的责任或权力

例如，虽然任职的公司规模较小，但原先只负责培训的应聘者可能有机会负责全面的人力资源管理工作，这对于从事人力资源管理的人员来说，是一次成长和锻炼的机会。

6. 工作和生活之间的平衡

例如，某个职位并不要求放弃个人生活乐趣，讲求工作与生活的平衡，这对于那些在工作中常常夜以继日地加班、频繁出差、苦于没有时间体会个人生活乐趣的人来说也是很有吸引力的。

此外，有出色的领导和同事、弹性工作、强调开放的沟通和以人为本的管理风格、学习型组织、工作本身对社会的贡献等，都是吸引应聘者的因素。

在某种程度上，招聘工作类似于营销工作，既需要清楚自己的优势和不足，也需要清楚竞争对手的优势和不足，还需要清楚自己的目标顾客是什么样的人群、如何才能使他们对本企业感兴趣。关键点是，一要找出自己“产品”的优势，二要明确哪些人是需要吸引的关键“顾客”。

二、人才选聘策略

保留核心员工、降低人才流失率是企业人力资源保持稳定与发展的重要关注点，而选聘关没有把好，就有可能为日后的人才流失留下隐患。

1. 关注人才的文化、价值追求

鉴于人才流失的原因之一是应聘者不认可企业的文化、价值追求，因此，成功的选聘应该关注人才对企业文化、价值追求的认可程度。大多数跨国公司在人员选聘过程中就非常注重考虑人才对全球增长观念、注重结果、关注客户和竞争对手、开放和多元化的工作场所等文化价值观的认同。选聘中有必要既重视人－岗的匹配度，又重视人－企业的匹配度，这里的“企业”主要是指企业的文化和价值追求。

2. 关注人才与团队的融合度

在一些企业中，有些优秀人才尽管也认同企业文化，最后还是流失了，究其原因是人才的个性特点与所在团队成员的融合度不够好。试想，对一个观念陈旧、员工素质普遍较低的企业，选聘一位观念超前、思想有创意的人才，会出现什么样的结果呢？因此，在选聘过程中，除了需要关注人才个体的素质，还需要认真分析团队的结构特点，如团队成员的学历、性别、年龄、观念、价值取向等，尽量减少不必要的磨合成本，提高人才与团队的融合度。

3. 关注选聘与培训开发的结合度

人员选聘是企业吸收新鲜血液的源泉，是企业积累人力资本的基本途径，也是提升企业竞争优势的起点。在选聘时应更多地考虑人才在企业的长远发展，将企业目标的达成与人才职业生涯的发展融合起来，找到两者的平衡点。因此，人才的培训开发应该贯穿于包含人员选聘在内的所有人力资源管理活动中。只有在新聘人员上岗前针对岗位要求对其进行导向性培训（包括环境、业务、工作关系、企业文化等方面的培训），让新聘人员尽快适应岗位、创造优良业绩，招聘成效才能得到保证。

4. 关注“心理契约”

“心理契约”理论认为，在企业与员工之间存在一种非正式但十分重要的契约，即“心理契约”。这种契约的基本含义是在员工之间及企业与员工之间，存在“期望”和“对义务的承诺与互惠”。与经济契约不同的是，“心理契约”更强调个人与企业的关系而不是交换。“心理契约”在企业选聘人员的过程中就已经开始，并且存在于企业管理活动的所有方面和全过程。在现实生活中，某些企业为了招到满意的人才，会说得天花乱坠，似乎人才的一切要求都可以得到满足，但等人才进入企业后才发现事实不是如此，就有上当受骗的感觉，期望越高失望也越大，离职率势必上升。因此，在人员选聘过程中，企业方应注意坦诚相见，需要给应聘者以真实、准确、完整的有关职位的信息，明确告知企业的战略和发展目标，使应聘者了解企业的真实情况后进行理性的选择，从而提高选聘的有效性，降低员工流失率。

三、招聘备选策略

1. 人力资源派遣

人力资源派遣是人力资源服务的一种常见形式，又称劳务派遣、人才派遣、人才租赁、员工租赁、劳动力租赁等，是指人力资源服务机构根据企业的用人需求，将符合要求的劳动者派遣至企业工作，并向企业收取一定服务费用的用工形式。《中华人民共和国劳动合同法》（以下简称《劳动合同法》）对劳务派遣的法律地位做出明确的规定，规定劳务派遣是一种用工的补充形式，这既从法律层面承认了这种用工形式，又对劳务派遣的使用范围和责任义务进行了限定。根据《劳动合同法》规定，人力资源服务机构派遣劳动者应当与接受以劳务派遣形式用工的单位（以下简称用工单位）订立劳务派遣协议。劳务派遣协议应当约定派遣岗位和人员数量、派遣期限、劳动报酬和社会保险费的数额与支付方式以及违反协议的责任。同时，劳务派遣必须符合“临时性、替代性和辅助性”的三性规定，并要实现同工同酬。劳务派遣的基本程序一般是用工单位根据自身工作和发展的实际需要，向人力资源服务机构提出所需要人员的标准、数量和派遣价格。人力资源服务机构通过现场招聘、查询人才库等手段，将符合条件人员的名单及资料送交用工单位，由用工单位进行选择和确定。劳务派遣为用工单位提供弹性用人机制，在一定程度上规避了用人风险，有效降低了人力资源管理的成本。

2. 劳务承揽和劳务外包

劳务承揽和劳务外包也是近年来运用比较广泛的劳动力获取方式。从法律角度来看，劳务承揽和劳务外包符合《中华人民共和国民法典》（以下简称《民法典》）中关于承揽合同的法律特征，严格来说，劳务承揽和劳务外包不属于企业用工形式，但是在企业实际经营中被广泛使用。2015 年发布的《中共中央 国务院关于构建和谐劳动关系的意见》提到，规范非全日制、劳务承揽、劳务外包用工。这相当于在国家层面承认，劳务承揽和劳务外包属于用工形式，虽然其依旧不受《中华人民共和国劳动法》（以下简称《劳动法》）和《劳动合同法》管理。按照《民法典》规定，承揽合同的内容一般包括承揽的标的、数量、质量、报酬，承揽方式，材料的提供，履行期限，验收标准和方法等条款；承揽人应当以自己的设备、技术和劳力，完成主要工作，但是当事人另有约定的除外。因此，发包方关注的是承包方交付的工作成果，员工由承包方直接管理。

3. 业务外包

业务外包是指企业利用外部专业化资源来完成传统上由内部人员和资源完成的业务和工作。严格来说，业务外包并不是用工形式，而是企业购买的一项服务，其本质是一种民事关系——承揽。由于我国并没有“外包法”，因此从法律角度来看，业务外包与劳务外包和劳务承揽一样，符合《民法典》中关于承揽合同的法律特征。如果把劳动力看作一种资源，那么劳务承揽和劳务外包也属于业务外包。在实际应用中，根据业务和工作，以及商务约定惯例，业务外包又可以细分为职能外包、流程外包、产线外包、岗位外包等。例如，招聘流程外包 RPO 就是一种业务外包形式，即把企业招聘工作的部分或全部外包给外部专业招聘机构来完成。

四、灵活用工

自 20 世纪 60 年代以来，灵活用工在各个国家和地区被证明是企业面对激烈的竞争环境和技术变革时所采取的有效战略之一，在主要发达国家（地区）得到了普遍的运用和推广。近年来，国内灵活用工市场已初具规模，成为一种被国家、社会、企业和个人接受的人力资源分配模式。在共享经济、“互联网+”等新趋势下，越来越多的灵活用工产品相继面世，灵活用工模式的发展正迎来新的契机。

1. 灵活用工的概念

灵活用工是企业根据有关雇佣关系制度的现行法律法规，通过使用兼职、劳务合作、自雇合作、劳务派遣、短期合同工、人力资源服务外包等多种用工形式，实现企业人力资源队伍的快速调整、精确匹配、弹性管理和敏捷适应环境变化。灵活用工体现了企业人力资源弹性使用的方式，其灵活性表现在用工时间、雇佣关系、服务形式、工作内容等方面的灵活安排。人力资源弹性代表企业为了应对内外环境变化所采取的人力资源灵活化的处理措施，其核心强调的是企业对环境变化的适应力、柔韧性以及反应力。

严格来说，灵活用工不是一种用工形式，而是企业灵活运用多种方式获取劳动力资源的统称。我国的劳动关系主要可以分为两类，即标准劳动关系和非标准劳动关系。标准劳动关系包括全日制和非全日制用工；非标准劳动关系则包括一些较为特殊的用工形式，如劳务派遣。非劳动关系不属于劳动关系范畴，它主要是指各类劳动力资源获取方式，如业务外包、劳务承揽、劳务外包等。

从广义的角度出发，灵活用工是非全日制用工、非标准劳动关系用工和非劳动关系用工的总称。

2. 国内企业采用灵活用工的主要原因

灵活用工在我国的兴起源于新时代下结构性就业矛盾更加突出、解决方式更加复杂的状况。一方面，当前就业总量问题不容忽视。人口对经济发展所带来的红利逐渐减少，就业增长动力由增量主导向存量开发调整，更加依靠对现有人力资源的开发，通过提高劳动参与率和劳动生产率，来增加劳动要素的供给，提升劳动要素对经济发展的贡献比例。另一方面，结构问题是我国经济发展当前和未来面临的主要问题，突出表现为招工难和就业难并存。当前和未来一段时期是我国经济结构调整、产业转型升级的重要时期，随着转方式、调结构的推进和劳动力供给状况的变化，就业结构性矛盾将更加突出，解决方式将更加复杂。

国内企业采用灵活用工的主要原因有两点。

（1）企业为了适应因生产经营变化导致的对人力资源需求的变化。

1）采用短期性用工。该形式主要适用于技术含量低且劳动替代性强的岗位，这种合同期限短，一般不超过一年，企业可以缩短对员工的管理、考核周期，并根据员工的综合表现，做出终止劳动合同或续签的决定。

2）采用间歇性用工。企业生产经营任务不够饱和，工作量达不到劳动定额标准规定，实际在岗员工数量相对富余，在这些情况下可要求部分员工中止履行劳动关系，暂时退出岗位，同时相应调整工资待遇，待日后视生产经营需要再安排员工重新返回岗位。

3）采取服务外包。具有阶段性工作特点的企业对于有时间要求的一定项目或工作任务，采用服务外包的方式，与专业外包公司合作，并与员工确定劳动合同期限和起止日期。

4）采用季节性用工。企业根据生产经营任务季节性明显的特点来确定使用劳动力的数量和确定劳动合同的期限。

（2）为了降低管理成本和人工成本，软化劳动关系，提高企业对市场的快速反应能力，通过灵活用工将劳动合同主体和企业进行分离。

1）采用劳务派遣。由人力资源服务机构派遣符合企业需要的人员，这些人员与人力资源服务机构或企业系统外部单位建立劳动关系。企业采用这种用工形式，很大程度上可避免因同工同酬、社会保险等问题带来的劳动争议。

2）采用劳务输出。利用大企业的系统内部人力资源市场作为中介，与其他企业签订委托协议，由其他企业输出部分员工到本企业。这样既能节省外部人员招聘费用，又能提高企业效益。

3）采用人才租赁。系统内部人力资源市场扮演了中介的角色，本企业与其他企业签订人才租赁协议，对特殊人才、急需人才或高层次人才进行租赁或借用。

【案例】

某企业承接一个工程项目，整个工程的周期为6个月。企业需要解决两个问题：一是工程开始时如何快速招到合适的人员；二是工程结束后，如何处置这批人员。而采用灵活用工形式就能很好解决这两个问题：一方面，该领域的专业人力资源服务机构熟悉该领域的招聘渠道或者有相应的人才储备；另一方面，在工程结束后，人力资源服务机构可以把人员转移到其他项目中，能大大降低企业的人员处置成本支出。

3. 国内灵活用工形式

目前，国内灵活用工形式主要包括人力资源派遣、业务外包、网络平台用工、非全日制用工、实习用工、退休返聘等。

（1）人力资源派遣。国内最主流的灵活用工形式是人力资源派遣（劳务派遣），即用工单位与人力资源服务机构通过签订商务合同，对用工时间、派遣员工如何退回等进行约定，实现灵活用工的目的。例如，企业与人力资源服务机构签订每次半年的派遣服务协议，以满足季节性用工的需求。目前，市场上比较常见的劳务派遣类产品主要分为普通风险派遣和全风险派遣两类。这两类都是用工单位与人力资源服务机构通过签订商务合同达成用工意向，只是用工单位支付多少成本以及人力资源服务机构承担多少风险有所不同。

例如，用工单位支付更多费用，将派遣员工今后可能因退回、离职等原因产生的法律风险和经济风险部分或全部转嫁给人力资源服务机构。

（2）业务外包。目前，市场上的业务外包产品种类繁多，各类称谓也很多，其实质都是业务外包。归纳比较后，业务外包的类型主要有岗位外包、人力资源服务外包、信息技术外包、项目外包、业务流程外包等，具体见表5–2。

表5–2　　业务外包的类型和服务内容

外包类型	服务内容
岗位外包	企业将某个岗位的全部人力资源管理工作完全外包给第三方机构，由其自行安排雇员按照企业的要求完成工作
人力资源服务外包	企业为了降低人力成本，实现效率最大化，将人力资源管理工作中非核心的部分全部或部分委托人力资源服务机构管理或办理
信息技术外包	企业将部分或全部信息技术系统资源交由独立的第三方机构，以长期合同的方式委托第三方提供部分或全部信息功能
项目外包	企业将某项任务或服务的执行或管理责任转由第三方机构来完成。企业通过简化项目的复杂度，节约公司的开发力量，达到降本增效的目的
业务流程外包	企业将自由业务流程以及相应的职能外包给第三方机构，第三方机构根据服务协议在自己的系统中对这些职能进行管理，如事务处理、政策服务、索赔管理、招聘、财务等

（3）网络平台用工。网络平台用工是随着分享经济出现而快速发展起来的一种新型灵活用工形式，是指企业把过去由员工执行的工作任务通过大众网络（通常是一家互联网平台公司）进行发布，由这家公司组织劳动力完成企业发布的工作任务。目前，对网络平台用工应用最广泛的是劳动密集型服务业，包括美容美甲、主厨料理、家政保洁、用车出行、外卖快递等行业；其次是专业技术领域，包括信息技术项目开发、培训等，如企业通过某些网络平台悬赏招标任务，具备相关技能的专业人员通过该平台接单，并完成企业任务。

（4）非全日制用工。非全日制用工是劳动用工制度的一种重要形式。根据《劳动合同法》规定，非全日制用工是指以小时计酬为主，劳动者在同一用人单位一般平均每日工作时间不超过四小时，每周工作时间不超过二十四小时的用工形式。非全日制用工小时计酬标准不得低于用人单位所在地最低小时工资标准。

（5）实习用工。实习用工是企业吸纳人才的一种有效途径，实习生正越来越受到企业的青睐。目前，企业使用实习生主要依据两类法律规定。一是按照《职业学校学生实习管理规定》，学生由职业学校安排或者经职业学校批准自行到企（事）业等单位进行认识实习、岗位实习；二是根据《教育部关于加强和规范普通本科高校实习管理工作的意见》，以及《关于贯彻执行〈中华人民共和国劳动法〉若干问题的意见》第12条"在校生利用业余时间勤工助学，不视为就业，未建立劳动管理，可以不签订劳动合同"。

（6）退休返聘。退休返聘是指受雇者已经到达退休年龄后，与原用人单位或者其他用人单位订立再入职合同，重新上岗。退休返聘包括以下情况：受雇者达到法定退休年龄，在原工作岗位延长一定工作时间；受雇者退休后，被原用人单位聘用回原单位从事同种或不同种工作；受雇者退休后，在劳务市场重新进行择业，到原用人单位之外的其他单位工作。

4. 灵活用工的法律风险研究

我国劳动领域立法的核心思想之一是"维护稳定和谐的劳动关系"，我国劳动领域立法相对于快速发展的社会经济是滞后的。在2007年《劳动合同法》颁布之前，只有标准劳动用工受到法律保护，《劳动合同法》扩展了劳动用工形式，把人力资源派遣和非全日制用工这两种非标准劳动用工模式纳入法律范围。企业和人力资源服务机构在有限法律框架下，实际采用了更多元化的用工形式，但需要注意规避法律风险。

各种灵活用工形式的法律关系比较见表5-3。

表5-3　各种灵活用工形式的法律关系比较

灵活用工形式	法律关系	主体数量
人力资源派遣	劳务派遣关系	三方（用工单位、用人单位和派遣员工）
业务外包	承揽关系	双方（发包方和承包方）
网络平台用工	法律界存在争议，被认定为事实劳动关系和非劳动关系均有案例，需要视具体情况具体分析	三方（网络平台、人力资源公司、劳动者）
非全日制用工	劳动关系	双方（企业、员工）
实习用工	劳务关系	三方（学校、企业、学生）
退休返聘	劳务关系	双方（企业、退休职工）

（1）人力资源派遣的主要法律风险

1）违反"临时性""辅助性"和"替代性"三性规定的风险。

2）违反派遣劳动者数量不得超过用工总量10%的风险。

3）违反同工同酬的风险。

4）选择人力资源服务机构的风险，以及与人力资源服务机构签订的派遣协议内容不

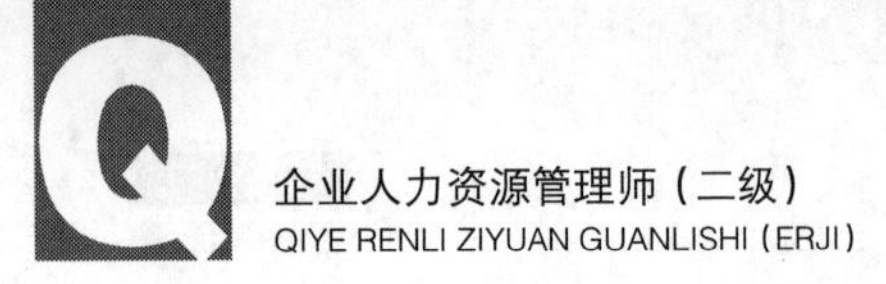

当的风险。

5）由于操作不规范，造成与派遣员工形成事实劳动关系的风险。

（2）业务外包的主要法律风险

1）选择外包服务商的风险，如外包服务商的服务质量、服务历史、服务资质等。

2）商业机密泄露的风险。

3）操作不规范、商务合同约定不清楚或者企业过度干预，被判定为“真派遣，假外包”的风险。例如，在实际操作中，部分企业对外包员工在考勤、劳动纪律、假期管理等方面进行安排或管理，被仲裁机构或法院判定与员工存在派遣关系。

4）外包员工在企业经营工作场所内工作时，企业要注意经营工作场所应符合安全规定，以免因为安全问题造成外包员工受到人身伤害。

（3）网络平台用工的主要法律风险

1）网络平台用工到底是兼职劳务用工还是事实劳动关系的风险。虽然国内典型判例中大部分未判定这种关系为事实劳动关系，但由于网络平台对兼职人员的管理方式不统一，法律对劳动关系认定存在一定弹性，因此企业不能忽视这一风险。

2）项目管理和商业机密泄露的风险。在通过网络平台发布一些技术含量较高的项目时，尤其要注意防范这类风险。

（4）非全日制用工的主要法律风险

1）被认定为全日制用工的风险。主要原因是操作不当违反《劳动合同法》中非全日制用工的相关规定，包括发薪周期超过 15 天、每日和每周工作时间不符合限制要求、考勤记录无法证明员工工作时间、批准员工加班等。

2）通过人力资源服务机构使用非全日制员工的风险。根据《中华人民共和国劳动合同法实施条例》有关规定，人力资源服务机构不得以非全日制用工形式招用被派遣劳动者，因此也不得向用工单位派遣非全日制员工。

3）未购买工伤保险导致的经济损失风险。虽然企业不必为非全日制员工购买社会保险，但是仍需要购买工伤保险。鉴于很多地区不能单独购买工伤保险，可以用雇主责任险等商业保险予以覆盖。

（5）实习用工的主要法律风险

1）未通过学校签订三方实习协议，而是与学生直接签订劳务协议，被认定为事实劳动关系的风险。

2）超期实习被认定为事实劳动关系的风险，即学生毕业后仍然延续之前的实习关系。

3）劳务协议或者实习协议中约定不当，出现“工资”表述、约定试用期等，被认定为事实劳动关系的风险。

（6）退休返聘的主要法律风险。对于已达到退休年龄但是不符合领取养老金条件的退休返聘人员，部分地区存在被认定为劳动关系的风险，特别是退休返聘人员在发生工伤的情况下，会要求企业承担雇主所要承担的工伤责任。聘用退休人员，要注意规避此类风险。

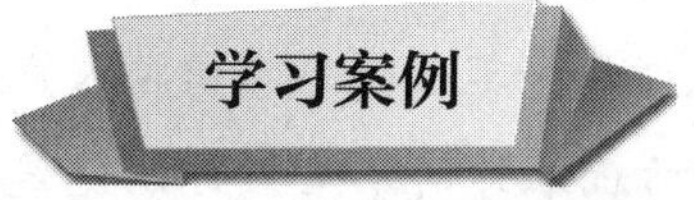

苹果公司的员工都是从哪里招聘的？

苹果公司一直是全球优秀的企业之一，它的市值曾经突破 10 000 亿美元，现金储备达到 2 000 亿美元，在最炙手可热的智能手机领域竟然能长期霸占 70% 以上的利润，而库克建立的产业链更成为经典的 MBA（工商管理硕士）案例。苹果公司能有此成就，很大原因在于他们招聘了伟大的 CEO（首席执行官）和伟大的团队，他们不仅能设计出优秀的产品，而且在坚守品质、优化产业链方面都做得非常不错。随着 iPhone 产业链持续扩张、软件业务增长，库克一直在全球范围内网罗精英，让他们承担全球最大压力的同时，也享受全球顶级的薪水。毫无疑问，苹果是一家精英公司，能在这家公司留下来的职员都是狠角色。苹果公司招聘设计天才、技术天才时，更看重工作经验和能力，对学历的要求并没有硬性规定，而供应链管理人员则常常需要具备名校学历、产业链经验，其人格特质方面也被非常看重。不同岗位的招聘渠道不同，但总的来说，苹果公司招聘的都是各领域的杰出人才。

1. 技术收购，苹果公司看中的正是人才

苹果是一家以硬件设计起家的公司，它最核心的团队自然是技术型人才，包括硬件设计、软件编写以及新材料开发等方面的人才。事实上，这些人不仅在薪水上高人一等，在公司内更拥有至高无上的地位。在 iPhone 最风靡、最好卖的时候，这些人的设计全凭借自己的喜好，全然不顾消费者的意愿和产业链的生产难度。于是如你所见，出现了粘在外框上的电池，大号的 USB（通用串行总线）接口以及非常个性化的操作系统等。当然，随着竞争对手崛起，这个团队不得不认真考虑消费者的口味，而非完全按照自己的意志设计。但总的来说，他们在苹果内部还是享有很高的地位，只需要在实验室中把原型机做出来，而后交给生产团队即可。显然，要成为苹果公司的设计团队成员非常困难，远非一两张大学文凭或者一两场面试就能搞定的，他们要通过全球最严苛的人力资源选拔系统的选拔。事实上，苹果公司创始人乔布斯非常重视人才招聘，他在生前每年要花费四分之一的工作时间来选拔人才，库克就是他挖过来的。乔布斯曾不无得意地说："要是没有他，库克估计也就是个卖糖水的。”而库克能来苹果公司估计也是因为乔布斯的个人魅力，或者说，乔布斯是他喜欢的领导人类型。另外，乔布斯只上过6个月的大学，就辍学创办了苹果公司。他固执地认为，大学里可以培养出“循规蹈矩”的人才，却培养不出苹果所需要的天才，即便是天才也会因为上完大学而变得平庸。于是，苹果公司在招聘设计人员时，不强制要求本科学历，而是更看重从业经验，特别是要求提供代表作。乔布斯会先尝试发现其中的亮点或者设计潜力，再决定能否录用这个人。更奇葩的是，苹果公司的招聘人员居然会直接跑到高通总部招聘工程师，以弥补无线组件和芯片方面人才的不足，可以说是公开“挖墙脚”。拥有经过严格筛选的设计团队，苹果公司最终成为全球智能产业链的核心，打造了近乎完美的产品。

此外，苹果公司网罗技术型人才的另一种方式就是收购初创企业。相比于谷歌、微软分别收购摩托罗拉、诺基亚，苹果公司更喜欢收购小型的技术型初创企业。苹果公司看中这些公司的技术，更看中这些公司的人才。例如，在2014年，苹果公司花费30亿美元收购 Beats Electronics，这是苹果公司近三十年最大手笔的收购，但依旧被认定是“垂涎该公司的人才”，而非现有的产品。事实也是如此，苹果公司收购该公司的人才正在把苹果产品的音乐服务推上一个新的高度。自2015年开始，苹果公司就开始收购与 Face ID 技术相关的公司，包括 PrimeSense、RealFace 和 Faceshift 等一系列小型公司。正是这些公司的人才凑到一块儿才有了 iPhone X 独有的 Face ID 功能，又正是因为他们的努力，Face ID 功能在新版 iPhone 上再度得到升级。

2. 管理产业链，苹果不拘一格降人才

对于供应链管理人员的招聘，苹果公司采用了另外一套标准。苹果公司招聘的不全是天才，而是很多电子制造业的“老兵”。这些“老兵”穿梭于全球各地的 iPhone 产业链，保证出货，优化效率，降低成本。众所周知，库克是一位供应链管理高手，他能招聘到大量的供应链管理人才，包括哈佛商学院的 MBA、剑桥大学的供应链管理硕士以及谷歌、诺基亚的原中层管理人员与原高管。大量优秀的供应链管理人员已经成为“库克军队”的特种兵。苹果供应链管理人员要求供应商提供原物料采购计划、生产计划、仓储计划，以确保能够达到总部的出货需求，同时，这些人员也会参与到供应商的生产线建设中，通过向供应商提供 iMac 以及搭建网络来实时获取供应商的生产数据。这些数据不但保证了最终出货的准确性，更成为库克谈判的依据。供应链管理人员还要负责整理工厂复杂的信息，给到苹果总部作为决策参考。他们提供的任何一个错误信息都可能造成几百万、上千万美元的损失，因而他们承担的压力很大。相对来说，苹果供应链管理人员的流动性较大。

讨论题

1. 苹果公司对于设计人才和供应链管理人才的招聘渠道有什么不同？
2. 是什么原因导致苹果公司选择不同的招聘渠道来招募这两类人才？

本章思考题

1. 人才吸引度高的企业一般具有哪些特点？
2. 请制定一份行之有效的人才吸引策略。

第六章

招聘选拔

引导案例

秦先生是A公司总经理，随着公司业务逐渐扩大，他开始考虑下放一部分管理权限，着重战略管理。目前，他正在找寻一位合适的人力资源部经理，这是他对这个岗位的第一次招聘。他做了一番研究之后，对这个岗位提出了几项基本应聘条件，包括10年的相关工作经验和经济管理方面的相关学历。有一名应聘者李先生，是秦先生的合作伙伴邓先生的表兄。李先生现在是A公司一家直接竞争对手B公司的人力资源部经理的得力助手。秦先生的合作伙伴邀请李先生来应聘A公司的这个岗位，前提条件是由秦先生负责面试和最终录用。李先生只修读了两年工商管理课程，但在那家公司做过8年人力资源管理相关职能的工作。秦先生的合作伙伴还提到，他的表兄因为不满意现在的工作环境正欲另投其他公司。三个月前，当李先生所在的B公司人力资源部经理一职空缺时，他本来是有希望得到提拔的，但公司总经理的妹妹既没有工作经验又没有文凭，却得到了这个岗位。李先生对现在工作失去积极性，不仅是因为他没有得到提拔，更因为他为人力资源部精心设计的工作体系和流程被公司束之高阁。

秦先生已经准备好面试问题，并面试了几位应聘者。以下是他面试李先生的过程。

秦先生："李先生，早上好。"

李先生："早上好，秦总。"

秦先生："非常高兴能与你见面，在面试过程中我将会做一些笔录，希望不会干扰你的谈话。你是邓先生的表兄，对吧？"

李先生："是的，秦总。我的母亲和他的母亲是姐妹。"

秦先生："那我相信邓先生已经告诉你了，我们公司需要一名人力资源部经理的原因。这是我第一次招聘能帮助我管理员工的人员。"

李先生："我希望能获得这个机会与您合作。"

秦先生："你现在正在为我们的竞争对手B公司效力，那么你为什么会应聘这个岗位呢？"

李先生："B公司成立已经超过12年了，我在公司干了8年。我对B公司的运作情况了如指掌，我对这个行业的需求也很清楚。我确信我能胜任这项工作。对于贵公司来说，录用我将是一个很大的优势。"

秦先生："你无疑将对公司有很大的作用，但我又如何能保证在8年之后你不会又另谋高就呢？"

李先生："首先，我的表弟是您的合作伙伴，我不会做任何导致家庭不和的事情。我只是对自己在B公司的境遇非常有意见。我期待人力资源部经理岗位已经很长时间了，但他们一点儿机会都不给我。最重要的是，我为人力资源部精心设计的工作体系和流程被置之不理。我感觉B公司已经不再需要我了。"

秦先生："为什么你想来这里，而不是去规模更大的公司发展呢？"

李先生："我现在还没有机会去其他公司应聘。况且，我宁愿为表弟工作，因为我相信他会一直照顾我的。"

秦先生："你作为B公司人力资源部经理助理，具体做哪些工作？你设计的工作体系和流程是怎样的？确实有效吗？"

（李先生对他所完成的某些人力资源管理体系做了描述，并谈了一些成功的经验和所遇到的问题。）

秦先生："你的工作经历听起来非常不错，但这个岗位的一项基本要求是在人力资源领域有10年的经验，还有一点很重要的是，我的人力资源部经理要求具备经济管理方面的相关学历。我的另外两名管理人员都有经济管理方面的相关学历，所以我的人力资源部经理在学历上也不能逊色。"

李先生："我知道您的要求，但是我想请您考虑一下我的工作经验，您说我的工作经历听起来不错。"

秦先生："我当然会考虑你的工作经验，但我仍会对其他应聘者进行评估。在完成所有评估之后，我会通知你我的决定。"（站起身，和李先生握手。）

李先生："我会等您的来电。谢谢！"（站起身握手。）

在李先生离开后，秦先生仔细回想了面试过程，并开始填写应聘人员评定表。

案例思考

1. 请分析面试中面试官容易产生的错误有哪些。

2. 请评价这场面试中面试官对面试技巧的运用情况。

第一节 人员甄选

一、人员甄选概述

1. 人员甄选的概念

人员甄选是指综合利用心理学、管理学和人才学等学科的理论、方法和技术，根据特定岗位的要求，对应聘者的综合素质进行系统的、客观的测量和评价，从而选择适合的应聘者的过程。人员甄选包含了测量与评价两个核心过程。测量是评价的基础，是依据事先设计好的规则通过一些具体的方法对应聘者素质给出一个可比较的结果；评价是测量的延续，是对测量结果进行深入的主观分析并给出定性和定量的结论供录用参考。

2. 人员甄选的作用

正确评价人员是招聘中最为关键的一个步骤。如果在甄选中做出错误的判断，不仅会导致招聘活动失败，而且也会对企业的正常运作造成负面影响。

甄选决策关系到企业绩效和战略目标的实现。企业的战略目标是靠员工完成的，甄选能够使企业筛选出期望录用的人员和不适合企业录用的人员，从而降低人员录用的风险，提高招聘效果。

人员甄选有利于对录用后的人员进行合理安置和管理。通过人员甄选，可以大致了解应聘者各方面素质的差异，了解其优势与劣势，在具体安置岗位时做到有的放矢，真正做到用其所长、激发潜力，使个人特点与特定的岗位要求结合起来，达到人岗匹配。

3. 人员甄选的内容

人员甄选的内容就是评估应聘者的个人素质。个人素质是指个人在完成特定活动和特定任务时必须具备的基本条件和基本特点。个人素质是个人固有的特点，对一个人的职业倾向、工作能力与潜力、工作成就和事业发展起决定性作用。人员甄选主要从以下五个方面入手。

（1）个性心理特征。个性心理特征是指人在心理、行为方面所表现出的不同于其他人的特点，也就是个体在其生理素质基础上，在长期生活实践中形成的有一定意识倾向性的稳定的心理特征的总和。在人员甄选中，通过心理测验等方法，可以了解应聘者的个性心理特征。

（2）知识与技能。任何工作岗位都需要某种专业知识与技能。知识甄选是指通过测试识别应聘者掌握特定岗位知识的广度与深度。知识甄选通常以知识问答的方式进行。技能是指在通过练习而获得的有意识活动中接近自动化的动作方式和心智活动方式。技能甄选是指根据特定岗位要求对特定技能进行的测试，如秘书岗位需要测试应聘者计算机操作技能、记录速度和公文起草等能力。技能甄选也可以通过审核职业资格证书（技能等级证书）来完成。

（3）工作经验。企业往往希望能够招收具有一定工作经验，录用后能立即开展工作的人员。一般对工作经验的甄选主要是通过履历分析和面试等方法完成的。

（4）能力。能力是指顺利完成某种活动所必须具备的心理特征。人的一般能力分为思维力、记忆力、观察力和想象力。不同人的能力是有差异的，企业应该根据岗位要求选择具有合适能力的人才。能力是由先天遗传因素和后天学习及实践结合而逐渐形成发展起来的，许多能力如表达能力、适应能力等可通过训练得到加强。

（5）身体素质。健康的体格是事业成功的重要影响因素。研究发现，大部分职业所需要的人员至少要保证具有肌肉力量、血管耐力和活动质量（灵活性、平衡性和协调性），但不同岗位对身体素质的要求也不同，如体力劳动强度大的岗位对身体素质的要求更高。

4. 人员甄选的流程

合理的人员甄选流程应该包括以下几个阶段。

（1）筹备阶段

1）明确甄选目的。甄选目的是指为什么进行甄选和甄选结果的用途。由于除了用于招聘，甄选在人力资源管理的其他方面也能用到，因此要明确，人员甄选的目的是区分应聘者是否与招聘岗位匹配，而非选择最优者，这就可以规避人才高消费的倾向。

2）组建考官团队。考官团队一般基于招聘团队，但不局限于招聘团队，其组成人员既要熟悉岗位的工作内容，又要有很好的评价能力。通常来说，考官团队是由企业的高级管理人员、人力资源管理人员、用人部门人员共同组成的，有时还包括外部的人力资源专家或测评专家。

（2）策划阶段

1）确定甄选指标体系。甄选指标体系又称测评指标体系，是选拔人员的依据，是完成岗位工作要求的客观、统一条件。甄选指标体系通常包括知识、技能和能力等方面的指标。如果企业已经有完备的工作说明书或岗位胜任素质模型，那么这些材料在确定甄选指标体系时就是很好的参考依据。

2）选择甄选方法组合。对于不同的岗位，应该选择适当的甄选方法。例如，对于技术岗位，相关专业知识测试是必不可少的；而对于管理岗位，管理能力的测试可以采用评价中心技术（后文会有详细介绍）。同时，使用什么样的甄选方法还要考虑甄选项目的预算和实施条件等因素。

3）设计甄选方案。甄选方案设计是指根据甄选目的，结合甄选岗位要求、应聘者人数等确定整个甄选实施过程，一般要遵循“成本最低、时间最短、用人最少、效果最好”的原则。这里的“效果最好”并不是说测评一定是最全面、最完整的，而是指采集的信息能够有效评价岗位匹配性即可。

4）开发甄选试题。这是策划阶段的核心工作，无论是知识测试、面试还是情景测评，都需要针对不同的岗位要求进行专门的策划，只有这样才能保证甄选试题的有效性。

5）培训考官团队。在考官团队中，由于不同个体的知识和素质有一定的差异性，同时每次招聘的甄选指标与具体方案各不相同，选用的甄选方法不一样且都具有不同的实施技巧，因此必须要对考官进行培训，使他们了解并掌握各种甄选方法和相关知识，尽量避免个人因素对甄选的干扰。

（3）实施阶段。实施阶段是对应聘者进行测评并获得个体相关信息的过程，是整个甄选工作的核心。

1）进行测评说明。由人力资源部向应聘者宣读指导语，说明测评的内容、流程和注意事项，消除他们的戒备心理，使应聘者能认真地参与到测评中，这有利于他们的正常发挥和考官的客观评价。

2）实施测评。这是甄选具体实施的过程，按照甄选方案有步骤地进行即可。通常这个阶段包括甄选简历、知识测试、心理测验、面试、评价中心测试和背景调查等。在这个阶段能够获得大量的个人综合信息，这些信息是最后进行录用决策的参考依据。

（4）评估阶段。评估阶段的工作是统计实施阶段所获得的信息资料，通过定性与定量的分析形成甄选报告，并提出甄选结论。信息包括两种：数字性的和文字描述性的，前者是定量的信息，后者是定性的信息。两种信息要结合起来看，参考最初设定的标准，对所有应聘者进行比较，最终形成甄选报告与结论。

甄选报告没有固定格式，一般主要包括以下内容。

1）应聘者基本情况描述。包括个人基本信息、测评过程中的总体表现等。

2）测评指标得分与相关测评活动评价描述。回顾整个测评过程所使用的测评工具，对应聘者的测评指标得分以及在测评过程中的行为表现进行描述。

3）优缺点总结。说明应聘者的优点和缺点。

4）发展建议。根据岗位特点提出发展建议。

二、甄选指标体系

1. 甄选指标体系的概念

甄选指标又称测评指标，是指能反映应聘者综合素质的一系列特定的考察维度。甄选指标体系是由一群特定组合、彼此相关联的甄选指标组成的，体现了各个指标之间内在联系和在整个评价体系中的重要性。甄选指标体系为有效甄选提供了统一的标尺，明确了根据工作岗位或任务要求来确定人才的素质范围、维度和程度，有利于统一考官的评价标准，有利于对应聘者进行分析比较，有利于提高评价过程的客观化程度、评价结果的科学性和合理性。

2. 甄选指标体系的设计原则

（1）针对性原则。甄选指标应该针对不同的岗位特点。由于各类岗位的工作内容、性质、特点和专业技术要求不同，因此选择的甄选指标也应有所不同。

（2）明确性原则。每个指标内容要明确、直观、合理。一个指标必须有明确的定义，只能有一个甄选内容，其内涵不能模棱两可、含混不清。

（3）合理性原则。指标体系中的甄选要素和标准之间要相互吻合，而且符合实际，不能要求过高或过低。要求过高，一方面会导致甄选成本增加，另一方面会导致甄选周期延长；要求过低，则容易导致录用的人员无法适应岗位需要。

（4）精练性原则。从理论上来讲，甄选内容越全面、越完整，就越能清楚地反映应聘者的各种素质特征，但实际上，不可能也没必要对所有素质特征都做出评价。甄选指标体系要体现少而精的思想，把最具有岗位代表性、最能反映人才素质特征的指标提取出来，从而使指标体系的内容既完整又精练。

3. 甄选指标体系的构成

甄选指标体系由测评指标和指标权重组成。

（1）测评指标。测评指标一般包括测评要素、测评标准两方面内容。

1）测评要素。测评要素是对每一项素质用规范化的行为特征进行描述与规定。测评要素包括以下两个层次：一是测评维度，是指测评所指向的具体对象和范围，测评要素往往由数个维度组成，反映了该测评指标体系所测对象各类素质的宽度、深度和层次关系；二是测评内容，是对测评维度的明确规定和细化。例如，经理人的管理能力、人格特征等属于测评维度，而管理能力中的协调能力、感召能力和决策能力等属于测评内容。

2）测评标准。测评标准是对测评结果进行评判的方式。测评标准包括以下两个组成部分：一是测评标志，是指为每个测评要素确立的关键性描述特征或界定特征，要求可分辨和易操作；二是测评标度，是对素质行为特征或表现的范围、强度和频率的规定，一般用“优”“良”“中”“差”或“5”“4”“3”“2”“1”等表示。

协调能力的测评标志和测评标度（示例）见表 6–1。

表 6-1　协调能力的测评标志和测评标度（示例）

测评内容	测评标志	测评标度
协调能力	1. 合作意识如何 2. 是否固执己见 3. 是否能够主动化解冲突	有　有时有　没有 是　有时是　不是 能　有时能　不能

（2）指标权重。所谓权重，是指测评指标在甄选指标体系中的重要性或测评指标在总分中所占的比例，其数量表示即为权数。给测评指标加权的形式通常表现为以下两种。

1）赋分。即把一定数量的总分按照一定比例分派到不同层次的测评指标上的过程，体现为直接的各不相同的绝对分数。赋分的关键在于分派的法则与形式。分派的法则既可以主观臆定，也可以按经验确定或根据科学研究成果确定。分派的形式可以是静态的，也可以是动态的；既可以一次确定，也可以反复多次调试后再确定；既可以事先确定，也可以测评后自动生成。

2）确定权重系数。确定权重系数的形式见表 6–2。即依据甄选指标体系中各部分指标相对于总体的不同“分量”为其赋予不同的百分数，以区分测评指标在总体中的重要性。确定权重系数可以看作一种隐性的赋分。赋分一般是非常明显地把总分逐一分配到甄选指标体系的各个指标上，被赋予的是绝对性的分数量，而确定权重系数的过程实际上是把总权重分数分配到各个指标上的过程。若用总分乘以权重系数即得到每个测评指标的赋分。

表 6-2　确定权重系数的形式

测评要素		测评标准
一级指标（权重）	二级指标（权重）	高分标准定义
个人内在能力（30%）	逻辑思维能力（15%）	1. 能抓住复杂问题的关键要素和根本原因 2. 能根据多种信息来源做出结论，看问题深入、透彻并能通过对事件的分析做出相应比较
	改革创新能力（15%）	1. 预见企业需要的改革，创造新的规范，倡导各项战略变革 2. 支持、奖励前瞻性思考和风险意识

三、甄选方法及其选择、设计

甄选方法即测评方法，是取得应聘者有关个人素质信息的方法。该方法用来对应聘者进行客观、公平、合理的素质测评。目前常用的甄选方法有简历或申请表分析、知识测试、心理测验、面试、评价中心等。由于各种甄选方法特点各异，均有各自的优缺点，因此要想提高甄选质量，一般会选择几种方法进行组合测评。了解不同方法的特点并结合不同指标来选择甄选方法组合，可以有效获取应聘者的个人素质信息。

1. 常用的甄选方法

（1）简历或申请表分析（初步甄选）。招聘阶段会获取大量的应聘简历，初步甄选的目的是淘汰那些不符合基本条件的简历，让合适的应聘者进入下一个阶段。如果有必要，还可以进行电话甄选，致电给应聘者，核实他们的资料，了解他们的真实求职意图，对于不符合企业要求的即可淘汰。通常，初步甄选会淘汰一半以上的应聘者。

（2）知识测试。知识测试是在甄选过程中常用的一种方法，主要评估应聘者在特定领域或胜任某职位所需的知识水平和理解能力。这种测试通常包括选择题、填空题、简答题、案例分析题等多种题型，旨在检验应聘者的专业知识、行业了解程度以及应用这些知识解决实际问题的能力。

（3）心理测验。心理测验是对行为样本进行测量的系统程序。这一程序在测量内容、实施过程、计分及解释等方面都具有系统性，从而使测量条件和测量结果具有统一性和客观性。通俗地说，心理测验就是通过观察人的少数代表性行为，依据确定的原则，对贯穿于人的行为活动中的心理特征进行推论和数量化分析的一种科学手段。

（4）面试。面试是最普遍的一种甄选方法，几乎所有的人员甄选过程都会使用面试。面试是考官通过与应聘者进行面对面的观察、交流等双向沟通的方式，了解应聘者的素质状况、能力特征以及动机的一种甄选方法。面试的优点是灵活，获得的信息丰富、完整和深入，但是同时也具有主观性强、成本高、效率低等缺点。

（5）评价中心。评价中心是一种甄选和评估管理人员，尤其是中高级管理人员的素质测评技术，其核心内容是多种情境性甄选方法。评价中心费用较高，在时间及人员上的花费也较多，而且参加评价的考官需要经过专门的培训。这种方法一般在甄选中高级管理人员或关键岗位人员时才使用。常见的评价中心技术包括无领导小组讨论、公文处理法、角色扮演、管理游戏、案例分析、演讲等。

2. 甄选方法的选择

选择甄选方法时应该掌握以下原则。

（1）了解各种甄选方法的特点、内容以及适用范围。每种甄选方法都是针对特定目的而设计的，因此，它对测评特定内容是有效的，而对测评其他内容则可能是无效的。应尽量选择节省费用、时间和人力的甄选方法。各种甄选方法的比较见表 6–3。

表6-3　各种甄选方法的比较

甄选方法	测评形式	主要适用对象	可靠性	公平度	成本
简历或申请表分析	资料信息分析	所有人员	低	中	低
知识测试	纸笔测验	普通员工、基层管理人员	中	中	中
心理测验	纸笔测验	所有人员	中	高	低
面试	问答	所有人员	高	高	高
评价中心	情景模拟测评	中高级管理人员和关键岗位人员	最高	最高	最高

（2）确保甄选方法的可靠性。合适的甄选方法应该具有很好的信度，即每次测量的结果要基本保持一致，即使有误差，也应该控制在一定范围之内。各种甄选方法都有各自的局限性，在进行方法选择时可以考虑组合实施，以提高甄选效度。

（3）确保甄选方法的公平度。公平度是指甄选方法对不同人员（种族、性别、年龄、专业背景等）所测结果不会引起偏差和不同对待，要排除与甄选目的无关的影响因素，要保证甄选方法在某个领域的通用性，避免使用专业领域狭小的测试；同时，甄选时应尽量少使用难以理解的专业术语和缩略语，保证参与者在题目理解上不存在问题；另外，甄选时应避开过于敏感的个人隐私问题。

（4）确保甄选方法的可用性。可用性是指甄选方法在实际使用时的方便程度。要平衡甄选方法可用性和有效性的关系，充分考虑甄选方法对实施条件的要求，包括实施操作方式、时间限制、对场地的要求、对考官的特殊要求等。

（5）选用甄选方法时应该考虑成本。成本是指实施甄选所需的花费，成本应越低越好，但同时要考虑甄选效果。甄选的精确度越高，成本也越高，在具体实施过程中要平衡好效果和成本之间的关系。在甄选时，能用成本较低的甄选方法进行甄选的，就尽量不用成本较高的甄选方法；能在较短时间内完成甄选的，就尽量不用耗时较长的甄选方法。

3. 甄选方法的组合设计

甄选方法的组合设计实际上是对甄选方法的深度使用，它不仅仅是一个简单的堆积，而是一个完整的甄选方案设计。它反映了考官对甄选指标体系和甄选方法的深刻了解和熟练把握。注意，甄选方法最终服务于甄选目的，而不能让甄选目的迁就甄选方法。

（1）组合设计的原则

1）针对性。必须针对企业的甄选需求。

2）重点性。必须突出甄选重点，而非面面俱到。

3）经济性。必须考虑效果、时间和经费之间的平衡关系。

4）顺序性。一是简单的甄选方法放在前面进行（或通过上、下午的时间来调节）。二是成本低的、批量化的甄选方法放在前面，以易于实现单项淘汰的策略。三是对其他甄选方法会产生影响的甄选方法放在后面。四是容易产生疲劳的甄选方法放在后面。五是甄选内容敏感或易于产生较大压力的甄选方法放在后面。

（2）针对不同甄选目的的甄选方法组合

1）不同职务层次。企业中不同职务层次人员所承担的工作性质、内容、责任等都有所不同，因此对任职者的要求是不同的。不同职务层次人员测评要素与测评方法见表6–4。

表6–4　不同职务层次人员测评要素与测评方法

职务层次	测评要素	测评方法
一般员工	个性特征、实际操作能力、工作经验、价值取向	简历分析、人格测验、价值观评定、面试（结构化或半结构化）
中级管理人员	能力特点、个性特征、职业适应性、知识经验	面试（结构化或半结构化）、评价中心、人格测验等
高级管理人员	工商管理能力、创造性思维能力、较高的成就动机、灵活机敏但有原则、敏感性与沟通能力、开放和变革意识	评价中心、人格测验、动机测验、领导行为评估系列测验、管理潜能开发系列测验

2）不同岗位。企业各个部门作为组织职能和业务的承担者，对企业整体目标实现的贡献是不同的，其活动的性质、难度、作用、技能和机制等都有所不同，因而对各岗位的人才要求也有所差异。不同岗位测评要素与测评方法见表6–5。

表6–5　不同岗位测评要素与测评方法

岗位	测评要素	测评方法
生产系列	个性特征、组织协调能力、综合分析能力、兴趣方向、行为风格、工作履历	人格测验、兴趣偏好测验、价值观测验、面试（结构化或非结构化）
营销系列	人际敏感性、沟通能力、个性特征、动力需求模式、语言表达、工作履历	人格测验、敏感性与沟通能力测验、需求测试、生活特征问卷、无领导小组讨论、面试（结构化或半结构化）
财务系列	个性特征、思维分析能力和综合决策能力、工作履历	人格测验、数量分析能力测验、面试（结构化或半结构化）
行政人事系列	个性特征、人际技巧、事务处理能力、工作履历	人格测验、无领导小组讨论、领导行为评定、面试（结构化或半结构化）
技术系列	创造性、思维推理能力、个性特征、工作履历	人格测验、逻辑推理测验、抽象推理测验、面试（结构化或半结构化）

四、甄选的信度与效度

甄选结果直接影响录用决策的效果。信度与效度是两个重要的甄选指标。在对应聘者进行甄选时，应做到既可信又有效。

1. 影响甄选信度的误差来源

（1）应聘者本身特征的影响。通常来说，应聘者的应试动机、应聘经验、身心健康状况、注意力、持久性、求胜心、作答态度等个人因素会对甄选结果有影响。应聘者的团体影响因素则包括异质性和平均水平。

（2）考官因素的影响。不按规定实施测评、制造紧张气氛、给予某些应聘者特别协助、主观评分以及一些暗示性语言等都会对甄选产生影响。

（3）测评内容的影响。如果试题取样不当、试题内部一致性低、试题数量过多或过少、试题意义含糊等，则会对测评结果产生影响。一般来说，在测评时增加一些题量可抵消测评中的随机误差。测评难度与信度之间虽然没有什么必然联系，但是如果测评太难或者太容易，则分数差距将缩小，甄选信度也随之下降。

（4）实际测评环境的影响。测评的现场条件、通风、温度、光线、噪声、桌面好坏、空间大小、他人的影响等都会对测评结果产生影响。如果盛夏季节在没有空调的房间中做测评，应聘者的状态会受到很大影响。

（5）其他干扰因素的影响。碰到一些突发事件，如突然停电、计算机死机、试题印制出问题、考场上突然有人犯病等，或多或少都会对甄选产生影响。

2. 影响甄选效度的误差来源

（1）测评构成方面的影响。甄选效度很大程度上取决于测评项目的设计，测评试题的取样、长度、难度、编排方式等对甄选都有影响。

测评试题要经过严格选择并依据岗位来设计，为销售人员设计的甄选试题用在财务人员的甄选上就不合适。试题应长度合适，表述清晰。如果题意含糊，容易产生歧义，以致应聘者产生误解，也会降低甄选效度。

测评试题的编制也要合理，一般按照由易到难的顺序排列。如果难题在前，水平较低的应聘者就可能由于受挫而降低进一步答题的积极性，并且，应聘者可能花很多时间去解答这些试题，而没时间做后面较容易的试题，从而无法测出应聘者的真实水平，降低甄选效度。

除此之外，测评试题的难度也要适当。例如，常模参照测验就是通过比较应聘者得分间的差异确定某一特定个体在团体中的相对位置，其试题平均难度应在 0.5 左右，并有适当的难度分布，试题太难或太容易都无法区分应聘者的优劣，从而降低甄选效度。

（2）测评实施过程中干扰因素的影响。在测评过程中要合理设计测评流程，若中间环节有误差，可能会影响甄选效果。在实施测评的过程中，是否遵照测评使用手册的各项规定进行标准化的施测，指导语是否已将答题方式描述清楚，是否按要求对时间进行限制等，这些因素都会影响甄选效度。所以，考官应能恰当控制测评情景，遵照有关规定进行测评，以避免外在因素影响测评结果。

（3）应聘者反应的影响。应聘者对测评的接受程度、兴趣、动机、情绪、态度和身心健康状况等，都令其在测评情景中的反应有所不同。在无领导小组讨论测评过程中，如果其中的一位应聘者不接受这种测评方式，整个过程一言不发，不仅不能评判出他的能力，他的行为还会对其他人员造成影响。无论是能力测验还是人格测验，只有应聘者认真配合才能反映其真实状况，考官才能对其做出正确判断。

第二节　行为描述性面试

一、行为描述性面试的概念与优势

1. 行为描述性面试的概念

行为描述性面试是基于行为的连贯性原理发展起来的，是一种采用专门设计的问题来了解应聘者在特定情况下行为的结构化面试方法。行为描述性面试采用了行为事件访谈的技术，面试官通过了解应聘者的工作经历，判断他选择本企业发展的原因，预测他未来在本企业中发展所采取的行为模式，并将其行为模式与空缺岗位所期望的行为模式进行比较分析。

2. 行为描述性面试的优势

行为描述性面试的关键是通过对应聘者经历的探测，了解与岗位所要求的胜任特征有关的行为样本，在胜任特征的层次上对应聘者做出评价。这种面试方法的优势主要在于：要求应聘者在较短时间内对经历的行为事件做出详细、具体的描述，而且面试官很容易通过追问来澄清含糊的地方，因而可以减少应聘者说谎的机会；行为具有实证性，可以避免面试官个人主观印象影响评价的客观性；利用这种面试方法可以在相当程度上判断应聘者在未来工作中的表现，在效度上比传统的心理测验更高，也更经济实用。

二、行为描述性面试的作用

1. 通过过去的行为表现预测未来的行为

行为描述性面试假设人的行为是一致的，如果人在某一情景下表现了某种胜任特征，就可能在以后的类似情形中再次表现出来。与之相关的假设还有：行为的时间越接近或行为的习惯越牢固（频率高），这个人在未来出现重复行为的可能性越高，对于预测其将来的同样行为也就有更大的准确性和参考价值。

2. 了解应聘者把说的话付诸实践的可能性

与应聘者的理论性、假设性回答相比，其实际发生的行为实例更重要。事实上，应聘者知道正确的答案并不意味着他一定能将其应用到工作中，现实工作中的复杂因素会使实际情况变得非常具有挑战性，所以能“说”不一定能“做”。因此，要想在短时间内了解应聘者能否把说的话付诸实践，最好的办法就是取得他过去行为的例证。

3. 发现应聘者的不足

要获得成功需要多种因素，而一项能力的缺乏就可能导致失败。在行为描述性面试中，面试官除了能发现应聘者符合工作要求的那些特征，还能更容易地发现应聘者的不足。

三、行为描述性面试问题的设计

行为性问题是指通过让应聘者确认在某种情境、任务或背景中他们实际做了什么，从而获取应聘者过去行为中与一种或数种能力要素相关的信息。其目的是通过关注应聘者的过去行为而预测应聘者的未来表现。由于行为性问题是结构化面试的主要问题类型，因此，结构化面试有时也被称为行为描述性面试。

行为描述性面试就是在对目标职位进行充分深入分析的基础上，对职位所需的关键胜任特征进行清晰的界定，然后在应聘者的经历中探测与这些关键胜任特征有关的行为样本，在胜任特征的层次上对应聘者做出评价。

行为描述性面试的重点是认识理论性问题、判断性问题和行为性问题之间的区别，具体见表 6–6。对于面试官在面试中提出的问题，应让应聘者用具体的言行实例来回答（而不应只提出理论性问题、判断性问题），并通过了解应聘者工作经历中的一些关键细节来判断其是否具备胜任特征，而不要轻信应聘者的自我评价。

表 6-6　　理论性问题、判断性问题及行为性问题之间的区别

才能	理论性问题	判断性问题	行为性问题
协作能力	您将如何对付难缠的员工	您善于化解矛盾吗	告诉我，作为监管人员，您曾如何对付难缠的员工
销售能力	您认为自己能卖出商品的原因是什么	我们的销售目标很高，您能应付这种挑战吗	请谈谈过去一年中您成交的最大一单，您是如何做成的
解决问题能力	您将如何处理生产中出现的问题	您能排除机器设备的故障吗	请说说您最近遇到的一个有关仪器的加工问题或质量问题，您是如何解决的
安全意识	您认为工作中的安全问题有多重要	听起来您是一个小心谨慎的员工，是吗	请谈谈您所发现的不安全情况，具体情况是什么样的？您做了哪些工作
应变能力	如果您不得不改变自己的工作安排以适应变化的要求，您将有何感想	一个月内您先后干四种不同工作，您会厌烦吗	请谈谈您在工作中不得不适应变化的经历，是怎样的变化？结果如何

行为描述性面试的要点如下：通过过去的行为预测未来的行为，识别关键性的工作要求，探测行为样本。对行为样本进行描述要把握四个关键要素，即情境（situation，描述面试对象经历过的特定工作情境或任务）、目标（target，描述面试对象在那种情境当中所要达到的目标）、行动（action，描述面试对象为达到特定目标所做出的行动）和结果（result，描述行动的结果，包括积极的和消极的结果、生产性的和非生产性的结果），这四个要素的英文单词首字母组合起来就是“STAR”。具备了这四个要素的事件就是一个完整的行为样本，它可以有效地考察面试对象对拟任岗位的胜任力。注意，包含情感和观念的描述、理论性和未来导向的描述以及不清晰的描述都是不正确的行为样本描述。

问题示例：“请讲述您在工作中遇到的一件事情，当时要求您处理非常紧急的项目，而且时间限制也是不合情理的。讲讲当时的整个情况。”

追问的问题示例如下。

（1）请谈谈当时的最大问题是什么。

（2）您在当时是什么样的角色？您的具体任务是什么？

（3）您采取了哪些措施？为什么会想到这些方法？

（4）最终的效果如何？

基于关键胜任素质的行为描述性面试使面试官能够根据事实做出有效评价，这种面试是结构化的、与工作相关的、侧重考察具体的和可衡量的胜任力的。基于关键胜任素质的面试并不意味着在面试时全部采用基于关键胜任素质的问题，即行为性问题，在面试中也应适当采用其他类型的问题，但是，行为性问题所占的比例不能太低，以 70% 左右为宜。

第三节 评价中心

一、评价中心的概念

评价中心是指通过把应聘者置于相对隔离的一系列模拟工作情景中，以团队作业的方式，采用多种测评技术和方法，观察和分析应聘者在模拟工作情景压力下的心理、行为、表现以及工作绩效，以测评应聘者的管理技术、管理能力和潜能等素质的一种综合、全面的测评系统。

评价中心是一种较为复杂的情景模拟测评系统，它特别适用于测评应聘者的管理潜能。

二、评价中心的发展

随着情景模拟测评、心理测验技术和方法的不断完善以及社会对它们的认可，情景模拟测评和心理测验作为人员评价的手段逐步得到应用。在早期的情景模拟测评和心理测验大量应用的背景下，评价中心得以产生。评价中心是在情景模拟测评技术的基础上逐步发展起来的，以测量应聘者管理素质为核心的一组标准化、程序化的评价活动。它融合了多种测评技术，由多位评估人员从多个角度对应聘者进行全面的考察，从而得出较为客观、准确的判断。

20 世纪 40 年代，德国心理学家采用多种评价程序对军官进行评定的方法被带到美国，并被美国中央情报局所接受，用来选拔特工人员。1943 年，哈佛大学的临床心理学家亨利・莫雷在华盛顿创立了评价中心。当时应用的测评技术有面试、常规考核和测验、从属测验、地图记忆能力、审讯模拟测验、无领导小组讨论、机械结构测验、压力情境测验、角色扮演等。20 世纪 50 年代至 60 年代，评价中心开始在企业中应用，并取得明显效果。最早应用评价中心的企业是美国电话电报公司。1956 年，该公司开展了“管理发展研究项目”，采用评价中心对几百名管理人员进行评价，然后将评价结果封存起来。1964 年，该公司将当年的报告拆封并与这 8 年里的实际升迁情况进行核对。结果发现：对于被提升到中级管理岗位的人员，80% 的评选鉴定是正确的；对于未被提升的人员，有 90% 在 8 年前已经预测到。使用的测评技术包括无领导小组讨论、管理游戏、公文处理法、面谈以及心理测验。该公司 40% 的管理人员参加了这个评价项目，评价的内容涉及 25 项，如领导能力、决策能力、组织能力、计划能力、成就动机、社会现实性和价值观等。

从20世纪70年代开始，评价中心得到广泛应用，世界上工业发达的国家和地区相继采用评价中心这一系统。此时，评价中心不再仅局限于在企业中应用，而开始在军队、政府、学校及公共福利部门中普遍应用。继美国电话电报公司之后，美国许多大公司都建立了评价中心系统，如国际商业机器公司、通用电气公司、标准石油公司、福特汽车公司、柯达公司、西尔斯公司和彭尼公司等。在美国，每年通过评价中心选拔的人员达数十万名。欧洲的一些大型企业也广泛应用评价中心系统，如德国大众汽车集团专门设立了评价中心系统，由专人负责，进行管理人员的选拔、发展培训，求职者能否担任管理职务以评价中心的评价结果为准。对英国1 000家大公司的调查表明，约有37%的公司使用无领导小组讨论、公文处理法及角色扮演等测评技术。

评价中心主要用来选拔、评价中高级管理人员，不仅可以对应聘者各方面的管理能力做出评价，而且可以发现、识别应聘者未来的潜力。西方管理学家在对评价中心效果进行分析时发现，由企业领导随意选拔的管理人员，按照使用结果，其正确率只有15%；经过各级经理层层提名推荐的，正确率达到35%；经过评价中心推荐的，正确率达到70%。匹兹堡大学的威廉・拜哈姆调查了评价中心的研究项目后指出，经过评价中心选拔的管理人员比仅仅凭领导主观判断而提拔的管理人员，其成功率要大2～3倍。

三、评价中心的工作机制和实施标准

评价中心不仅强调综合采用多种技术和方法，而且特别强调基于工作分析的情景模拟测评技术的应用，还强调多方面、多角度地收集与应聘者工作有关的资料与信息。它不仅考察应聘者已有的与工作要求相关的实际工作能力，还特别关注应聘者与岗位发展的素质要求的适应性评估，即对应聘者的潜力发展进行评估。

对评价中心工作机制的经典解释是：应聘者参与评价中心的模拟行为练习，这些练习都是在对岗位进行工作分析后精心设计的。考官观察应聘者在练习中的行为表现，这些行为能对工作绩效做出有意义的预测。借用经典的S–R–T测评模式同样可以解释评价中心的工作原理，即通过对应聘者施加行为刺激（S，在评价中心中就是各种情境模拟练习），观察其在特定刺激情景下的行为表现（R），进而推断其相关特质（T）。

《关于评价中心的实施标准和道德准则》第三版规定，规范的评价中心操作必须要有四个要素，即工作分析与分类的行为观察、以模拟为主的多种方法、多位考官以及数据的系统收集处理和报告。同时提出，在实施评价中心测试时要考虑以下几个方面。

一是维度。对相关岗位进行工作分析，确定岗位的素质要求，确定评价中心的测评维度（即通常所说的测评指标、测评要素），明确评价中心所要评价的内容，并把观察到的行为进行分类，这些行为类别要与工作相关、与特定维度相关。

二是技术。评价中心技术（也可以称为练习）必须能提供工作分析中确定的维度或者特质的相关信息。不能使用单一技术，要用多种技术，这些技术可以是测验、面试、问题量表、测量工具或工作情景模拟等，如公文处理法、无领导小组讨论、角色扮演等。多种技术的综合运用为考官提供了观察应聘者行为的良好机会，通过观察分析可以确定这些行为是否与要测评的维度相符合。

三是评价者。即进行观察的考官必须是多位，每位考官必须经过培训并具备相关能力。

四是数据的收集和报告。即考官必须使用系统程序记录所观察到的具体行为，每个练习都要有一个报告或者记录，考官得出的数据和其他方法得来的数据必须通过考官会议或有效的统计程序综合在一起。

四、评价中心的特色

1. 特点

（1）技术运用综合性。评价中心综合运用多种测评技术手段，把应聘者置于一系列模拟工作情境中，使其在一定的规则下展开活动，从而考察其与应聘职位胜任素质要求相关的各项能力与潜质。任何一种测评技术都存在不足，综合运用多种测评技术能够弥补其各自的缺陷，大大提高对应聘者评价的有效性。

（2）评价来源多样性。评价中心实现对应聘者行为的评价是通过考官团队共同实施的，考官来源于企业高级管理人员、直线经理、人力资源管理人员、外部测评专家以及行业专家等，一般在 5 人以上。

（3）测评情境仿真性。评价中心的核心技术是情景模拟测评技术，该技术基于目标岗位的个性化要求，所采用的测评情境与应聘者未来的工作情境高度相似，具有极强的针对性。

（4）测评过程动态性。评价中心对应聘者的测评是在设定的情境中动态进行的，并且有些是在应聘者之间互动展开的，这给予应聘者充分的自主性。动态性在一定程度上降低了应聘者的掩饰倾向，使某些特征能被更清晰地观察和比较。

（5）测评内容全面性。评价中心的运用丰富了对应聘者的评价维度，因为运用了多种测评技术。每种测评技术可以测评多个维度，每个维度可以由多种技术进行评价，这为全面评价提供了条件。因此，评价中心不仅能很好地测评应聘者的实际工作能力，还能测评其他多种能力和性格特质。

2. 优点

（1）高可靠性。评价中心通过多种技术、多次测评，并运用定性和定量结合的评价方法，减小了评价过程的误差，降低了测评结果失真的可能性。评价结果能够通过交叉效度验证，大大提高了可靠性，具有很高的信度。

（2）高预测性。由于评价中心的测评是针对招聘岗位的实际要求设计的，具有高仿真性特点，因此这种仿真环境的行为表现对预期未来真实工作的绩效有着很好的预测效果。各种评价方法与工作绩效的相关系数见表 6–7。

表 6–7　各种评价方法与工作绩效的相关系数

评价方法	与工作绩效的相关系数
评价中心	0.65
行为描述性面试	0.48 ~ 0.61
工作实习测验	0.54
能力测验	0.53
现代个性测验	0.39
自撰材料	0.38
推荐信	0.23
传统的非结构化面试	0.05 ~ 0.19

（3）高公正性。评价中心为应聘者提供了一个平等竞争的舞台，考官是一组具有不同背景和经历的各类专家和管理人员，可以在其评价应聘者能力时做到有效互补，避免某位考官个人因素造成评价结果的偏差，提高了评价的公正性。

3. 缺点

（1）组织过程复杂。评价中心运用了多种技术实施测评，完整的评价中心测评包括知识测试、心理测验、面试和情景模拟测评，过程中有单独测评和群体测评，同时，测评维度较广，因此，整个过程十分复杂。

（2）实施周期长。评价中心所涉及的测评方法众多，在招聘中，一般在实施测评之前需要大量的时间进行准备，通常需要 1 个月的时间；测评实施时间因应聘人数、所测维度的多少而不同，一般需要 1 ~ 3 天，有时甚至需要 1 周；测评实施结束后，考官要花费大量时间进行评定，最终给出应聘者所有项目的个人评价和招聘综合报告，这也需要 3 天 ~ 1 周时间。因此，整个测评实施周期较长。

（3）测评费用高。评价中心的核心技术是情景模拟测评技术，每项情景模拟测评技术都需要针对岗位进行个性化定制，题目开发难度高、工作量大。同时，有些测评需要专门的场地、设备和道具支持，有些还需要测评专家完成对应聘者详细的评价报告。因此，实施成本较高。在美国，应用完整的评价中心评估一位应聘者的费用一般在 50 ~ 2 000 美元，有的甚至高达 8 000 美元。目前，国内的单人费用一般在几千元，有些甚至高达数万元。

（4）评价主观性强。评价中心主要通过考官的行为观察来进行评价，而考官由于来自不同的群体，其知识结构、能力特点和价值观等均有所不同，因此，考官各自都有倾向性。如果考官缺乏有效的培训，还容易对行为的判断缺乏统一的标准，从而产生评价的主观性，因此，评价中心的应用对考官的要求较高。

五、评价中心的适用范围

技术复杂、实施费用高的特点，决定了评价中心比较适合选拔中高级管理人员和关键岗位人员，而不太适合在招聘普通员工时全面运用，但有些方法可以结合招聘岗位的特点作为面试等甄选手段的辅助验证手段，如简易的无领导小组讨论等。而在企业内部的竞聘上岗中，评价中心也日益发挥出积极作用。

一般而言，评价中心所考察的内容有以下几个方面。

管理技能：包括计划能力、组织能力、协调能力、决策能力、预测能力、授权能力、团队管理能力等。

人际技能：包括口头表达能力、人际沟通能力、人际敏感性、团队合作能力、冲突解决能力等。

领导能力：包括领导风格、影响力、个人权威等。

认知能力：包括综合分析能力、思维灵活性、逻辑推理能力等。

工作与职业动机：包括成就动机、职业兴趣、职业价值观等。

个性特征：包括自信心、情绪稳定性、责任心、独立性等。

六、评价中心的施测流程

评价中心需要按照规范化的程序施测。每一种评价中心技术的实施过程均有各自的特点，但主要阶段基本相似，一般包括五个阶段。

1. 确定测评指标

即利用工作分析或胜任素质特征分析的方法，对所要招聘的岗位进行详细分析，确定关键素质和关键指标。从测评指标确定的趋势而言，更多地从原来岗位的最低素质要求向可以区分绩效表现优秀者和一般者的个体潜在深层次素质特征发展。这些素质特征与绩效表现密切相关，成为评价中心测评的核心内容。一般而言，测评指标数量不宜太多，否则考官无法对关键指标进行深度挖掘。目前，不同的评价中心技术测评指标数目差异较大，有 5 ~ 27 个不等。在比较 3 个、6 个和 9 个测评指标对观察和评分的影响后发现：使用

3 个测评指标时，对行为进行分类和评分的准确性最高；使用 6 个测评指标时，行为观察的准确性最高。因此，从效果和效率的角度考虑，一般使用 6 ~ 8 个测评指标较为合适。同时，针对这些测评指标要有完善的评价标准，确定每项指标所要考察的行为表现，这是统一考官评价标准非常重要的信息点。

2. 设计方案

（1）确定测评技术。在确定测评指标后，需要通过方案设计确定测评技术。为了提高有效性，需要遵循同一指标至少有两种及以上技术进行测评的原则，如“影响力”可通过无领导小组讨论、角色扮演、演讲三种不同的技术进行测评。但也不是技术越多越好，而是越优越好，以保证测评过程的高效。例如，对于“协调能力”的测评，尽管通过心理测验也可以进行，但效果没有无领导小组讨论、面试等技术有效，在技术选择上应以情景模拟测评技术为主。评价中心方案设计的评价矩阵见表 6–8。

表 6–8　评价中心方案设计的评价矩阵

技术	影响力	协调能力	授权	决策	分析判断
无领导小组讨论	★	★		★	★
公文处理法			★	★	★
演讲	★				★
角色扮演	★	★			★
半结构化面试		★	★	★	★

（2）设计试题并进行测试。根据确定的测评技术设计试题。试题的情境要与招聘岗位工作情境相似，题目措辞得当、难度适中，避免出现“天花板效应”和“地板效应”。试题设计好后要在相似的人群中进行一定数量的试测，并进行必要的调整，以确保试题本身具有一定的信度和效度。

（3）制订测评计划。具体工作包括确定测评目标、设计测评流程和测评时间进度表，从而保证测评过程的合理性和有序性。

3. 组建考官团队，进行考官培训

一般考官团队包括企业高层领导、直线经理及人力资源管理人员，还有一部分具有丰富测评知识和一定管理实践经验的专家，其中有一名为主考官。考官的技术水平在一定程度上决定了测评结果的好坏。由于考官的来源不同，有些是专业人士，有些是企业管理人员，因此，每个人对行为的判断均有差异，必须统一对其进行测评指标、测评技术、测评试题、观察技巧、记录技巧和评分技巧等方面的培训，以提高最终评价的一致性。

4. 管理测评过程

测评实施过程必须按照一套标准化流程进行，一般要经历准备阶段、实施阶段和结束阶段。准备阶段由考务人员安排场地、分发资料，考官宣读指导语；实施阶段应聘者参与测试，考官观察并记录其行为；结束阶段考官宣布测评结束，考务人员引导应聘者离场，回收相关资料。

5. 进行结果评价

（1）评价沟通。测评结束后，考官对观察记录进行归类、评估，对应聘者的各项测评指标进行评分，然后对相关应聘者的表现进行讨论，达成一个一致性意见，统一评价结果作为该应聘者的最终评分。一般对 1 名应聘者的评价不得少于 3 名考官参与。

（2）撰写报告。考官在达成一致性的评价结果后需要对应聘者进行评价，评价包括评分和评语两部分。评分是在定性评价的基础上进行定量评价；评语是对应聘者的行为特点进行相应的描述，包括应聘者的行为描述和考官评语。这些内容需要将不同测评技术的行为表现分析结果进行整合，最终按严格的格式撰写测评报告，既有文字描述，也有数字表述，罗列优点和不足，甚至提出发展建议和录用意见。对于重点对象可以详细描述，也为以后人才库的建立积累资料。如果采用多个测评技术考察同一指标，评价结果根据其权重进行整合。

目前，为了提高效率和降低成本，招聘过程中运用评价中心进行测评一般有两种操作方式：一种是直接打分；另一种是评分与评语相结合，即对每位应聘者打分，同时对一些表现出色或适合的人员进行评语评价，为后续决策提供依据，并有利于人才库的建立。

七、评价中心技术的种类

评价中心技术有很多种，常见的评价中心技术比较见表 6–9。下面对无领导小组讨论、公文处理法、角色扮演、管理游戏进行介绍。

表 6–9　　常见的评价中心技术比较

测评技术	方法概述	考察的能力
无领导小组讨论	把应聘者划分为不同的小组，每组 6 ~ 8 人，不指定领导者，大家地位平等，在此基础上根据提供的案例进行讨论，最后要求形成一致意见，并以书面或口头形式汇报整个讨论过程。考官并不参与，完全由应聘者自己控制讨论进程	组织协调能力、领导能力、团队合作能力、谈判说服能力、影响力、人际沟通能力、理解能力、综合分析能力、创新能力、决策能力以及自信心、进取心、责任感、灵活性、情绪稳定性

续表

测评技术	方法概述	考察的能力
公文处理法	应聘者假定为应聘岗位人员，在其办公桌上堆放大量亟待处理的文件，包括信函、电话记录、电报、报告和备忘录等。应聘者要在规定的时间内完成文件的处理	统筹计划能力、组织协调能力、分析判断能力、沟通协调能力、决策能力、授权能力、预测能力、执行能力、团队管理能力、时间管理能力、文字表达能力、信息的收集和利用能力
角色扮演	考官设置一系列尖锐的人际矛盾与人际冲突，要求应聘者扮演某一管理角色并进入角色情境去处理各种问题和矛盾，考官通过对应聘者在不同角色情境中表现出来的行为进行观察和记录	判断能力、创造能力、谈判能力、说服能力、沟通能力、冲突解决能力、决策能力、语言表达能力、应变能力
管理游戏	给几位应聘者分配一定的任务，任务必须经合作才能较好地完成，有时引入一些竞争因素，通过对游戏项目的完成情况判断应聘者的能力	沟通能力、语言表达能力、综合分析能力、团队合作能力、领导能力、决策能力、应变能力以及社会关系特征和语言表达能力
案例分析	考官提供给应聘者一些在管理中遇到的现实问题，要求他们通过准备一系列建议，形成一份书面报告提交相关部门	综合分析能力、逻辑思维能力、独创性、决策能力、策划能力
演讲	给应聘者随机抽取一个题目，让其准备5～10分钟，然后进行演讲，阐述自己的观点和理由，演讲时间一般为5～10分钟	分析推理能力、逻辑思维能力、反应理解能力、语言表达能力、言谈举止和风度气质

1. 无领导小组讨论

（1）无领导小组讨论的概念。无领导小组讨论是评价中心技术中使用频率较高的一种，是指将多名应聘者集中起来组成一个小组，要求他们就某一问题或主题在不指定角色的情况下展开自由讨论，并在一定时间内得出一致性结论。这是一种松散的群体讨论方法，通过快速诱发应聘者的特定行为，对其行为进行定性描述、定量分析并在群体中进行比较来评估其素质特征。

无领导小组讨论的人数一般在6～8人，整个讨论时间一般为60分钟。在整个讨论过程中不指定哪一位应聘者是领导或主持人，而是让所有应聘者自行安排、自行组织、自行讨论，围绕考官给出的讨论材料，如文件、资料、会议记录等，对指定的题目形成一致意见，并最终进行口头或书面汇报。考官在整个讨论过程中不进行任何管理，只是观察并记录各位应聘者的表现，并给其各个测评指标打分，最终对应聘者的能力和素质做出判断。

（2）无领导小组讨论的适用范围。无领导小组讨论最突出的特点就是具有生动的人际互动性，应聘者需要在与他人的沟通和互动中表现自己。其考察的维度如下：人际相关的能力，如组织协调能力、领导能力、团队合作能力、谈判说服能力、影响力和人际沟通能力等；思维与问题解决能力，如理解能力、综合分析能力、创新能力和决策能力等；个性特质与行为风格，如自信心、进取心、责任感、灵活性和情绪稳定性等。

因此，无领导小组讨论比较适用于那些经常与人打交道的岗位人员的选拔，如中高级管理人员、人力资源管理人员和销售人员等，而财务人员、研发人员和技术人员则较少使用该技术。

同时，由于无领导小组讨论一次可以有多人参加，每个人的平均时间一般要明显低于面试的时间，因此，无领导小组讨论可以作为面试的一种补充形式，在面试前用于淘汰一些明显不适合的人员，提高面试效率。目前，校园招聘中一些与人际关系处理和管理有关的职位在甄选应聘者时，可以运用简易模式的无领导小组讨论进行辅助，即在指标方面可以略少于完整的无领导小组讨论，并以打分为主，而不需要撰写完整、详细的报告。

（3）无领导小组讨论的实施流程

1）准备阶段。无领导小组讨论的前期准备工作充分与否直接影响测评过程是否顺利以及后期评价是否准确。前期的准备工作包括测试环境布置、应聘者分组、讨论材料准备、考官分工与培训等。

①测试环境布置。无领导小组讨论环境要求宽敞、明亮、安静，应聘者座位距离应该适宜完成所有任务同时便于交流，距离过大不易互动，距离过小显得局促、不自然。另外，应尽量采用圆形会议桌，圆形会议桌不分主次，能给应聘者带来平等感，有利于“无领导”的讨论，也有利于争辩的形成。目前用于无领导小组讨论的现场布局有多种方式，下面介绍两种常用方式。

一是全景式布局方式（见图 6–1）。全景式布局方式是目前最先进的观察应聘者的布局方式。其特点在于应聘者的讨论室和考官的观察室相对独立，两者分别处于两个房间，考官对应聘者的言行没有任何直接干扰。此外，这类测评现场能将测评的声音和画面采录下来，在评价出现分歧的时候进行回放，有利于提高测评的准确性。

二是现场式布局方式（见图 6–2）。现场式布局方式是在企业现场实施无领导小组讨论测评时最常用的布局方式。其优点在于比较方便，考官和应聘者相对而坐；缺点是考官完全处在应聘者的视野范围之内，容易使应聘者产生心理压力或寻求考官反馈的意识，影响表现的真实性。

②应聘者分组。无领导小组讨论提供应聘者参与的平等性，所以分组要考虑应聘者在年龄、经历、职位等方面的对等性，还要注意男女比例的合理分布，并尽可能遵循应聘者彼此陌生的原则。小组人数一般以 6 ~ 8 人为宜。人数太少，组员之间争论较少，容易达

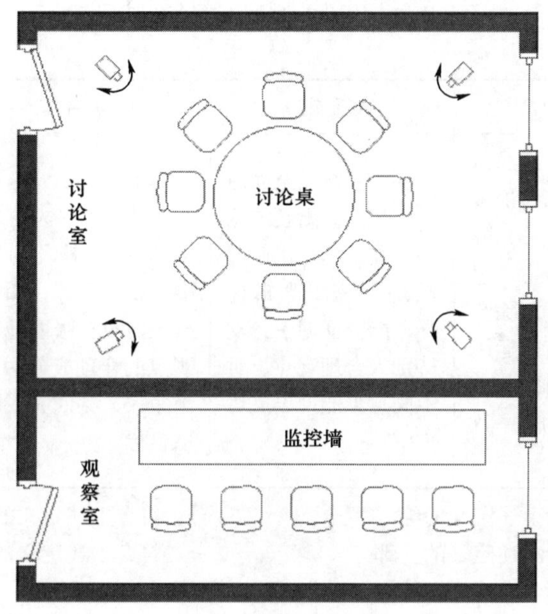

图 6-1　全景式布局方式

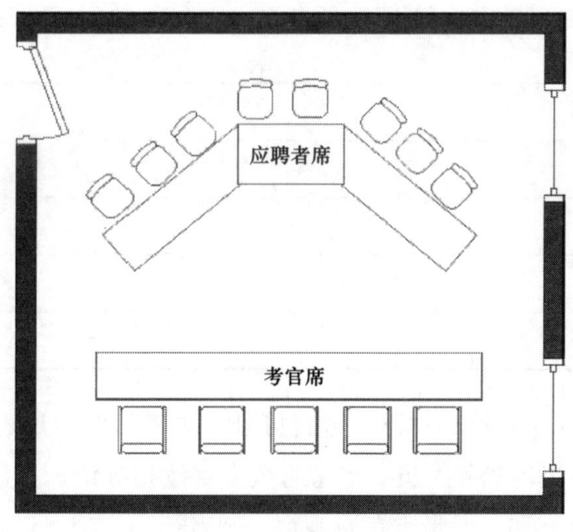

图 6-2　现场式布局方式

成一致；人数太多，则有可能因为组员之间分歧过大，要么很难在规定时间内达成一致意见而无法完成任务，要么匆匆结束导致讨论不能充分展开。

③讨论材料准备。在无领导小组讨论之前需要准备的材料包括考务资料、应聘者资料和考官资料。考务资料包括签到表、座位号码、时钟等。应聘者资料包括指导语、讨论案例、草稿纸和笔。考官资料包括指导语、讨论案例、评价标准、评价记录表和评分表等。

无领导小组讨论评分表（部分）见表 6-10。

表 6–10　　无领导小组讨论评分表（部分）

第　组　　考官：

测评要素	影响力	分析能力	团队合作	成熟度
观察要点	控制全局，形成讨论方向，提高讨论效果，有效发言次数多，语言说服力、感召力强，善于清除紧张气氛，能有效运用沟通技巧说服别人，促成讨论形成一致结论	善于系统、全面地看问题，提出新的见解和方案，论据充分，推理严密，逻辑性强，能旁征博引，支持别人合理观点，对不同意见能说出反对理由	尊重别人，不以自我为中心，友好待人，照顾别人的需要，密切合作，倾听别人意见，吸取他人观点的合理成分，调解争议，共同完成团队目标	言行举止老练，有风度，行为灵活，人际敏感，情绪稳定，礼貌待人，同时敢于坚持正确的意见，善于承受压力，有责任心
评分	5 分：符合上述定义的绝大部分　4 分：符合上述定义的大部分 3 分：符合上述定义的一部分　2 分：符合上述定义的小部分 1 分：不符合上述定义的绝大部分			
1				
2				
3				
4				
5				
6				
7				
8				

④考官分工与培训。从分工而言，考官可分为主考官和一般考官。考官团队通常有 5～7 人，另外还有 1～2 名考务人员。主考官负责宣读指导语、控制讨论时间、组织讨论结束后的评价等；主考官和一般考官负责观察应聘者行为表现，记录观察结果，讨论结束后进行评分、评价讨论等；考务人员负责准备应聘者的讨论材料、将应聘者引入席位、审核应聘者信息、请应聘者签到及将签到表提交主考官、汇总统计成绩等。

考官培训是为了统一考官的评价标准。考官通常来自各个方面，有的是专业考官，有的来自招聘企业内部。评分前应对初次参加测评的考官进行系统培训，使其深入理解无领导小组讨论的目的、考察内容及典型行为、案例及要点、观察方式、记录方法、评分规则等，必要时还可以进行模拟评分练习。培训的目的是让考官的评分更准确。

2）实施阶段。无领导小组讨论通常为 60 分钟左右，分为四个阶段。四个阶段连贯进行，中间不停顿。

①讨论准备阶段。主考官宣布指导语，应聘者了解讨论规则、熟悉讨论案例、明确小组任务并进行独立思考，可列出发言提纲，一般为 5 分钟。

②个人观点阐述阶段。应聘者每人必须正式阐述个人观点，发言顺序不做规定，每人时间一般为 3 分钟。

③自由讨论阶段。应聘者就个人观点阐述的情况展开相互讨论，进一步阐明自己的观点，也可对别人的观点进行分析和提出不同的意见，最终通过讨论得出小组的一致意见，讨论时间一般为 30 分钟。

④总结阶段。由小组推荐一位应聘者向考官汇报小组讨论结果，时间一般为 3 分钟。

考官从宣布完指导语到小组总结汇报结束期间不参与整个讨论过程，所有发言的顺序、流程的安排完全由小组成员自行组织，讨论期间考官也不回答任何问题。考官主要在这一阶段通过仔细观察详细记录应聘者的各项表现，包括语言、形体动作等。信息记录过程不要有评价性内容，侧重于具体语言和行为本身。

3）评价阶段。考官根据实施阶段应聘者的行为表现进行评价，整个评价过程要求客观、公正、以事实为根据。评价过程先由考官独立评分，然后进行讨论。为了能全面地对应聘者进行评价，一般不采用考官评分取平均值的方法，而是通过对应聘者行为的回顾分析决定最终评分和评语。

无领导小组讨论评价中的一般行为依据有：发言次数的多少；发言质量的高低，即能否抓住问题的关键、梳理判断标准、提出合理化建议；是否善于吸取他人观点完善自己的方案；是否坚持自己的观点；是否善于倾听、尊重他人；是否有亲和力，能否说服他人；是否有意识地对讨论过程进行引导，能否组织大家摆脱混乱局面等。

无领导小组讨论的结果评分是依据测评指标进行的，测评指标一般会有一些可操作的定义。结果评分可采用 10 分制、5 分制等形式，可以与评价中心的整套测评方案一致。为了便于考官把握评价标准，可事先确定相关指标基本的评定等级和对应分值。团队合作能力测评指标示例见表 6–11。

表 6–11　团队合作能力测评指标示例

指标名称		团队合作能力
操作定义		和别人一起工作，成为团队一分子，合作达成共同目标的能力
评定等级		
等级	分数 / 分	行为描述
优秀	5	能充分认识到人与人的个性差异，获得团队成员认同，主动协调冲突与分歧，洞察问题实质，并有效解决问题，在团队利益与个人利益不一致时主动舍弃小我，主动推进形成良好的团队氛围

续表

等级	分数／分	行为描述
良好	4	有较强的合作意识，主动参与团队讨论，能使大家意识到和谐团队气氛的重要性，能正视冲突，主动与他人建立互动关系，能接受和执行团队的决定
中等	3	有基本的合作意识，平等待人，能与他人形成互动，遵守团队规则，参与团队任务的完成
较差	2	不关注团队气氛，讨论过程的参与不够，主动性不强，或者积极参与但过于以自我为中心，不太顾及他人感受
很差	1	不关注团队讨论，对团队任务完成缺乏意愿，甚至表现出负面情绪，破坏团队气氛，阻碍团队任务的完成

无领导小组讨论的评分方式一般有两种：一是对每位应聘者的各项指标进行打分，这种方法有利于对一位应聘者的各类指标直接进行全面的梳理；二是逐个指标打分，即就某个指标对所有应聘者进行打分，这种方法有利于对一组应聘者进行横向比较。由于无领导小组讨论的特点在于比较，因此，第二种方法对于招聘的劣汰效果较好，效率较高。

2. 公文处理法

（1）公文处理法的概念。公文处理法又称文件篓测验或文件筐测验，是评价中心核心技术之一。其具体操作方法如下：设置一个模拟情景，让应聘者扮演管理者的角色，急需处理一些文件，这些文件包括上级的通知、下级的报告、客户的来信以及公司内部人力资源管理及财务方面的信息等，要求应聘者在有限的时间里独立处理这些文件。公文处理完以后，考官还要对应聘者进行采访，要求应聘者说明这样处理文件的理由，看其理由是否充分，决定是否果断。如果应聘者的文件处理方式属于“扣分”范围，应让应聘者特别说明。

具体来说，公文处理法要求应聘者在规定时间内（一般为 2 ~ 3 小时）针对企业中的实际业务、管理环境，对一系列（一般为 15 ~ 25 份）需要处理的信函、备忘录、报表、投诉信件、电话记录、命令、请示、汇报、通知通告以及其他任何形式的文件材料进行处理，内容涉及人事、财务、市场、客户关系、法律法规等，并在仅有日历、指导语、背景介绍（组织结构图和部门情况简介）的情况下独立完成工作。公文处理包括回复函电、拟写指示、做出决策、安排会议等，并简单表述做出处理意见的理由。

考官根据应聘者处理文件的顺序、质量、时间和理由等对其统筹计划、授权、预测、决策和沟通协调等能力进行评价。

另外，在整个文件处理过程中，应聘者是遵守原定的方案还是临时改变策略，这一点很重要。考官应根据情况注意观察，做出正确评价。在对应聘者采访的过程中，如果应聘者提出一些好的解决方法，考官应对其给予积极的评价。在应聘者处理公文的过程中，考官应观察应聘者处理公文的情况，是根据轻重缓急有条不紊地处理公文，还是拘泥于细节、杂乱无章地处理公文。

（2）公文处理法的适用范围。由于公文处理法可以将管理情境中可能遇到的各种典型问题抽取出来，以书面形式让应聘者来处理，因此它可以考察应聘者多方面的管理能力。概括起来，公文处理法可以考察的能力如下：与人有关的能力，包括组织协调能力、沟通协调能力、团队管理能力、授权能力等；与事有关的能力，包括文字表达能力、信息的收集和利用能力、分析判断能力、预测能力、统筹计划能力、执行能力、决策能力、时间管理能力等。

公文处理法较为适合企业招聘中高级管理人员和关键岗位人员。传统的个人能力笔试测验常常与实际工作内容相距甚远，而公文处理法的所有题目都来自管理实践，通过考察应聘者在处理具体业务中的表现评估其关键能力，针对性和有效性更强。

（3）公文处理法的实施流程

1）准备阶段

①材料准备。由于公文处理法采用纸笔测验的模式，因此考务人员主要做测验材料、工具和测验场所的准备，具体而言需要准备好各种测验材料、答题纸、橡皮、铅笔等，保证每位应聘者拥有以上测验材料和工具。给每位应聘者的测验材料事前要编上序号，答题纸也要有相应序号，实施前要注意清点核对。答题纸主要由三部分内容构成：一是被测对象姓名（或编号）、文件序号、重要和紧迫程度（高、中、低）等；二是处理意见（或处理措施）、签名及处理时间；三是处理的理由。文件序号只是文件的标识顺序，不代表出题的顺序，应允许被测对象根据轻重缓急调整顺序，但给所有应聘者的文件顺序必须相同，以示公正。

②考官培训。由于公文处理法的技术性较强，因此在测验之前，要对考官进行一定的培训。培训内容一般有以下几项：第一，对考官进行公文处理法的总体讲解，使他们对公文处理法形成一个完整的理性认识；第二，让考官对模拟测验结果进行评分，在这一过程中熟悉公文处理法的评价内容，完善评价标准；第三，针对具体的公文处理法答卷和处理过程进行讨论，使考官有效把握评价维度和标准，使考官的评分趋于一致，以提高评价的客观性和有效性。

2）实施阶段。考务人员完成对应聘者身份确认后下发指导语、答题纸和装试题的密封文件袋。指导语分为两部分：第一部分是总指导语，是对测验阶段、目的说明和文件处理情景的描述，主要包括应聘者扮演的角色、情景中企业的构架等；第二部分是对整个测验中各个试题反应方式、答题要求以及时间限制的说明。总指导语由主考官宣读，第二部分内容则由应聘者在答题过程中自行阅读。

可以进行集体施测，选择在办公环境中进行测验效果较好。测验环境应安静、整洁、无干扰，采光良好，桌面应有较大的空间。

测验流程一般如下：主考官宣读总指导语、应聘者阅读角色和背景介绍、进行测验、完成测验并回收结果。

3）评价阶段。评价宜在应聘者完成测验后立即进行，当事先安排质询程序时更应该如此。当测验结束之后，考官就要开始对测验结果进行评分，并写出书面评语，以体现定量评价与定性评价相结合的原则。首先，所有考官从多个测评维度对同一份答卷进行评价；其次，所有考官进行讨论，统一评价标准，完善参考答案；最后，所有考官分头批阅，并由一位经验丰富的考官进行复核，发现不同考官评价尺度不一致时要及时沟通、调整。

公文处理法的评价依据一般如下：是否每份材料都看过并做出合理答复；能否分清轻重缓急并按序处理公文；批阅公文是否符合给定角色；决策理由是否足够充分；任务授权是否合理；问题解决是否足够有效；思考问题是否系统；能否发现更深层次的问题，并找出问题的内在联系进行全面解决等。

公文处理法评分表（部分）见表 6–12。

表 6–12　　公文处理法评分表（部分）

应聘者：　　编号：　　考官：

评分指标		参考评分要点	等级	得分 / 分
组织协调能力	有效组织	有效分析任务，进行计划，安排下属采取行动，并对过程进行有效管理		
	合理协调	有分工协调的意识，能考虑和其他部门共同协作，考虑各方利益，化解各方冲突		
问题解决能力	洞察问题	有效发现问题产生原因，能梳理问题的关联关系，进行归纳综合，把握问题的本质		
	解决问题	提出解决问题的依据，分析利弊，确定有效措施并付诸行动		
总分 / 分				

评分等级与得分：优秀 5 分，良好 4 分，中等 3 分，较差 2 分，很差 1 分。

3. 角色扮演

（1）角色扮演的概念。角色扮演是一种主要用来测评人际关系处理能力的情景模拟测评技术。在这种测评活动中，考官设置一系列尖锐的人际矛盾与人际冲突，要求应聘者扮演某一管理角色并进入角色情境去处理各种问题和矛盾。考官通过对应聘者在不同角色情境中表现出来的行为进行观察和记录。例如，让应聘者扮演百货公司经理的角色，对售货员与顾客因某事引起的争执进行处理。

角色扮演强调在测评中要了解应聘者的心理素质，而不是根据其临时提出的意见做出评价，因为临时工作的随机因素很多，不足以反映一个人的真才实学。有时可以由考官故意给应聘者施加压力，如工作时不合作或故意破坏等，以了解应聘者的各种心理活动及其所反映出来的个性特点。

（2）角色扮演的适用范围。角色扮演主要考察应聘者的性格、气质和兴趣爱好等心理素质，以及语言表达与沟通能力、谈判与说服能力、冲突解决能力、应变能力、判断能力、创造能力、决策能力等，比较适用于对管理人员、销售人员和服务人员等需要较强人际敏感性和较高沟通要求的岗位人员进行选拔。

（3）角色扮演的实施流程

1）准备阶段

①做好周密的计划。设计好每个细节，避免忙中出错。

②事先训练好助手。包括讲什么话和做出什么反应等都要规范化，在每位应聘者面前要做到标准统一。

③编制好评分标准。主要观察应聘者心理素质和实际能力，而不是看其扮演得像不像，是不是有演戏的能力。

2）实施阶段

①考官宣读指导语，介绍角色扮演的情境信息，回答应聘者提出的测评有关问题。

②根据情境信息和任务的复杂程度，给予应聘者 15 ~ 30 分钟准备时间，便于应聘者熟悉扮演的角色，了解背景信息，明确所需完成的任务。

③应聘者按照规定的角色开始完成任务，完成任务要有足够的活动空间，如果是面谈则需要有一个平等沟通的环境。整个过程中应聘者起主导作用，是各种活动或交流的发起者和控制者，其他人员为辅助者和配合者，并适时设置“人为障碍”反馈应聘者。考官则完整地观察应聘者的语言和行为。整个过程为 15 ~ 30 分钟。

3）评价阶段。判断应聘者的表现情况，可以从以下五个方面来考察：应聘者的紧张程度，应聘者对背景资料的领悟能力，应聘者在扮演过程中的焦虑水平，应聘者的角色技能，应聘者表现的真实程度等。

具体的评价可以从粗略的总体行为适应性和细微的行为特征两个角度入手。总体行为适应性主要用来考察应聘者能否迅速地判断形势并进入角色情境，按照规范要求采取相应的对策行为；细微的行为特征则表现在目光接触、语调、音量、微笑、语句长短、反应时间、提问和反应潜伏期等方面。

4. 管理游戏

（1）管理游戏的概念。管理游戏是一种以完成指定任务为目标的情景模拟测评技术。其要求将应聘者组成一个小组，共同完成一项事先设计好的具体管理事务或企业经营活动，这种活动是以“实际工作任务”为基础的标准化模拟活动，在这类活动中，分别给应聘者赋予不同的角色（职务）并分配一定的任务，让他们通过合作完成任务。考官通过应聘者在完成任务过程中所表现出来的行为来测评应聘者的素质。

在管理游戏中，每位小组成员被分配一定的任务，成员之间必须合作才能较好地完成任务，如购买、供应、装配或搬运等。有时也可以在活动中引入竞争因素，如将应聘者分成几个小组，让几个小组同时进行销售或市场占领，以分出优劣。管理游戏根据应聘者在解决问题及完成任务的过程中所表现的行为来测评应聘者的素质。考官可以在客观的环境下有效地观察应聘者的领导特征、能力特征、指挥特征和社会关系特征等。

管理游戏能够突破时间与空间的限制，把实际工作中很长时间才能发生、具有典型性的事件浓缩在几小时之内，让应聘者感受、处理，可以很好地了解应聘者各方面的管理能力。另外，管理游戏的模拟内容真实感强，富有竞争性，又能使参与者马上获得反馈信息，所以能引起应聘者的浓厚兴趣。

管理游戏的特点是由多名应聘者同时参加，具有很强的互动性。

管理游戏的主题一般分为以下四种类型：适合知识型企业决策开发的商业模拟主题、获取市场竞争份额的模拟竞争演练主题、系统运用决策工具的经营模拟主题、基础财务运作管理主题。其涉及的管理范围较为广泛，如市场营销管理、财务管理、人力资源管理、生产管理等。

（2）管理游戏的适用范围。管理游戏将应聘者置于客观现实的情境中，便于考察应聘者的团队合作能力、领导能力、决策能力、应变能力、社会关系特征和语言表达能力等素质，一般适用于管理人员或销售、财务等关键岗位人员的招聘。

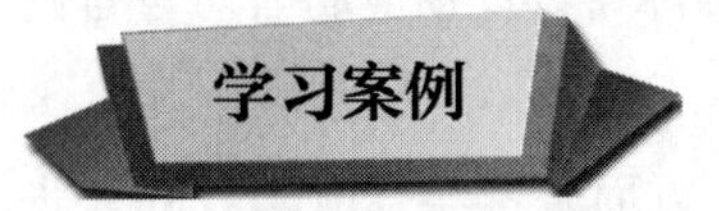

C公司是一家集研发、生产、销售于一体的大型跨国公司，因公司发展需要，计划招聘两名技术主管和一名大区经理。如何识别适合公司需求的销售经理和技术方面的人才呢？知识、经历和技术把关应该不是问题，各项目经理有足够的水平做好这项工作，但实践证明，发挥不好的人才通常不是因为技能不够，更多的是因为个性等综合素质不适合公司相关岗位的工作，因此，如何有效地进行应聘者评估成为关注重点。最后，C公司请来咨询公司进行专业测评。

咨询公司接受委托之后首先考虑了这样一个问题：在目前情况下，该公司最需要什么样的人才？经过深入调查，确立了不同岗位不同的选人标准，并针对这项标准选择并开发了以下测评工具。

纸笔测验——能力测验、MBTI（迈尔斯－布里格斯类型指标）行为风格测验、兴趣测验、企业文化测验和动力测验，用来考察应聘者的基本能力素质和发展潜力、心理素质、行为风格和在日常工作中的偏向等。

评价中心——无领导小组讨论，用于考察应聘者分析处理问题的能力、口头表达能力、人际沟通意识与能力等。

结构化面试——用于考察应聘者的经营观念和组织管理意识，并深入考察其人际沟通意识与能力。

整个测评分为三个单元，用时两天。纸笔测验共用时半天，无领导小组讨论用时半天。经过这两轮甄选，从11位应聘者中选出8位进行结构化面试，历时一天。

最后，测评专家写出详细的甄选评价报告，评价出11位应聘者的差距、优势和不足，并针对大区经理和技术主管两个岗位进行选择性排序，对其中的三位应聘者提出推荐意见。

看过评价和推荐报告，C公司的领导班子进行了认真分析和讨论，一致认为评价非常科学并有说服力，报告不仅对应聘者进行了甄选和评价，而且提出了将来如何使用和发挥他们才能的良好建议。

讨论题

1. 如何评价C公司的人才测评方案？甄选时常用的测评方法有哪些？
2. 如何设计有效的人才甄选测评方案？在进行人才甄选时还应该注意哪些问题？

本章思考题

1. 在选择甄选方法时应注意掌握哪些原则？影响甄选信度和效度的误差来源有哪些？
2. 行为描述性面试的概念和优势是什么？
3. 几种评价中心技术的适用范围是什么？

第七章 人员录用

引导案例

P公司是一家跨国企业，以研发、生产、销售药品、农药等为主。L公司是P公司在中国的子公司，主要生产、销售药品。随着生产业务的扩大，为了对生产部门的人力资源进行更为有效的管理、开发，L公司希望在生产部设立一个管理人力资源的职位，其工作职责主要是进行生产部与人力资源部的协调。招聘广告发布后，人力资源部收到近百份简历，人力资源部经理王量对应聘者做了初步的甄选，留下5位应聘者简历交由生产部经理李初再次进行甄选。李初对这5位应聘者的简历进行筛选后，留下两位应聘者，最终将由生产部经理与人力资源部经理协商确定人选。这两位应聘者的简历及面谈具体情况如下。

赵安，男，32岁，管理学硕士学位，有6年人力资源管理及生产管理经验，在此之前的两份工作中均有良好的表现。

面谈结果：可录用。

高亚平，男，32岁，组织管理学士学位，有9年的人力资源管理和生产管理经验，以前曾在两个单位工作过，第一位主管对其评价很好，没有第二位主管的评价资料。

面谈结果：可录用。

看过上述资料和进行面谈后，生产部经理李初来到人力资源部经理办公室，与王量商谈录用人选。王量说："两位应聘者似乎都不错，你认为哪一位更适合呢？"

李初说："两位应聘者的资格审查都合格了，唯一存在的问题是，高亚平的第二位主管没有评价资料，虽然如此，但是我也看不出他有什么不好的背景，你的意见呢？"

王量说："很好，李经理，显然你我对高亚平的面谈表现都有很好的印象，人嘛，有点儿圆滑，但我想我会容易与他共事，相信在以后的工作中不会出现大的问题。"

李初说："既然他将与你共事，那么由你做决定更好，明天就可以通知他来工作。"

于是，高亚平被公司录用了。进入公司6个月以后，他的工作做得没有生产部经理和人力资源部经理期望得好，因为对于指定工作，他经常不能按时完成，有时甚至表现出不胜任其工作的行为，所以引起了管理层的不满。显然，高亚平并不适合此职位。

案例思考

1. 为什么会错选高亚平？
2. 该公司应如何有效避免录用风险？

第一节　人员录用概述

一、人员录用的原则

一般来说，员工的职位是按照招聘的要求和应聘者的应聘意愿来安排的。为了实现有效利用人力资源的目的，人员录用必须遵循以下原则。

1. 录用流程体现公平竞争原则

公平竞争原则是指对所有应聘者进行录用时应当机会均等、一视同仁，整个录用流程规范合理，不得人为地制造各种不平等的限制，以保证所录用人员是企业最满意的人才。

2. 录用决策体现择优录用原则

择优就是广揽人才、选贤任能，在甄选结果的基础上为各个岗位选择合适的工作人员，这是人员录用的核心。因此，录用过程应是深入了解、全面考核、认真比较、谨慎决策的过程。要做到“择优”，必须对照招聘标准严格按照科学的选拔录用流程来操作。

3. 员工配置体现人岗匹配原则

在进行员工配置过程中，充分把握人岗匹配的原则，将人和岗进行有机结合。按照企业的人力资源招聘计划和岗位的特性招收员工，根据职位的需要做到知人善任、扬长避短，为企业招聘到最合适的人才并将其配置到最合适的位置上，同时还要考虑每个人的能力特点、个性差异来安排相应的职位，做到“人尽其才”“用其所长”“职适其人”，以利于个人能力的发挥与个人职业生涯的发展，进而大大提高人力资源的利用率。

4. 劳动关系体现符合法律法规原则

在进行企业和员工劳动关系确定的过程中，需要符合法律法规，遵循《劳动法》和《劳动合同法》的具体要求，及时签订合法的劳动合同，这既是对企业利益的保障，也是对员工利益的保障。

二、人员录用的要求

为了有效地做出录用决策，尽可能地减少录用决策失误，必须注意以下几个方面。

1. 所获应聘者信息准确可靠

应聘者信息包括原始信息、招聘过程中的现实信息和背景调查，以及体检所获得的信息，具体如下。

（1）应聘者的年龄、性别、毕业学校、专业、学习成绩等。

（2）应聘者的工作经历、原工作岗位业绩、背景资料，原单位领导和同事、客户等的评价，等等。

（3）应聘过程中的测评成绩和评语、体检结果等。

2. 信息分析正确

从各种有关信息中准确分析应聘者的胜任素质特征。

（1）注意对能力的分析。信息和资料有可能十分繁杂，在众多资料中，要注意对应聘者能力的分析，包括沟通能力、应变能力、组织协调能力、学习能力、理解判断能力、语言文字能力、决策能力等。

（2）注意对职业道德和品格的分析。要重视应聘者在以往工作中所表现出来的职业道德和品格。

（3）注意对特长和潜能的分析。对具备某些特长和潜能的应聘者要特别关注。

（4）注意对个人社会资料的分析。个人的社会资料对企业无疑是一种财富，做出录用决策时应加以重视。

（5）注意对学习背景和成长背景的分析。学习背景包括毕业学校、专业、学位及学习的连续性等资料；成长背景包括成长环境、成长过程、家庭影响和对其成长有重要影响的人和事。对学习背景和成长背景的分析有助于加强对应聘者个性、知识总量、专业能力和心理健康等多方面的了解。

（6）注意对面试中现场表现的分析。面试是对一个人综合能力和综合素质的测评，应注意应聘者在面试现场所表现出的语言表达能力、形体表达能力、应变能力、风度、礼貌、教养、心理素质、情绪控制能力、分析问题能力和判断能力。

3. 录用标准设置合理

根据能力与企业相匹配、与岗位相匹配的原则，合理设置录用标准。有些企业总是希望能够招聘到最好的人，通过对一群应聘者进行比较，选择其中最好的，或者总是不做出决定，认为以后还会有更好的。其实，这些想法通常是不切实际的。

如果要招聘的只是一个普通的行政岗位，就不要把入选者设想为一个聪明能干、名校毕业、有丰富实践经验和卓越领导才能的人。同时具备这些条件的人固然优秀，但这些优秀的人可能对普通的行政岗位根本不感兴趣。如果应聘者远远超过职位任职资格，那么其在待遇上的要求也会比较高，而事先拟定的待遇标准可能根本无法满足其要求。而且，该应聘者可能不会安心做这份工作，因为这份工作对其而言根本就不具有挑战性，即使被录用，不久之后可能也会另谋高就。松下电器创始人松下幸之助有一句名言：“‘适当’这两个字很要紧，适当的公司，适当的商店，招聘适当的人才。70 分的人才有时反而会更好。”人才聘用以适用的程度为最好，标准过高不一定有用。当然，水平较高仍会认真工作的人也不少，可是很多人会说：“在这种烂公司工作，真倒霉！”如果换成一个能力一般的人，则可能会很感激地说“这个公司蛮不错的”，从而尽心竭力地为公司工作。

4. 录用招聘程序科学

录用招聘程序要一个层次一个层次有序地进行。例如，通常的招聘工作要经过三轮测评：第一轮是人力资源部的初步筛选；第二轮是业务部门进行相关业务的考察和测评；第三轮是招聘职位的最高级经理和人力资源招聘专员参加测评。每一轮均有淘汰，最后再进行匹配度分析。

如果录用招聘不遵循这样一个程序，而是一开始就由总经理面谈，后面的许多工作就很难进行了。某集团的董事长未经任何程序步骤，自己直接面谈并选择了三位准备担任该集团子公司总经理的人员，结果在工作过程中发现了许多问题，其中一位应聘者连毕业文凭都是假的。如果能够按招聘程序有序进行，有主考官的面试，有背景资料的调查，那么这样的决策错误就不会发生。

5. 决策主体明确

决策主体是最后决定录用的人或机构，一般的原则是谁用人谁拥有决定权，即“谁用人谁决策”。对于一般基层人员，由用人部门经理或人力资源部经理单独决定即可；对于管理人员，包括关键岗位，可由用人部门提出，报总经理或董事会批准。在决定录用人选时，必须坚持少而精的原则，选择那些直接负责考察应聘者工作表现的人，以及那些会与应聘者共事的人进行决策。注意，参与的人太多会增加录用决策的困难，造成争论不休或浪费时间和精力的局面。

6. 尽快做出决定，留有备选人员

当前，人才竞争是十分激烈的，优秀的应聘者更是非常受青睐，因此，必须在确保决策质量的前提下尽快做出录用决定，否则就有可能失去本该得到的人才。

做出录用决定之后，要对新员工进行一些简单的接待，这对减少或消除新员工的陌生感有重要作用。新员工刚到企业时的所见所闻及对工作环境的实际感觉，会巩固或动摇新员工对选择该企业的信心。在接待阶段，企业应让新员工感到“宾至如归”，产生被认同感与被重视感。

招聘实践中，经过层层甄选，常会发现一些条件不错且适合企业需要的人才，但是由于岗位编制、企业阶段发展计划等因素限制而无法现时录用，却可能在将来某个时期需要这方面的人才，这个时候，建立人才信息储备就显得很有必要。作为招聘部门，应将这类人才的信息纳入企业的人才信息库，包括个人资料、面试小组意见、评价等，不定期地与其保持联系，一旦将来出现岗位空缺或企业发展需要即可招人，既提高了招聘速度也降低了招聘成本。

一般而言，企业的人才储备方式通常分为内储和外储两种。内储就是暂时把预留人才储存在企业内部，这种方式会带来一些问题，如安置问题和薪酬问题，尤其是关键部门关键岗位的人才。通常大多数企业还是不愿意在没有项目的情况下大量储备人才的，但经济实力雄厚的大公司会选择这样做，以便在上项目的时候可以及时补充人员。外储就是和人才市场、猎头公司及在职人员等多方面保持联系，关键是要清楚企业需要的人才在哪里，能否迅速到位。当然，内储和外储这两种方式同时使用会使效果达到最好。

三、人员录用的程序

人员录用是招聘的目的和成果。在招聘考核中选拔出来的合格人员，只有办理一定手续，才能成为企业员工。录用手续的办理是确定员工身份的依据。

尽管员工录用程序在不同的企业中有很大差异，但录用工作一般都包括制定录用制度、做出录用决策、确定并公布录用名单、办理录用手续、通知录用者、签订劳动合同、新员工试用与培训、新员工转正等主要环节。

人员录用的程序如图 7–1 所示。

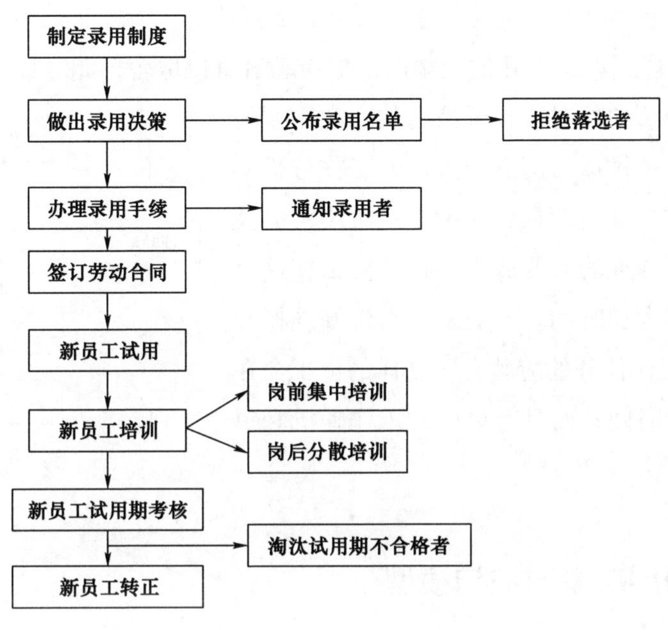

图 7-1 人员录用的程序

第二节 人员录用决策

录用决策是指通过科学而精确的测算，对岗位和所招聘的人选进行权衡，实现人适其岗、岗得其人的合理匹配的过程。人员录用决策做得成功与否，对招聘有着极其重要的影响。如果决策失误，则可能使整个招聘工作功亏一篑，不仅使企业蒙受重大的经济损失，甚至会因此阻碍企业的发展。录用决策的有效性取决于录用标准是否合理、决策流程是否规范、决策方法是否科学。

人员录用标准：一是以岗位为标准，按照岗位要求选择最合适人选；二是以人员为标准，将人员安置到最合适的岗位上，实现人尽其才、才尽其用。两种标准都可以实现局部最优化，但通常将这两种标准结合起来使用，互为补充，以便提高企业的整体资源配置效率。

一、人员录用决策概述

招聘甄选工作结束后，就进入录用决策阶段。一般而言，这个决策也是最难做出的，特别是决定一个对企业发展至关重要的关键岗位的归属时，企业通常会在几位脱颖而出的应聘者中难以取舍。

在此给出一个录用决策流程供参考，如图 7-2 所示。

在录用决策阶段，如果对几位脱颖而出的应聘者难以取舍，此时最好是回到工作分析阶段，重温工作分析的情况，看看该岗位究竟需要怎样的人，从应聘者中挑选出两三个人。但工作分析不应该成为唯一标准，灵活性是成功做出录用决策的关键。完全符合岗位标准的人要么不存在，要么在这个岗位上不可能工作太长时间。一般来说，最好选择一个能够完成 80% 工作任务的应聘者，这样的员工会在岗位上工作较长的时间，而且有更好的工作动机和更大的工作动力。

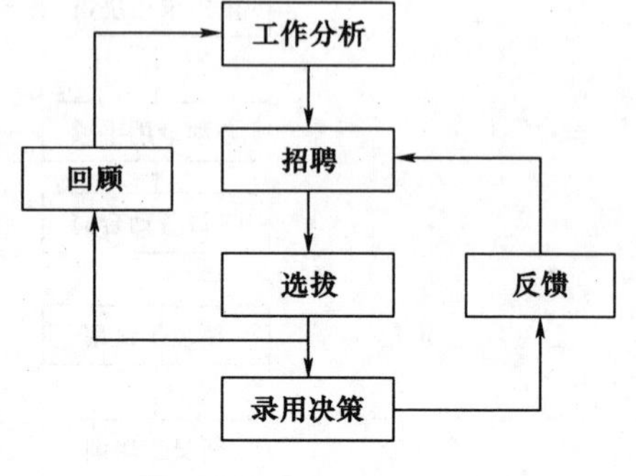

图 7-2　录用决策流程

二、人员录用决策方法与模型

在进行决策时，一般有两种选择，一是在应聘者之间进行选择，二是在应聘者与招聘标准之间进行比较后再选择。当应聘者中没有人符合要求时，也有两种选择，一是重新招聘，二是在原来的应聘者中重新进行选择。

1. 人员录用决策方法

（1）按照决策周期安排进行分类。人员录用决策方法按照决策周期安排可分为过关淘汰式、汇总评估式及混合式。

1）过关淘汰式。过关淘汰式是指企业在甄选过程中，在每个甄选环节都设置一定的淘汰率，应聘者只有通过上一关才能进入下一关。应聘者只有通过企业设置的层层关口，才能参加最后一轮的录用选拔。

2）汇总评估式。汇总评估式是指企业在甄选过程中不设置最低的淘汰标准，所有应聘者都参加甄选，最后由企业根据应聘者在各考察项目上的得分及项目的权重，做出录用决策。

3）混合式。混合式是指企业根据实际情况，对某一轮甄选采用淘汰式，对某几轮甄选采用汇总评估。一般而言，采用混合式进行决策的企业要多一些。

（2）按照决策过程实施进行分类。人员录用决策方法按照决策过程实施可分为单轮测评决策和汇总评估决策两种。

1）单轮测评决策。单轮测评决策常用于简历、知识、技能的单轮选拔等比较容易得出一致意见的甄选中。因为在这样的甄选中标准是量化的，只要确定一个分数段或等级就可以完成。而对于潜在的胜任特征的评价则常会因为考官的不同而有一定差异。虽然结构化面试及评估、统一培训考官会在一定程度上弥补这方面的缺陷，但由于考官的阅历和看问题的角度、关注点等不同，因此，有时评价意见仍然无法一致。对于单轮测评决策，常用做法有两种。

①考官根据面试及测评记录，说出自己对应聘者关于有关考察要素的看法和依据，但不做出结论。当所有考官发表完看法后，每个人单独做出结论。如果一些评价项目标准以符号或字母表示，则需要进行分数或等级的转化。

②考官先单独发表看法，之后每个人单独做出结论。根据考官人数，如果有3～4位考官，则其中有一人不同意进入下一轮，即可一票否决；如果有5～8位考官，则实行两票否决制。具体标准根据拟招聘岗位的重要程度、特点可以有所不同。

2）汇总评估决策。汇总评估决策是指在对应聘者的各轮测评成绩以一定的方式汇总后，将应聘者进行总的排序，然后做出决策的方法。汇总评估决策一般有以下两种方式：一是以岗位为标准，列出岗位最适合的人选；二是以人为标准，列出最适合的岗位。

当上述两项标准一致或基本一致时，就可以按照排序的结果做出相应录用决策。

当招聘企业岗位比较多，应聘者之间经历、学识等没有太大差异时，可以采用汇总评估决策。汇总评估决策尤其适用于校园招聘。

2. 人员录用决策模型

（1）补偿性模型。录用决策小组首先收集应聘者在选拔过程中的所有信息，然后从工作所需要的各方面属性来评价应聘者，得出应聘者有关这些属性的一致性评价意见。使用这种模型的前提是假定某种属性的高分可以补偿另一种属性的低分，适用于对应聘者没有最低要求而是要强调其综合素质的情况。

（2）非补偿性模型。这种模型要求应聘者在被考察的每个方面都必须达到某个最低标准，应聘者任何一方面有缺陷都将被淘汰。例如，录用项目开发人员时，若应聘者缺乏创新开拓的能力，则不管该应聘者其他能力如何，都不会被录用。

（3）混合模型。当对应聘者在某几个能力素质方面有最低要求，但在其他几个方面没有最低要求时可以运用混合模型。首先采用非补偿性模型淘汰一部分应聘者，再采用补偿性模型对剩余的应聘者进行综合评价。

在做出录用决策时，如果最终合格人选少于所要录用人员的数量，应本着“宁缺毋滥”的原则尽量避免降低录用标准；当最终人选多于所要录用人员的数量时，应遵循重工作能力、优先求职动机、价值观认同等原则，同时应限制决策人数，只请那些直接负责考察应聘者工作表现的人以及那些将来会与应聘者共事的人进行决策，以免过多参与者因坚持自己的录用偏好而难以协调意见。

三、做出人员录用决策的步骤

企业做出招聘录用决策时，要尽可能采取系统化的思考方法，以避免跟着感觉走，只看到应聘者表现得比较突出的几个方面，而没有全面关注到应聘者的所有胜任素质；同时应考虑应聘者突出表现的某些方面对于胜任职位是否关键，从而达到成功招聘录用的效果。

实际上，决策系统化主要强调通过对应聘者的胜任素质进行全面的而不是片面的评估和比较之后才得出结论。通常采用以下定性、定量相结合的方式和步骤做出录用决策。

1. 采用等级筛选法进行初步筛选

采用此法可以在应聘者数量较多的情况下进行有效筛选。筛选标准是根据胜任素质模型中各项素质的核心内涵和行为量表来制定的，主要是对初步筛选过程中的职位申请表与胜任素质相关的部分进行评估和审核。筛选标准针对每项胜任素质设置成 A、B、C 三个等级，胜任素质的三个等级见表 7–1。

表 7–1　　胜任素质的三个等级

等级	等级解释
A	通过审核对职位申请表中所设置的特定问题的回答，可以认定申请者在该项胜任素质上的具备程度很好
B	通过审核对职位申请表中所设置的特定问题的回答，只能认定申请者在该项胜任素质上的具备程度一般
C	通过审核对职位申请表中所设置的特定问题的回答，可以认定申请者没有达到该项胜任素质的基本要求

在运用等级筛选法进行前期初步筛选中，可采用相对宽松的标准，如可以这样规定：凡在 8 项胜任素质考察项目的评估结果中出现 2 个或 2 个以上 C 的应聘者将不予考虑进一步甄选。在进行后期录用决策时，则可加大对各项胜任素质的考察力度，如可以这样规定：凡在前 5 项胜任素质项目评估结果中出现 1 个 C 或 3 个 B 的应聘者，将不予考虑；凡在后 3 项胜任素质项目评估结果中出现 1 个 C 而在前 5 项评估结果中出现 2 个 B 的应聘者不予考虑；凡 8 项胜任素质评估结果中出现 5 个 B 的应聘者也不予考虑。

2. 进行综合分析比较

将经过初步筛选后所剩应聘者的多种测评技术的测评结果整合，得出各项胜任素质的综合评分，具体示例见表 7–2。在实际操作中，一般是先将这些综合评分转换为 10 分制的数据之后再进行深入运用。

表 7–2 中，逻辑思维能力的总分 = 6 分 × 5+7 分 × 1+5 分 × 3+7 分 × 5+7 分 × 6=129 分。

将应聘者的胜任素质与职位胜任素质模型要求的标准进行比较，从而得出直观的结果。以下方法可对所获数据进行比较。

表 7–2 各项胜任素质综合评分示例

胜任素质	测评技术					
	行为描述性面试 / 分	申请表审核 / 分	心理测验 / 分	无领导小组讨论 / 分	公文处理法 / 分	总计 / 分
	权数 5	权数 1	权数 3	权数 5	权数 6	
逻辑思维能力	6	7	5	7	7	129
团队合作能力	7	7.5	7	7.5	8	149
协调能力	7	7	6	7.5	7	139.5
创新能力	6	6.5	6	6.5	6.5	126
应变能力	8	8	8.5	7.5	7.5	156
沟通能力	7	6.5	8.5	8	8	155
人际关系	6	8	7	8	9	153
责任心	8	6	6.5	7	7	142.5

（1）胜任素质综合加权比较法。不少企业会采用这一较简单的方法。该法对应聘者胜任素质综合得分进行加权后取总值，然后将该总值与甄选标准要求的总值对比，可以判别应聘者是否达到甄选标准的要求，通过比较分数的高低差异做出录用决策。

若既定职位的甄选标准在表 7–2 中 8 项胜任素质上的要求分值分别是 9 分、8 分、7.5 分、7.5 分、9 分、6 分、6 分、8 分，将这一组达标分的数据代入到表 7–3 中，得出胜任素质综合加权达标分为 9 分 × 2.5+8 分 × 2+7.5 分 × 1+7.5 分 × 2.5+9 分 × 3+6 分 × 2+6 分 × 1+8 分 × 3=133.75 分。达标的胜任素质综合加权平均分为 133.75 分 /17=7.87 分。

两位应聘者胜任素质综合加权比较情况见表 7–3。王筱晓得分为 135 分和 7.94 分，陈文中得分为 134 分和 7.88 分，两人都达标，并且王筱晓的综合加权分和加权平均分都高于陈文中，不考虑其他因素的话，王筱晓可以优先得到企业录用。

（2）加权绝对值差异比较法。所谓加权绝对值差异比较法，是指先分别计算应聘者各项胜任素质得分与达标分的差异，再乘以对应项胜任素质的权数并取绝对值，将每一项胜任素质的加权绝对值相加再除以达标总分，进而分析应聘者与该职位的匹配程度。这种方法又称不相符合率比较法，不仅适用于将应聘者的胜任素质情况与职位要求的胜任素质标准进行比较，也能够准确地对超过甄选标准的应聘者进行对比，其对比结果非常直观、有效。

表 7-3　　两位应聘者胜任素质综合加权比较情况

胜任素质	权数	达标分 / 分	陈文中 / 分	王筱晓 / 分
逻辑思维能力	2.5	9	9.2	9
团队合作能力	2	8	8	8.5
协调能力	1	7.5	7	8
创新能力	2.5	7.5	7	7
应变能力	3	9	9.5	8
沟通能力	2	6	6	7.5
人际关系	1	6	6	7
责任心	3	8	8	8
综合加权分 / 分		133.75	134	135
综合加权平均分 / 分		7.87	7.88	7.94

正如前文所述，若对表 7-3 中的两位应聘者得分用胜任素质综合加权比较法甄选，王筱晓可以优先得到企业录用。但若使用加权绝对值差异比较法，两位应聘者胜任素质加权绝对值差异比较情况见表 7-4，王筱晓的不相符合率高达 15.98%，陈文中的不相符合率是 6.15%，因此陈文中就成为更为理想的录用者。可见，选择不同的甄选方法会得出不同的结论。另外，不同的权重设置也会得出不同的结论，因此在进行权重设置时一定要谨慎，如果权重设置得不合理，就会“差之毫厘，谬以千里”。

表 7-4　　两位应聘者胜任素质加权绝对值差异比较情况

胜任素质	权数	达标分 / 分	陈文中			王筱晓		
			得分 / 分	差异 / 分	加权绝对值	得分 / 分	差异 / 分	加权绝对值
逻辑思维能力	2.5	9	9.2	0.2	0.5	9	0	0
团队合作能力	2	8	8	0	0	8.5	0.5	1
协调能力	1	7.5	7	–0.5	0.5	8	0.5	0.5
创新能力	2.5	7.5	7	–0.5	1.25	7	–0.5	1.25
应变能力	3	9	9.5	0.5	1.5	8	–1	3
沟通能力	2	6	6	0	0	7.5	1.5	3

续表

胜任素质	权数	达标分 / 分	陈文中			王筱晓		
			得分 / 分	差异 / 分	加权绝对值	得分 / 分	差异 / 分	加权绝对值
人际关系	1	6	6	0	0	7	1	1
责任心	3	8	8	0	0	8	0	0
综合加权分 / 分		133.75	134			135		
综合加权平均分 / 分		7.87	7.88			7.94		
不相符合率（加权绝对值之和 / 达标总分 ×100%）			6.15%			15.98%		

注：差异 = 得分 – 达标分；加权绝对值 = | 差异 | × 权数。

以上两种方法都具有一定的代表性。需要强调的是，企业可以灵活地运用定性定量相结合、突出定量分析的方法，对照职位胜任素质模型，加强对应聘者进行定量化匹配和甄选的分析和统计，为基于胜任素质的甄选决策提供准确的依据，以保证做出科学的录用决策。

第三节　人员录用实施

一、通知应聘者

通知应聘者是录用工作的一个重要部分。通知包括两种，一种是录用通知，另一种是辞谢通知。

1. 录用通知

在通知被录用者时，最重要的原则是及时。有许多机会都是由于在决定录用后没有及时通知被录用者而失去了，因此录用决策一旦做出，就应该立即通知被录用者。

录用通知一般以信函的方式为佳。在录用通知书中，应该写清楚报到的时间、地点、程序等内容，在附录中详细介绍如何抵达报到的地点和其他应该说明的信息。当然，不要忘记欢迎新员工加入企业。在录用通知书中，要让被录用者了解其到来对于企业发展的重要意义。录用通知是企业吸引人才的一种手段，表明企业对人才的尊重。另外还要注意，对被录用者要一视同仁，即以相同的方式通知被录用者。

××公司录用通知书（范例）

尊敬的先生/女士：

您应聘本公司职位一事，经复核审议，本公司决定录用您，欢迎您加盟本公司。请您于______年____月____日____午____时之前携带下列证件、资料到本公司人力资源部报到。

（1）录用通知书。

（2）居民身份证原件。

（3）毕业证书、学位证书原件，其他与工作相关的资质证明。

（4）体检表（区、市级以上医院体检证明）。

报到后，本公司会组织专门的职前介绍和短期培训，以便让您尽快熟悉公司和岗位情况。如果您有什么疑惑或困难，请与人力资源部联系。电话：021-×××××××。

若您不能就职，请于______年____月____日前告知本公司。

此致！

××公司人力资源部（公章）
人力资源部经理：
年　月　日

2. 辞谢通知

一些企业以工作太忙为由，对于未被录用的应聘者不予回应。这对企业品牌而言，其实有一定负面影响。真正以人为本的企业，不会粗暴地对待任何一位哪怕是与企业要求相差很多的应聘者。向落选者发出辞谢通知，感谢其对企业的关注，是招聘流程中一个不可缺少的环节。

××公司辞谢通知书（范例）

尊敬的先生/女士：

非常感谢您对我们公司职位的兴趣。您对我们公司的支持，我们不胜感激。由于招聘名额有限，经综合考虑，本次我们无法提供岗位给您。我们已经将您的有关资料备案，并会保留半年，如果有了新的空缺，我们会优先考虑您。

感谢您能够理解我们的决定。

对您热诚应聘我们公司，再次表示感谢！

此致！

××公司人力资源部（公章）

人力资源部经理：

年　　月　　日

无论企业如何努力吸引人才，都可能会发生接到录用通知的被录用者不能来企业报到的情况。被优秀的被录用者拒聘，是企业不期望发生的事情。这时，企业的人力资源部经理甚至最高级主管应该主动致电询问，并表示积极的争取态度。如果被录用者提出需要更多的报酬，应该与其进一步谈判。因此，在致电之前，对于企业在这方面能有什么妥协，最好有所准备。企业如果被许多被录用者拒聘，从致电中也可获得一些有用的信息。

二、入职

1. 协商薪酬

在做出初步录用决策后，企业要与被录用者讨论薪酬的有关问题。

当被录用者对要加入的企业或行业的薪酬情况不了解或不熟悉地域方面的差异时，被录用者可能会提出高于或低于企业薪酬预算上下限20%的薪酬要求，若其低于企业薪酬预算下限的20%，薪酬谈判会皆大欢喜，但企业还是应暗示被录用者，只要其真正展现出工作实力和热情，在企业的薪酬会有较大的上升空间；若被录用者的薪酬要求低不是由于行业或地域方面的原因，则很可能是其在工作或者其他方面受到挫折，此时企业不要当即答应，而应尽可能多地收集信息，了解其真实原因，以免出现用人风险。

若被录用者的薪酬要求高于企业薪酬预算上限的20%，被录用者一方面可能是对地域、行业、企业的薪酬情况不够了解，另一方面可能对其自身能力有过高的估计。一些具有欧美文化背景的被录用者，其个性往往较为张扬，企业应仔细筹划，提供薪酬相关资料，并给予其一定时间进行了解和思考。

当被录用者提出的薪酬要求略高于企业薪酬预算时，企业可以做以下尝试。

（1）描绘愿景目标。越是优秀的人才，越是看重工作乃至事业的意义。企业所处行业的前景如何，企业的愿景是什么，企业的目标是什么，这些因素对于成就动机强烈的被录用者来说，其吸引力是不可低估的。

（2）展示发展机会。详细展示企业的工作价值、学习机会、提升机会、团队氛围、挑战性、未来发展、品牌效应等，与被录用者的现有环境进行比较，引导其看到个人发展的增值空间。

（3）明确未来增长。详细介绍企业的经营情况、企业薪酬调整的频率或幅度、企业的各项福利等，引导其看到未来薪酬的增长空间。

（4）突击反向。需要根据被录用者的具体情况慎重使用。暗示被录用者如果薪酬要求过高，也许企业会重新权衡录用决策。

（5）引经据典说服。举例说明企业薪酬在现有市场的竞争力，说明有哪些应聘者到企业后个人能力得到了发展，企业薪酬在当前市场上所处的水平、下一步的发展趋势，明确提出企业薪酬并非企业所提供价值的全部。

（6）善于转换方式。表明企业看重的是员工的真正实力——被录用者在证明自己的实力之前，企业承担着一定的风险。同时，探明被录用者的心理底线，如果工资要求无法满足，看看可否采用固定＋浮动的方式灵活发放。这样也可以为企业降低用人风险。

（7）建立情感基础。坦诚表达对被录用者的欣赏与肯定。真诚的欣赏与需要比技巧更能打动被录用者。

（8）保留“还价”余地。到了这一步，就要让被录用者亮出底牌，询问其能接受的薪酬水平。在这一环节要取得被录用者明确的答复，是否一定能接受这样的薪酬标准。在得到被录用者肯定答复后，应当表示会尽力争取企业的破格录用（不超过预算的前提下）。这样既可以有效地阻止被录用者的再次讨价还价，还可以使企业仍旧保留还价的主动权。

2. 新员工入职的条件

当一名应聘者经过层层选拔被录用之后，正式进入企业工作，即进入入职程序。一般来说，一个人在经过选拔评价并且各项胜任素质都符合职位要求后，要能够正式进入新企业工作，还需要具备以下条件。

（1）从原雇主处辞职。一个员工要想接受一家新雇主的雇佣，通常来讲，必须从原雇主处辞职，与原雇主解除劳动合同。

（2）将人事档案转移到企业指定的档案管理机构。有些企业有自己的档案管理部门，有些企业的人事档案管理是委托专业机构来进行的，不论采取哪种形式，新入职员工的人事档案都应该转入企业统一的档案管理机构。

（3）体检合格。大多数雇主都会要求新入职的员工参加体检，确保身体条件符合所从事工作的要求。

3. 入职流程

某企业新员工入职流程如图 7–3 所示，仅供参考。

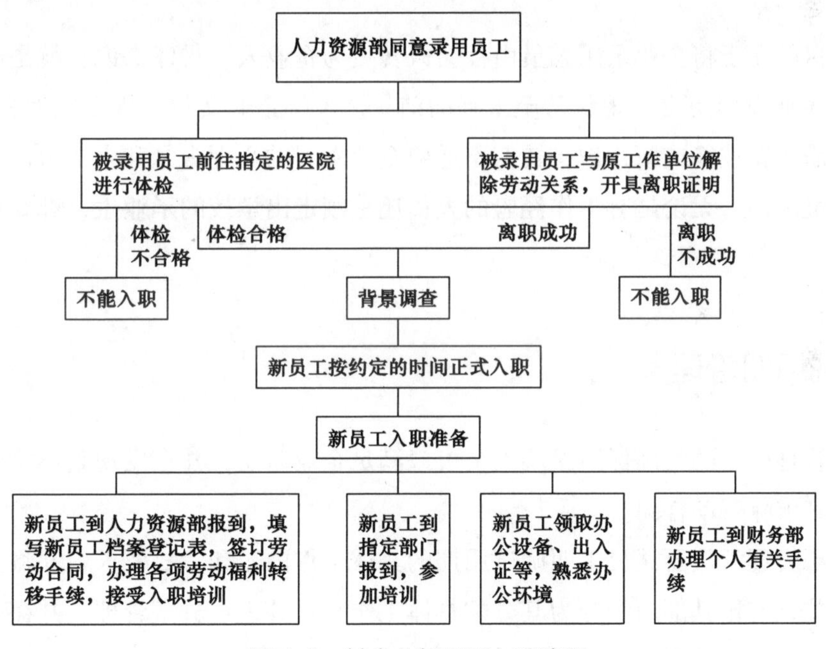

图 7–3　某企业新员工入职流程

三、签订劳动合同

劳动合同是劳动者与用人单位为了确定劳动关系，明确双方责任、权利和义务的协议，是企业与员工双方合法利益的保障，是预防和处理劳动纠纷的前提。《劳动合同法》规定，劳动合同应当以书面形式签订。

在签订劳动合同之前，人力资源部必须查看新员工“与原单位解除劳动关系证明”，以防引起不必要的劳动纠纷。

《劳动合同法》明确了试用期限、试用次数、试用期工资和试用期解除劳动合同等规定。同时为了防止有些用人单位滥用试用期，《劳动合同法》规定：劳动合同期限 3 个月以上不满 1 年的，试用期不得超过 1 个月；劳动合同期限 1 年以上不满 3 年的，试用期不得超过 2 个月；3 年以上固定期限和无固定期限的劳动合同，试用期不得超过 6 个月。同一用人单位与同一劳动者只能约定一次试用期。以完成一定工作任务为期限的劳动合同或者劳动合同期限不满 3 个月的，不得约定试用期。试用期包含在劳动合同期限内。

四、培训

新员工到企业报到以后，需要在工作前接受一定的培训。这种培训即岗前培训或岗位适应性培训，又称职前培训。这种培训在各类企业中非常普遍，有的企业对新员工的培训长达半年甚至一年。

培训的目的在于将企业录用人员由社会人转变为企业人。具体来说，就是通过培训让新员工熟悉企业发展历史、现状乃至未来的前景，了解企业文化、规章制度和工作纪律，学习岗位所需的新技能或新知识，转变不适应企业发展的心理观念和生活习惯，最终融入企业整体环境之中。无论是有工作经验的人员还是刚走出学校的毕业生，都要在上岗前接受这种培训。

五、试用期管理

试用期管理的目的是确保所录用人员可以满足企业需要，并在发现其不符合岗位要求时能依法与其解除劳动合同。

人力资源管理人员要让员工明确试用期的具体工作内容和考核要求，并将其安置在相应的工作岗位，安排其部门领导为其分配具体工作和对其进行日常管理，并在试用过程中进行工作记录以便为试用期考核提供依据。

试用期期满时，人力资源部下达期满通知，相关部门进行试用期考核，人力资源部根据试用期考核结果决定是否给予转正。符合要求的员工经审批通过考核，可办理相关转正手续，成为正式员工。

某公司是一家经营食品的零售连锁企业，自 2008 年创立以来，公司依靠灵活的经营理念、合理的价格和良好的服务在激烈的市场竞争中占据一席之地。公司一直以“顾客就

是上帝”为经营宗旨，鼓励员工勇于创新。现今公司已有150多家分店，拥有近2 000名员工。随着业务的不断拓展，招聘的新员工数量急剧增加，但同时，公司试用期员工的流失比例十分高，不仅影响了正常的经营，还给公司的信誉造成了不良影响。

杨兰是新上任的人力资源部经理，近期针对员工流失问题展开了一系列调查。员工普遍反映的问题有：公司在员工录用面谈时给予的承诺没有兑现；员工下班后通常会用较多的时间来参加入职培训，很多有家庭的员工不能及时回家接孩子；培训内容与公司工作相关性不大；试用期考核没有明确的内容，使员工无从准备。部门主管反映招录新员工时没有参与，招录的新员工素质不高，不是部门所需要的。

针对这些问题，杨兰翻阅了员工录用管理的相关文件，发现公司没有标准的入职手续办理流程，没有为各岗位提供明确、系统的入职培训计划，员工的试用期管理缺乏考核标准、转正标准和辞退标准等。

根据当前人员流失现状，杨兰决定重新拟定员工录用管理的相关规定。

讨论题

1. 该公司员工录用管理存在哪些问题？
2. 应通过哪些录用管理手段解决人员流失问题？

本章思考题

1. 人员录用的要求有哪些？
2. 人员录用的程序是怎样的？
3. 人员录用决策方法有哪些？

第八章 人员配置管理

引导案例

某科技股份有限公司是一家物联网科创企业，公司业务涉及智能城市、环保检测、供应链管理等多个领域，经过三轮融资，公司业务快速发展并逐步拓展到其他相关领域。公司上下一致认为，人才是制约公司未来发展的关键要素。

王海是公司新引进的人力资源总监，董事会要求王海加快构建人才供给保障体系，可以动用公司一切资源，但是必须保证公司在任何时候都能获得需要的人才，以满足公司业务发展。

通过调研分析，王海了解到：第一，公司未来几年将处于快速发展期，由于行业技术发展的不可预测性和突破性，未来公司一方面很可能要进入新兴业务领域和拓展不同的区域市场，另一方面原有业务也可能快速调整退出；第二，由于行业本身所具有的特点，专业人才的流动未来将持续频繁，同时人才的市场价格会随着行业热点变动而剧烈波动，曾有行业热点领域的紧缺人才一年内薪酬水平翻番，也有行业热点消退领域的人才即便降薪也仍面临失业危险；第三，某些专业人才在市场上的总供应很可能是严重不足的，需要内部培养、定向培养和猎头挖人多管齐下；第四，公司的花名册仅记录了员工的基本信息，缺乏员工的专业特长、发展潜力、胜任素质等方面的记录；第五，公司处于新型科技领域，人力资源部对这些人才的描述和要求十分陌生。

王海原来在一家生产制造业企业担任人力资源总监，习惯年末制订来年的人力资源规划和人力资源配置计划，然后按照计划执行，年中根据实际需要进行一次调整。面对公司的情况，在研究了调研结果后，王海的第一反应是公司需要一个柔性的人才招聘和配置计划，随需而动，但是究竟该如何做到柔性呢？

案例思考

1. 王海应如何制订人才配置计划？

2. 人力资源配置包括哪些工作？

第一节　人力资源配置概述

人力资源配置是从人力资源开发到人力资源利用的中间环节，是连接人力资源供给与人力资源需求的桥梁，人力资源配置的结果直接决定人力资源最终价值能否有效实现。

一、人力资源配置的概念

人力资源配置是指在企业中，为了提高工作效率、实现人力资源的最优化，对企业的人力资源进行科学、合理的配置。一般来说，企业人力资源配置包括人企匹配和人岗匹配，即为企业选择合适的人，然后把合适的人用在合适的岗位上。

对于企业来说，人力资源配置分为外部人力资源配置和内部人力资源配置。外部人力资源配置是指企业根据业务发展的需要，对于需要配置人员的工作岗位，通过企业外部的渠道来源补充，一般可通过外部招聘方式实现。内部人力资源配置是指通过企业内部的渠道来源补充需要的人员，即通过对企业所拥有的全部人力资源进行合理、有效的排列组合管理，将现有人力资源配置到合适的工作岗位上，产生最佳的工作效果。

外部人力资源配置的出发点是岗位需求，实现方式是通过引入外部人力资源完成整个配置过程。而内部人力资源配置的出发点是岗位需求和组织现有人员，实现方式是通过企业内部人力资源结构优化的管理行为完成配置。虽然两种方式的出发点和实现方式不同，但最终目的都是希望通过一系列的人力资源配置行为，提高企业的整体工作效率和产出。

二、人力资源配置的基本原则

人力资源配置是人力资源管理工作的重要内容之一，其目的是保证企业人力资源得到充足的供应和高效的配置，提高人力资源的投资效益。人力资源配置需要遵循以下基本原则。

1. 公平原则

公开和择优是人力资源配置的基础。公开是指将企业在招聘时空缺的职位种类、数量、应聘者资格与要求、应聘方法与时间等信息对社会公告，扩大招聘人员的范围，并为应聘者提供一个公平竞争的机会，体现信息公平。择优是通过规范、统一的招聘程序、选拔方式和决策流程将应聘者的综合素质与职位要求进行匹配，选择最适合的人员，体现流程公平。人员配置中的歧视主要表现在受歧视者在受聘机会和条件相同的情况下，不被聘用或是以较低水平的薪酬被聘用。引起歧视的原因主要有：不合理的招工条件，如年龄、是否已婚等；来自企业的行政干预；对人才的理解不够全面，如过分注重人员的学历和工作经验，而对于其创新能力、管理能力没有进行充分评价等。

2. 动态原则

无论是企业的发展还是员工的状态都处于不断变化的动态过程中。人才在流动中寻求适合自己的位置，企业则在变化中寻找符合要求的人才。人力资源配置需要不断满足这种动态变化要求。

3. 计划原则

人力资源配置首先应建立在系统的人力资源规划基础上，其次再进行深入、全面的人员存量分析以及未来供需预测，最后制订合理的用人计划，包括所需人员的数量、结构、层次、类型、要求和条件，从而避免因人员配置的随意性和无序性而造成人员配置的浪费或紧缺。

4. 科学原则

在人力资源配置过程中，需要通过一些科学的操作程序、评价标准和测评方法，有效甄别应聘者的实际水平和发展潜力，从而实现招聘与配置的有效性。企业需要形成招聘和配置的标准化和流程化体系，加强人力资源基础建设，用科学、客观的方式设计和优化人员招聘和配置体系，使整个招聘和配置过程达到可预见、可控制和可量化的目的。

三、人力资源配置的匹配原理

在传统的人力资源配置中，企业通常比较关注个人与岗位的匹配度，但在实践中发现，仅有人岗匹配还不足以使应聘者在进入企业后取得预期的绩效。随着员工的个人意识不断增强，社会的用工结构不断变化，知识型员工的比例越来越高，人力资源配置的匹配原理已经从个人与岗位匹配，扩展到个人与团队匹配和个人与组织匹配三个方面。

1. 个人与岗位匹配（person-job fit）

个人与岗位匹配又称人岗匹配。人岗匹配原理是人员配置的基本原理，是指人的个人特征与岗位要求的匹配度。其包含两项内容，一是个人特征完全胜任岗位要求，二是个人完全具备岗位要求的能力。此外，最优不等于最匹配，而最匹配的才是最适合的。评估人岗匹配首先要明确岗位要求和个人特征。为了了解和评价岗位，需要掌握工作分析、岗位评价技术；为了评价个人，需要掌握人才测评技术。人岗匹配具体表现在以下三个方面。

（1）气质、性格与岗位的匹配。各种岗位对从业人员的气质、性格都有一些特定的要求。一般而言，外向型的人更适合能充分发挥自己行为能力积极性并与外界有广泛接触的岗位；内向型的人比较适合有计划、稳定、不需要与人过多交往的岗位。

（2）能力与岗位的匹配。能力是岗位适应性的首要因素，需要关注能力类型、水平差异与岗位活动的关系，只有两者保持一致或基本一致，才能发挥能力的优势，既不至于人才高消费，也不至于人才不能适应岗位需要。

（3）价值观、兴趣与岗位的匹配。价值观是决定个体满意度的主要因素之一，影响个人在岗位工作过程中的行为和态度；兴趣则是最好的老师，可以激发个人的动力，发挥个人的潜在能力。

2. 个人与团队匹配（person-group fit）

个人与团队匹配是指个人与其所属的团队或部门人员之间的匹配度。人作为个体，不可能十全十美，而是各有优缺点，即所谓“金无足赤，人无完人”。在现代企业中，很多岗位任务需要团队成员共同完成，这就决定了每位团队成员的工作效率会影响整个团队效能，反过来团队效能又影响个人绩效。团队成员之间的配合十分重要，需要通过在个体之间取长补短从而形成整体优势，达到“1+1 ＞ 2”的效果。因此，进行人员配置时要考虑个人和团队的匹配性。这种匹配需要通过各类互补实现，从而形成一个整体优化的人才结构。

（1）知识互补。若个体在知识领域、知识的深度和广度方面实现互补，那么整个团队的知识结构就比较全面、合理。

（2）能力互补。若个体在能力类型、能力大小方面实现互补，那么整个团队的能力就比较全面，在各种能力上都可以形成优势，这种团队的能力结构就比较合理。

（3）性格互补。若每个个体具有不同的性格特点并具有互补性，如有人内向、有人外向，有人急躁、有人冷静，有人激烈、有人温和，有人直爽、有人含蓄等，那么，作为一个整体而言，这个团队就易于形成良好的人际关系并具有处理各类问题的良好性格结构。

（4）年龄互补。员工的年龄不仅与人的体力、智力有关，也与人的经验和心理有关。一个团队根据其承担任务的性质和要求，应具有一个合适的员工年龄结构。这样既可以在体力、智力、经验、心理上进行互补，又可以实现人力资源的更新换代，使团队保持活力。

3. 个人与组织匹配（person-organization fit）

个人与组织匹配是指个人与组织期望之间的匹配度。企业和员工在进行双向选择时，越来越关心彼此深层次的需求。企业有自己的战略、文化和价值观，其期望是通过物质和非物质的（包括心理的和情感的）付出，得到个人预期的行为，达成预期的目标。个人也有自己的职业规划、工作动力，其期望是通过体力、脑力包括心理的付出，得到企业物质和非物质的（包括心理的和情感的）补偿。

企业希望员工能认同其发展目标、文化，接受其价值观的规范，全身心投入工作中；员工不仅希望企业给予一份工作，更希望能在这份工作中提高自己的综合素质、成就感、工作满意度，最终实现自己的职业目标。个人与组织的匹配有利于员工获得激励，激发员工的工作积极性，推进企业目标的实现，同时有利于企业了解员工需求，辅助其实现个人价值。

个人与组织的匹配需要在招聘过程中相互传递，通过彼此的了解和判断，为双向选择提供依据。在整个招聘过程中，个人和企业会结合所获得的信息进行分析，得出结论，个人觉得企业能给予其预期活动的收获，便会接受职位；同样，企业觉得个人能获得良好的绩效时，便会录用，甚至给予较高的薪酬和个人发展的承诺。

个人与组织匹配强调员工与企业的整体匹配。一方面，个体能够满足特定工作岗位的要求；另一方面，个体内在特征与企业基本特征保持一致性。研究表明，员工态度（企业承诺、工作满意度）和员工行为（工作绩效、工作任期、组织公民行为）与个人组织匹配度正相关，员工的离职意向、离职率与个人组织匹配度负相关。

个人与岗位匹配、个人与团队匹配及个人与组织匹配都能影响员工的工作动机和组织的有效性，但其在侧重点上有所区别，多元匹配比较见表 8–1。如能清楚地理解其特征，并使这三种匹配形成一个有机的多元结构，将对企业和个人目标的实现起到积极的推动作用。

表 8–1　　多元匹配比较

匹配类型	动机成分	组织有效性成分
个人与岗位匹配	个人自我效率	工作熟练程度
个人与团队匹配	团队社交便利	团队合作、团队增效
个人与组织匹配	组织有效激励	满意程度、工作态度

四、人员调配和晋升

企业内部人力资源配置是企业根据其发展战略、人力资源规划，以及员工所具有的职位心理欲求和能力等个人具体条件、情况，不断地、经常性地通过一定的方式和手段，有目的、有计划、合理地对员工的职务进行调整。个人能力和岗位的最佳结合，不仅使企业目标得以实现，而且有助于员工得到职业发展和能力开发。人员调配和人员晋升是企业内部人力资源配置的主要方法。

1. 人员调配

人员调配是指经主管部门决定而改变员工的职位或职务、工作单位或隶属关系的人事变动，包括在企业之间的变动和企业内部的变动。这里着重探讨企业内部不同部门之间，以及部门内部不同职位或职务之间的变动。这类变动具有两个特点，一是经过人力资源部认定并办理相应手续，二是较长时间的职位或职务改变。

（1）人员调配的发生因素

1）以人力资源计划、培训计划为目的的人员调配。

2）基于技术革新和新产品开发经营的人员调配。

3）伴随晋升的人员调配。

4）通过部门之间的人员再分配或将人员调至分公司而进行的调配（作为减量经营的一个环节）。

（2）人员调配的程序

1）一般而言，凡因工作需要进行的人员调配，应先由人力资源部审核决定，再进行直接调配。在调配前，企业领导应向员工本人说明情况，做好协调工作。

2）凡因个人原因要求调动的，一般按下列程序进行。

①本人提出申请，填写调动审批表。

②组织审核。

③调出、调入部门双方洽商。

④调入部门发出调动通知。

⑤办理调动手续。

（3）人员调配的注意事项

1）调配目的明确，调配计划成熟，事前加强对被调配员工的了解，结合员工的职业生涯规划，实现企业和员工发展的双赢。

2）对走上新岗位和担任新职务的人员，进行及时、适当的任前培训，使其更快胜任新工作。

3）事后加强对调配工作的检查和评估，提高人员调配的管理水平。

2. 人员晋升

人员晋升是指员工在职位上的垂直变动，是一种特殊的人员调配形式，对员工的个人发展和保持企业的活力具有非常重要的意义。

（1）人员晋升的原则

1）德才兼备、选贤任能的原则。德和才不可偏废，应坚持选贤任能，用客观、科学的标准和方法进行考察与选择。通过对人员进行全面考评，把既有良好品行和思想修养，又具备较强管理能力的人才晋升到各级管理和领导岗位，委以重任，大胆使用。三星集团创始人李秉哲坚持提拔那些“正直不阿，有为有守”的员工，他说过：“以后能成为社长的社员，其素质并不是由学历决定的，最重要的还是在于诚实的品性。”一些企业在“用能人”的旗号下，重用和晋升一些才高德寡的干部，大搞不正当经营，这无异于饮鸩止渴。

2）机会均等、用人所长的原则。应该使每位员工都有晋升之路。无论是管理岗位还是技术岗位，都应设有相应的晋升成长之路。同时，企业中员工的素质构成不同，这就要求选拔晋升人员时坚持扬长避短、用人所长的原则，使每个人的优势能力得到充分发挥。

3）有系统、有计划的原则。人员晋升属于人力资源再配置的一种方式，这一活动过程必然包括选择、分配、组合、使用、培养、储备等一系列环节和工作。这一活动的成功与否取决于各环节之间能否得到有效协调。因此在人员晋升过程中，必须坚持系统原则，根据企业发展的总体目标统筹制订人员配置计划体系，将选聘、任用、培养及储备等纳入统一的计划体系内，使各个环节之间有机衔接，防止和避免选人、用人与培养相互脱节，从而促进企业人力资源的系统开发和有效利用。为此，各级管理人员的替补和晋升都应谨慎、有计划地进行。一些企业通常依据管理人员替补图或替补表制订各级管理人员的替补计划。当涉及总经理的替补问题时，这种图表的作用可能会变得比较小，因为企业（特别是面临困境的企业）通常会从外部选聘替补者。

（2）人员晋升的方式

1）选任制。即用选举方式确定任用对象，如车间主任、班组长、工会干部等均可通过选举产生。选任制的程序通常是提名、筛选、确定候选人、投票，最后确定任用对象，但所有程序必须由相应的法律法规予以保障。

2）委任制。即由董事会或者经理直接指定下属职位的任用制度。这种任用方式的特点是任用程序简单，权力集中，便于统一指挥。委任制与人员调配是配套的用人制度，便于人尽其才、各得其所。如果没有委任制，人员调配也难以执行。

3）聘任制。即用人单位通过契约或合同形式聘任干部和员工的一种任用制度。根据契约或合同，用人单位有聘用和解聘的权利，个人有应聘和拒聘的权利。聘任制不仅在外资企业中被广为采用，而且随着改革的深入，在全民所有制企业中，对于具有专业职称的员工和广大普通员工来说，该方式也越来越多地被采用。专业技术职务聘任制度规定在定编定员的基础上，由行政领导根据员工的任职资格和实际表现加以聘任，所聘人员有一定任期，在任职期间领取相应的专业技术职务工资。专业技术职务聘任制度把职务和学位、学历区分开来，同时与定编、任期挂钩，有利于人才的使用和更新。

4）考任制。即通过公开考试、公平竞争、择优录用，广泛地选择优秀人才的任用制度。这种制度的优点是机会均等、公开竞争，便于广揽人才，避免由于委任制的主观因素及选任制的资历和历史因素而造成偏差。但是，考试成绩的可靠性和有效性还有待研究，理论强不等于实践强，说得好不等于干得好。企业选拔领导干部时可以尝试采取考任制与聘任制相结合的方式。

第二节　人力资源配置管理

一、人力资源配置分析

人力资源配置分析涉及人与事的关系、个人自身的各方面条件、企业组织机制和行业现状等要素，需要从以下五个方面进行。

1. 总量配置分析

总量配置是指人与事的数量关系是否对应，即有多少事要用多少人去做。但这种数量关系不是绝对的，而是随着企业的经营情况和当期生产订单变化而变化。无论是人浮于事还是事浮于人，都不是企业希望看到的结果。当前，令许多企业比较烦恼的问题是：一方面普通员工和技能型员工很难招到，有事没人做；另一方面内部管理人员人浮于事或缺少称职的管理人员。

2. 结构配置分析

结构配置是指事情总是多种多样的，应该根据不同性质、特点的事，选拔有相应专长的人员去完成。企业内部人力资源配置的一个重要目标就是把各类人员分配在最能发挥他们专长的岗位上，力争做到人尽其才、才尽其用，即适合的人做恰当的事。

可以按照企业现有人员能力和特点进行分类，考察现有人员的使用情况，并列出矩阵表，从中分析组织架构内现有人力资源的实际使用情况和效果。例如，企业有多少位熟练工在做非熟练工的工作，有多少位技工在做熟练工的工作；在工程技术人员中，有多少人在做熟练工的工作，有多少人在做技工的工作；还有多少位专业管理人员处于半工作或工

作不饱和状态。根据结构配置分析结果进行人力资源的调节，可以避免出现直接或间接的人力成本浪费。

3. 质量配置分析

质量配置是指人与事之间的质量关系，即事的难易程度与人的能力水平的关系。事有难易繁简之分，人有能力高低之分，应根据每件事的特点、难易和繁简程度，及其对人员资格条件的要求，选拔具备相应能力水平的人去承办。要合理使用人力资源，就要对人力资源构成和特点有详细的了解。人力资源是由个体能力组成的，而个体能力由于受到身体条件、受教育程度、实践经验等因素的影响而各自不同，形成个体差异。应根据个体能力大小、水平高低，将个体安排在相应能级层次的岗位上，使个体能力水平与岗位要求相适应。

人与事的质量配置不相符主要有两种情况，第一种是现有人员素质低于现任岗位的要求，第二种是现有人员素质高于现任岗位的要求。对于前者，可考虑采用技能性培训或转岗等方法来调节现有人员的使用情况；对于后者，可考虑将其提升到更高要求的岗位承担更多的工作，以发挥他们更大的潜力。

4. 工作负荷状况分析

人与事的关系还体现在事的数量是否与人的承受能力相适应，员工能否保持身心健康。这是因为企业的各项活动是一个相互联系、相互依赖、前后衔接的有机整体，每个部门的人力资源配置都应与其所承担的工作量相适应，使工作负荷量与员工身心承受能力相适应。

5. 使用效果分析

人力资源配置分析最终还要看岗位上员工的使用情况，这是动态衡量人与事的关系的重要内容。一般来说，人员使用效果经常以员工的工作态度为基础因素，结合员工的绩效和能力来进行评估。

根据绩效与能力矩阵（见图8–1），把员工划入不同区间。区间A：能力高，绩效好；区间B：能力低，但绩效好；区间C：能力高，但绩效差；区间D：能力低，绩效差。应对处在不同区间的员工采用不同的策略与改善方法。

能力 \ 绩效		
高	C 能力高，但绩效差	A 能力高，绩效好
低	D 能力低，绩效差	B 能力低，但绩效好

图8–1　绩效与能力矩阵

首先，区间A的员工是价值最高的员

工，要留住他们、重用他们。其次，对于区间B的员工，应在鼓励他们保持原有工作热情的基础上，通过培训提高他们的能力，使其向区间A靠近。再次，对于区间C的员工，应找出影响绩效的因素，努力帮助他们在今后的工作中提高绩效。最后，对于区间D的员工，应该关注他们是否还有改善现有岗位实绩的可能性，或通过培训与评价重新调整岗位。

进行人力资源配置分析，是以内部人力资源配置为着陆点的。然而，在内部配置、调节都难以满足企业当前的实际需要时，就要进行外部招聘。可以说，外部招聘工作的关键在于实现所招人员与待聘岗位的有效匹配。这种匹配要求将应聘者个人特征与工作岗位要求有机地结合起来，从而体现"即时能上岗"的硬道理，这是人力资源管理所期望的结果。

二、人力资源配置形式

在经过人力资源配置分析后，主要采用下面三种形式进行人力资源配置。

1. 人岗关系型

人岗关系型是指根据员工与岗位的对应关系进行人力资源配置。这种形式一般通过人力资源管理过程的各个环节，来保证企业内各部门各岗位的人力资源质量。就企业内部来说，这种人力资源配置的具体形式有以下几种：招聘、轮换、试用、竞争上岗、末位淘汰、双向选择等。

2. 移动配置型

移动配置型是指通过员工在不同岗位之间的移动进行人力资源配置。这种形式一般通过员工相对的上下左右岗位移动，来保证企业内每个岗位人力资源的质量。这种人力资源配置的具体形式有三种：晋升、降职和调动。

3. 流动配置型

流动配置型是指通过员工相对企业岗位的流动进行人力资源配置。这种形式一般通过人员相对企业的内外流动，来保证企业内每个部门与岗位人力资源的质量。这种人力资源配置的具体形式有三种：安置、调整和辞退。

三、人力资源配置模式

企业内部人力资源配置根据工作范围不同又可以分为整体配置和个性化配置。整体配置是指根据企业内各业务模块生产发展需要，对整个企业内人力资源进行统一的安排，实现人员的批量配置。个性化配置是指针对企业内某一具体工作岗位产生的空缺或者员工个体的工作意愿，通过内部竞聘、双向选择等较为自主灵活的方式完成岗位与具体人员的匹配。

个性化配置是企业人力资源配置的主要模式，通过这种内部人力资源配置，可以达到企业内个体员工向更适合岗位流动的效果，从而为创造更高的企业整体绩效奠定基础，也能在一定程度上降低员工因对现有岗位工作不满意而离职的风险。

个性化配置是将企业内的员工个体作为候选人，将企业内各个业务部门作为独立的用人单位，根据自由选择、公平竞争的原则，达成双方匹配结果的配置模式。根据发起方的不同，个性化配置分为以下两种运作模式。

1. 内部竞聘模式

内部竞聘模式由企业内各业务部门作为发起方。当企业内各业务部门出现空缺的岗位需求时，就将需要招聘的岗位和要求通过企业内部相关平台发布，员工可根据自身意愿主动进行简历制作、投递，经业务部门的选拔程序后确定录用人员。内部竞聘流程如图 8–2 所示。

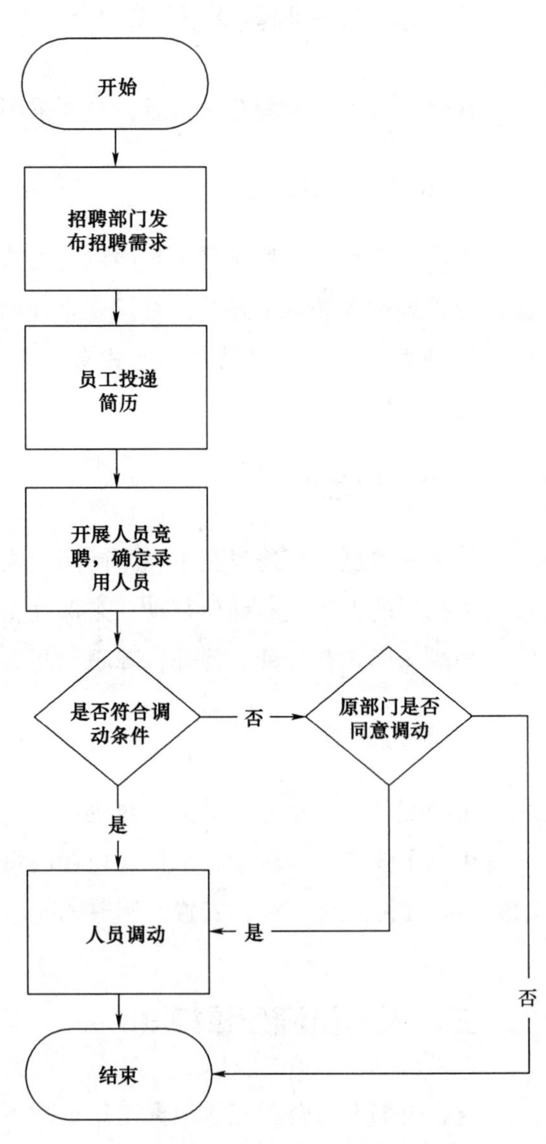

图 8–2　内部竞聘流程

内部竞聘需要关注以下四个方面。

一是招聘信息的发布。招聘信息应包括招聘岗位名称、岗位工作职责、能力素质要求等基本信息，应确保招聘信息准确、全面，同时避免出现对应聘人员的歧视性要求（如性别、年龄等）。

二是个人简历的制作和投递。个人简历应包括个人基本信息、学历、专业特长、工作经历、项目履历、近年工作业绩等信息。在个人简历内，还可以个性化增加与应聘岗位所需能力相关的过往项目经历描述等，便于业务部门做初步筛选。在员工投递个人简历时，可以选择不告知本部门主管，减少竞聘过程中的人为阻碍。

三是人员的选拔录用。由业务部门组织笔试、面试等多种方式对候选人做出评价选拔，确定合适人员后予以录用。其中，笔试内容应以岗位所需的知识、技能为主，面试应根据岗位要求制定统一评价标准，由面试官打分。

四是人员调配的企业制度保障。企业制度保障对于将成功录用的人员调整至新部门、新岗位工作至关重要，它让企业内的所有人员和部门都遵守统一的人员调动规则，以实现人力资源的有效流动。设计相关制度时应先确定一个调动比例，对于部门调出人数比例小于规定调动比例的，如果竞聘员工在部门内的工作时间已经满足一定要求，在给予部门和员工一定的交接期限后，原则上要求竞聘人员的所在部门必须同意人员调出。与此同时，员工所在部门如因此产生空缺岗位的，可进一步通过内外部人力资源配置手段补足人员缺口，形成良性循环。

2. 个人调动意愿模式

个人调动意愿模式是由企业内个体发起的运作模式，是对内部竞聘模式的一种补充，体现了企业以人为本的管理理念。在企业没有安排内部竞聘的时候，若企业内的员工根据个人技能发展及工作意愿等，希望调整现在从事的岗位，可定向针对某一具体部门、具体岗位发布调动意愿，若意向部门经评估后，根据岗位需求愿意接收，即可直接进行人员配置。个人调动意愿流程如图 8-3 所示。

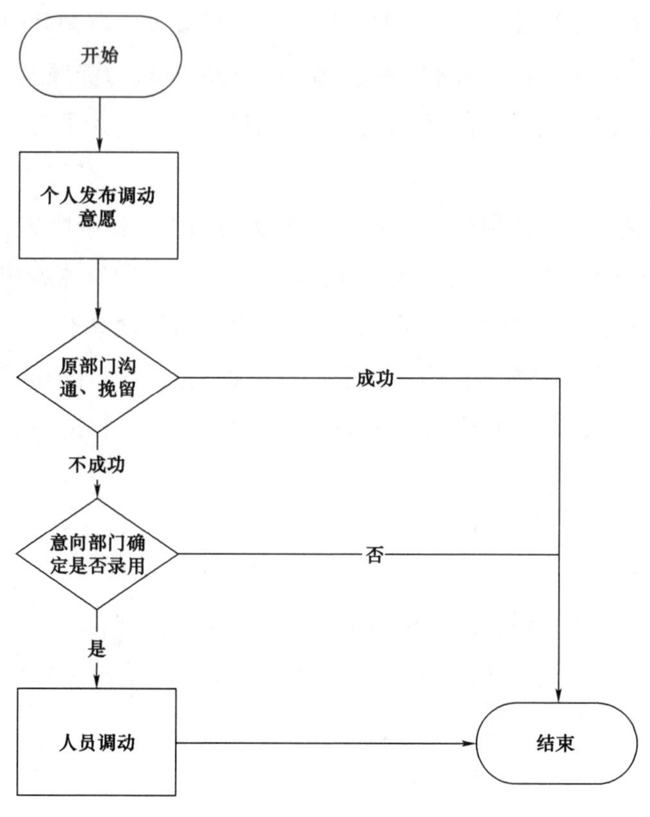

图 8-3　个人调动意愿流程

在个人发布调动意愿过程中，需要注意以下三个方面。

一是对于发布个人调动意愿的人员，同样需要制作个人简历以说明自身优势，简历的制作要求与内部竞聘简历制作要求相同。

二是员工所在部门知晓其调动意愿后，可在规定的期限内对其进行约谈、挽留，若挽留成功则由意愿发布个人主动撤销意愿；若挽留不成功，也不可强制要求员工撤销意愿。

三是人员调配的企业制度保障。如果意向部门同意接收该员工，应同内部竞聘模式一样，在满足规定调动比例要求的条件下，在经过规定交接期限后，员工所在部门必须同意人员调出。

四、柔性配置管理

1. 柔性配置管理的概念

柔性配置管理是以人为本的管理思想在人力资源管理与开发领域中的具体运用，是人力资源管理理论、机制和方法的一种创新。柔性配置管理的最大特点在于，它不是依靠上级的发号施令及监管，而是依靠人性解放、权利平等、民主管理，从每位员工的内心深处来激发其内在潜力和创造精神。

应用在人力资源配置领域，柔性配置管理是为了提高人力资源利用率，在不脱离员工现有岗位、不改变原有工作内容和职责的前提下，通过对人力资源盘点及激励机制创新，调动员工参与任务的积极性，打破业务部门之间的界限，实现人员跨专业、跨职能流动和组合。

柔性配置管理是对传统配置管理的补充、发展和完善。传统配置管理根据岗得其人、人得其位的原则，通过考核、选拔、录用和培训，把符合组织价值观和发展需要的人才及时、合理地安排在所需要的岗位上，而柔性配置管理间接脱离现有职务安排和设计，更注重灵活应变，将人员柔性配置到具体任务中，真正意义上做到管理的积极主动和人性化，更有利于人尽其才，在提高企业整体运营效率的同时，为企业打造高素质人才队伍。

2. 柔性配置管理的原则

（1）非强制性原则。柔性配置管理的主题词是“非强制性”，不是强管强压，而是依据员工的心理特征和行为规律，以实现员工的高层次需求为目标，激发员工内在的行为动机，不断提高员工的主人翁意识，使员工在主动完成分内工作任务的同时，愿意开发潜能，充分利用自身特长参与企业更多的业务工作。

（2）灵活性原则。知识经济时代是信息爆炸的时代，外部环境的易变性与复杂性要求战略决策的出台必须快速，要求必须打破部门分工的界限，实现职能和人员的快速组合。

柔性配置管理使员工不再拘泥于固定岗位或部门，而是随着企业业务发展变化灵活流动。

（3）激励性原则。柔性配置管理的激励机制要求兼顾企业、部门、员工三者之间的利益。通过灵活配置人员并授予其自主权，调动其积极性，创造性地实现团队和企业目标并满足个人意愿。与此同时，专门配置相应激励成本和职业发展机会，满足员工物质层面的需求。企业的发展和员工的发展是互相依托、互相促进的关系。如果只考虑企业的发展而忽视了部门利益和员工的发展，则会有碍企业发展目标的达成。

（4）合作性原则。个人目标、团队目标及企业目标之间具有合作性与协调性，也是柔性配置管理的重要原则之一。柔性配置管理促成的团队，不依托于原有职务设计，劳资双方的“契约关系”变得越来越像“盟约关系”。

（5）匹配性原则。当柔性团队与员工进行双向选择时，也要考虑人与工作匹配、人与团队匹配原则，即员工的知识、技能、能力和工作要求相匹配，员工的个性、价值观、目标、态度与团队的文化氛围、价值观、目标、规范相匹配。

3. 柔性配置管理的适用范围

在互联网经济时代，用户需求呈现无限多元、个性极致、迭代快速的趋势，这种趋势直接影响企业发展，促使企业管理模式发生转化。鉴于金字塔结构的层级组织传递信息的渠道单一而且过长，各业务部门相互隔离，信息流动受边界限制等弊端，企业组织设计越来越向扁平化、网络化、自组织方向转型。优秀的企业固然可以通过现代组织设计实现升级，但却始终无法匹配个性化需求的速度，企业需要一种更加灵活的人力资源柔性配置管理机制——把人员集中到一个平台上充分共享、随需调用。一般来说，拥有较多高学历、高素质员工的企业，以及发展迅速的高新技术企业往往更具备柔性配置管理的“土壤”。

柔性配置管理适用于以下任务场景。

（1）跨部门、跨专业的临时性重点任务，需要整合汇聚资源，集中优势力量解决企业的统筹协调问题。柔性配置管理可调集人力资源，创建绿色通道，通过部门间的横向协同加速推进工作，使各业务部门的成员角色从旁观者变成参与者，主动服务确保各项工作得以尽快落实。

（2）企业发展中遇到的瓶颈问题、疑难杂症式任务。柔性配置管理可按需聚集各部门的专业领域骨干力量，致力于解决企业业务和技术的难点、疑点问题。这一模式同时可以通过实战式培养提升专业人才队伍能力，成为企业高层次专业人才和复合型人才的有力培养手段。

（3）高度定制化的生产任务。柔性配置管理将从企业的各个角落搜寻需要的人力资源，形成相互协作的“合伙人关系”或“内部承包关系”，实现随用户需求自由连接、快速调用。

4. 柔性配置管理的实施流程

（1）柔性配置管理的基础。在传统的科层制组织里，岗位往往是员工活动的边界，从而容易产生结构性缺员的假象。如何打破这种边界，实现员工的灵活调配呢？人力资源现状盘点是开展柔性配置管理的基础，可通过技能清单、能力核查等方法来获取企业现有员工的专业能力、技术专长等方面的信息，将人员技能特征等各类属性标签化，但不局限于现有岗位工作的各项技能特征。企业可利用人力资源管理信息系统让全体员工“在线”，方便被企业内各部门精准搜索，按需调用。

可以从技术维度、专业维度、产品维度、行业维度、兴趣维度来盘点人力资源现状。

1）技术维度。员工所精通的技术偏向于实操技能，如信息网络维护、生产线组装、汽车维修等。

2）专业维度。员工所擅长的专业方向偏向于理论知识，如信息技术、人力资源管理、财务、市场营销等。

3）产品维度。员工参与研发或运营的企业产品。

4）行业维度。员工所熟悉的行业，主要面向市场营销板块的员工。

5）兴趣维度。与企业业务发展有一定关联的兴趣爱好。

（2）柔性配置管理的准备阶段

1）确定人员需求。由任务提出部门根据任务类型、具体内容等，提出所需人员的专业方向、技能水平、工作经历、项目经历和人员数量等明确要求。

2）明确任务特点和要求。任务描述无统一的标准格式，但通常包括任务名称、主办部门、任务负责人、项目等级、团队人数、任务介绍、任务目标、任务周期等信息。

3）制订人员柔性招募计划。在任务及用人需求确定下来后，人力资源部应制订详细的人员柔性招募工作计划。招募工作计划一般包括以下几个方面的内容：招募规模、招募小组成员、招募范围、时间安排、任务目标、成员完成任务可获得的成就与激励等。

（3）柔性配置管理的实施阶段。实施阶段是最为关键的一个环节，包括招募、甄选、录用、团队管理四个步骤。

1）招募阶段。招募工作是指根据招募计划确定的用人条件和标准，采用适宜的招募渠道和相应的招募策略，有效吸引合适的员工参与到任务中来。在此过程中可根据前期人力资源盘点结果主动邀请符合要求的人员参与，也可通过发布任务信息吸引更多员工主动申请加入。

2）甄选阶段。业务部门可根据人才数据库提供的员工工作履历、项目经历信息以及当前参与的任务数等状态，使用笔试、面谈等方式，从众多的候选人中挑选出适合该任务的人员。

3）录用阶段。在业务部门锁定人才并发出邀请后，经员工及员工所在部门主管同意即为招募成功，实现人力资源的柔性配置。

4）团队管理阶段。业务部门可根据任务进展程度等实际需要，在管理过程中灵活增减团队成员，记录员工的工作内容并实施定期评估，在任务结束后回报员工相应的激励资源。

（4）柔性配置管理的激励阶段。人力资源柔性配置的实质是业务部门在企业内挑选员工筹建柔性团队，由此团队完成一项或者多项任务，员工作为一个独立个体出售自己“可共享”的能力与时间，在这样一种双方的协作关系中，必然需要配置激励机制予以支持。

激励机制的设计可以从两方面来考虑，一方面是员工个体，另一方面是员工所在的业务部门。企业可以通过量化评价员工知识、技能、时间共享的行为及其在任务中产生的价值，分别赋予员工所在业务部门和员工本人价值回报。这种回报可以是公司统一新增的激励资源，如奖金、荣誉、职业发展机会等，也可以是提出任务的业务部门通过市场化价值判定主动付出的激励资源，如跨部门结算的任务奖金等。

合理的激励将有利于业务部门提高培养和输送人才参与任务的积极性，有利于激励员工主动提升个人技能、参与任务的积极性，有利于解决柔性配置任务与员工本职岗位工作职责之间的矛盾冲突问题。激励机制设计的核心就是将企业和员工的利益结合起来，细化价值回报的来源与兑现，创造出符合企业业务发展和员工个人成长的、可长效执行的人力资源管理工具。

A公司是某地区通信市场的领先者，市场份额第一，为超过1 000万政企和家庭用户提供综合信息解决方案。2015年，A公司正式提出做“智慧工作与生活”建设的排头兵，重点发展新兴ICT（信息与通信技术）业务。实际践行过程中，A公司的发展直接面临来自业务、技术、方案三方面的巨大挑战。在应对外部挑战的初期，A公司在“组织”和“员工”层面都体会到了不同程度的“吃力感”：部门并立、分段管理的模式在相当程度上影响了跨部门协同、全流程贯穿的响应速度和协作效率，“人才唯我所有”的固有观念也在一定程度上不利于部门间人才流动和互助解决问题的有效推进。换言之，客户的项目任务定制化服务要求对传统的“固化”组织流程和人员配置方式提出了巨大挑战。此外，长期以来专注于岗位本职工作的广大员工，在感受到外部压力的同时，自身也在活力、价值、效能三方面出现了瓶颈效应。

基于上述挑战，A公司在反复研讨的基础上，确定了以“柔性管理”为指导思想，以“需求响应落实”为主线，打造柔性社区的“1+4”管理模式。

一根主线：打造“需求响应落实”的柔性社区。柔性社区的核心功能是项目任务管理，无论是外部的各类业务需求，还是内部的不同专项任务，都可以在柔性社区发起。各业务部门都可以作为项目任务需求发起方，在柔性社区中寻求方案及成果。项目任务需求发起后，柔性社区提供“人才检索—团队组建—过程管理—成果交付”的一揽子解决方案，最终形成交付成果，整个过程充分引入市场化规则，灵活高效、自愿互助、价值导向，有效保障参与各方的权益和积极性。

四项配套功能和机制：社区共建及自治。为了确保柔性社区主线功能的持续性、有效性，A公司打造了四项配套功能和机制，让社区成为大家共同建设、持续建设的成果，也为社区的自治奠定了坚实基础。

——社区身份系统：作为社区成员的各类人才以“标签”作为虚拟身份证。

——社区功能中心：按需打造不同功能定位的柔性组织，保质期可长可短。

——社区运作规则：抓取底层数据，支持社区信息共享、激励反馈等机制。

——社区精神共识：持续倡导、贯彻共享互助的社区文化，保障理念共识。

柔性社区模式与固有组织形态既有区别又有联系。一方面，柔性社区在文化、规则、运作模式等方面自成一派，相对独立；另一方面，社区员工在身份标识、激励回馈等方面又跟固有组织的相关规则打通，实现组织内人员价值认定的统一。

通过柔性机制寻才用才是A公司实现新兴ICT业务跨越式发展的关键。人才柔性管理模式的构建具体包括三项关键举措：盘点技能标签，精准检索人才；优化流程，灵活组建团队；共享互助，多元价值回馈。

1. 盘点技能标签，精准检索人才

A公司结合实际业务需求，对社区员工采用标签化管理模式，探索出标签管理的“生成、标识、点亮、更新”四步法，可视化展现专业人才的“能力地图”，取得了良好效果。先让企业人才的所有属性标签化，再利用互联网技术让人才“在线”，能够被其他组织按需调用。当所有员工的技能被标签标记出，企业的人力资源规划就更合理，人才搜索效率也就更高。另外，A公司制定了人才标签的举证审批和系统自动标识流程，员工根据个人实际情况主动标识个人标签，通过工作经历、项目案例、资格证书、社会通用认证和专业考试举证，经主管审批后即可计入系统。

2. 优化流程，灵活组建团队

当今社会市场竞争环境瞬息万变，A公司必须快速建设自我调整能力强、灵活性强的柔性组织，充分集合跨部门、跨层级的人才，实现人力资源整合。从搜索、选定、组队、管理四个步骤的细节入手，优化流程，以满足动态环境下敏捷组队、快速运作的要求。

（1）搜索。社区提供标签组合功能以搜索复合型人才，提供热门标签推荐功能实现快速搜索，提供模糊搜索功能实现多元化内容展现。

（2）选定。搜索到目标人才后，业务需求部门可根据社区数据库提供的员工工作履历、项目经历信息以及当前共享状态，利用社交功能留言沟通，判断其是否符合条件以及是否有参与项目的空余时间。

（3）组队。业务需求部门锁定人才、发出邀请，经人才及人才所在部门主管同意即为邀请成功，主管响应时间要求不超过三个工作日，主管同意邀请的状态直接推送给员工，极大缩短员工的响应时间，提升团队组建的效率。

（4）管理。业务需求部门可自行增减团队成员，维护团队成果、风采、里程碑等信息。A 公司可以按照团队类型统计柔性团队数量，检索及查看团队信息。

3. 共享互助，多元价值回馈

A 公司的柔性社区整合线下员工的闲置劳动技能，推行柔性配置、共享互助理念。在推行初期也面临员工与业务部门的双重阻力。一方面，员工面对跨部门共享机会心存顾虑，有心在企业层面发挥个人共享价值，但担心得不到主管的支持，甚至被误解；另一方面，部分业务部门将员工资源视为本部门独有，并不支持企业内部的知识、技能共享。

鉴于此，A 公司从统筹谋划和顶层设计入手，推进人才共享多元化价值激励制度，让“部门有收入、员工有收益”，这对于打造共享经济利益共同体理念，形成活力、自由、开放的社区秩序有重大推动作用。A 公司充分借鉴了国内互联网产品搭建用户激励体系的基本思路，根据影响用户行为的因素，设计了柔性社区的等级体系、财富体系，以实现对用户（员工）的精神激励、利益激励、情感激励。

在激励机制牵引下，A 公司屡屡斩获重大项目，抢占重点行业市场先机，公司效能得到明显提升。柔性社区的人力资源配置模式进一步完善了人力资源管理机制，鼓励员工主动提升能力、激发活力，发挥个人的一技之长，逐步形成了人人超越自我、人人参与共享、人人贡献价值的氛围，这一模式得到员工与企业的高度认同。

讨论题

1. A 公司的柔性社区符合人力资源配置的哪些基本原则和匹配原理？
2. 你认为 A 公司柔性社区取得成功的主要原因有哪些？

本章思考题

1. 人力资源配置的基本原则和匹配原理有哪些？
2. 人力资源配置分析涉及哪些方面？
3. 员工柔性配置的适用范围有哪些？
4. 怎样开展员工柔性配置？

第三篇 培训与开发

第九章

培训管理体系建设

引导案例

J公司是一家中外合资的日用化工产品生产企业，年初曾投资3万美元送6名中方经理到其欧洲公司总部接受近6个月的培训。这6名经理回到中国后，负责公司的运营管理，他们每人的月薪高达4 000美元。可是，他们在同一天同时请了病假，然后再也没回来。该公司人力资源部经理说："一家在华南地区新建立的日用化工产品企业以每人月薪8 000美元挖走了他们。"

这家中外合资公司花费巨额培训费，却损失了在中国目前接受过最佳专业训练的管理队伍。不仅如此，企业订单和销售渠道也跟着流失，由骨干出走而造成的职位空缺一时难以补充合适人才，生产、销售陷于瘫痪状态。该公司不禁感叹：企业培训原来是一笔"花钱买流失"的赔本生意。

该公司人力资源部经理还提到公司曾有两名销售人员辞职，辞职原因是：他们认为该公司缺少一套切实可行的员工培训计划，在这里看不到发展的希望因而干不下去。为此，公司才不惜加大培训投入，不承想却导致如此局面。公司管理层深感困惑：企业正是为留住人才才耗费巨资进行培训，为什么培训反而加剧了人才流失呢？公司人力资源部经理甚至感叹："不培训是等死，怎么培训反而变成找死了呢？"

案例思考

1. 该案例中的企业在人才培养中存在什么问题？

2. 从培训管理角度分析，如何避免案例中的类似情况发生，以及如何实施有效的培训？

第一节　培训制度体系建设

一、培训制度体系的概念与内容

培训制度体系是指能够直接影响和作用于培训系统及其活动的各种法律、规章、制度及政策的总和。它主要包括培训的法律和政令、培训的具体制度和政策两个方面。

企业培训的制度和政策是企业员工培训工作得以健康开展的根本保证，是企业在开展培训工作时要求人们共同遵守并按照一定程序实施的规定、规则和规范。企业培训制度的根本作用在于为培训活动提供一种制度性框架和依据，促使培训沿着制度化、规范化的轨道运行。

企业培训涉及两个培训主体——企业和员工，这两个培训主体参与培训的目的存在一定的差别。在没有一定制度保证的情况下，这种差别将导致培训目的无法达到或者培训效果不佳。因此，要想增强培训质效，就必须建立一套完整的培训制度，通过制度来明确双方的权利和义务、利益和责任，理顺双方的利益关系，使双方的目标和利益尽量相容。由于培训制度是由企业制定的，因此其主要目的在于调动员工参与培训的积极性，同时也使企业的培训活动系统化、规范化和制度化。

在不少企业中，员工培训制度是由若干详细的子制度形成的制度体系，这些子制度对企业员工培训的各方面事宜进行了详尽的规范和说明。总之，企业员工培训制度体系中应该包括的主要内容有：制定企业员工培训制度的依据，实施企业员工培训制度的目的和宗旨，企业员工培训制度实施的办法，企业员工培训制度的核准与施行，企业员工培训制度的解释与修订。

二、培训制度体系的组成

现代管理强调制度化和规范化的管理，因为相对于管理者个人主观、随意的管理，制度化和规范化的管理更稳定、有序、公平和有效。考虑到企业培训是经常性的、大规模的、全方位的，而不是个别的、偶然的行为，建立和实施培训制度体系是必要的。

培训制度体系主要由培训服务制度、入职培训制度、培训激励制度、培训考核评估制度、培训风险管理制度组成。

1. 培训服务制度

员工培训对企业来说是一项很大的投入，投入具体包括直接的培训费用、员工离岗期间的工资福利和代岗员工的工资福利等。企业对员工培训的投资与其他一切投资活动一样是有风险的，其中一个常见风险就是受训后员工离职。

企业是自主经营、自负盈亏的经济实体，为了避免员工离去给企业带来损失，企业通常都有一套员工培训服务制度，规定培训对象在受训后必须为企业的某个工作岗位服务一定的时间。这个制度的核心是：接受培训前，员工必须与企业签订培训服务协议。协议的内容通常包括培训项目、培训费用承担情况、培训期间的待遇、培训后要达到的技术或能力水平、培训后服务的岗位和年限、违约责任或补偿等。

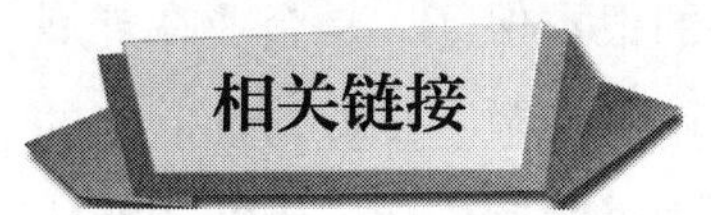

化解员工培训后离职难题的三项措施

1. 培训前收回投资

一些知名企业在培训中级管理人员或技术人员前都会给予其书面通知，并从其薪资中扣除相应的培训费用，这是一种降低企业投资风险的有效方式。例如，微软在制定培训政策时，会将员工薪水的一部分划为培训费用，这样，员工的薪水越高或者在职时间越长，这部分费用就会越多，同时，他获得的培训机会就越多。所以，在微软，优秀的管理者、技术人员不仅具有优先被培训的权利，而且可以获得比其他人更多的培训机会。

企业还可以将员工年终奖励的一部分划为培训费用，在第二年培训时使用，这样做可以保证企业中业绩突出的员工优先得到培训。此外，企业可以规定，先由员工个人承担培训费用，企业根据培训效果决定是否为员工报销。这种培训投资方式对员工有很强的约束力，员工会为了让公司报销培训费用而努力为公司展现自己的培训效果。

2. 培训期间收回投资

一些专职的培训机构通常采用这种培训方式。企业普遍采用的试用期制度完全可以理解为这种培训方式。对于一些新员工，他们往往不具备相当的业务技能与工作经验，所以要对他们进行一系列有针对性的培训，以便让其快速地进入工作角色，其培训费用则来自试用期薪酬。如果一位员工的业务技能较低，需要的培训比其他员工多，那么，在相同的情况下，他在试用期内可以获得的薪酬就要低于其他人，那部分差额便可以看作培训费用。

3. 培训后收回投资

培训后收回投资是很多企业的常用做法。最常见的形式是，企业与员工签订培训协议，在协议上明确规定：员工接受培训后，在规定的时间内不得离开公司，否则承担相应的违约责任与相应的培训费用等。这种方式会给企业带来相应的风险。一般而言，在培训结束一年或几年后，企业才可以收回自己的培训费用。

诚然，企业学会收回培训投资的方法固然重要，但更重要的是，企业能否为员工提供系统的一流培训。随着工作竞争压力的增加，各级员工越来越重视对个人培训方面的投资。所以，一家优秀的企业如果能为员工提供一流的培训，那么，即使收取必要的费用也会赢得员工的理解。所以，管理者不应该为收取培训费用而犹豫不决，而要为自己能否为员工提供一流的培训而花心思。

2. 入职培训制度

大多数企业都有新员工入职培训制度，即关于员工上岗之前和任职之前必须经过全面培训的制度规定。为了保证工作安全和工作质量，即使是经过严格挑选的符合一定条件的员工，在进入一个新的工作岗位时，也必须经过针对具体岗位、职位要求的培训阶段。入职培训制度通常包括：建立这一制度的意义和目的、制度适用的范围、特殊情况下不能参加培训的请假手续和补救措施、制度的实施主体和各级各部门的责任人、入职培训的基本要求、入职培训的基本方法和形式、入职培训期间的待遇等。

3. 培训激励制度

培训工作的有效进行离不开培训相关方的积极性，它包括培训对象的积极性、培训对象所在部门主管的积极性、人力资源部的积极性、企业高层领导的积极性。缺少任何一方的积极性，培训工作的效果都将大打折扣。为了提高员工接受培训的积极性，企业通常要有配套的人力资源政策或制度，如培训及其结果与任用、晋升、工资挂钩的制度。为了激励培训对象所在部门主管对培训工作的支持和合作，需要建立岗位培训责任制，需要把培训任务的完成情况与各级领导的工作考核、晋升挂钩。为了使企业高层领导对培训有积极性，必须建立科学、严谨的培训考核评估的指标体系和实施制度。当高层领导看到实际的培训效果，尤其是看到培训促进了企业利润的增长，投资培训的积极性就会提高。对于人力资源部来说，如何积极地做好员工的培训和开发工作，也需要一系列的制度来规范和激励。

4. 培训考核评估制度

有没有培训考核评估制度以及这一制度是否完善，不仅会影响各方对培训的态度，而且涉及培训工作能否通过不断地总结经验教训而日趋完善。培训的考核和评估必须全方位地进行。培训考核评估制度的内容包括：培训的主体和客体、培训的内容、培训考核的标准、考核结果的签署和证书的发放等。

5. 培训风险管理制度

培训风险包括培训对象离职、培训对象选择不当、培训没有取得预期效果、商业或技术秘密被泄露等。因此，要建立相应的制度来防范和规避风险。这方面的制度主要是培训合同的签订和管理制度，如与培训对象签订培训合同并在其中明确双方的权利、义务和违约责任，加入保密条款和违约补偿条款等。

三、培训制度建设原则

培训制度是企业实施和管理培训活动的基本规范。培训制度的合理和完善程度决定了培训工作的质量与水平，因此，培训制度的建设必须遵循以下基本原则。

1. 与企业战略相匹配的原则

员工的培训和开发服务于企业战略的实现，培训制度同样也是如此。要避免将培训制度变为实现个别人、个别部门利益合法化的手段，也要避免从个别培训项目出发制定培训制度。培训制度的内容重在激励还是重在约束，要取决于企业战略，要从全局着眼。

2. 稳定与灵活相结合的原则

稳定是任何制度的基本特征，但稳定又是相对的。制度是为实践服务的，要随着实践的需要而变化，这就要求注意以下两个方面：一方面，培训制度要具有稳定性，以维护制度的权威，不成熟的做法、不具有普遍性的例子不要上升到制度层面，进入制度层面的内容必须被确认是在一定时期内具有普遍适用性的；另一方面，培训制度需要经常调整和不断完善，以适应培训实践的需要。要注意的是，培训制度的修订要按照规定的程序进行，避免主观随意性。

3. 一般和具体相结合的原则

不同的培训项目都有自己的特殊情况，为了使培训制度适用于任意培训项目和培训对象，培训制度的规定不能太具体，只要提供基本的原则就行，如权利与义务对等原则、费用分担原则、确保工作需要原则等。但培训制度还具有指导培训工作的功能，要使具体的培训活动有章可循，培训制度的条款又必须具体和明确。为了解决这一矛盾，培训制度必须具有合理的体系结构，特别是层次结构。有些培训制度的规定是总体性的、有原则性的，而更多的则是不同项目的实施细则。

员工培训与教育管理办法（样例）

第一章　总　　则

第一条　为鼓励员工参加提高其自身业务水平和技能的各种培训，特制定本办法。

第二章　范围和原则

第二条　公司全体员工均享有接受培训和教育的权利与义务。

第三条　员工培训和教育以提高自身业务素质为目标，必须有益于公司的发展。

第四条　员工培训和教育以不影响本职工作为前提，遵循学习与工作需要相结合、讲求实效，以及短期为主、业余为主、自学为主的原则。

第三章　内容和形式

第五条　培训、教育形式

（1）公司举办的职前培训。

（2）在职培训。

（3）脱产培训。

（4）员工业余自学教育。

第六条　培训、教育内容

（1）专业知识系统传授。

（2）业务知识讲座。

（3）信息传播（讲课、函授、影像等方式）。

（4）示范教育。

（5）模拟练习（案例教学、角色扮演、商业游戏等方式）。

（6）上岗操作（学徒、竞争上岗练习、在岗指导等方式）。

第四章　培训教育管理

第七条　公司培训教育规划

（1）人力资源部根据公司业务发展需要制订公司整体培训教育规划，每半年制订一次。

（2）各部门根据公司规划和部门业务内容，再拟订部门培训教育计划。

第八条　公司中、高级（专业技术）人员每年脱产进修时间累计不低于72小时，初级（专业技术）人员每年脱产进修时间累计不低于42小时，且按每三年一个知识更新周期，实行继续教育计划。

第九条　公司定期、不定期地邀请公司内外专家举办培训、教育讲座。

第十条　学历资格审定。员工参加各类学习班、职业学校、夜大、电大、函大、成人高校的学历资格，均由人力资源部根据国家有关规定认定，未经认定的不予承认。

第十一条　审批原则。员工可自行决定业余时间参加各类与工作有关的培训教育；如果员工培训需要占用工作时间，则需要经部门主管和人力资源部批准。

第十二条　公司每半年考核员工培训教育成绩，并纳入员工整体考核指标体系。

第十三条　对员工培训教育成绩优异者，予以额外奖励。

第十四条　对员工业绩优异者，公司将优先选拔其参加国内或国外培训。

第十五条　凡公司出资外出培训进修的员工，必须签订培训服务合同，承诺在本公司的一定服务期限。

（1）脱产培训 6 个月以上、不足 1 年的，完成学习结业后服务期为 2 年。

（2）脱产培训 1 年以上、不足 3 年的，完成学习结业后服务期为 3 年。

（3）脱产培训 3 年以上、不足 4 年的，完成学习结业后服务期为 4 年。

（4）脱产培训 4 年以上的，完成学习结业后服务期为 5 年。

多次培训的，分别计算后加总。

第十六条　凡经公司批准的上岗、在职培训，培训费用由公司承担。成绩合格者，工资照发；不合格者，扣除岗位津贴和奖金。

第十七条　公司本着按员工所属业务和技能对口培训的原则选派人员参加培训。培训结束后，员工一般不得提出调换岗位的要求；工作需要调岗，按公司岗位聘用办法处理。

第五章　培训费用报销和补偿

第十八条　符合条件的员工，其在外培训教育费用可酌情报销。

第十九条　申请手续

（1）员工申请培训教育时，填写培训费报销申请表。

（2）经各级主管审核批准后，送交人力资源部备案。

（3）培训教育结束，结业、毕业后，可凭学校证明、证书、学费收据，在 30 日内经人力资源部核准，到财务部报销。

第二十条　学习成绩不合格者，培训费用自理。自学者原则上费用自理，公司给予一定补助。

第二十一条　培训费用较多，个人难以承受，经总经理批准后可预支使用。

第二十二条　培训费用报销范围：入学报名费、学费、实验费、书杂费、实习费、资料费及人力资源部认可的其他费用。

第二十三条　非培训费用报销范围：过期付款、入学考试费、计算器购置费、仪器购置费、稿纸费、市内交通费、笔记本费、文具费、期刊费、打字费等。

第二十四条　员工在约定服务期限内辞职、解除劳动合同的，均应补偿公司的培训出资费用，其范围为：

（1）公司出资接收的大、中专毕业生和研究生。

（2）公司出资培训的中、高级技工。

（3）公司出资培训的高技术、特殊、关键岗位员工。

（4）公司出资出国培训的员工。

不包括转岗再就业、领导决定调职、未被聘任落选后调离的情况。

第二十五条　补偿费用计算公式

补偿费用 = 公司支付的培训费用 ×（1– 已服务年限 / 规定服务年限）

其中，培训费用是指公司支付的学杂费，公派出国、异地培训的交通费和生活补贴等，不包括培训期间的工资、奖金、津贴和劳动福利费用。

第二十六条　补偿费用由调出人员与接收单位自行协商是否共同支付及分摊比例。该补偿费用回收后仍列支在培训费用科目下，用于培训教育。

第六章　附　　则

第二十七条　本办法由人力资源部会同财务部执行，经总经理办公会议通过后生效。

第二节　培训组织体系建设

一、培训管理工作的职责层次

培训体系的构建与管理工作纷繁庞杂，需要企业各部门配合共同完成。企业高层提供政策、方向和支持，人力资源部（培训中心）提供资源、方法和制度，各级管理者推动，员工积极参与，这样才能真正有效地推动培训工作向前发展，增强培训质效。国内有学者细分了培训管理工作职责体系，并对各部门所承担的角色进行了分析，培训管理工作职责体系与各部门培训管理工作角色见表 9–1。

表 9–1　　培训管理工作职责体系与各部门培训管理工作角色

<table>
<tr><th>战略管理
（20%）</th><th colspan="2">资源与建设管理
（30%）</th><th>日常营运管理
（30%）</th><th>基础行政管理
（20%）</th></tr>
<tr><td>企业家培养
中高级管理队伍培养
组织变革推动
企业文化推动
核心能力培养
培训政策制定等</td><td colspan="2">技能体系建立与管理
课程体系建立与管理
培训师培养与管理
培训信息体系建设与管理
培训经费管理等</td><td>需求调查
计划制订
培训实施
培训评估
培训管理制度的监督与执行等</td><td>会务组织
文档管理
日常行政工作</td></tr>
<tr><th>企业高层</th><th>人力资源部</th><th>业务部门</th><th>培训师</th><th>员工</th></tr>
<tr><td>制定或批准人力资源开发战略
制定或批准培训政策
审定、批准培训计划和培训预算
制定或批准重点项目</td><td>拟定培训战略，执行培训战略
拟定培训制度、工作流程
培训资源建设与管理
日常培训运营管理
基础行政工作</td><td>配合支持人力资源部的工作</td><td>课程调研与课程开发
进行培训
培训辅导与跟踪
学习研究</td><td>提出个人培训需求
按要求参加培训
在工作中不断应用，养成良好的工作习惯
做辅导员，实施在岗培训</td></tr>
</table>

二、培训组织结构的模式

由于规模、所处行业、发展阶段以及理念的不同，因此企业的培训组织结构也不尽相同，主要有以下五种模式。

1. 客户模式

按照客户或者职能部门的不同组建培训开发部。例如，培训部下面设立子部门，分别负责 A 客户、B 客户、C 客户、D 客户等的培训工作，客户模式的培训组织结构如图 9–1 所示；或者按照职能部门划分子部门，分别负责技术部、财务部、生产部、营销部等的培训工作。

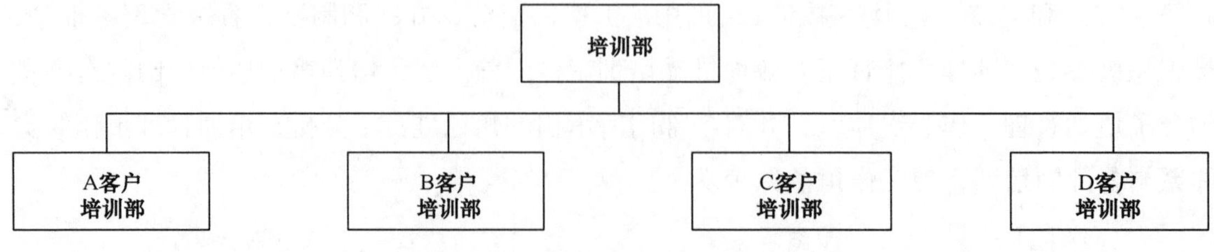

图 9–1　客户模式的培训组织结构

客户模式的优点：针对性强，能较好地把握客户的培训需求；每个部门负责一个客户，能够比较系统、全面地规划培训工作，能够灵活适应各种新情况并迅速做出调整。

客户模式的缺点：培训人员要花费较多的时间了解客户或职能部门，不断更新培训内容，容易造成培训人员重复设置，人员膨胀，如两个部门都设有财务培训师；一些专项课程是由客户开发的，培训师很难保证培训的有效性，即有些专项课程是培训师所不熟悉、不能胜任的，培训效果不是培训师所能控制的。

2. 专业模式

按照专业、课程或领域的不同组建培训子部门。例如，有的子部门负责安全培训，有的子部门负责财务培训，有的子部门负责质量培训，有的子部门负责营销培训等，专业模式的培训组织结构如图 9–2 所示。

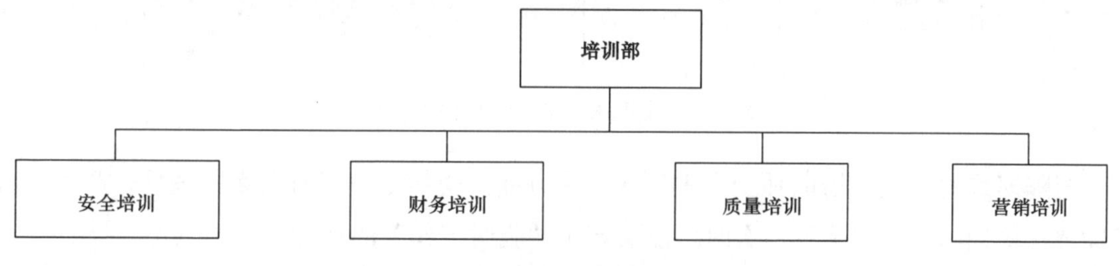

图 9–2　专业模式的培训组织结构

专业模式的优点：培训师都是这个专业、课程或领域的专家，培训效果较好；计划一般由人力资源部制订，培训师主要负责培训的内容和进度，培训师相对比较轻松，可以把更多的精力放在提高培训水平方面。

专业模式的缺点：培训师主要关注其专业和领域，可能对企业不熟悉，对企业的培训需求不了解；培训管理人员需要对培训对象进行调查，了解其培训需求以及培训效果，以确保培训的有效性。

3. 矩阵模式

一般按照客户和专业两个维度组建培训子部门。在此模式下，培训师既要向培训经理汇报，又要向职能部门经理汇报。培训师既是培训专家，又是职能专家；既熟悉自己的专业领域，又了解职能部门。一般情况下，专业维度是长期和稳定的，客户维度是短期和暂时的，随情况的变化而不断变化。矩阵模式的培训组织结构如图 9–3 所示。

矩阵模式的优点：既考虑到客户或职能部门的需求，又考虑到培训师的专业，将两者较好地结合起来；节省培训师，培训师资源得到充分利用，能在不增加机构和人员编制的前提下，将以前不同部门的培训师集中在一起；能较好地解决组织结构相对稳定和培训开发任务多变之间的矛盾，使一些临时性、跨部门的培训开发变得不再困难。

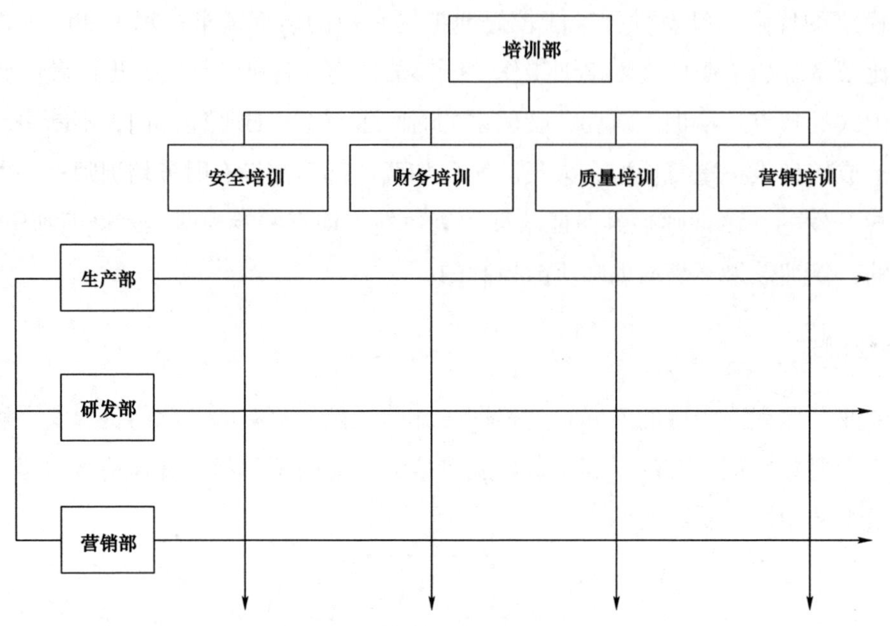

图 9-3　矩阵模式的培训组织结构

矩阵模式的缺点：培训师受多重领导，多方面接受指令，有时会无所适从，产生矛盾或冲突；培训师的归属感差，有时可能会产生“临时工作”的观念。

4. 企业培训和教育模式

企业培训和教育模式是指以组建企业培训和教育中心的形式进行培训开发。在这个模式下，企业可以提供范围更广的培训项目和课程，受训者和培训师也不完全限于本企业的员工。

目前，国内外越来越多的企业创办企业培训和教育中心，企业培训和教育中心已经成为企业文化建设的有效平台。通过企业培训和教育中心，可以将培训开发提升到战略层面，可以向内部员工或外部利益相关者宣传贯彻企业的价值观、理念以及行为规范等，可以提高人力资源开发的有效性。另外，企业可以通过企业培训和教育中心将企业目标与社会责任相结合。

5. 虚拟模式

虚拟模式是指通过远程网络、信息共享等信息技术组建虚拟培训组织进行培训的一种模式。

（1）虚拟模式的原则。虚拟培训组织在运作时，需要遵循以下三个原则。

1）员工对学习负主要责任，而不是由组织或者其主管负责。虚拟培训组织相信员工会对自己的成长负责，培训是一种福利而不是一种任务。

2）最有效的学习是在工作中进行，而不是在课堂上。

3）为了顺利实现培训成果的转化，上级主管对受训者的支持至关重要。

（2）虚拟模式的优势

1）节约培训开发成本。借助于虚拟培训组织的专业性，一方面可以提高培训质量，谋求企业外部发展机会，提高企业创新能力；另一方面，企业不必花费过多的精力和财力去建立内容繁多的培训体系，以降低企业培训负担。例如，安达信财务公司在培训过程中，与外部的培训机构保持联系，抓住各种内部、外部的机会来设计新的培训方案，通过增进个人、项目团队和其他核心人员之间的知识转移来激发团队思考。虚拟模式为受训者提供了关于教育实践的战略依据，可实时更新培训策略，同时降低培训成本。

2）"量体裁衣"的自助式培训。虚拟模式为员工提供了可供选择的培训课程，员工可以根据企业的发展目标和自身需要选择各种学习工具和资源。

3）全新的培训观。虚拟培训组织具有全新的培训观，可以使接受培训的员工了解企业未来的发展方向，提升其对公司战略的理解和领悟能力，加强其人际沟通能力，培养其大局观念和整体协作能力，注重对其创新意识和创新思维的培养。

4）良好的培训环境。虚拟模式运用现代通信技术和手段缩小了地域的界线，创造了跨国界、跨文化的学习环境，营造了合作培训的氛围，不同国界、不同年龄的人共同协作学习，培训过程轻松活泼，可以在互动中学习知识。培训随着知识经济的发展在不断更新变化，最新的培训知识、理念、技能可以即时共享。

培训工作无论对于企业还是个人而言意义都非常重大，并且涉及环节多，参与的管理人员多，一定程度上还会影响在岗人员的正常工作，因此，培训工作有条不紊地进行就显得格外重要。建立分工明确、职责明晰的培训组织结构是确保培训工作顺利开展的基础。

海尔集团培训组织结构如图 9–4 所示。海尔集团培训工作各部门职能分配情况见表 9–2。

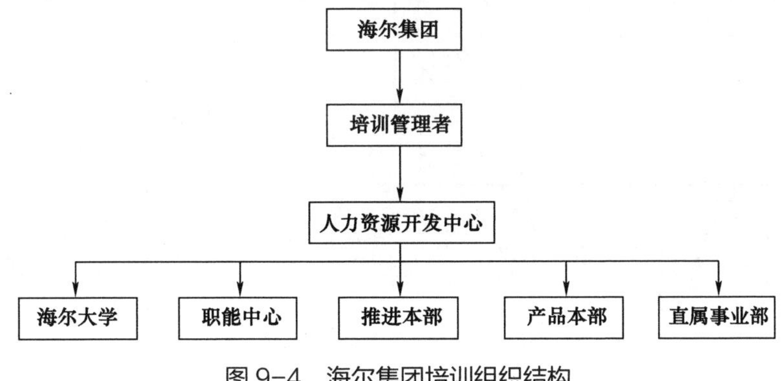

图 9–4 海尔集团培训组织结构

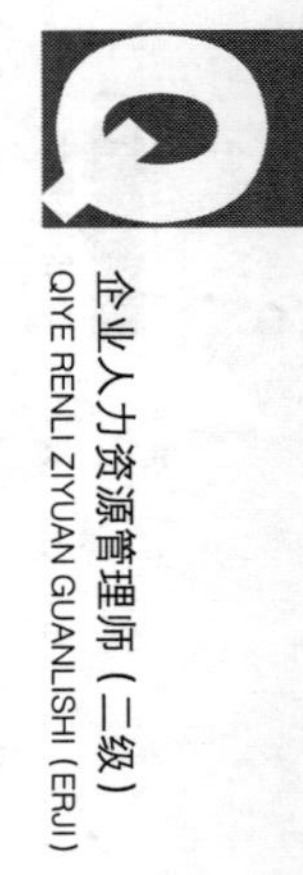

表 9-2 海尔集团培训工作各部门职能分配情况

阶段区分	ISO 10015 培训指南要求			培训管理者	海尔大学	各单位、部门负责人	各单位培训主管	质量检测事业部
	序号	要求编号	程序文件名称					
4.1 培训：四阶段过程	1	4.1.1 总则	培训管理手册对应条款描述	▲				
	2	4.1.2 有关培训的产品和服务的采购			▲	△	▲	
	3	4.1.3 人员参与			▲	△	▲	
4.2 确定培训需求	4	4.2.1 总则	培训管理手册对应条款描述	▲		▲		
	5	4.2.2 确定组织的需求		▲	▲	▲		
	6	4.2.3 确定和分析能力需求	确定和分析能力控制程序	△	△	▲	△	△
	7	4.2.4 评审能力	能力评审控制程序	△	△	▲	△	△
	8	4.2.5 确定能力差距 4.2.6 识别解决办法以弥补能力差距 4.2.7 为培训需求确定说明	确定和解决能力差距控制程序	△	▲	▲	△	△
4.3 设计和策划培训	9	4.3.1 总则 4.3.2 确定制约条件	确定制约条件控制程序	△	▲	△	▲	△
	10	4.3.3 培训方式和选择准则	培训方式和选择准则控制程序	△	▲	△	▲	△
	11	4.3.4 培训计划	培训计划制订控制程序	△	▲	△	▲	△
	12	4.3.5 选择培训提供者	培训教师选择评价控制程序	△	▲	△	▲	△

续表

阶段区分	ISO 10015 培训指南要求			培训管理者	海尔大学	各单位、部门负责人	各单位培训主管	质量检测事业部
	序号	要求编号	程序文件名称					
4.4　提供培训	13	4.4.1　总则	培训管理手册对应条款描述		▲	△	▲	
	14	4.4.2　提供支持						
		4.4.2.1　培训前支持	培训支持控制程序	△	▲	△	▲	△
		4.4.2.2　培训中支持						
		4.4.2.3　培训后支持						
4.5　评价培训结果	15	4.5.1　总则	培训结果评价控制程序	△	▲	▲	△	△
		4.5.2　收集资料并准备评价报告						
4.6　培训过程的监视和改进	16	4.6.1　总则	培训过程监督改进控制程序	△	▲	▲	▲	▲
		4.6.2　培训过程的确认						
备注	▲为主牵头，△为配合							

三、人力资源开发专业人员的角色和素质要求

这里主要介绍美国培训与发展协会的研究成果和英国培训专家罗杰·贝尔特提出的人力资源开发专业人员五角色理论。

1. 美国培训与发展协会提出的角色和能力要求

美国培训与发展协会通过研究，确定了人力资源开发专业人员的角色、任务和能力要求，见表 9–3。

表 9–3　人力资源开发专业人员的角色、任务和能力要求

角色名称	角色任务	相应能力要求
分析、评估角色	研究、需求分析、评估	了解行业知识，具有计算机应用能力、数据分析能力、问题研究能力等
开发角色	项目设计、培训教材开发、评价等	了解成人教育的特点，具有信息反馈、协作、应用电子系统和设定目标的能力等
战略角色	管理、市场营销、变革顾问、职业咨询	精通职业生涯设计与发展理论、培训与开发理论，具有管理能力、计算机应用能力等
指导培训师、辅助者角色	教学、演示、答疑、咨询等	了解成人教育的原则，具有讲授指导能力、交流反馈能力、电子设备应用能力和团队组织能力等
行政管理者角色	日常事务处理、安排等	具有计算机应用能力、选择和确定所需设备的能力、进行成本－收益分析的能力、项目管理和档案管理能力等

2. 罗杰·贝尔特提出的人力资源开发专业人员五角色理论

罗杰·贝尔特认为，人力资源开发专业人员承担多种职能，明确这些职能有助于对本职工作进行评价和改进。人力资源开发专业人员的工作有：制定培训政策、分析培训需求、缔造培训的创造性思维、制定培训目标、研究培训课程设计、设计和开发培训内容、管理和组织培训、推广培训市场。人力资源开发专业人员也是培训负责人，企业发展的代理人、教练和导师，培训顾问和建设者，学以致用的代言人，培训资源的管理者，各方联络的负责人，培训质量及培训结果的评估人。

罗杰·贝尔特进一步将这些具体职能归结为五个角色，即培训者、设计者、创新者、顾问和管理者。人力资源开发专业人员的角色关系及任务如图 9–5 所示。其中，培训者和设计者的角色任务在于维持培训开发的正常运作和既定绩效。创新者和顾问的角色任务则

在于面对变化，研究并提出应对或解决方法。管理者居中心位置，显然要兼顾前面四个角色。

五大角色所要求的能力和素质是有区别的。培训者应该是学习和教育专家，精通学习规律，了解学习方法和手段，能够制订和实施培训计划。设计者的核心知识和技能应该是关于培训需求分析、培训项目开发的。顾问和创新者的关键能力和素质在于视野开阔、思维灵活、相关经验和知识广博、敢于承担风险和责任、勇于尝试等。管理者则需要具备较好的组织能力和影响力。

图 9-5　人力资源开发专业人员的角色关系及任务

综合以上两种理论，人力资源开发专业人员可以扮演不同的角色，但一位人力资源开发专业人员承担多少角色是由企业培训组织体系决定的。不同的角色需要不同的能力和素质，如需求分析专家必须具备调查技能、掌握统计分析技术，而培训师则必须具备良好的口头表达能力。

第三节　培训项目体系建设

一、培训项目管理流程

1. 培训项目目标规划

培训项目的目标是指对某个或少数几个培训需求要点的细化，它反映了企业对该培训项目的基本意图与期望。

（1）培训项目目标的构成要素。一个完整的培训项目目标包括三个基本的构成要素：行为（能力）表现、行为发生的环境条件以及行为（绩效标准）。

在规划培训项目目标的时候，一方面要明确指出受训者在接受培训之后所应掌握的知识与技能；另一方面也是更为关键的一点，即应该指明受训者在接受培训之后，在特定的环境条件下，能够表现出某种特定的行为并产出企业期望的业绩。

（2）培训项目目标的设定标准。培训项目目标的设定标准包括作业表现、环境条件、评价指标三个方面的内容。

1）作业表现。一个培训项目目标通常应该指出为了胜任某项工作，受训者需要具备的能力或能够提供的产出，如“为新产品撰写产品说明”。

2）环境条件。一个培训项目目标应具体说明是在什么内外部环境和相应条件要求的前提下来实现。例如，“在掌握了有关某个产品所有工程信息的情况下，受训者能够撰写产品说明书”。这个培训项目目标的表述就比“完成培训后受训者能够撰写一份产品说明书”要好。

3）评价指标。如果可能的话，一个培训项目目标应指出可接受的受训者的作业水平。例如，“受训者必须在产品说明书中介绍产品所有适应市场需要的商业特征，其中至少要说明它的三种用途”。

（3）培训项目目标的编制。培训项目目标是文字、符号、图画或图表的组合，它指出了受训者应该从培训中取得的成果。培训项目目标应该从以下三个方面来传达培训的意图。

——受训者在掌握了需要学习的东西后应该表现出什么样的行为。

——受训者学会的行为应该在哪些情况下表现出来。

——评价学习成果的标准是什么。

在编制培训项目目标的时候，需要不断修改初稿，直到以下问题都有了明确的答案。

——企业希望受训者能够做什么。

——企业希望受训者在哪些特定情况下表现出这些行为。

——企业希望受训者的作业水平达到什么标准。

最后，逐条整理出企业期望受训者取得的每个培训成果。

2. 培训项目运营计划

培训项目运营计划是指为使培训项目能顺利完成，实现培训目标而制订的有预见性的进程性计划。培训项目运营计划主要包括以下内容。

（1）运营方案。运营方案分为战略性方案和战术性方案。有了具体合理的运营方案，才能有条理、有计划地落实。

（2）计划时间。培训项目运营计划可以分为近期计划、中期计划和长期计划，其差异就在于完成时间。

1）近期计划。近期计划是指在 1 个月到 1 年之内完成的计划。近期计划可以更好地观察运营效果。

2）中期计划。中期计划是指在 1 ~ 3 年内完成的计划。

3）长期计划。长期计划是指完成时间在 3 年以上的计划。长期计划一般根据企业目标具体制订。

3. 培训项目费用预算

培训作为企业的一项重要活动，应该考虑其投入成本与产出。与培训有关的费用项目见表 9–4。

表 9-4　与培训有关的费用项目

基本流程	具体环节	可能产生的费用项目
培训前期工作	培训需求调查	问卷设计、印刷、调查实施（面谈、电话调查等）产生的费用
	培训课程开发	课程开发费
	培训提案制作	提案制作费、提案印刷费
培训准备	培训人员调查	学习风格测试费、管理风格测试费、性格倾向测试费
	场地、器材置备	场地租赁费、必要器材购买费、易耗品购买费
	教案与教材准备	讲义制作费、视频资料与教材购买费
	其他	笔记本、记录笔、记号笔购买费
培训实施	师资安排	差旅费、讲课费
	受训者安排	交通费、住宿费
	其他	餐饮费、礼品费
培训后期工作	培训评估	后期培训效果追踪与工作指导产生的费用

编制培训项目费用预算需要注意以下事项。

（1）明确所有的费用项目。培训项目的费用需要明确单项费用金额（是否含税）、费用支付方式、费用支付日期等。

（2）预留必要费用用于突发性事件的应急处理。突发性事件可能有很多，如因受训者增加不得不增加的餐饮费，因无法在规定的时间内完成培训而不得不额外支付的场地租赁费等。制订计划时，培训师或培训经理需要考虑设立紧急联络人。紧急联络人通常是除培训师及其助手之外的第三者，来处理培训项目的应急性事务性工作。

4. 培训项目课程开发环节

培训项目课程开发主要包括课程内容的呈现、课程的导入、课程脚本的设计、课程视频的开发、课程故事的开发和课程互动环节的设计 6 个环节。

（1）课程内容的呈现。课程内容的呈现要能充分调动受训者的兴趣，进行课程内容的情节化和故事化设计是调动受训者兴趣的有效做法，适当应用情景和情境设计是体现情节化和故事化的基础。情景和情境的比较见表 9-5。

表 9-5　情景和情境的比较

项目	特征描述	培训应用特点
情景	相对单一的情形，侧重静态展示，没有主体人物	较短的时间跨度，较小的活动空间，难度低，涉及要素较少，学习主体被动感受，可以激发学习兴趣
情境	多个单一情形的整合，侧重动态过程，具有主体人物	较长的时间跨度，较大的活动空间，难度高，涉及要素较多，学习主体主动体验，强调学习动机的激发

（2）课程的导入。在开展课程培训过程中，采用表9–6中的9种内容导入方式可以显著改善培训效果。

表9–6　　9种内容导入方式

导入方式	导入说明
面临危机	“事实说明，我们已经落后很多，如果不跟上，我们将自取灭亡。”
恰逢机会	“这样一种新的观念可以突破性地提高工作效率，我们没有理由不去学习。”
需要改变	“外部和内部的变化使我们必须做出改变。”
实现梦想	“谁不是为了梦想而奋斗？为了实现梦想，不论付出多少都是值得的。”
困惑彷徨	“站在十字路口，不清楚往哪个方向迈步，这种情况谁都会遇到，关键在于我们需要借助什么做出正确的选择。”
失望悲观	“真正的失望是想有选择却没有选择，从这个角度来看，做一种错误的选择其实也是幸福的，因为至少还有选择，所以，只要有选择，就有希望。”
兴奋自豪	“我们已经取得了骄人的业绩，回头望向落后者的身影，我们除了感到骄傲，更应当往前走得更远。”
被迫抵触	“被动接受和执行会让人不快乐，但既然已经确定你不得不这样做，那就要尝试改变心情。何不趁此机会磨炼自己呢？”
存在差距	“现在我们不强调明确的是非观，但是差距必然存在，存在差距不可怕，可怕的是甘于差距的存在却不思变。”

（3）课程脚本的设计。设计课程脚本是制作课件的重要环节，它被越来越多地应用于多媒体课程开发中。课程脚本类似于影视剧本，其主要内容见表9–7。

表9–7　　课程脚本的主要内容

主要内容	具体解释
选择课程内容	课程要阐述的内容、课程结构布局、课程章节顺序等
设定人物形象	在概述中注明脚本出场人物，一般包括人物姓名、性别、身份、个性特征等。描述人物时，语言要简练
进行场景描述	描述场景特点和场景的具体呈现方式，如需特殊道具，也应当特别指出
撰写解说词	包括在画面上出现的文字和配音内容，配音内容即以音频形式出现的内容，如旁白、对白等
设计音响和配乐	包括背景音乐、导入音乐、切换音乐、按钮声音等
说明与备注	明确必须在画面上出现的文字和效果等

（4）课程视频的开发。课程视频主要是指可以通过视频播放软件播放的内容。企业可以通过以下3种方式开发课程视频。

1）直接剪辑。直接剪辑是指对电视剧和电影的部分内容进行剪辑。

2）直接引用。直接引用是指对来自电视媒体和网络媒体的热点视频、新闻视频等进行引用。

3）自主研发。自主研发是指由企业进行情节设计并拍摄，在借助视频编辑软件进行处理后，将视频作为课程的组成部分。

（5）课程故事的开发。故事是保证课程生动、富有吸引力的重要元素。无论是在课程导入、讲授过程中，还是课程结束时，都可以通过恰当的故事讲解达到强化记忆、强化效果的目的。开发课程故事的步骤如下。

1）明确主题。主题是故事要表达的中心含义和基本思想。有了明确的主题，才能编写出针对性强、符合需求的故事。

2）寻找创意。创意是一种想法，是确保故事质量的关键。好的创意应当包括怎样开头、怎样结尾、怎样过渡、怎样设置悬念、怎样进行扩展、怎样提炼重点。

3）设定情节。情节是故事的具体内容。要编一个引人入胜的故事，最重要的是要有扣人心弦的故事情节。

4）组织语言。故事语言要通俗流畅，富有吸引力。

（6）课程互动环节的设计。课程互动环节的直接作用就是增加培训师与受训者之间的交流和沟通，活跃课堂气氛，激发学习兴趣，增强培训效果。互动包括情感互动和行为互动。

为了适应课程讲授方法多样化的需求和满足持续改善培训效果的要求，通常强调在授课过程中将互动环节作为课程的重要组成部分，进而增加受训者参与课程的机会，突出受训者在培训过程中的主导性。例如，面授可以采用问题或课题的问答互动、情景模拟互动、小组讨论互动的方式。电子化学习（E-Learning）可以设计受训者参与程序，具体表现为留出一定时间让受训者进行思考，并通过点击鼠标进行参与，如选择认为正确的问题答案参与互动、参与同课程内容有关的游戏进行互动等。

5. 培训项目师资选择

首先要明确培训师应该具备的职业素质和技能要求，然后鉴别不同水平的培训师，从而选择最适合企业和受训者特点的培训师。

（1）培训师的职业素质要求

1）灵活性。在短时间内有能力调整方向，并知道应该做什么。

2）感染力。具有能够感染他人的热情。

3）幽默感。不会把自己和气氛变得很严肃。

4）真实性。尊重客观实际，讲解实事求是。

5）成熟性。成熟而稳定的情绪是培训师顺利完成教学工作的重要条件。

（2）培训师的技能要求

1）控制能力。能使整个团队朝着目标努力。

2）协调能力。善于协调任务和程序之间的关系，使培训效率更高。

3）评估能力。知道什么样的信息和反馈对于培训工作是至关重要的。

4）转换能力。能够帮助他人把现场的经验归纳应用到对能力的提高上。

5）沟通能力。具有高度的敏感性和理解能力，能够准确表达观点。

企业应大力提倡和促进优秀员工担任内部培训师，并制定切实可行的内部培训师选拔与培养制度，明确内部培训师的选拔流程、选拔标准、任职资格管理、培训开发以及激励约束等方面的具体要求，并使每项工作内容具体化、可操作化。在确定内部培训师候选人后，对其进行专业培训，使其能按照优质水平的培训标准执行培训方案。

企业对于外部培训师的选择要严格按照申请、试讲、资格认证、评价、聘请的程序进行管控，使外部培训师的选择具有针对性、适用性和高效性。

6. 培训项目运营评估

培训项目运营评估可以分为培训前评估、培训中评估及培训后评估。

（1）培训前评估。培训前评估的重点是针对受训者本人的能力水平和行为进行评估，主要包括评估受训者能力与企业战略需求、岗位需求、他人认知之间的差距。

培训前评估的方法主要包括观察法、面谈法、案例测验法、资料分析法、实操测试法和问卷调查法等。

（2）培训中评估。培训中评估是指在培训实施过程中进行的评估。培训中评估能够帮助培训管理人员控制培训实施的有效程度。

培训中评估的主要内容包括培训活动参与状况、培训课程内容及培训进度、培训效果、培训环境、受训者学习情况等。

培训中评估常用的评估工具是“受训者课程评估表”，通过了解受训者对课程的评估，可以比较准确地判断课程的组织是否成功。

（3）培训后评估。培训后评估是指对培训的最终效果进行评估，目的在于使企业高级管理者能够明确培训项目选择的优劣，了解培训预期目标的实现程度，为后续培训计划的制订与培训项目的实施等提供参考。

培训后评估的内容主要包括培训目标的达成情况、培训相关人员的工作绩效以及培训的综合效果等。

培训后评估方法主要有定量评估和问卷评估两种。

1）定量评估。定量评估是指通过将与培训相关的成本、收益等信息和数据进行量化，对培训效果进行衡量的一种评估方法。常用的定量评估工具有两种，具体见表 9–8。

表 9-8 常用的定量评估工具

评估工具	工具说明	计算公式
舍贝克和科恩效益公式	对受训者在培训前后工作效益的差异进行计算	培训效益 =（E_2–E_1）×P×Y×V–C×P E_1 表示培训前每位受训者一年产生的效益 E_2 表示培训后每位受训者一年产生的效益 P 表示受训者的人数 Y 表示培训效益可持续的年限 V 表示工作价值，即对工作成绩的货币折算 C 表示为每位受训者花费的培训费用
效益分析公式	计算培训前后受训者与未受训者的工作差异	培训效益 = $(Y\times P)(D_t\times S_{Dy})(1+V)(1-T)-(N\times C)(1-T)$ Y 表示培训产生效益的时间期限 P 表示在考虑的时间范围内，最终留在企业的受训者人数 D_t 表示受训者和未受训者工作成绩的差异 S_{Dy} 表示未受训者工作成绩的标准偏差 （1+V）和（1–T）分别用来调整易变的培训花费和企业税率的影响，可以采用会计方法计算得出 N 表示受训者人数，即使是最终培训成绩不符合标准的或者中间退出的受训者，都应包括在内 C 表示每位受训者在培训中的花费，包括所有直接成本和间接成本

2）问卷评估。问卷评估通过问卷的方式选取评估指标，直接向评估对象了解培训效果。问卷评估是目前应用最为普遍的一种评估方法。

问卷评估实施的关键在于设计出一份优秀的问卷。优秀问卷需要符合以下五点要求：①与培训目标紧密相连；②与受训者的培训内容有关；③包含培训的主要因素和主要环节；④评价结果易量化；⑤能鼓励受训者真实反映结果。

7. 培训项目总结撰写

培训项目总结的撰写应力求客观、公正。其内容主要是对培训项目目标、培训项目实施过程、培训项目评估方法和评估结果等方面的说明。

二、骨干员工培训项目管理

企业的兴衰不仅取决于领导者水平的高低，还取决于执行者的执行情况。执行者往往就是企业的骨干员工，因此，对骨干员工进行培训是极其重要的。

1. 培养骨干员工的角色意识

培训骨干员工，首先应明确他们在企业内的角色定位及预期行动，从而让他们根据自己的角色，学习解决问题的方法，变提出问题的表达方式为解决问题的表达方式，学会在部门之间如何进行有效交流，以解决实际工作中遇到的困难；其次应使他们掌握与企业外部人员沟通的技巧，以促进与客户之间的相互交流。一般培养骨干员工角色意识的方法有以下两种。

（1）授课与讨论相结合的训练法。将企业内的骨干员工集中起来，5人一组，采用3天集体住宿、共同上课、共同讨论的方法，明确作为骨干员工的行为准则、目标定位。然后从中级（部门）经理至高级经理层中，收集对骨干员工职责、任务的期待，与骨干员工个人想法相协调，整合成团体性结论。

骨干员工应具备以下几个方面的基本素质。

1）较强的自我控制和约束能力。

2）对企业要有明显超过普通员工的使命感和责任感，并在工作中敢于承担风险、责任，敢于接受富有挑战性的工作。

3）能形成一种市场竞争能力并凝聚全部力量去求得最好的工作效果。

4）有威信、有勇气、有魄力、有能力，忠诚，可信赖。

（2）单独脑力激荡法。将受训者根据职务的不同分为几个小组，每个小组以5人为限，以"骨干员工应如何配合使工作顺利开展"为题开展讨论，从各个角度来提出解决问题的方案，明确要达到的目标。然后根据不同的目标，由不同的小组通过个人或小组的脑力激荡，产生解决问题的思路。

单独脑力激荡法的具体步骤如下。

1）明确自己的角色和承担工作的责任、使命。

2）分析企业要实现的战略目标，明确自己要努力的方向。

3）分析目前市场状况、顾客需要、竞争对手情况，以便做到心中有数。

4）分析本人所在部门存在的问题和不足，以便提出解决问题的对策。

5）考虑如何工作才能达成企业目标，计划要取得什么样的工作成果。

6）考虑如何选择最适合企业和个人发展的行动方案。

要求每位参加培训的骨干员工都运用单独脑力激荡法想出行动方案，再由培训师进行指导并做出评估。

2. 将骨干员工培养成高效型执行者

在企业人员素质测评中，常会发现许多高效型执行者的特点刚好与一些高效型领导者的特点极为相似。当然这不是巧合，该现象说明了一个重要的观点，即执行者不是一个人，而是一个角色，高效型执行者与高效型领导者之间的区别不在于才智或某种特征，而是他们所充当的角色不同。在许多企业中，走领导者的职业生涯发展之路似乎是人的事业成功的唯一标志，世俗社会教育和鼓励人去做的是如何当领导，而不是当执行者。然而，现代人力资源管理的实践又充分表明，高效型执行者是企业成功与否的先决条件。一个企业只有拥有一大批各岗位上的高效型执行者，这个企业才有活力和市场竞争力，才能顺利实现企业的目标。因此，必须造就和培养一批高效型执行者。

对高效型执行者的培养可采取以下四个步骤。

（1）重新定义执行者和领导者。领导者的角色和执行者的角色是等同的，只是其主动性有所不同。从工作角度来解释，担任领导职务的人应该着眼于企业的目标和战略，这样才能与同事有共同语言，才能联络那些由每个人组成的、不同性质的团队，才能协调各方面工作，才能产生促使企业和团队中每个人做好本职工作的权威性和影响力。那些起执行者作用的人，应具备与其他人员共同做好工作的社交能力，在追求个人和企业目标时能够保持道德和理智上的平衡，自觉遵纪守法，服从领导，在工作中起模范带头作用。

通过培训将优秀执行者应具备的素质及企业赋予高效型执行者的价值联系在一起，让每一位接受培训的骨干员工明白这样一个道理：我们每个人都在做执行者的工作，把执行者的工作做好是最基本的要求，为本企业贡献力量是我们的职责和使命，坦诚地支持领导者的工作，为共同的大目标做贡献，同样会产生一种事业的成就感。

（2）提高执行者的素养。提高执行者的独立思考能力、自我管理能力、表达能力、荣誉感、责任感、协调能力等。

（3）积极评价及反馈。可从同级评价、下级评价、自我评价、直接领导评价来获取相关信息。这是因为骨干员工与同级人员、下级人员、领导是工作关系并有经常性的接触，让这些人员对执行者的工作适应能力、作用等进行具体评价，能及时发现问题。还可采用填写简表的方式来考察执行者的素质。如在评价中发现问题，可及时总结和反馈，这对骨干员工的培养大有益处。

（4）创设对骨干人员有鼓舞力的组织结构。在没有领导的小组里，所有的人为达到共同目标有着同样的责任。这些能够在一起共同工作的人们在自我约束、自我监督下工作。如果这个小组的人都属于高效型执行者，那么这个小组就会有很高的工作效率。把权力下放到最基层是培养一个好的执行者的有效方法，可以充分发挥小组高效型人才的主观能动性，使他们有充分的空间自主决定和独立思考，并解决工作中的问题。

三、销售人员培训项目管理

销售人员是市场的开拓者、企业利润的直接实现者，其工作态度、知识水平和职业素养在很大程度决定了企业的利润水平和市场竞争力。企业为了实现销售目标和利润目标，应不断地对销售人员进行心理素质、产品知识、销售技巧等方面的培训。

销售人员培训项目管理主要包括销售人员培训需求分析、销售人员培训课程设置、销售人员培训实施和销售人员培训评估。

1. 销售人员培训需求分析

（1）组织要求分析

1）环境分析。主要分析市场知识、合同知识、商业贸易条例、法律法规对销售人员培训需求的影响。

2）客户分析。主要分析客户的资料、定位、需求以及客户服务方面的知识等对销售人员培训需求的影响。

3）企业自身分析。主要包括企业概况、企业文化、企业对客户所负的责任、产品与服务、销售渠道、业务策略等对销售人员培训需求的影响。

4）竞争对手分析。主要分析竞争对手的行业地位、产品及市场销售情况等对销售人员培训需求的影响。

（2）工作岗位分析。销售人员的主要岗位职责是市场开发、完成企业销售目标及回款、维护良好的客户关系、收集市场信息等。销售人员的这些职责决定了销售人员的工作岗位分析应该从岗位任职资格、工作关系、工作任务和职责、销售方法和技巧四个方面进行。

通过对销售人员的工作岗位进行分析，可以了解销售人员的工作表现，更好地确定培训需求和目标。

（3）个人能力分析

1）知识掌握程度分析。包括对产品知识、专业知识等的掌握情况。

2）能力分析。包括市场分析能力、人际沟通能力、灵活应变能力、团队合作能力、承压能力等。

3）个人工作绩效分析。主要通过将销售人员目前的工作绩效与企业期望的工作绩效进行对比分析，找出销售人员需要改进的地方。

（4）工作态度分析。销售人员要想取得好的销售业绩，除了需要具备一定的销售能力，还需要具有良好的工作态度。销售人员良好的工作态度主要表现为遵守企业相关管理制度、较强的工作责任心、较高的个人信用度、重视客户关系的维护、良好的团队合作意识等方面。

企业人力资源部应以对销售人员培训需求的调查和分析结果为基础，参考企业销售人员培训管理制度、销售人员绩效考核标准、曾经参加过的培训记录等，明确培训需求和培训目标，并形成《销售人员培训需求分析报告》。一般来说，《销售人员培训需求分析报告》应包括销售人员的总体学历状况、销售经验、目前岗位和职位、各培训需求点人数比例、课程设置建议等。

2. 销售人员培训课程设置

（1）销售人员培训课程目标。根据《销售人员培训需求分析报告》确定培训课程目标，明确培训方向。

（2）销售人员培训课程内容

1）知识培训。如企业知识、产品知识、行业知识、专业销售知识等。

2）销售技巧培训。包括基本销售技巧、沟通技巧、专业服务技巧等。

3）心理素质培训。

（3）销售人员培训教学资料开发。包括受训者手册、授课幻灯片、案例集、培训师手册等。企业人力资源部应对培训教学资料进行严格审核，主要关注内容设计的逻辑性以及是否结合企业情况。

3. 销售人员培训实施

（1）培训时间、地点的选择

1）培训时间的选择。当有大批新销售人员进入企业，或销售业绩整体下滑，或新产品上市，或市场竞争激烈，或销售人员升职时，都需要对销售人员进行培训。

2）培训地点的选择。拓展训练多在室外或专门的拓展训练基地进行；理论性或者知识性培训多选在室内，一般在企业的会议室或者商务会所进行；比较重要的中高级销售培训多选在郊区的酒店、度假村或异地进行，最大限度地减少干扰。

（2）培训师的选择。选择销售人员的培训师时，资历和经验是需要考虑的首要因素。一般由学有专长、富有销售经验的专家学者，或由实践经验丰富的销售骨干、销售经理担当。

（3）培训方式的选择。销售人员的培训方式因培训内容、培训对象的不同而不同。培训方式主要有室内课堂教学、会议培训、案例讨论研究、角色扮演、情景模拟、参观学习、现场辅导、E-learning 等。

除了要做好各种培训方式的准备工作，还要做好培训辅助设备准备、培训经费预算编制、培训通知发布等工作。

在实施销售人员的培训过程中，除了需要按照计划表中的时间、地点等开展具体的培训工作，还需要对整个培训过程进行监控，并做好相应的培训记录，以便培训完后对培训工作进行评估。

4. 销售人员培训评估

（1）销售人员培训评估的内容

1）对培训师及课程的评价。对培训师的培训技巧、教学资料的质量、培训课程设置

的合理性、课程内容的实用性等项目进行评价。

2）对培训组织工作的评价。对培训需求调查、培训场所选择、培训时间安排、培训食宿安排等工作进行评价。

3）对受训者培训效果的评估。对受训者培训知识的掌握程度、受训者的服务意识、受训者的业绩等进行评估。

（2）销售人员培训评估的方法。对销售人员培训进行评估的方法包括测试法、问卷调查法、观察法、成本－收益分析法等。

（3）销售人员培训评估报告的撰写。培训评估报告的撰写应力求客观、公正。其内容主要是对培训目的、培训实施过程、评估方法以及评估结果等方面进行说明。

四、生产人员培训项目管理

1. 生产人员培训计划制订

制订培训计划主要就是确定培训预算、培训内容、培训时间、培训地点、培训师以及培训方式。

企业对生产人员进行培训时应慎重选择培训时机，否则可能会造成培训效果的降低与资金的浪费。一般而言，企业处于生产淡季，大批新生产员工上岗，竞争加剧，产品质量下滑，企业引进新的生产流水线或新技术，以及企业生产的产品及技术标准发生变更时，是企业对生产人员进行培训较适宜的时机。

2. 生产人员培训实施

企业在实施培训前应制订培训实施计划表并发布培训通知，明确培训的时间、地点以及培训期间的纪律要求，并按计划表实施培训。

3. 生产人员培训评估

对生产人员培训进行评估最终需要形成评估报告，应将其交至人力资源部。

五、技术人员培训项目管理

1. 技术人员的培训需求分析

技术人员培训需求分析包括组织要求分析、技术岗位分析和个人分析三个方面的内容。

（1）组织要求分析。组织要求分析包括企业战略分析和企业资源分析。企业战略分析是指根据企业长期发展战略和年度发展重点，确定企业对技术人员素质的要求。企业资源分析是指对企业的人力、物力、财力等各种要素的分析。

（2）技术岗位分析。技术岗位分析包括岗位说明书和绩效考核资料分析。岗位说明书参考技术部门职位说明书、技术人员岗位说明书等，应说明技术人员的主要职责以及他们需要了解和掌握的知识、技术、技能等，明确技术人员岗位的培训需求。绩效考核资料主要用来分析技术人员行为和绩效存在的差距与原因。

（3）个人分析。个人分析包括个人能力分析、个人知识水平分析和个人发展需求分析。个人能力分析主要通过对技术人员的专业技术、创新思维、团队合作等能力的分析来评定技术人员的能力等级。个人知识水平分析是指对技术人员的知识水平进行评定、分级，为培训需求分析提供依据。个人发展需求分析主要是通过座谈会的形式对技术人员个人发展需求进行调查。

2. 技术人员培训目的和内容

技术人员培训的主要目的是增强其在产品技术方面的研发能力，加强团队管理与自我管理，提升产品的质量水平。技术人员培训的主要内容包括：企业品牌形象建设，现代市场顾客需求研究，竞争性产品研究与新产品策略，产品开发，设备操作与保养，新技术研究与学习，工程、工艺流程改善与管理，品质管理。

李薇在2011年从行政部被调到人力资源部担任培训经理。当时公司领导这样安排，主要是因为她在行政岗位上已经工作多年，工作表现良好，她也希望领导能够帮助其职业得到提升和发展，而培训经理岗位正需要有熟悉企业内部情况的人负责，因此她就成了合适人选。李薇转岗到人力资源部负责培训，第一项重要工作就是制订2012年的培训计划。她采取的做法是，从培训机构网站上下载很多课程名称，让各部门领导及员工进行挑选，将结果按从多到少进行排序，从而做出企业的年度培训计划。

“原来做培训工作这么简单，比行政工作容易多了，凭什么培训经理的薪酬要比行政经理高？”李薇心里有点儿不平衡。但是，她没有仔细考虑过自己所制订的培训计划是否合理。在这份计划中，英语口语培训被列在了第一位，因为员工选择这一项的居多。可她所在的公司并没有海外上市或将与外资合资的计划，而且，公司对培训的定位也并非福利项目。这意味着，这份计划并没有考虑到如何解决公司的问题。

在经过与专业人员交流后，李薇参加了培训经理的专业培训。学习之后，她感慨地说，原来培训经理是个专业性极强的岗位，学后才知道自己在这方面还是个“小学生”。

讨论题

1. 培训经理在培训工作中的主要职责有哪些？
2. 李薇所做的培训计划有什么问题？应该如何设计培训计划？

本章思考题

1. 什么是员工培训制度体系？其主要包括哪些内容？
2. 在培训管理中，各部门承担的职责任务是怎样的？
3. 美国培训与发展协会提出的人力资源开发专业人员的角色和能力要求有哪些？

第十章

培训成果转化

引导案例

A 公司是一家医药产品生产、销售企业，正处于企业发展的成长期。其销售渠道一直以医院终端为主，销售处于稳定状态。但随着 OTC（非处方药）市场在整个医药市场中承担的角色变得越来越重要，A 公司意识到，OTC 市场将成为企业销售和利润新的增长点。经过专家和企业市场人员的调查、分析和研究，根据 A 公司目前没有充足资金在大众媒体开展产品推广的情况，OTC 市场运作策略被确定为——终端生动化陈列和终端拦截销售。

在上述策略的指导下，专家为 A 公司制订了终端生动化陈列、终端拦截销售技巧培训计划，并辅以加强团队合作的培训，以增强团队意识、凝聚力和责任心来保证前两项培训内容执行到位。通过采用现场模拟的体验式培训方法，培训师针对药品陈列四大原则、最佳陈列位置的选择、产品摆放方法、竞品拦截技巧、促销人员促销技巧、团队协调能力和责任心等方面的内容进行一一讲解。所有接受培训的营销一线业务人员都觉得掌握了很多 OTC 市场运作技巧，培训对他们从医院终端的药品销售转向 OTC 市场运作起到了很好的指导作用。企业上下对 OTC 市场运作信心十足。

但是 3 个月以后，营销部门领导反映 OTC 市场的销售局面并没有像预期目标那样全面打开，销售状态一般，投入产出比出现失衡。当管理层对市场进行了调查，对业务人员进行了访谈之后，发现很多问题，如企业产品陈列位置好坏不一，摆放随意现象非常普遍，产品包装有些被污染，促销人员沟通技巧生涩、传达信息不够准确，市场出现问题时员工喜欢单打独斗而没有及时向上级汇报的意识，公司内部没有任何针对上述问题的反馈制度。

案例思考

1. A 公司的案例说明了什么问题？
2. 怎样才能将培训成果有效转化？

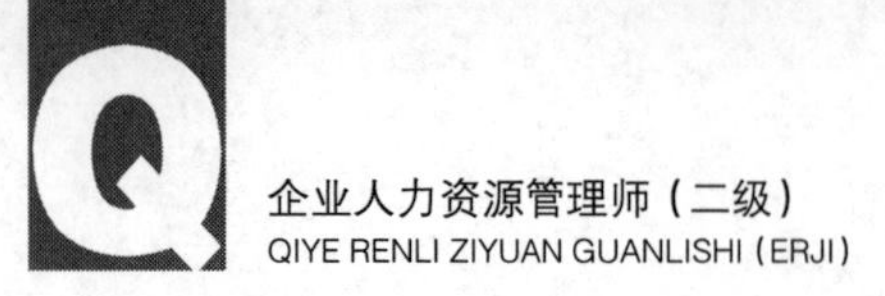

第一节 培训成果转化概述

一、培训成果转化的概念

培训成果转化又称培训开发迁移，是指受训者持续而有效地将培训中所获得的知识、技能、行为和态度运用在工作当中，从而使培训工作发挥出最大价值的过程。

培训成果转化包括将培训内容保存、推广到工作当中并能维持所学内容。推广是指受训者在遇到与学习环境类似的情形时，能将所学技能应用在工作上。维持是指长时间持续应用新获得的能力的过程。

有学习经验的人都知道，学习新知识从刚接触到掌握、运用需要不断地复习，直到运用新知识成为自己的行为习惯。培训成果转化从理论上属于学习的迁移范畴。

二、培训成果转化的意义

培训成果转化作为培训工作的一个重要环节，对企业和员工都有着重要的意义，已受到越来越多学者和管理者的重视。

1. 培训成果转化体现培训工作价值

培训的目的是通过员工技能和知识素质的提高来提升企业竞争力，最终为企业带来价值的提升。而培训目的的实现与否在于培训内容是否能够真正转化为员工自身的技能，即员工是否真正将所学的东西运用到实际工作中并保持下去，也就是培训成果是否真正转化。只有培训成果转化的工作真正落实到位，培训目标才能实现，培训价值才能真正体现出来。

2. 培训成果转化是企业竞争力提升的关键环节

人力资源是企业竞争力的源泉。要提升企业的竞争力，就要不断地提升企业员工的工作能力和素质。培训若要有效果，最终必须落实到培训成果的转化层面。培训的实施不应仅服务当下，更应将培训效果提升到企业未来发展的高度。

三、培训成果转化的相关理论

培训成果转化理论是以学习迁移理论为基础的，因此，要了解培训成果是如何转化的，需要先了解现代迁移理论。

现代迁移理论主要包括认知转化理论和自我管理理论。

1. 认知转化理论

认知转化理论以信息加工模型为理论基础，信息的存储和恢复是该模型的关键因素。

该理论的核心在于，一切新的有意义的学习都是在原有学习基础上产生的，不受学习者原有认知结构影响的学习是不存在的。一切有意义的学习必然包括转化，而转化能否实现则在于认知结构的三个因素，即可利用性、可辨别性和稳定性。

可利用性是指认知结构中可利用来起固定作用的适当观念。具有较高抽象概括水平的观念对于新知识能提供最佳的固定点。因此，在培训时，可事先设计一些引导性材料，作为新知识的固定点，来促进培训转化。这种引导性材料又称“先行组织者”。

可辨别性是指新知识与同化它的原有观念系统的可分辨程度，可分辨程度越高则越有利于新知识的学习。

稳定性是指原有起固定作用的观念的稳定性和清晰性。

总之，受训者的认知结构中概括水平较高的观念越多、越清晰、越稳定，培训成果转化的效果就越好。该理论强调了在培训开发设计中，要注意培训知识与受训者原有知识和经验的衔接，鼓励受训者对培训内容在实际工作中的应用进行思考，并且进行应用练习。

2. 自我管理理论

该理论认为，在培训项目中应让受训者自行控制新技能及特定行为方式在工作中的运用。受训者具有自我管理意识和技能十分重要，因为培训成果转化的过程中总会遇到各种各样的障碍，如缺乏管理者和同事的支持，缺乏时间、设备和资金等，如果员工自身懂得如何争取相关的支持和资源，就能克服培训成果转化中的许多障碍。

因此，该理论提出，在培训项目结束时，应向受训者传授自我管理技术，一般可通过以下步骤来进行。

（1）要求受训者充分认识培训成果转化的重要性，树立自我管理培训成果转化的意识。

（2）要求受训者学习自我管理的基本技能

1）要求受训者能通过自查明确现实与理想的差距，包括工作绩效、知识水平、技能水平和行为方式等方面的差距。理想的工作绩效、知识技能水平和行为方式是指通过培训应该能够达到的状态，它就是迁移的目标。

2）依照迁移目标制订迁移方案，明确实现目标所需的特定行为方式、技能和策略。

3）找出方案实施过程中可能面临的具体障碍因素，包括个人因素（如个人动机、能力等）和环境因素（如管理者和同事的支持度，时间、资金、设备的充足度）。

4）向受训者传授防止和应对培训成果转化障碍发生的技能和策略，如建立个人支持网络等。在此基础上，按照设定的目标进行自我监督，并不断自我激励，促进培训成果转化效度的最大化。

第二节　培训成果转化的影响因素

学者研究发现，影响培训成果转化的因素主要有三个方面：个人特征、转化氛围和组织特征。

一、个人特征

受训者一般都有各自的经验和经历，不同的经历导致受训者对培训持有不同的态度和表现不同的行为。员工的自我效能、认知能力、动机、学习方式，以及已有的经验、背景及智力水平等都会对培训成果造成影响。

1. 自我效能

自我效能是指受训者相信自己能够成功地学会培训项目所要传授的内容。研究表明，高自我效能的受训者比低自我效能的受训者有更好的培训成果转化效果。

2. 认知能力

认知能力包括三个方面：语言理解能力、定量分析能力和推理能力。语言理解能力是指一个人理解并使用书面和口头语言的能力。定量分析能力是指一个人解决数学问题的速度和准确率。推理能力是指一个人发现解决问题途径的能力。研究表明，一个人认知能力的高低直接影响学习效果和工作绩效，而认知能力的高低又与一个人受教育程度有关，所以应该有差别、有意识地引导认知能力低的受训者提高自身能力。

能力会对培训成果转化的效果产生影响。一个人在培训中的学习水平经常与其能力相关，能力较强的人能够较好地完成培训任务，特别是那些复杂、艰巨的任务，他们也更有可能主动积极地寻找或获得运用培训所学的机会，以便更好地保持和提高工作绩效水平。

3. 动机

动机是指受训者对学习培训内容的一种特定期望。它包括受训者的学习热情和当培训内容有难度时受训者的坚持程度。此外，培训动机是受训者的一种知觉，即认为如果能够在培训中表现出色的话，其个人工作绩效将有所提高，从而获得更有价值的回报。

4. 学习方式

学习方式对培训成果的转化同样产生影响。人的学习方式大致分为四种：反思型、理论型、活动型和应用型。反思型学习者喜欢通过仔细、公正的调查来学习，他们学习的关键在于“观察”。理论型学习者愿意通过对理论知识进行逻辑思考和理性判断来学习，他们学习的关键在于“思考”。活动型学习者是指通过实践学习的人，他们注重知识在实践中的运用，以实践来检验知识的正确与否和掌握程度。应用型学习者通过具体的例子参与或讨论学习，他们不喜欢归纳和抽象，而是通过“感觉”来学习。学习方式不同，每位受训者对培训师采用的教学方法都会有不同的反应，学习效果也各不相同。因此，培训师在培训过程中应尽量采用多种不同的教学方法，使每个受训者都能从自己喜欢的角度学有所得。

5. 已有的经验、背景及智力水平

各种知识之间总是或多或少包含一些共同要素或一般原理，而转化也总是以先前掌握的知识为前提。因此，受训者已有的知识经验和背景也会对培训成果转化产生影响。

受训者以往丰富的知识结构和经验背景完全可以成为新培训内容的学习基础；较多的经验和实践能够使员工看到问题表象下最本质的内容，顺利地学习新知识和新技能，继而更加科学、合理地在工作任务情境中运用新知识和新技能解决问题。换言之，相关经验的匮乏也是培训成果难以转化的原因之一。

二、转化氛围

转化氛围是指阻碍或促进受训者将培训所学应用到实际工作中的环境。

研究发现，具有积极迁移气氛的环境将影响受训者应用培训所学。如果受训者应用所学受到奖励，则会表现出更好的转化行为。转化氛围包含两个主要因素，即情境线索和结果。转化氛围模型如图 10–1 所示。

情境线索是指用于提醒受训者并为其提供机会，在工作中应用培训所学的线索，包括目标线索（由企业设置，要求受训者应用培训所学的目标）、社会线索（上级或同事对受训者应用所学的态度）、任务线索（企业对受训者应用所学给予设备、资金和时间的支持）和自我控制线索（受训者在工作中的自主权）。

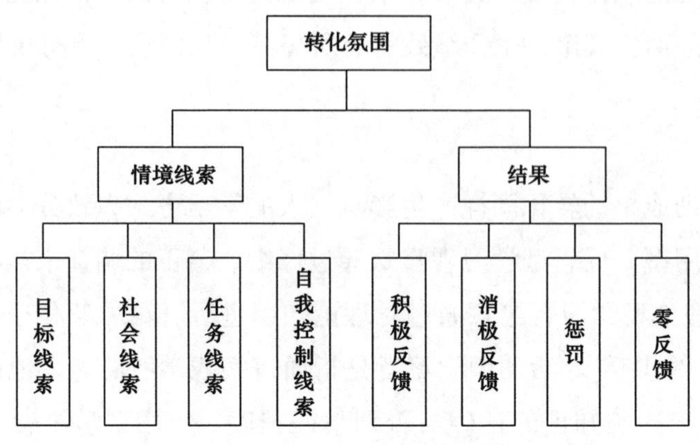

图 10–1　转化氛围模型

结果是指能影响受训者将来应用培训所学的行为或措施，即受训者在实际工作中应用所学后得到的各种反馈，包括积极反馈（应用培训所学的受训者会得到表扬和奖励）、消极反馈（上级、同事拒绝接受受训者应用培训所学）、惩罚（上级公开反对受训者在工作中应用所学）和零反馈（上级既不支持也不反对受训者在工作中应用所学）。转化氛围示例见表 10–1。

表 10–1　转化氛围示例

情境线索	结果
• 管理者确定受训者有机会立即应用他们在培训中掌握的知识 • 管理者让受训者分享他们的培训经历，在工作中合作 • 培训中的装备与工作中的相似 • 管理者会安排一个有经验的员工帮助受训者 • 管理者把工作压力暂时降低，以使受训者有机会练习新的技能 • 在工作中可以得到培训的辅助，这样能支持受训者应用在培训中所学习到的知识	• 管理者会让受训者在应用他们的培训所学时知道他们工作得很好 • 有经验的工人嘲笑受训者应用培训所学（反向） • 管理者没有注意到应用培训所学的受训者（反向） • 成功应用培训所学的受训者更可能获得工资的增加 • 应用培训所学的受训者在接受新的任命时会处于领先地位

有研究表明，领导的支持与赞同会对受训者培训成果的转化产生显著的影响，甚至比其他因素的作用更突出。转化氛围对培训成果转化的作用包括直接影响作用，以及通过影响个体变量如受训者的自我效能感、动机等产生的间接影响作用。

员工培训成果转化的效果不仅取决于培训本身的成败，而且取决于员工对培训和自身利益之间关系的基本判断，影响这种判断的一个重要因素就是企业关于培训、员工知识和技能提高、创新、工作绩效改善的相关政策和规定，尤其是管理者对培训的态度和支持程度以及为培训成果转化提供的条件和帮助。管理者是否旗帜鲜明地支持和鼓励员工学习新知识、新技能，并鼓励他们将新知识、新技能应用到工作中，是否在应用出现偏差时不会严厉惩罚，都会对员工的培训成果转化产生重大影响。

三、组织特征

组织特征，如高绩效团队、风险任务、革新文化、质量文化，对培训成果转化都有显著的预测作用。自从彼得·圣吉提出学习型组织概念后，学习型组织文化也作为一种组织文化被纳入研究者的视线范围。学习型组织文化对培训成果的转化有较大影响，因为学习型组织文化最重要的特点就是创造并保持了一个持续学习的环境，这个环境有利于受训者在工作中转化培训所学。

组织特征还通过组织的工作节奏影响培训成果的转化。工作节奏是指在一段具体时间内，员工完成工作任务的数量和质量。在快节奏的组织中，有经验的成员可能很少有时间帮助新来者完成更多、更复杂且有一定难度的工作，于是，新来者就只能被安排去完成那些简单任务，长此以往，他们就会很少获得在实践中应用培训所学的机会。当然，也有相反的情况，组织工作节奏快，新来者很可能被要求尽快地适应工作环境，从而获得更多的应用培训所学来完成复杂、挑战性任务的机会。

最后，组织特征对受训者学习动机、转化动机有显著的影响。越是绩效好的组织，受训者越是相信自己的努力学习能够带来预期的回报，进而越有可能将培训所学应用到工作中，实现培训成果的有效转化。

第三节　培训成果转化的促进

一、客观看待培训效果

尽管企业费尽心机选择了比较理想的培训顾问公司，但也有可能因为种种不可预见的原因而导致培训效果不太理想。此时，对于企业来说，只能想尽一切办法最大限度地减少损失。

1. 对症下药

首先，不管问题出在何处，当培训效果不理想时，企业可以考虑和培训顾问公司协商减少事先说好的费用或停止以后的培训。比较有效的方法是要求培训顾问公司提供一项

“免费午餐”和学习研讨会，在一个比较放松的环境下，增进顾问与受训者之间的沟通，与顾问一起研究受训者的评估报告，以找出问题所在“对症下药”，并加以改进。其次，如果问题真是出在培训顾问公司，而企业一向喜欢该公司的服务，但对其中个别培训师失望，也可以要求替换培训师以完成接下来的任务，并不断地重新评估培训计划及培训内容的有效性，以保证达到培训目的。而对于长期培训计划来说，如果初期培训效果不好，企业应立即更换培训顾问公司而非寄希望于对方下一次做好，以免重蹈覆辙。

2. 增进沟通

企业可以坦诚地为培训顾问公司所做的不适宜的行为或其他问题而向受训者道歉，向他们表明这不是企业的本意，以免引起受训者的不满或对企业以后所提供的培训不感兴趣或抵触。

然后，企业应该向受训者说明接下来的应对计划，对受训者的负面反馈应加以分析、了解——受训者的反馈在监测培训过程时通常是有价值的。

3. 以史为鉴

最后要说明的是，失败的培训并不一定一无所得。企业完全可以把失败的培训当作学习机会，认真总结教训，在下一次做得更好，同时防止不必要的损失再次出现。

二、巩固培训效果

为了巩固培训效果，可以采取以下方法。

1. 建立学习小组

无论是从学习的规律出发还是从转移的过程来看，重复学习都有助于受训者掌握培训中所学的知识和技能，对一些岗位要求的基本技能和关键技能则要进行反复学习，如紧急处理危险事件程序等。此外，建立学习小组也有助于受训者之间相互帮助、相互激励、相互监督。理想的状态是同一部门的同一工作组的人员参加同一培训后成立小组，并和培训师保持联系，定期复习，这样就能改变整个部门或小组的行为模式。培训管理人员可以为小组准备一些相关的复习资料。

2. 制订行动计划

在培训课程结束时可以要求受训者制订行动计划，明确行动目标，确保回到工作岗位上能够不断地应用新学到的技能。为了确保行动计划有效执行，受训者的上级应给予支持和监督，一种有效的方法是将行动计划写成合同，双方定期回顾计划的执行情况。培训管理人员也可以参与行动计划的执行，并给予一定的辅导。

3. 实施多阶段培训方案

多阶段的培训方案是经过系统设计、分段实施的方案。每个阶段结束后，给受训者布置作业，要求他们应用课程中所学到的技能，并在下一阶段将应用的成功经验和其他受训者分享，在完全掌握此阶段的内容后进入下一阶段的学习，此种培训方法较适合管理培训。由于此种方法历时较长、易受干扰，故需要和受训者的上级共同设计，以获得上级支持。

4. 应用表单

应用表单是将培训中的程序、步骤和方法等内容用表单的形式提炼出来，便于受训者在工作中应用，如核查单、程序单。受训者可以利用它们进行自我指导，养成利用表单的习惯后就能正确地应用所学的内容。为防止受训者中途懈怠，可由其上级或培训管理人员定期检查或抽查。此类方法较适合技能类的培训项目。

5. 营造支持性的工作环境

企业的培训没有产生效果，往往是因为受训者缺乏可应用的工作环境，无法实践所学习的内容。缺乏上级和同事的支持，受训者改变工作行为的意图是不会成功的。有效的途径是由高层在企业内长期倡导学习，将培训的责任归于部门管理者，而不仅是人力资源部。短期内可建立制度，将培训纳入考核中，使所有管理者有培训下属的责任，并在自己部门中建立一对一的辅导关系，保证受训者将所学的知识应用到工作环境中。

三、提高培训的投资回报率

许多企业为了应对残酷的市场竞争和激烈的人才竞争，不断加大对员工培训的投资，但由于部分企业的人力资源管理仍然停留在行政事务性工作的阶段，还没有建立起成熟的人力资源管理与开发体系，因此，企业将不得不面对培训效果不好和培训过度所带来的严峻挑战。如何确保培训工作的针对性，提高培训的投资回报率，已经成为企业人力资源管理工作的一个重要课题。

对某些企业来说，员工培训工作的现状是：培训部门的计划主要是根据外部培训机构的课程安排制订的，往往是外面流行什么课程就选择什么课程，导致培训计划和业务部门的发展计划无关联或关系不大；业务部门对培训工作的重视程度和参与度不够，在较大的业务压力下往往选择不参加培训。究其原因，主要有以下三个方面。

从培训管理的角度来看，企业还没有建立起系统的人力资源开发与培训管理流程，不能规范管理培训需求分析、培训实施和培训效果评估等主要环节。

从人力资源管理的角度来看，企业还没有建立起完善的人力资源管理体系，没有内部员工技能数据库，对各岗位的任职资格缺乏科学的评估和管理。

从企业战略的角度来看，企业的人力资源管理工作还处在行政事务性阶段，缺乏对企业业务流程和规划的必要了解。

针对企业培训工作的现状，要提高培训工作的针对性和投资回报率，当务之急是建立系统、规范的培训管理流程，涵盖培训需求提出、培训需求评估、培训计划制订及变更、培训效果评估、培训课程提供商评估等环节，以提高培训的针对性和目的性。

四、提高管理培训的实效

企业管理层发现，经理们不懂得怎样与员工沟通，员工不懂得怎样与客户打交道，进行组织变革的时候往往受到来自内部的阻力，员工对工作缺乏热情。当这些问题成为制约企业发展的“瓶颈”时，一些培训机构就声称所设计的培训课程能够让受训者学会沟通、学会体谅、学会创新、学会变革。面对名目繁多的培训课程，有些企业盲目参加，有些企业不知所从。下面将介绍有效提高管理培训效果的步骤。

1. 第一阶段——确保组织支持

有些企业的培训就是简单地让员工去参加两三天的公开课或者内训，然而一个完整、高效的培训应该始于获得组织的支持，因为培训要有效，也要讲究所谓的“心诚则灵”。如果受训者对培训本身抱有怀疑态度，他们就不会把培训内容付诸实施，这对付钱培训的企业当然没有好处。

（1）组织培训的人要考虑企业进行培训是为了什么，不是凭感觉说“这个培训不错”，而是因为它真能提高企业的竞争力。确定培训需求，必须先确定企业的资质模型，在确定企业需要哪些资质后，再确定企业要进行什么培训。

（2）要选择良好的培训时机。最好是在企业运营良好的时候，或者在企业推进实施再造工程的时候，或者在企业有充足的培训经费、培训氛围很好的时候。

（3）在财务上要获得高层的支持，以减少培训在推行过程中受到不必要的阻力。

（4）应考虑在整个企业中营造学习氛围，确保培训质量。培训是否有效，本来就是容易受人非议的，如果培训不能达到较高水准，来自受训者的批评也终将导致培训失败。

2. 第二阶段——做好变革的准备

技能的培训往往是为了改变受训者原有的做法或者观念，而经历这样的改变是痛苦的。要让受训者愿意接受培训并愿意做出改变，就要让他们意识到培训的必要性，并适时地鼓励他们。

（1）要对受训者进行多方位的评估，并向他们提供安全保密的反馈，这是动员员工接纳培训至关重要的一步，因为只有在受训者知道自己的不足之后才会愿意受训。评估的结果必须是可信并且有说服力的，因此，要通过360度评价和客观测试等多种数据来增强评估结果的信度和效度。反馈还要使用严谨的保密措施，确保只有本人和实施培训的人知道，这样才能获得受训者的信任。反馈的内容除个人评估的结果之外，还应该有中肯的改进意见。

（2）人们在决定改变之前，往往要经历四个阶段，即拒绝改变、迷惘丧气、准备改变、采取行动。培训失败的大部分原因是企业认为受训者都处于第三阶段，而研究表明，一般的培训项目中，只有20%的人是做好准备的。如果受训者没有做好准备，用于培训的时间、金钱和努力就白费了。因此，必须确定受训者所处的心理阶段并帮助他们在受训前处于第三个阶段。

（3）要帮助受训者树立清晰、有意义、能实现的目标，并对受训者表现出积极的期望。这些目标要与个人价值相联系，要与明确可行的步骤相联系，还要具有中度的挑战性。

3. 第三阶段——培训与发展

在进行培训的时候，培训师的素养是关键因素。培训师不仅要有足够的专业知识，还要能够清晰地表达出来，这是对培训师最基本的要求。一个优秀的培训师还应该具备以下素质。

（1）能够与受训者建立良好的关系。技能的培训需要活生生的榜样，而培训师往往正是受训者学习的对象。因此，培训师应是热情、真诚、能够体谅理解别人的人，这样才能获得受训者的信任和尊重。

（2）能够依靠体验的方法来组织培训。技能的培训不能仅从讲授中获得，大道理表面上谁都懂，但是只有真正领会的人才能融会贯通。培训师应懂得通过案例模拟、小组讨论、角色扮演等方法让受训者获得尽量多的体验机会。

（3）能够给受训者提供有针对性的建议和辅导，并帮助受训者看到自己的进步。了解自己是最难的，而经验丰富的培训师应该有敏锐的触觉，帮助受训者了解自己。尤为关键的是，如果通过大班授课或者短期集训的方法进行培训，培训师就不可能提供这种有针对性的服务，对企业而言，培训效果就会不佳。

4. 第四阶段——鼓励、保持和评估变革

有些企业在培训正式结束之后往往不采取任何跟进措施，因此，也不可能了解培训效果，而受训者也往往难以将培训中习得的技能付诸实践，那么培训所花费的金钱和努力就算是付诸东流了。所以在培训结束后，培训机构应协助企业做好以下两件事。

（1）继续营造鼓励学习的氛围。在课堂上学完英语的人，如果在课堂外缺乏练习的环境就会淡忘，技能的培训亦然。因此，在培训结束之后，企业的制度和程序、文化和基调应该是支持学习的，更重要的是要帮助受训者形成相互支持、相互学习的小团体，并在上级的支持和影响下带动其他人去练习这些技能。

（2）评估培训效果，改进培训的组织方式。培训应被视为企业的投资，因此，专业的培训机构能够通过 360 度评价——培训前、培训中、培训后评价和投资回报率、量化业绩增长率等定性和定量的方法来评估培训的效果，并根据不同企业的特点调整和改进培训方式。

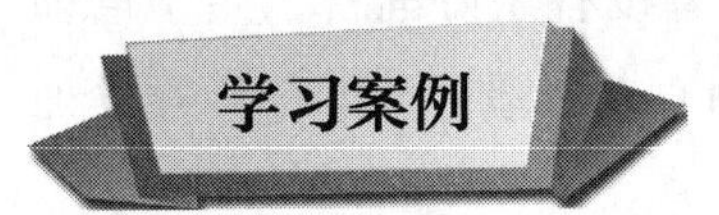

李平是 R 公司的人力资源部经理。年初在非常重视人力资源发展的总经理支持下，李平制订了一系列的员工培训计划，尤其是针对品控部和设计部这两个对公司业绩影响非常大的部门，制订了针对性的岗位技能培训计划。

李平认为自己的方案是不存在问题的：对培训需求进行了调查，对培训师进行了严格的筛选，对培训课程的实施和培训效果的转化也都设计了方案。从整体上来说，她做培训计划是相当完善的。而且，在培训实施之前还由李平主讲，对这两个部门的员工做了非常详尽的预期培训，解释岗位技能培训对他们的意义，甚至请总经理做了一次培训动员会。

第一轮培训下来后，李平做了一次培训成果转化的跟进，结果却让人非常失望，在课堂上看似非常认真的一线员工，技能提高效果非常不明显，他们甚至忘了培训的主要内容，对培训显得满不在乎、不当回事。李平对此感到非常困惑，随即与部门经理做了沟通，他们虽然对培训也非常感兴趣和重视，但当李平详细指出员工在哪些地方存在不足时，他们一概予以否认，并不承认他们的下属在培训成果转化方面存在问题。

李平经过分析发现，虽然在培训之前与品控部经理和设计部经理一起设定了严格的培训目标，要求员工在培训后一段时间内必须达成，但在培训结束后，尽管人力资源部员工在持续地跟进，但部门经理却好像对这些目标漠不关心。李平向两位部门经理提出了强烈建议，要求他们严格执行培训目标的跟进方案，对不愿意提高工作技能的员工予以一定的惩戒。

四个月后，品控部和设计部这两个部门的第二轮培训结束了，这一次，李平亲自监督两个部门经理，要求他们严格执行培训成果转化计划，并帮助他们对培训目标做了详细的分解及跟进计划。但李平很快又失望了，她发现部门经理对培训目标的落实并不关心，他们更希望与自己的下属员工发展良好的个人关系，也就是说，他们只想通过良好的私人关系推动员工努力工作做出绩效，并不希望因为这些“无谓”的目标而严格管控员工，从而影响他们与员工良好的私人关系。

李平举例说，品控部经理在指出一个员工没有按照最新一次培训课程上所指导的操作流程完成工作时，这位下属员工嬉皮笑脸地说：“呵，老大，我下回记住就是了。”品控部经理笑着拍拍他的肩膀走了。“当时，我在旁边看着特别别扭，感觉这更像是私人场合，一点儿都不正规。”李平回忆说，“这种情况下，培训目标能够实现的可能性完全可以想象得到，品控部在绩效考核中也没有将培训目标列入考核内容。”

李平收集到这些信息后，与这两位经理进行了一对一的面谈。在面谈过程中，李平根据这些例子与他们进行了激烈的争论，他们并不否认自己与下属员工之间存在相当友好的关系，认为这是由他们部门的特殊性质所决定的，良好的上下级关系是部门高效运作的重要前提，特别是品控部与设计部这样的部门，经常要突然性加班，如果缺乏良好的私人关系，很多事情都会摆不平。他们认为，员工的培训成果转化需要一个过程，人力资源部显然有些操之过急了。

李平不能接受这一观点，她认为，工作岗位技能培训与理念培训不同，带有即时性质，短期内没有转化，效果只会更加糟糕。尽管李平非常努力地做了很多工作，第三轮的岗位技能培训效果仍然非常不理想，总经理对此非常不满，认为人力资源部负有不可推卸的责任。李平对此感到非常委屈。

如何才能改变现状，做好培训成果转化工作呢？李平对此一筹莫展。

讨论题

1. 你认为该公司的培训成果转化情况是什么原因造成的？
2. 请你针对案例中存在问题，为李平提出解决问题的建议。

本章思考题

1. 培训成果转化的现代迁移理论内容是什么？
2. 影响培训成果转化的因素有哪些？
3. 巩固培训效果的方法有哪些？
4. 如何提高管理培训的实效？

第十一章 职业生涯管理

引导案例

职业生涯管理是从人力资源管理实践中发展出来的新学科。员工职业生涯管理是企业发展计划和员工个人职业生涯发展计划相结合的产物。通过对员工职业生涯进行管理，企业人力资源需求与员工职业生涯需求之间能达到平衡，同时创造高效率的工作环境和引人、育人、留人的氛围。

职业生涯管理分为个人职业生涯管理和组织职业生涯管理。个人职业生涯管理以实现个人发展成就最大化为目的，是通过对个人兴趣、能力和发展目标的有效管理来实现个人发展愿望的。组织职业生涯管理以提高企业人力资源质量、发挥人力资源管理效率为目的，是通过个人发展愿望与组织发展需求的结合来实现企业发展的。

在为员工开展职业生涯规划时，企业应根据不同员工的特点采取对应的方法，一般可针对新员工、中期员工和老年员工三类人员。

对新员工采用的方法是提供一个富有挑战性的初始工作。大多数专家都认为，企业为新员工提供一份富有挑战性的工作是非常重要的。在一项以美国电报电话公司年轻管理人员为对象的研究中发现，这些员工最初的工作越有挑战性，其工作效率越高、工作成绩越显著，即使在工作了五六年的老员工中，这种情况依然存在。提供富有挑战性的起步性工作是“帮助新员工取得职业发展的最有力、最简单的途径”。

对中期员工采用的方法是提拔晋升，使他们的职业道路顺畅。这一规划方法主要应用于有培养前途、有作为、能独当一面的员工。企业要充分信任他们，将富有挑战性的工作和新的工作任务大胆地交给他们。

到职业生涯后期阶段，老年员工的退休问题必然提到议事日程上来，应该对老年员工的退休事宜给予细致周到的计划和管理。要注意做好老年员工的思想工作，帮助他们完善退休后的计划与安排，并及时安排员工做好工作交接。

此外，员工职业生涯管理应规范化。企业要首先分析员工的理想型职业选择和现实型职业选择，两者的差距越小，双方的冲突就越小。因此，职业的选择往往是个人理想与企业现实两者之间的折中。但必须看到，对一位参加工作的成年人来说，职业生涯的开发是贯穿终身的不断调整、适应的过程。

最后，作为整个企业人力资源管理的一部分，员工职业生涯规划和其他部门工作应紧密关联，并需要员工、人力资源部、企业决策层的有效合作和配合。

案例思考

1. 职业生涯管理和职业生涯规划是不是一回事？
2. 企业应如何做好职业生涯管理？

第一节　职业生涯管理概述

一、职业生涯管理的内涵

根据美国组织行为学家道格拉斯·霍尔的观点，职业生涯是指一个人一生工作经历所包括的一系列活动和行为，它包含外职业生涯和内职业生涯两个方面。前者是指从事某种职业时工作单位、地点、时间、内容、职务、环境、工资待遇等因素的组合及其变化过程，后者是指从事某种职业时所具备的知识、观念、心理素质、经验、能力等因素的组合及其变化过程。

职业生涯管理是指企业帮助员工制订职业生涯规划和帮助其职业生涯发展，竭力满足员工、管理者和企业三者需要的一系列活动。它是一个动态过程，也是企业帮助员工确定个人在本企业的职业发展目标，并为员工提供提升职业素质机会的人力资源管理方法。它使企业发展目标与员工个人发展目标相联系并协调一致，有助于企业与员工建立双赢的关系，进而结成紧密的利益共同体。职业生涯管理包含以下两个层面的工作内容：一个是员工层面，主要工作有自我评估、分析判断发展机会、确定自我发展目标、制订具体的发展计划或规划、实施发展计划等；另一个是组织层面，主要工作是在充分了解员工能力及各种需求的基础上，结合组织的发展规划帮助员工对其职业生涯进行规划和管理，并设置职业通道，开展相应的培训，帮助员工实现职业发展计划，增强员工的归属感和成就感，以达到员工与企业共同发展的目的。本教材主要介绍后者，即组织层面的职业生涯管理。

二、职业生涯管理的特征

1. 职业生涯管理是组织为其成员设计的职业计划

职业生涯规划是以个体价值的实现和增值为目的的，且个体价值的实现和增值并不局限于组织内部；职业生涯管理则是从组织角度出发，将组织成员视为可开发增值而非固定不变的资本，通过激发组织成员对职业目标的努力，谋求组织的持续发展。职业生涯管理带有一定的引导性和功利性。它帮助组织成员完成自我定位、克服工作中遇到的困难，鼓励组织成员将职业目标同组织发展目标紧密相连，尽可能多地给予组织成员机会。由于职业生涯管理是由组织发起的，通常由人力资源部负责，因此具有较强的专业性、系统性。与之相比，职业生涯规划没有那么规范和系统。或者可以说，只有在科学的职业生涯管理之下，才可能形成规范、系统的职业生涯规划。

2. 职业生涯管理必须满足个人和组织的双重需要

与组织内部的一般奖惩制度不同，职业生涯管理着眼于帮助组织成员实现职业计划，即力求满足成员的职业发展需要。因此，要实行有效的职业生涯管理，必须了解以下问题：组织成员在实现职业目标过程中会在哪些方面碰到问题？如何解决这些问题？组织成员漫长的职业生涯是否可以分为有明显特征的若干阶段？每个阶段的典型矛盾和困难是什么？如何解决矛盾和克服困难？组织在掌握这些信息之后，才能制定相应的政策和措施，帮助组织成员找到内部增值的需求。一方面，全体组织成员职业技能的提升可带动组织整体人力资源水平的提升；另一方面，在职业生涯管理中有意引导可使同组织目标方向一致的组织成员脱颖而出，为组织培养高级管理人员或技术人员提供人才储备。组织需要是职业生涯管理的动力，无法满足组织需要将导致职业生涯管理失去动力源而终止，最终导致职业生涯管理失败。

3. 职业生涯管理是一种动态管理过程

每位组织成员在个人职业生涯发展的不同阶段或者组织发展的不同阶段，其发展特征、发展任务是不同的。所以，组织对每个阶段的职业生涯管理也应该有所不同，并且随着主客观条件的变化，组织在职业生涯管理过程中应该有所侧重，以适应变化。

4. 职业生涯管理形式多样、涉及面广

凡是组织对其成员提供的职业活动帮助，均可列入职业生涯管理之中。其中，既包括针对成员个人的帮助，如各类培训、咨询、讲座，以及为成员自发的提升技能、提高学历

的学习提供便利等；也包括组织的诸多人事政策和措施，如规范职业评估制度、建立和执行有效的内部升迁制度等。从招聘新成员进入组织开始，直至成员流向其他组织或退休而离开组织，职业生涯管理一直存在。职业生涯管理同时涉及职业活动的各个方面。因此，建立一套系统、有效的职业生涯管理体系对于组织来说是相当有难度的。

三、职业生涯管理的理论

职业生涯管理的理论主要有职业生涯选择理论、职业生涯发展理论和职业生涯主动建构理论。

1. 职业生涯选择理论

职业生涯选择理论主要研究的是一个人如何确认自己适合做什么工作，以及在选择和发展职业生涯时应该围绕什么样的中心。

（1）职业锚理论。职业锚理论（career anchor theory）是由美国著名职业指导专家埃德加·施恩教授提出的。他认为，职业生涯规划实际上是一个持续不断的探索过程，在这一过程中，每个人都在根据自己的天资、能力、动机、需要、态度、价值观等慢慢地形成较为明晰的与职业相关的自我概念。随着一个人对自己越来越了解，这个人就会越来越明显地形成一个占主要地位的职业锚。职业锚是指当一个人不得不做出选择的时候，他无论如何都不会放弃的职业中至关重要的东西或价值观。正如其中“锚”的含义一样，职业锚实际上就是人们选择和发展自己职业时所围绕的中心。一个人对自己的天资、能力、动机、需要、态度和价值观了解清楚之后，就会意识到自己的职业锚到底是什么。一个人的所有工作经历、兴趣等会集合成一个富有意义的职业锚，这个职业锚会告诉此人，对他个人来说，到底什么东西是最重要的。职业锚是“自省的才干、动机和价值观的模式”，是自我意向的一个习得部分。埃德加·施恩教授提出了八种职业锚：技术/职能型职业锚、管理型职业锚、创造型职业锚、自主/独立型职业锚、安全/稳定型职业锚、服务型职业锚、挑战型职业锚、生活型职业锚。

经过不断发展，职业锚已成为许多人个人职业生涯规划的必选工具和公司人力资源管理的重要工具。国外许多大公司将职业锚作为员工职业发展、职业生涯规划的主要参考点。

因为个人职业锚的确立是个人对工作经验、价值观、动机等的整合，这一过程周期长、稳定性高，但是大学生没有任何全职工作经验，可塑性强，职业价值观、职业兴趣等都不稳定，职业锚的确定存在困难，所以该理论不适合在大学生职业生涯规划中运用。

（2）约翰·霍兰德职业性向理论。职业性向又称职业倾向。它是由美国著名职业指导专家、心理学家约翰·霍兰德教授提出来的。他认为人格（包括价值观、动机、需要等）是决定一个人选择何种职业的一个重要因素。例如，一个较内向的人可能更适合操作性较强而不需要太多人际交往的职业。约翰·霍兰德提出了决定个人选择何种职业的六种基本"人格性向"，即实际型、研究型、艺术型、社会型、企业型、传统型。约翰·霍兰德的个性与职业匹配表见表 11–1。

表 11–1　　约翰·霍兰德的个性与职业匹配表

个性类型	个性特征	兴趣所在	适合的职业
实际型	真诚坦率，有攻击性，讲求实利，有坚持性、稳定性、操作性	需要技术和身体协调能力的活动	体力劳动者、农民、机械操作者、飞行员、司机、木工等
研究型	好奇，理智，内向，专注，创新，有分析、批判、推理能力	需要思考的抽象活动	生物学家、数学家、化学家、海洋地理学家等
艺术型	自我表现欲强，感情丰富，富有想象力，理想主义，爱走极端，易冲动，善表达	艺术的、体现自我表现和个性的活动	诗人、画家、小说家、音乐家、剧作家、导演、演员等
社会型	爱好人际交往，富有合作精神，和善，友好，热情，乐于助人	与人有关、与感情有关的活动	咨询师、培训师、社会活动家、外交家等
企业型	有雄心壮志，喜欢冒险，乐观，自信，健谈，预测性强，对别人指手画脚	与获得权力和地位有关的活动，与说服领导有关的活动	经理、律师、公共部门任职者、政府官员等
传统型	谨慎，守秩序，服从，善于自我控制，注意细节，关心小事	注意细节和有计划的活动	出纳、会计、统计员、图书管理员、秘书、邮局职员等

2. 职业生涯发展理论

职业生涯发展理论主要是根据人的生命周期将职业生涯划分为几个阶段。该理论也是职业生涯管理理论中的重点理论。

萨伯以年龄为依据，将职业生涯划分为成长阶段、探索阶段、确立阶段、维持阶段和衰退阶段。格林豪斯是从不同年龄阶段人群职业生涯发展所面临的主要任务的角度对职业生涯发展进行研究的，并据此将职业生涯划分为职业准备阶段、进入组织阶段、职业生涯初期、职业生涯中期、职业生涯后期。埃德加·施恩根据生命周期的特点及不同年龄阶段人群所面临的问题和主要职业任务，将职业生涯划分为成长探索阶段、进入工作阶段、基础培训阶段、早期职业的正式成员资格阶段、职业中期阶段、职业中期危机阶段、职业后期阶段、衰退和离职阶段、退休阶段。从职业生涯发展理论可以看出，人的职业选择和发展贯穿一生，应根据不同的职业发展阶段实行不同方式和内容的指导。该理论注意到人的职业心理处于一种动态变化的过程，个人和职业的匹配不是一次就可以完成的，因此要从动态角度研究人的职业行为和职业发展阶段。虽然该理论对个人而言较为笼统，无法直接进行各项决策，但它为职业生涯管理和职业指导体系的建立奠定了良好的基础。

3. 职业生涯主动建构理论

在 1996 年，美国斯坦福大学教育和心理学教授约翰·克朗伯兹从自我效能的角度提出了职业生涯主动建构理论。职业生涯的自我效能是指人们相信自己能够成功完成职业生涯的决策活动。他认为职业生涯发展是一个了解自身并做出各种可能性选择的过程。过去的学习、经验以多种方式影响一个人的职业生涯决策。个人信念与期望又是职业生涯发展的重要组成部分。因此，职业生涯发展不是被动的，而是一个主动建构的过程。人们可以主动寻找生活中的角色榜样和良师益友，并以此学习有关职业生涯规划的知识。

从职业生涯选择理论到职业生涯主动建构理论的演进表明，传统职业生涯管理理论的发展从静态转向了动态，人们在职业生涯管理的实践中由被动转向了主动。以知识和信息为主导的新经济时代的到来，特别是无边界职业生涯的兴起，使追求成功成为人们职业生涯管理的出发点和归宿。

无边界职业生涯概念产生于 20 世纪 90 年代早期，最早无边界职业生涯被定义为“超越某一单一雇佣范围而设定的一系列工作机会”。贝克和奥尔德里奇丰富了无边界职业生涯的概念，他们认为一个趋向无边界职业的人会表现出以下三个方面的职业特征：所经历雇主的数量、知识积累的程度和个人认同的程度，即除了企业内部的变动，可转换能力的积累和个人认同也是判断一个人是否在追求无边界职业生涯的重要因素。总的来说，无边界职业生涯的主要特点是雇员不是在一个或两个组织中完成他们的终身职业生涯，而是在多个组织、多个部门、多个职业、多个岗位实现自己的职业生涯目标。传统职业生涯与无边界职业生涯的比较见表 11-2。

表 11-2　传统职业生涯与无边界职业生涯的比较

区分项	传统职业生涯	无边界职业生涯
边界	一个或两个公司	多个公司
身份	依赖于雇主	独立于雇主
雇佣关系	工作安全换取忠诚	可雇佣能力换取绩效和灵活度
技能	公司确定	可转化能力
成功的衡量标准	工资、晋升、地位	心理上有意义的工作
职业生涯管理的责任	组织	个人
关键态度	组织承诺	工作满意度、职业承诺

四、职业生涯规划和职业生涯管理的联系与区别

有效的职业生涯规划和职业生涯管理对组织和员工个人来讲都是必需的，两者紧密联系、相互配合。

1. 职业生涯规划和职业生涯管理的联系

（1）职业生涯规划和职业生涯管理是两个相对独立的活动。职业生涯规划是以个人为中心的活动，它是员工在了解自身能力、特点、爱好、性格、气质的基础上，考虑自身在家庭、组织和社会中的角色状况后，做出的职业选择或职业转换决策。职业生涯管理是以组织为中心的活动，它是在组织目标的基础上进行各项具体的人力资源规划，然后通过招聘、培训、迁调等管理活动来恰当地配备人员，并进行控制和管理。

（2）个人的职业生涯规划和组织的职业生涯管理是同一个问题的两个方面。职业生涯规划是为了使个人在职业生涯中感到满意、快乐和成功，同时意味着个人将继续努力工作，并表现出组织所需要的工作行为，从而完成工作任务。职业生涯管理表现为引导和影响职业设计的过程。虽然组织内部的环境在一定程度上会限制个人的发展，但是在特定的环境下，如果能调整员工自身的职业期望和职业行为，使其表现出良好的工作状态，充分发挥其能力，提高其工作效率，就能优化其整个职业生涯。

（3）职业生涯规划和职业生涯管理是动态的相互配合过程。一般来说，大多数人的职业生涯都要经历相似的几个阶段。其中，他们所表现出的工作动机、价值观和目标十分具体但又有区别。随着组织的发展、所需配备人员的变化，职业生涯管理的侧重点也相应发生改变，以适应外部环境和内部条件的变化。在这些变化中，个人和组织需要相互配合。

2. 职业生涯规划和职业生涯管理的区别

（1）概念范围不同。职业生涯管理的概念范围比职业生涯规划更广。职业生涯管理是包括职业生涯规划、职业选择和职业发展等在内的一系列活动过程。而职业生涯规划仅仅是职业生涯管理的一部分，其主要活动分别是职业能力获得、职业准备、职业目标选择、职业策略制定与调整等。

（2）实施主体不同。职业生涯管理的实施主要是以组织为中心。职业生涯规划的实施主体主要是员工，是个人根据自身条件和环境状况所选择的与工作有关的体验和经历。

（3）实施手段不同。职业生涯管理主要依托组织人力资源管理的相关职能来实现，如建立各种适合员工发展的职业通道、针对员工职业发展需求进行培训等。个人职业生涯规划主要集中在自我测评、自我学习、社会实践等微观层面的个人行为。

（4）影响因素不同。职业生涯管理的影响因素主要是组织层面的变量。而就员工个体而言，他对职业的准备和选择主要受到个体层面变量的影响，也就是说，职业生涯规划的影响因素主要是个体层面的变量。

五、职业生涯管理与员工培训的关系

职业生涯管理可以使员工明确在组织中的职业发展路径和发展机会。它能为员工的发展创造条件，同时也为员工的培训和自我教育提供基础。员工可以通过组织的规划发现组织是如何支持职业发展的，从而增强自身的责任感和归属感，为组织创造更多、更好的效益。

职业生涯管理不仅为组织培训员工提供了依据，增强了培训的针对性，节约了培训成本，提高了培训效率和绩效；而且为员工进行自我教育提供了指导，使其能结合自身下一步发展目标自主学习相关知识和技能，提高自身素质，促使个人职业发展目标的实现。

第二节　组织的职业生涯管理

对于职业生涯管理，组织与员工之间有不同的目标和出发点。组织的职业生涯管理侧重于确定组织未来的人员需求、安排职业发展阶梯、评估员工的潜能、实施相关的培训与实践，进而建立有效的人员配置体系；而员工个人的职业生涯管理则更多关注认识自身能力和兴趣，设定职业发展目标，评估组织内外部的发展机会、通道等。员工不可能离开组织单纯地讨论自我职业生涯发展，他们需要依托组织去实现自己的职业目标。同时，除了追求利益，组织经营和发展也要考虑员工职业理想和抱负的实现。这样，才有可能实现组织和员工的共同成长。埃德加·施恩根据其多年的研究，提出了组织发展与员工职业发展的匹配模型，如图 11–1 所示。该匹配模型强调，组织与员工应该积极互动，最终实现利益的双赢——组织目标的实现及员工的职业发展与成功。

从实施对象来看，职业生涯管理包括两个方面的内容：一方面是员工自我职业生涯管理；另一方面是组织协助员工规划其职业生涯，并为员工提供必要的培训、轮岗等发展机会，促进员工职业生涯目标的实现，即组织的职业生涯管理。

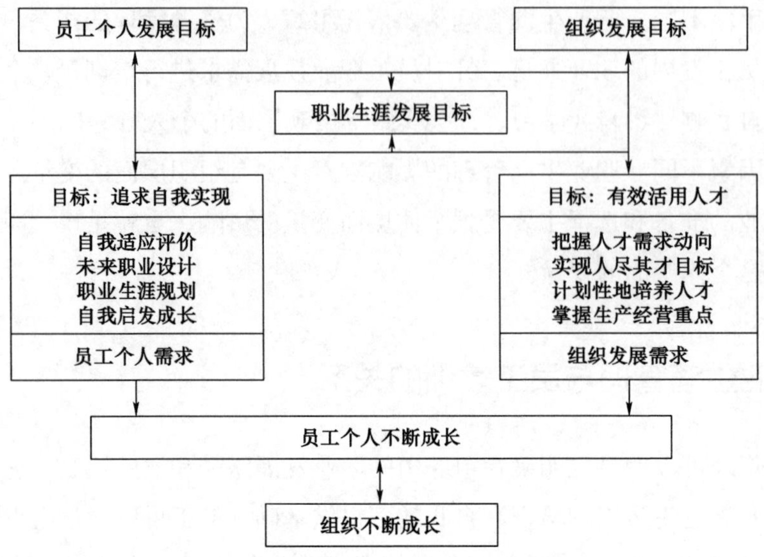

图 11–1　组织发展与员工职业发展的匹配模型

一、组织的职业生涯管理程序

组织的职业生涯管理是一个复杂的过程，具体程序如下。

1. 确定个人需求和组织需求，并使之相匹配

员工的需求多种多样，不同的员工有不同的需求。每位员工都在尽力了解自己的知识、技能、兴趣和价值观的基础上，制订和管理自己的职业生涯规划，并发现职业生涯选择方面的信息，以设立职业生涯目标。组织的需求要与个人的职业生涯需求联系在一起，这种联系可以通过将员工个人的有效性和满意度与组织的战略目标相结合来实现，如图 11–2 所示。

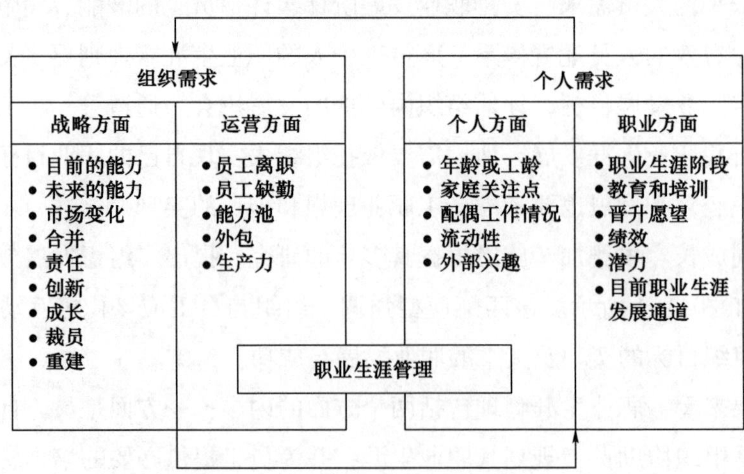

图 11–2　平衡个人和组织的需求

2. 识别职业机会

在确认组织和员工的需求后，接下来就是对绩效实际情况进行全面的审查。在这一过程中，员工获得组织对其知识和技能的评价，以及其职业目标是否与组织规划（潜在的晋升机会、职业生涯发展通道的选择）相符等方面的信息。通常情况下，这些信息是由员工的管理者作为绩效评估过程中的一个组成部分提供给员工的。在绩效审查结束后，员工与其管理者还要单独面谈，就员工可能参与的培训活动进行讨论。识别职业机会一般包括以下几个方面的工作。

（1）分析能力。从组织的角度来讲，若要了解一项工作对于员工知识和技能水平的要求，就要进行工作分析。即通过工作分析和报酬方案中的评估体系来识别和分配每位员工需要掌握的知识和技能权重。在西尔斯公司的评估体系中，胜任任何职位都需要具备三种主要能力，即技术水平、解决问题的能力和责任心。要对每个职位所要求的这三种主要能力进行评分，而且要计算其总分值。对于任何计划好的职位调整而言，反映在每个能力层面总分值上的下一个职位工作量的增加（或减少）应该被计算，然后通过这个信息来确定职位与员工的匹配性。

（2）制订工作晋升计划。工作晋升计划包含初始工作、需要更多知识和技能的工作。组织可以根据工作的重要性对其所需的知识和技能进行确认，在此基础上制订工作晋升计划。例如，一个没有经验的新员工被分配去从事一项初始工作，在从事此项工作一段时间之后，该员工可以晋升到一个需要更多知识和技能的职位上。大多数组织集中开展管理型、专家型和技术型的工作晋升计划，但其实应该针对工作的所有量表制订工作晋升计划。这样，这些工作晋升计划就可以作为个人职业成长道路的基础。人力资源管理领域中一个典型的工作晋升计划如图 11–3 所示。

				人力资源副总裁
			公司人力资源总监	
		公司人力资源经理	部门人力资源总监	
		部门人力资源经理		
	地区人力资源主管	工厂人力资源经理		
	工厂人力资源主管			
地区人力资源助理	人力资源监督者			
人力资源助理				

图 11–3　人力资源管理领域中一个典型的工作晋升计划

（3）寻找职业生涯发展通道。在组织寻求发展的同时，员工自然也要寻求发展。员工寻求发展的目光将首先定在组织内部存在的条件和机会，即成长通道。在组织的发展过程中，组织可以通过多种途径实现员工的职业生涯发展，如建立职业生涯发展通道和职业发展阶梯、实施工作轮换和导师制、制订继承人计划（接替计划）等。许多组织准备了有趣而有吸引力的手册，对员工可选择的职业生涯发展通道进行了详细的描述。通用汽车公司准备了一本《职业发展指南》，它根据不同的工作领域划分了不同的职位，如工程、制造、数据加工、财务、人力资源等，有助于员工对各个工作领域的职业机会进行了解。

下面主要介绍埃德加·施恩教授提出的员工职业发展三维圆锥模型（见图 11-4），该模型把员工在组织内部的职业发展模式表现为垂直、向内、水平三种路线。

第一种发展模式代表垂直职业发展路线，是指职位的晋升，即根据组织发展需要设立的职业发展阶梯，员工不断地从下一层职位晋升到上一层职位。垂直职业发展路线是员工职业生涯发展的主要模式。这种发展模式要求员工先符合目标职位所应具备的能力、素质等条件，当员工能力或素质达到一定水平后，才能被提拔到更高层面的职位。组织则通过设立相应的职业发展阶梯，为员工提供职业生涯持续发展的可能性和具体平台。

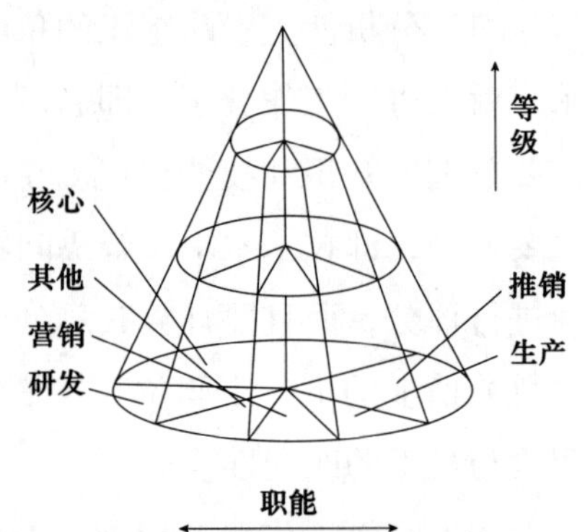

图 11-4　员工职业发展三维圆锥模型

第二种发展模式代表向内职业发展路线。这种发展模式不一定伴随职位或职务的变化。员工需要用实际行动证明自己是值得信赖的，并且愿意献身于组织。对新员工来说，第一步考验往往是这样的：领导说出一个机构的内部秘密，如做某项特别决定的原因，领导分享这个秘密意味着该员工要在实施特定行动或做决定时给予一定的帮助与支持，如果该员工经受住了考验，领导的其他任务也会交给他；相反，如果该员工经不住考验，不仅可能失去升职机会，还可能面临没人向他提供会影响工作地位的信息的局面。当然，通过考验有时也并非唯一的选择或最好的选择。

第三种发展模式代表水平职业发展路线，是指员工在组织内部不同职能部门之间的轮换。员工不是在向上攀爬，而是在同一级别的不同职位水平调动。

3. 职业目标设定

在全面识别职业机会后，组织和员工要共同设定职业目标。设定目标时应注意两个问题，一是目标的高低，二是目标的长短。即目标的设定要符合可实现性和时间的限定性。随着竞争的加剧，组织生命周期越来越短，组织适应环境变化进行调整的频率也越来越高，这些现象大大增加了实现目标的难度。除此之外，一定要注意员工个人职业目标必须和组织目标相一致，而且个人要在组织目标的基础上设立自己的职业目标。

4. 评估员工的潜能

与识别职业机会一样，管理者必须对可以利用的人才库有清晰的了解，这一过程通常从绩效评估开始，然后再采用其他更复杂的方法。常用的评估方法有绩效评估、量表化管理人才、运用评估中心等。绩效评估在职业生涯管理中尤为重要，它是员工职业发展的衡量标准或决策标准，绩效显著的员工往往是晋升的合适人选，而绩效差的员工可能需要从目前职位调整到适合的职位，甚至被降职。

运用评估中心是一种较为流行的评估员工潜能的系统方法。例如，加州高速公路巡警学院的评估中心项目见表 11–3。

表 11–3　　加州高速公路巡警学院的评估中心项目

项目时间	项目内容
第 1 天（上午）	评估员进行评估练习 参加者了解活动流程
第 1 天（下午）	无领导小组讨论：参加者被分为两个小组，每组 6 个人，由 3 名评估员进行观察（每名评估员观察 2 名参加者） 评估员准备有关此练习的最后报告
	公文处理练习：每位参加者分别在 3 小时内处理 31 件公文 评估员对参加者的公文处理练习情况进行评价和打分，并准备第 2 天的公文处理面试
第 2 天（全天）	参加者完成 40 分钟的阅读测试（戴维斯阅读测试） 评估员和参加者一起评估第 1 天公文处理练习中观察到的情况，并准备有关此练习的最后报告
第 3 天（上午）	参加者完成个人分析练习，并针对此练习准备一个 7 分钟的即席演讲 参加者开始对在座的评估员进行即席演讲
第 3 天（下午）	即席演讲一直延续到下午 参加者回到工作岗位 评估员准备有关此练习的最后报告
第 4 天（全天）	评估员将 3 天内观察到的每位参加者在练习中的情况进行整合，要在每项技能上做出双方都同意的评估结论，并对有特殊发展空间的人员加以推荐
在 45 天内	评估员在参加者的工作岗位上与参加者及其监督者一同讨论评估员小组的观察结果
在 60 天内	参加者和监督者共同完成一个职业发展计划，以帮助参加者提高技能水平

参加者在这些活动中可以表现出所要求的具有代表性的行为模式。在第 4 天，评估员的观察结果被整合，用来勾画参加者的优势和劣势。通常，评估中心提交给上级管理部门一份报告，同时将反馈结果传达给参加者。目前，人们越来越重视评估中心项目程序的有效性。

5. 制订行动规划并给予员工特定的支持

在评估员工的潜能并确定其职业发展路线和目标后，就需要制订具体的行动规划甚至时间表来保证目标的实现。行动规划是指在综合个人评价和组织评价结果的基础上，为提高个人竞争力和达到职业目标所要采取的措施，包括个人体验、培训、轮岗、申请空缺职位等。通过这些措施，可以弥补个人的能力缺陷，同时增进对不同工作岗位的了解。在行动规划制订完成之后，还需要一个实现职业目标的时间表，如用两年的时间取得相应的专业技术职称、在 3～5 年内成为某项技术开发项目的负责人等。

6. 评估和反馈

任何一个人的职业发展都不可能一帆风顺，即使自己制订了一个非常完善的规划，在实施过程中也会受到环境、组织条件等因素的影响而不得不随时进行调整。在现代社会，这种调整的频率会随着组织间竞争的加剧而越来越高。因此，在实施规划的过程中，要随时注意对各种影响要素进行评估，并在此基础上有针对性地调整职业目标。

二、职业生涯发展通道

人力资源管理者要善于把组织目标和员工个人职业发展目标有效地结合起来，努力为员工确定一条有所依循的、可感知的、充满成就感的职业生涯发展通道。目前，职业生涯发展通道主要有五种模式，即单通道发展模式、双通道发展模式、水平发展模式、网状发展模式和多通道发展模式。

1. 单通道发展模式

单通道发展模式即传统的职业生涯发展通道模式，是指单一金字塔式职业发展阶梯——在组织中不断纵向晋升、向上发展的通道。例如，一般管理人员→初级经理→部门经理→子公司经理→分公司经理→总公司经理。典型的单通道发展模式如图 11-5 所示。

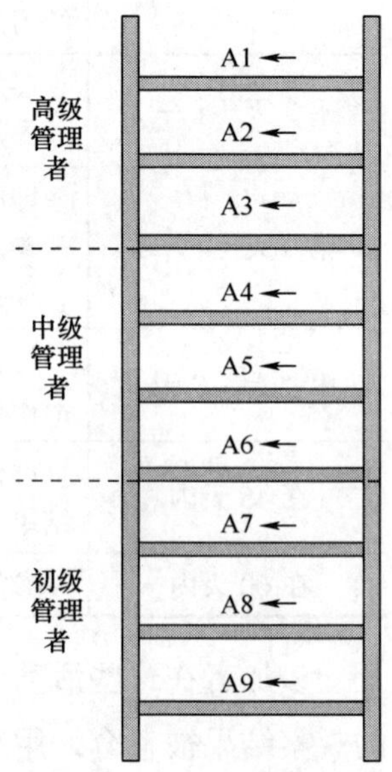

图 11-5 单通道发展模式

2. 双通道发展模式

随着组织进行结构扁平化和分权化改革，员工发展空间逐渐受限，为了摆脱单通道发展模式的弊端，许多组织为员工提供两种职业生涯发展通道，即管理通道和专业技术通道，这种模式被称为双通道发展模式，如

图 11–6 所示。双通道发展模式又称“双轨制”，现在已成为较流行的职业生涯发展通道模式。这一模式既避免了因管理岗位“拥堵”而造成人才流失或浪费，又为那些同时具备专业技术基础和特殊管理才干的卓越员工提供了更大的发展平台。

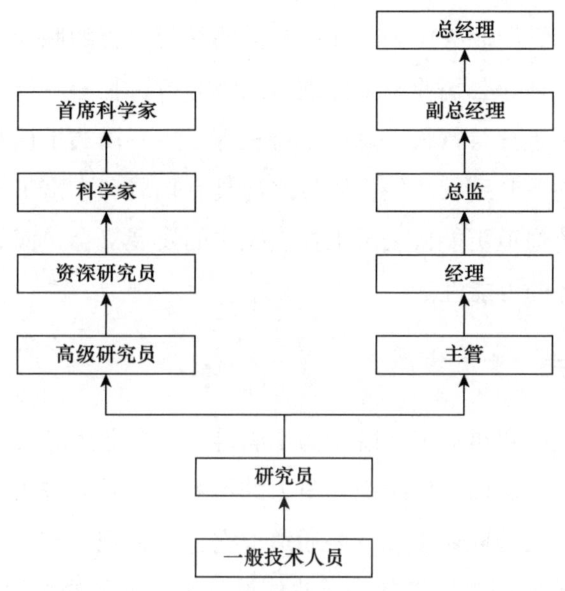

图 11–6 双通道发展模式

在设计“双轨制”职业生涯发展通道时，应注意以下原则。

（1）清晰定义管理通道和专业通道。管理通道较容易定义，其与组织结构相对应，参照组织结构即可明确该通道每个级别的行为标准、资历准则、职责范围等。专业通道的高度取决于研发人员所从事工作的性质及研发人员相对于管理人员的劳动力市场价值，需要分析研发机构中存在的研发工作等级，从而确定专业通道的级别，然后为每一级别确定称谓、工作责任、资历准则、责任标准等。

（2）保证两条通道之间的平行、平等。对专业通道要提供与管理通道同样程度的认可、地位和报酬，每个专业技术级别都应对应一个管理级别，以保证两条通道各个级别之间的平行、平等的关系。

（3）要确保专业通道的声誉。允许专业技术人员自行决定其职业发展方向，但是对于着眼于管理通道发展的人员，应避免其转向专业通道，以确保专业通道的声誉，防止将专业通道作为安置失败管理人员的“收容所”。

3. 水平发展模式

事实上，职业生涯发展并不仅限于直线向上发展，这种传统模式的发展是有局限性的，而且现在组织结构的逐渐扁平化使这种传统模式的提升机会越来越少。由前面提到的埃德加·施恩职业发展三维圆锥模型的水平职业发展路线可知，工作内容的扩大化、丰富化和岗位轮换就是员工水平发展的一种模式。

4. 网状发展模式

网状发展模式是指纵向职务序列和横向转换路线相结合的职业生涯发展通道。例如某银行中，私人业务部经理→公司业务部经理→二级分行行长→一级分行业务部经理→甲省一级分行行长→乙省一级分行行长→总行副行长等。这一模式承认某些层次工作经验的可替换性，使员工在纵向晋升到较高层次职位之前具有拓展和丰富工作经验的经历。在现实中，这种通道要比传统通道更能代表员工在组织中的发展机会，而纵向和横向的交错选择则降低了职业道路堵塞的可能性。

5. 多通道发展模式

建立职业生涯发展的双重通道，既是为了满足员工职业生涯发展的需要，也是为了建立稳定的核心员工队伍，从而确保组织竞争力的不断提升并促进组织的持续发展。更多的现代企业开始建立多层次的职业生涯发展通道，它包括管理、技术、业务等不同的职级序列，还可以建立岗位轮换等管理机制，在薪酬设计上不同的职级序列能相互衔接和对应，使具有不同能力、素质、职业兴趣的员工都可以找到适合自己的晋升路径和比较满意的工作状态，避免所有人都挤在管理通道上。多通道发展模式如图 11–7 所示，满足条件的研发人员既可以转化为营销人员，也可以晋升为管理人员。

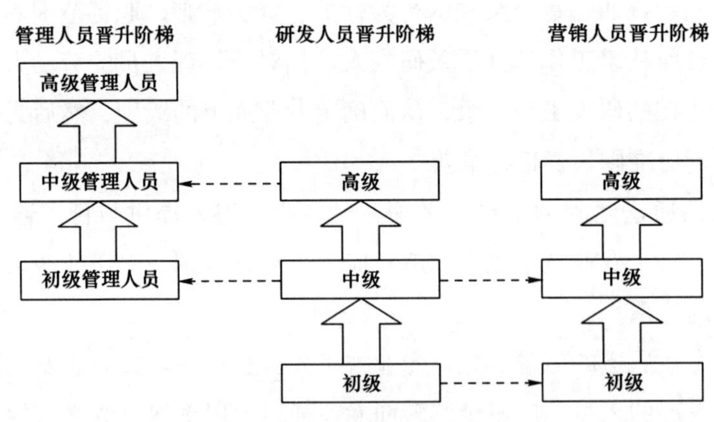

图 11–7　多通道发展模式

三、职业生涯管理的相关工具或措施

人力资源部全体职员和监督者广泛使用非正式咨询的方法。许多组织给员工提供教育帮助、公平就业计划和政策、薪资管理、工作要求信息、职业计划书、工作手册等，帮助员工挖掘潜能和培养工作兴趣。下面介绍主要的职业生涯管理工具或措施。

1. 职业生涯规划工作手册

有些组织准备了职业生涯规划工作手册，通过涉及价值观、兴趣、能力、目标和个人发展计划的自我评价系统来指导员工。例如，通用汽车公司的《职业发展指南》包括一个被称为“未来你想成为什么？”的部分，据此员工可以进行自我评价。

2. 职业生涯计划研讨会

职业生涯计划研讨会提供的经验类似于职业生涯规划工作手册提供的。然而，职业生涯计划研讨会有一定的优势，它能给参与者一个机会，在面对类似情况时与其他人就态度、关心事宜和计划进行比较和讨论。

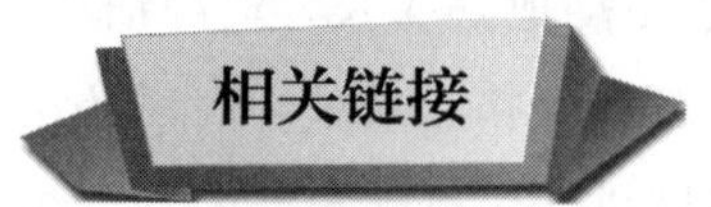

万豪酒店的职业发展讨论

面对酒店行业竞争激烈的现实，万豪酒店经理知道他们不能再采取“家长制”的方法来进行职业生涯管理，因而提出一个被称为“职业管理伙伴”的职业发展讨论。这个职业发展讨论能够帮助管理者将问题集中在以下几个方面。

- 我是谁？这个计划帮助员工识别他们各自的技能、价值观和兴趣。
- 我如何被看待？这个计划帮助员工了解别人是如何看待他们的贡献的。
- 我的职业目标是什么？这个工作手册帮助员工建立一系列现实的职业目标。
- 如何实现我的职业目标？这个工作手册帮助员工制订职业计划，重点在于对能实现目标的能力和经验进行平衡。

通过培训管理者来帮助员工了解职业机会和资源，万豪酒店正在转移职业生涯管理的责任，使之远离公司，并朝着员工的方向移动。在万豪酒店，员工应该对以下内容负责：评价自己的技能、价值观、兴趣和发展需要；决定长期和短期的职业目标；与管理者一起制订职业发展计划来实现其目标；学会使用有关的职业生涯管理资源，如即时的工作置入系统；与管理者一起讨论职业发展，参与职业发展讨论并做出承诺；认识到自身的发展直接取决于组织的需要和机会，以及自己的业绩。

3. 职业咨询

职业咨询是指人力资源管理者与员工讨论其当前的工作情况和表现、个人岗位和职业目标、个人技能水平、合适的职业发展目标的过程。当组织将咨询作为年度绩效评估的一项内容时，职业咨询通常是自愿进行的。职业咨询可能由人力资源部职员、监督者、专门的人力资源管理咨询员或外部专家来进行。有些组织指派职业咨询员，对员工而言，他们是全职工作人员，可以随时向其咨询。有些组织在雇佣周期内雇用咨询员。为了提高职业咨询与指导的效果，大中型组织可以设立职业生涯发展评估中心。

4. 职业资源中心

如今员工应当承担其自身职业生涯管理责任的观点越来越流行，为了顺应这个趋势，许多组织正在建立帮助员工参与职业生涯自我管理的制度，如在组织内部建立职业资源中心，提供组织情况、政策、职业规划和自我学习指南等。为了主动地获取人力资源信息，组织还可以设立技能档案，主要记录员工的教育史、工作史、任职资格、成就，有时还记录职业目标信息，如工作喜好、工作目标、自我评价信息、发展机会、目标安排等。

5. 职业信息系统管理

职业信息系统是组织进行职业生涯规划与管理的基础，为此必须重视开展以下几个方面的工作。

（1）加强组织的发展战略与规划、人力资源供求状况、职位空缺与晋升等方面信息的动态发布与管理，为员工提供透明、及时的职业发展信息。

（2）加强员工职业信息的档案管理，建立员工职业发展的电子档案，包括个人的自然状况信息、职业发展规划信息及其在组织内的工作状况、工作业绩、考核情况等方面的信息。

（3）加强组织和员工的职业信息管理，要根据环境等的发展和变化不断地更新和维护信息，以保证信息的时效性和完整性，为组织进行员工职业生涯管理提供全面和有效的信息服务。

6. 建立职业生涯评审制度

职业生涯评审是职业生涯规划与管理的重要环节，通过评审可以阶段性、周期性地检查职业生涯规划的实施状况，以便及时发现问题，并采取改进措施。

职业生涯评审的周期以年计最常见，评审通常以谈话的方式进行。职业生涯年度评审会谈的内容一般包括本年度的工作成绩与失误、本年度观念的转变与能力的变化、本年度成绩与失误的原因分析、本年度教育培训的效果、有关家庭和个人的身体健康信息、本人对下一年度工作的希望、本人对教育培训的需求等。

评审结束后，组织可以通过各种方式获得上级、平级、下级对员工职业生涯发展的反馈意见。通过对反馈意见进行整理，组织可以对职业生涯规划方案进行调整，并对今后职业生涯管理工作进行必要的改进。同时，员工个人也可以对自己的职业生涯规划进行必要的调整，包括目标、完成目标的方法和措施等。总之，职业生涯评审的最终目的是阶段性检查员工职业生涯发展中的成果、问题与差距，并最终找到解决问题、缩小差距的方法和措施。职业生涯年度评审会谈准备表示例见表 11-4。

表 11-4　　职业生涯年度评审会谈准备表示例

职业生涯年度评审会谈准备（由员工填写）	年　月　日
姓名	职务（岗位）
本年度的主要成就	
本年度最大的进步	
成就及进步原因分析	
对未来工作内容及培训的需求	
个人职业生涯的中长期计划	

职业生涯年度评审会谈准备（由上级填写）	年　月　日
姓名	职务（岗位）
对工作绩效的评价	
对工作能力的评价	
需要改进的方面及措施建议	
对未来发展的建议	
对目前担任职务的建议	
对目前担任职务以外的发展建议	
针对职业生涯中长期目标的建议	

四、不同职业生涯时期的职业生涯管理任务

1. 进入组织阶段

组织要做好招聘、挑选和配备工作，要根据发展目标和现状向求职者提供准确的职位信息和发展信息，以供他们决策参考。

2. 早期职业阶段

组织通过试用发现新员工的才能，帮助新员工确定长期发展目标，明确新员工的职业定位。

3. 中期职业阶段

在中期职业阶段，个人事业发展基本定型或趋向定型，个人特征表现明显，个人情感复杂化，这些情况容易引起职业生涯中期危机。面对这一阶段，组织一方面要通过各种方法帮助员工解决诸多实际问题，激励他们继续奋斗，以获得更大的成就；另一方面要通过各种方式，针对不同员工的不同情况为其开通职业发展新通道。

4. 后期职业阶段

老年员工即将结束职业生涯，组织一方面要鼓励老年员工继续发挥自己的专长，让他们把知识和经验传授给年轻人；另一方面要帮助老年员工做好退休的心理准备和退休后的安排。

某公司是设在芝加哥的一家石油公司。为了打造一流的石油公司，并加快全球化进程，公司决策者在进行改革时十分重视员工的职业生涯管理，为员工设计了可行的职业生涯发展通道。公司决策者认为，保证员工职业生涯发展通道畅通与保证石油管道畅通一样重要。当公司在发展战略、产品结构和技术上发生变化时，员工可以迅速地调整以适应新需要。

公司在员工职业生涯管理方面的基本做法是组建一个工作小组，由其专门设计和管理员工职业生涯管理系统。这个工作小组的成员包括高级经理、人力资源部成员、职业咨询专家等。工作小组的任务是对员工的职业发展进行评估和辅导，协助员工解决职业发展中存在的问题。工作小组为员工提供与职业相关的咨询和与自我成长相关的培训，帮助员工进行自我评价、增强自我认识，并为公司 500 多位不同层级的员工制订职业发展计划。

公司职业生涯管理系统的核心是教育、评估、发展和结果。

教育就是组织每位员工进行以职业发展为内容的培训活动，要求所有进行职业生涯规划的员工参加各类培训。企业高级管理者参与课程的设计和讲授。

评估是指由工作小组通过专门的评估会议来分析员工实施职业发展计划时存在的问题，如员工与公司目标实现有关的技能问题、员工的职业培训问题、最大化职业选择问题、未来职业计划的修正问题等。

发展是指公司为员工提供一个清晰的团队发展计划，让员工了解公司的发展目标，同时明确自己在公司中的发展方向，将个人的发展与公司的发展联系在一起，明确为公司做出贡献就能获得个人职业的发展。

结果是指对员工发展和公司发展结合在一起所产生的收益进行测量，最终获得有关数据。

讨论题

1. 你认为职业发展主要靠员工自己还是组织？
2. 如何评价该公司的职业生涯管理系统？
3. 如果需要做进一步改进，你可以提供什么样的建议？

本章思考题

1. 什么是职业生涯管理？职业生涯管理有哪些特征？
2. 职业生涯规划和职业生涯管理有什么联系和区别？
3. 组织的职业生涯管理程序是怎样的？
4. 如何针对不同的职业生涯时期进行职业生涯管理？

第四篇 绩效管理

- 第十二章　绩效管理体系建设
- 第十三章　绩效管理实施
- 第十四章　绩效评估结果的分析应用与绩效改进

第十二章 绩效管理体系建设

引导案例

某卷烟厂始建于1945年，经历了近80年的发展。近年来，该卷烟厂加大内部改革、科技投入、市场拓展的力度，并且在实施“十三五”技术改造的同时，组织名牌战略工程建设，获得了快速发展，经济效益持续增长。但是，员工素质结构、企业性质、运行惯例极大地束缚了绩效管理体系的有效运行和考核激励作用的充分发挥，经过研讨，管理层达成共识，聘请专业咨询公司进行长期合作，完善绩效管理体系，协助企业实现战略目标。

咨询项目组通过问卷调查、访谈、座谈会、资料研究等多种方法对卷烟厂的绩效管理现状进行了分析，得出以下结论。

1. 考核体系不够完整

多种考核体系共存，绩效考核由不同的职能部门分别进行，本应完整的绩效考核体系被分解为条块分割的多个考核系统，因而带来诸多弊端。考核部门不同带来了考核尺度的差异，影响了考核目标的系统性、考核体系的权威性和考核结果的公正性，严重影响了员工的工作积极性。

2. 缺乏科学、规范、完善的考核指标体系

第一，考核指标体系没有形成统一关联、方向一致的目标与指标，且指标与指标之间缺乏相互关联的逻辑支持。有些考核指标虽然表面上看起来很全面，但实际上却是彼此矛盾的。

第二，设置的分项指标与最终追求的绩效目标不一致。

第三，有的工作内容无法完全量化，在操作中用一些模糊、无准确定义的指标进行考核，导致考核者无法正确地指导与准确地评估，如一些综合部门的工作通常无法单纯用数字、指标形式予以量化。

3. 考核方法不够灵活

考核方法比较单一，通常是采用考勤、领导评分、主管部门检查等方式，难以对员工、对企业运作过程进行全面系统和科学合理的考核。

4. 考核结果应用不合理

在该卷烟厂的绩效考核体系中，考核指标的格式化和考核方法的单一化很大程度上降低了考核结果的可用性。另外，企业上下还没有形成科学的绩效考核观，也未建立完善的考核结果反馈机制，最终考核结果没能发挥出应有的激励作用。

案例思考

1. 请指出该卷烟厂绩效管理存在的主要问题。
2. 请帮助提出完善该卷烟厂绩效管理体系的建议。

第一节　绩效管理制度

绩效管理制度建设是企业管理制度建设的重要环节。企业绩效管理制度的优劣反映了企业绩效管理水平的高低。绩效管理制度使整个绩效管理体系系统化和程序化，使绩效管理体系思想的落实具有可操作性。

一、绩效管理制度的内容

绩效管理制度是保障绩效管理顺利实施、降低绩效管理不确定性和风险的必要手段。

企业的绩效管理制度一般分为管理制度和评估制度两部分。前者主要说明制定制度的目标和宗旨，绩效管理过程中各类人员的职责、分工及应遵循的原则；后者则强调评估指标的确定、评估方法的选择，以及评估过程的操作流程和评估计划。在实际操作中，可以将两部分合二为一，形成一个整体。

绩效管理制度一般由总则、主文、附则等组成，主要包括以下内容。

1. 概括说明建立绩效管理制度的原因、绩效管理的地位和作用，即在企业中加强绩效管理的重要性和必要性。

2. 对绩效管理的组织结构设置、职责范围、业务分工，以及参与绩效管理活动各级人员的责任、权限、义务和要求做出具体规定。

3. 明确规定绩效管理的目标、程序和步骤，以及具体实施过程中应当遵守的基本原则和具体要求。

4. 对设计依据和基本原理、各类人员的绩效评估方法、评估指标和标准体系做出简要明确的解释和说明。

5. 详细规定绩效评估的类别、层次和评估期限，如何时提出计划、何时确定计划、何时开始实施、何时具体评估、何时面谈反馈、何时上报结果等。

6. 对绩效管理所使用的报表和评估量表格式、统计口径、填写方法、评述撰写方法和上报期限，以及评估结果偏误的控制和剔除提出具体要求。

7. 对绩效评估结果的应用原则和要求，以及与之配套的薪酬奖励、人事调整、晋升培训等规章制度的贯彻实施和相关政策的兑现办法做出明确规定。

8. 对各职能和业务部门年度绩效管理总结、表彰活动和要求做出原则性规定。

9. 对绩效评估中员工申诉的权利、具体程序和管理办法做出明确规定。

10. 对绩效管理制度的解释、实施、修改等其他有关问题做出必要的说明。

二、绩效管理制度的制定要求

绩效管理制度作为绩效管理活动的指导性文件，在制定时一定要从企业实际条件和管理水平出发，符合以下要求。

1. 全面性和完整性

这是绩效多维性带来的要求，绩效管理制度虽然不能包罗万象、过于烦琐，但必须包括影响工作绩效的各种因素，只有这样才能避免片面性。

2. 相关性和有效性

这是对绩效管理制度在内容上的要求，如个人生活习惯、癖好等就不宜包括在绩效管理制度之中，以切实保障绩效管理的效度。

3. 明确性和具体性

如果评估标准含混不清、抽象深奥，则无法使用。

4. 可操作性和精确性

这是对上一项要求的自然延伸，评估标准必须便于操作，可直接测量；评估指标应尽可能量化。

5. 原则一致性和可靠性

这是对评估标准在适用程度上的要求，评估标准应适合相同类型的所有员工，即一视同仁，不能区别对待或经常变动，否则会导致评估结果横向与纵向的可比性降低或丧失，绩效管理制度就失去了必要的可信度。

6. 公正性和客观性

这是对绩效管理实施过程的要求，评估指标的贯彻执行必须保证科学性、合理性和公平性，剔除个人偏好等感情因素。

7. 民主性和透明性

绩效管理要达到让被评估者心服口服、诚心接受，确非易事。事实上，民主性是实现绩效管理客观、公正的必要条件。这是指在制定绩效管理制度时要听取员工的意见，在条件允许时应吸收员工推选的代表参与制定，在实施绩效管理时要切实保障被评估者申诉与解释的权利。透明性既要求绩效管理程序向员工公开，又要求绩效管理结果向被评估者进行必要和及时的反馈。

三、绩效管理制度的建立与设计

1. 绩效管理制度的建立方法

（1）小范围试点法。在企业内部选择个别部门先进行小范围的试点，所选择的部门应符合员工素质较高、管理基础较好等要求。

（2）管理人员动员法。在推行绩效管理制度之前，对管理人员进行培训和指导，使他们充分理解和接受制度，并做好员工动员工作。

（3）引入第三方法。俗话说“外来和尚会念经”，绩效管理制度涉及员工切身利益，制度推行由第三方咨询机构或管理公司开展，会让员工认为更公平，从而更容易接受。

2. 绩效管理制度的设计步骤

第一步，进行制度设计前的调查。包括了解国家相关法律法规及政策，调查同行业相关制度，调查企业内部制度实施情况。

第二步，成立制度设计工作组。工作组成员主要包括高级管理人员、人力资源管理人员、业务部门经理。

第三步，设计绩效管理制度。

第四步，征求员工意见。根据员工提出的合理意见进行修改。

第五步，修改后把绩效管理制度方案交至相关部门备案或进行审定。

第六步，在企业内推行绩效管理制度。

绩效管理制度作为企业核心制度应具有一定的刚性且不能经常调整，但是当企业发生重大变化时，就必须对其进行相应调整。主要调整内容包括部分条款的修改、增加或删减，以及企业组织结构变化后管理制度的重新修订、管理流程的调整、制度制定原则的重大调整等。

3. 绩效管理的配套制度

在建立绩效管理制度过程中，企业管理水平和管理体系关系到制度的执行力，因此十分有必要夯实企业的管理基础，建立良好的绩效管理环境。

（1）完善企业治理结构，理顺权责关系。就是使企业各级组织结构清晰、员工职责和分工明确、关键绩效指标真正落实到具体人员。

（2）建立以绩效为导向的企业奖惩分配机制。若要使绩效管理制度在企业的绩效提升中真正发挥牵引和激励作用，就要使评估成为员工价值分配的客观、合理依据。

（3）建立以绩效为导向的业务工作流程。

（4）建立预算评估机制。没有预算管理就不能对相关的财务指标制定目标，也就缺乏评估财务指标的参照体系。

（5）建立与绩效评估相配套的其他环节，如信息平台等。

四、绩效管理制度的执行过程

绩效管理制度的执行过程是指将绩效管理制度切实应用到企业管理中的整个过程，包括绩效管理制度的告知、绩效管理制度的解释、绩效管理制度的修订等。

1. 绩效管理制度的告知

告知是绩效管理制度生效的前提和要求。只有将绩效管理制度以正确的方式告知每位员工，此制度才会生效。告知体现了制度制定的公平性和透明性，为员工保护自己的权益提供了途径。同时，告知避免因为“不知道”而导致的免责，每位受制度制约的员工只有及时接收到信息，才会按制度办事。否则，制度只能成为一纸空文。

（1）绩效管理制度告知的原则

1）准确性。准确性是绩效管理制度告知的基本原则。告知时应能准确传达绩效管理制度执行的基本要求、时限、标准、奖惩机制等内容，用词上要准确、严谨。

2）及时性。在绩效管理制度生效时，应以最快的速度选择有效的告知方式进行及时传达，保证受约人知晓，避免因为时间误差或者信息不对称而给绩效管理带来阻碍。

3）覆盖人员全面性。覆盖人员全面性是绩效管理制度告知最重要的原则，只有所有受约人都接收到绩效管理制度执行的通知，才能确保绩效管理有效开展，否则，绩效管理的有效性必然会受到质疑，甚至不被接受。

（2）绩效管理制度告知的内容

1）告知决定。告知绩效管理制度的监督机制、考核机制、追责机制等。

2）告知权利。告知受约人享有对制度内容提出建议和意见的权利等。

3）告知其他事项。告知绩效管理制度实施和生效时间、绩效管理制度制定的权责部门等。

（3）绩效管理制度告知的途径。要想做到绩效管理制度告知的及时性和覆盖人员的全面性，途径的选择至关重要。一般有多种途径可供选择或结合使用，包括电子邮件、员工签收、张贴布告等。

2. 绩效管理制度的解释

绩效管理制度的解释是指绩效管理制度的制定者和解释者应当根据制度制定的原则，按照一定的程序对绩效管理制度的规定、含义等进行解释和说明。

（1）绩效管理制度的解释原则

1）系统解释原则。绩效管理制度的解释应当站在整个绩效管理制度的高度，而不能孤立地针对某一条款进行解释。孤立地解释某个条款可能会增加新的困惑。

2）目标统一原则。绩效管理制度解释的最终目的是确保制度有效实施，因此，在解释过程中不应只针对表面文字，还应重点解释绩效管理制度执行的目的。

3）长远发展原则。绩效管理制度的解释不仅要符合当前企业经营的实际情况，也要考虑未来企业的发展方向和目标。

（2）绩效管理制度的解释途径

1）作为制度的附件。绩效管理制度的解释内容可以制度附件的形式出现在制度中。

2）集中培训。对于绩效管理制度的解释，可采取集中培训的形式，这也是一种双向沟通的方式。一方面，解释者可以准确了解员工的困惑，进行有针对性的解释；另一方面，员工可以及时提出自己的疑问，节约时间。

（3）绩效管理制度的解释程序。绩效管理制度的解释非常重要，在没有相关部门或领导授权的条件下，任何个人、部门都不能随意地对制度加以解释，否则有失制度的权威性和规范性，甚至会导致员工对制度有错误的理解。

在对绩效管理制度进行解释之前，首先应由企业高层管理者与绩效管理制度制定者以会议形式明确需要解释的条目，确定解释内容；其次由高层管理者指定专门部门或成立专门机构负责制度的解释工作，并进行相应培训；最后选择有效的方式对绩效管理制度进行解释、说明。

（4）绩效管理制度的解释效力。绩效管理制度的解释效力是指绩效管理制度条文释义的内容在时间、空间上对人的拘束力。绩效管理制度解释的内容与绩效管理制度具有同等效力，必须严格遵守。

3. 绩效管理制度的修订

关于制度的修改完善，要坚持“废、改、立”的原则。对不符合企业发展战略和经营方向的，该调整的调整，该废止的废止；对操作性不强或不完善的制度，要认真修改，总结经验教训，抓好落实；对实践证明是行之有效的制度，要继续认真执行。

（1）绩效管理制度的修订条件。为了确保绩效管理制度具有权威性，制度的内容不应该经常变动，一般在以下三种情况下才可以进行修改。

1）企业的组织结构、部门职能、经营所面临的内外部环境或者某项生产流程发生变化。

2）在绩效管理制度的执行过程中，发现操作性不够强或者内容不够完善。

3）制定绩效管理制度所依据的国家法律法规、相关标准及其他主要制度发生变化。

（2）绩效管理制度的修订步骤。修订绩效管理制度要从实际出发，根据新的需求和实践经验，及时研究和制定新制度，推进新制度的建立。一般情况下，制度的修订主要分为以下三个步骤。

1）对原有绩效管理制度进行分类和论证，明确需要修订的原因，找出原有制度的不足之处并进行总结。这是绩效管理制度修订的第一步，也是准备工作。

2）对新制度进行设计、草拟和论证。绩效管理制度的修订要严格遵守制度设计、草拟和论证的流程，只有这样，才能确保修订之后的绩效管理制度符合企业发展需求，满足企业经营需要。

3）按照法律规定进行公示或者让所有员工阅读签字。修订后的新绩效管理制度只有通过公示才能够生效，未经公示的新绩效管理制度不具备有效性。

××公司绩效管理制度（节选）

第一章　总　　则

第一条　适用范围

本制度适用公司副总经理和所有中层管理人员（以下简称中高层管理人员）。

第二条　目的

1. 将绩效考核与公司战略、经营管理目标紧密联系起来，实现超常规、跨越式发展，促进经济效益的提高。

2. 公正、客观地衡量中高层管理人员的绩效，充分调动其积极性，为中高层管理人员工资分配制度提供准确、真实的依据。

3. 促进中高层管理人员不断改进绩效，提高绩效水平和综合素质。

第三条　原则

1. 以公司的发展战略为依据，建立关键绩效指标体系和绩效标准体系。

2. 考核以客观事实为依据。

3. 以工作业绩考核为主、工作态度考核为辅。

4. 注重自我评价和民主评议。

5. 考核结果与中高层管理人员工资发放、选拔任用紧密结合。

第二章　关键绩效指标（KPI）及权重系数的确定

第四条　KPI 的确定

1. 关键绩效指标

借鉴平衡计分卡的思想建立起包含财务指标、内部管理指标、客户指标、学习成长指标在内的 KPI 体系，通过四个指标之间相互驱动的因果关系，将公司的长期目标和短期目标结合在一起，从而实现公司的战略目标。

2. KPI 体系的建立

以公司发展战略为依据，确定发展战略的关键驱动因素，进而建立公司的 KPI 体系，该指标体系由公司级 KPI 和部门级 KPI 组成。

KPI 的选择依据如下：

（1）相关性，即指标与公司发展战略的相关程度。

（2）可控性，即个人努力对指标的影响程度。

（3）可衡量性，即指标的相关信息是否能够获得和是否便于获得。

3. KPI 的基本目标值

基本目标值是指期望达到的绩效指标完成标准，通常反映在正常情况下应达到的绩效水平。基本目标值以公司年度经营管理目标为依据，由考核者与被考核者协商确定，最后由公司总经理审核批准。

确定基本目标值时，首先应以公司相关指标的目标值为依据；其次参考过去类似指标在相同条件下完成的平均水平，并根据情况的变化予以调整；同时参照国内外同类指标的先进水平。

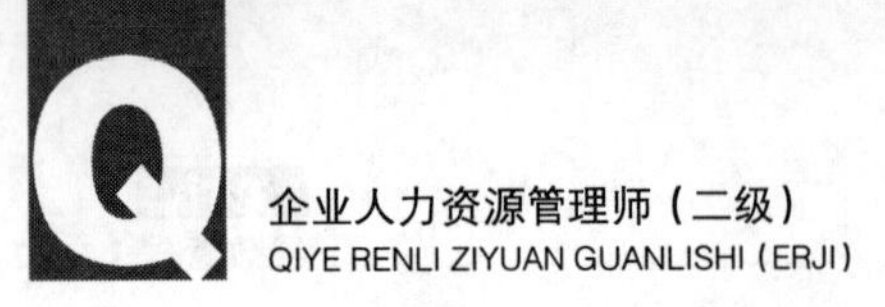

第五条　KPI权重系数的确定

设定全部指标权重系数之和为1，业绩考核表中权重系数分配的步骤如下：

（1）确定四大类KPI权重系数。

（2）在此基础上确定各类KPI中具体指标的权重系数。

第三章　副总经理的考核

第六条　考核内容

考核内容包括工作业绩和工作态度两个方面。工作业绩考核主要以KPI为考核内容。工作态度考核分为团队精神、敬业精神、责任心、组织纪律四个方面。

第七条　考核周期

1. 平时考核

每月填写工作态度事实记录表，由总经理审核、补充并且对月工作目标或工作计划完成情况进行检查。

2. 半年考核

只进行业绩考核，目的是对年度目标的完成情况进行中期检查，由人力资源部将上半年的相关考核数据整理后提供给考核者，由考核者和被考核者进行绩效沟通，分析存在的不足，提出改进措施，最后写出书面总结并交人力资源部。

具体考核时间：每年7月的第1周至第2周。

3. 年度考核

年度考核结果作为工资发放、聘任、岗位调整等的依据。年度考核内容包括工作业绩和工作态度。工作业绩考核以副总经理、中层管理人员业绩考核表为依据；工作态度考核以工作态度事实记录表为依据，实行360度评价；最后根据工作业绩和工作态度的考核成绩得出年度综合考核成绩。

具体考核时间：次年1月的第1周至第2周。

第八条　年度考核流程

第一步，被考核者写出述职报告并进行工作态度方面的自评。

第二步，被考核者的同级、下级对被考核者的工作态度打分（这些分数只作为总经理评价的参考）。

第三步，人力资源部对上述信息进行整理、汇总。

第四步，总经理根据业绩数据、考核事实进行考核。

第五步，人力资源部根据业绩和工作态度考核成绩计算出年度综合成绩。

第六步，总经理分别与各副总经理进行绩效面谈，并制订绩效改进计划。

第七步，考核结果公示。

……

第二十二条　考核结果的运用

1. 考核结果公示

年度考核审核评定后，人力资源部负责将评定为A级和D级的人员予以公布。

2. 岗位调整

对于年度综合考核不合格的人员，实施绩效改进计划；对于第二年年度综合考核仍不合格的人员，由人力资源部对其提出岗位调整建议。

3. 发放年终奖

年终奖与公司销售收入完成情况和个人年度考核成绩挂钩，挂钩方式如下：

年终奖＝年终奖基数 × 公司销售收入完成率 × 个人绩效等级系数

个人绩效等级系数见表12–1。

表12–1　个人绩效等级系数

考核等级	A	B	C	D		
				工作态度考核成绩低于60分		
				工作业绩考核成绩大于或等于90分	工作业绩考核成绩大于或等于80分、小于90分	工作业绩考核成绩小于80分
考核等级系数	1.10	1.05	1	0.95	0.9	0

4. 绩效改进

对于年度综合考核不合格的人员和年度综合考核成绩下降的人员，需要制订绩效改进计划，绩效改进计划经协商确定后填入绩效改进计划书。

第七章　附　　则

第二十三条　制度修订

本制度需要修订时，由人力资源部召集各部门讨论并形成修订方案，呈报考核领导小组审核、批准。

第二十四条　实施日期

本制度自正式颁布之日起实施。

第二十五条　解释权

本制度的内容以及未载入的事项之说明和解释权在人力资源部，员工有关于此制度的疑惑，人力资源部有责任加以解释。

第二节　绩效管理团队与培训

一、绩效管理团队各角色的职责

绩效管理是企业的大事，绩效管理体系要获得成功必须得到企业上下各级人员的支持。绩效管理团队各角色的职责如下。

1. 总经理——推动者

总经理应该对绩效管理全面负责，积极站到前台，积极参与其中，给予人力资源部经理充分的领导与支持，让员工和管理者都能看到这种关心和支持，都能跟着行动起来，共同去做好工作并取得成功。

总经理首先在态度上要明确，绩效管理不是人力资源部一个部门的工作，绩效管理的实施也不是人力资源部经理一个人的责任。总经理的角色贯穿于整个绩效管理的始终，要在行动上对绩效管理进行推动，促进其深入、全面、公正、有效地发展。

总经理在绩效管理中的职责主要是确立体现企业价值观的绩效管理体系，监督及协调绩效管理的实施，负责分管部门及部门负责人的绩效管理工作，包括绩效计划制订、绩效实施辅导、绩效管理评价、绩效管理结果使用等。

2. 人力资源部经理——专家

人力资源部经理不应该只是忙于制作各种表格、处理各种考核矛盾的“救火队员”，人力资源部经理的角色必须转变。

（1）绩效管理专家。人力资源部经理必须能根据企业实际情况独立设计考核方案，能独立主持绩效管理工作，能对直线经理提供咨询服务。因此，人力资源部经理必须全面掌握正确的考核理论、方法、技巧以及成功的经验和案例，就像一位销售员向顾客推销产品必须非常熟悉产品性能一样。只有人力资源部经理自己弄明白了，才能跟总经理讲清楚，才能说服总经理，才能培训其他直线经理和员工。

（2）业务流程的熟练掌握者。单纯的人事管理不需要人力资源部经理过多了解其他部门的业务，但是以考核为核心的现代绩效管理则不同，它要求人力资源部经理非常熟悉企业其他部门的业务内容和业务流程。因此，人力资源部经理必须经常离开办公桌，走到各个部门员工中间，以谦虚的学习态度接触和了解他们的业务。人力资源部经理只有非常熟悉其他部门的业务，才能将绩效管理工作开展得更好，才能使绩效管理工作与企业整体战略更加协调，而其提出的举措才能更容易被直线经理所理解和接受，其本人也才能成为企业的战略助手。

（3）直线经理的合作伙伴。人力资源部经理应与直线经理构建绩效合作伙伴关系，要让直线经理认识到，绩效管理并不是人力资源部一个部门的事情，而是惠及各个部门、让全体员工都受益的事情。只有各个部门与人力资源部密切配合，这项工作才可能做得更好，直线经理才能从中获得更多收益。为了建立良好的合作伙伴关系，人力资源部经理应找机会与直线经理沟通，加强彼此的了解，以支持者和帮助者的姿态消除他们的误解，并被他们所理解和接受，使绩效管理成为受欢迎的工具。

（4）企业管理层的沟通联络员。企业总经理是绩效管理成功与否的关键人物，总经理的态度和行动将在绩效管理的实施中起决定性作用。人力资源部经理要把绩效管理的情况及时向总经理汇报，与总经理保持沟通，与总经理在绩效管理理念上达成共识、在具体的实务操作和理解上达成一致，把绩效管理这个“产品”做得更加完善，更加符合企业实际，以便于后面工作的开展。

（5）绩效管理的宣传员。人力资源部经理应把绩效管理在企业上下进行宣传，让全体员工都了解绩效管理到底是什么，能给他们带来什么好处。当员工真正认识到绩效管理的实质之后，他们才会更愿意配合企业的决策，这样，绩效管理的群众基础就更加牢固，推行起来阻力就会更小，成功的可能性就更大。

（6）直线经理的培训员。人力资源部经理的“产品”做得好不好，要通过直线经理的使用来检验。直线经理是绩效管理的中坚力量，他们是企业绩效管理政策的执行者和使用者。因此，人力资源部经理应组织相关的培训班，对直线经理进行绩效管理技能的培训，使他们掌握绩效管理的核心技术和操作技巧，以提高他们的绩效管理能力。

（7）绩效运行的跟踪员。人力资源部经理要随时掌握绩效管理的发展动态，使之在预定的轨道上运行良好。当绩效管理开始在各个部门内运行，人力资源部经理必须深入各个部门，以绩效合作伙伴的身份了解各直线经理的执行情况，向他们提供咨询服务，帮助直线经理提升管理技能。

3. 直线经理——直接责任人

直线经理在绩效管理中是连接企业和员工的“桥梁”，向上对企业的绩效管理政策负责，向下对员工的绩效发展负责，其重要性非同一般。

直线经理的职责包括建立协作关系，建立恰当的目标，促进绩效提升，开展绩效检查，实施开发型评估，制订员工成长和发展计划，实施继任计划，将薪酬和奖励与成长和发展挂钩，支持绩效提升和变革。

为了实现上述目标，直线经理需要扮演好员工的合作伙伴和教练员、绩效记录员、绩效公证员、绩效诊断专家、职业咨询顾问等角色。

直线经理的这些角色扮演得好不好，可以通过员工的绩效满意度调查得知。所谓绩效满意度调查，就是直线经理就过去一段时间所采用的绩效管理体系对员工进行满意度调查。调查的主要目的是使绩效管理体系不断完善，调查的内容包括员工是否有明确的绩效目标、绩效标准是否明确、绩效标准的适用程度如何、员工是否得到了直线经理的辅导、员工是否得到了必要的培训和资源支持等。通过满意度调查，直线经理可以准确知道自己在哪些方面做得还不够，从而加以改进，为以后更好地做好绩效管理奠定基础。

4. 员工——拥有发言权的重要参与人

员工在绩效管理中不是完全被动的，而是绩效的主人。他们产生并拥有绩效，主动为自己的绩效努力，发现问题主动与直线经理面谈沟通，寻求帮助，不断提高工作能力。

员工的职责包括与直线经理和人力资源管理人员一起开发评估标准，公正地评估其他员工（上司、同事等）的工作，参与自我评价，寻求并接受诚实而富有建设性的反馈，学习怎样给他人提供诚实而富有建设性的反馈，准确地理解绩效期望和评估标准，学习怎样分析自己绩效存在缺陷的原因，与直线经理一起制定绩效改进战略，提升确定目标和自我管理的能力。

为了实现上述目标，员工要扮演好改变者、职业倡导者、职业规划者等角色。

绩效评估和反馈中合作伙伴的角色和主要职责见表 12–2。

表 12–2　　绩效评估和反馈中合作伙伴的角色和主要职责

直线经理	人力资源管理人员	员工
同人力资源管理人员和员工一起开发评估标准	同直线经理和员工一起开发评估标准	同直线经理和人力资源管理人员一起开发评估标准
理解怎样消除常见的评估误差	培训每一个提供评估信息的人（如同事、下属、管理者）怎样消除评估误差	公正地评估其他员工（如上司、同事等）的工作
认真、仔细地填写评估表	协调评估过程的管理	参与自我评估
给员工提供诚实而富有建设性的反馈	培训直线经理怎样提供反馈	寻求并接受诚实而富有建设性的反馈
寻求并接受关于个人绩效的建设性反馈	培训自我管理的团队怎样提供反馈	学习怎样给他人提供诚实而富有建设性的反馈
利用绩效信息进行决策	监督管理决策以确保其以绩效为基础	准确地理解绩效期望和评估标准
分析绩效中存在的问题	培训自我管理的团队怎样分析绩效中存在的问题	学习怎样分析自己绩效所存在问题的原因
同员工一起制定绩效改进战略并监督员工的绩效变化	保证直线经理和员工了解所有可能解决绩效缺陷的方法	同直线经理一起制定绩效改进战略
为改善绩效提供必要的资源	制定和主持申诉程序	提升确定目标和自我管理的能力

二、绩效评估者的培训

即使企业对员工的绩效评估标准和绩效评估程序进行了明确的规定，也不能确保绩效评估结果得到员工的认同，以及绩效评估起到预期的行为引导作用。这是因为绩效评估效果不仅取决于评估系统本身的科学性与可靠性，还取决于评估者的评估能力。另外，绩效评估的意义并不在于如何准确地评估出员工的“三六九等”，而在于提供一种行为引导，使员工的工作行为符合企业对他们的期望，从而实现企业的战略目标。评估者对评估系统的认识不仅会影响评估结果的准确性，而且会影响员工对企业期望的理解，从而对企业的整体绩效产生不良影响。因此，完整的绩效评估制度不能缺少评估者培训这一重要环节。

1. 培训目的

人力资源部应完善评估者培训制度，通过培训达到以下目的。

（1）使评估者认识到绩效评估在人力资源管理中的地位和作用，认识到自身在绩效评估过程中的作用。

（2）统一各位评估者对评估指标、评估标准的理解。

（3）使评估者理解具体的评估方法，熟悉绩效评估中使用的各种表格，并了解具体的评估程序。

（4）避免出现误区，使评估者了解如何尽可能地消除误差与偏见。

（5）帮助评估者学习如何进行绩效反馈和绩效指导。

2. 培训需求分析

一般来说，绩效培训需求分析涉及组织、工作和人员三个层面。

（1）组织层面的绩效培训需求分析。组织层面的绩效培训需求分析主要是指通过分析找出管理问题的根源，确定绩效培训是否能解决这类问题，以及在整个组织层面需要进行哪些相关人员和内容的培训。它具体涉及组织目标和绩效管理目标的检验、组织资源的评估、组织特征分析、环境影响分析等方面的内容。

（2）工作层面的绩效培训需求分析。工作层面的绩效培训需求分析主要针对管理者的工作岗位职责和要求来进行。不同管理岗位所承担的管理责任和权限不同，要求的胜任力和资格也不同。

1）利用工作分析确定培训需求。通过查阅工作说明书，或者具体分析完成某项工作所需的技能，了解管理者有效完成该项工作必须具备的条件，找出差距，确定绩效培训需求。

2）需求分析要扩展到部门层面。需要说明的是，虽然工作层面的绩效培训需求分析主要针对管理岗位，但对于一些企业的非管理岗位，其工作层面的绩效培训需求分析并不局限于该岗位的职责分析，而是扩展到所在部门的工作要求分析。例如，某公司研发部的专业技术岗位说明书没有规定考核同级同事或提供服务者的职责，但管理者考虑研发部在公司发展中的重要地位，为了更好地激励专业技术人员工作的自主性和积极性，也为了促进专业技术人员能力的提高，要求研发部专业技术岗位人员应提供有关人员的绩效评估信息。

（3）人员层面的绩效培训需求分析。绩效管理是管理者和员工共同参与完成的事情。作为被评估者的员工，在不同企业、不同岗位参与绩效评估的程度不同，承担的职责也不同。例如，在一些企业中，从事较复杂工作的知识型员工在被他人评估的同时也需要对自己进行评估；在采用多元信息反馈（又称 360 度信息反馈）评估体系的企业中，部分员工不仅是自己绩效的评估者，又是同级同事、上级领导绩效的评估者。

人员层面的绩效培训需求分析是从绩效管理受训者的角度，通过人员分析确定哪些人需要培训及需要何种培训。该分析一般分为两部分：一部分是对管理者的分析，主要是指对照工作绩效标准分析管理者目前的绩效管理水平及胜任情况，找出管理者现状与标准的差距，以确定受训者及其培训内容和培训后需要达到的效果；另一部分是对一般员工的分析，主要是分析一般员工的能力要求，对照一般员工的现状确定需要培训的内容。

3. 培训内容

人力资源部应根据现实中存在的种种问题，有针对性地对评估者进行培训。一般来说，培训内容主要包括以下六个方面。

（1）评估者误区培训。当发生绩效评估不准确的问题时，最常见的解释就是评估者出现了主观错误。因此，评估者培训的一项重要内容就是，告诉评估者在评估过程中可能产生的评估误差有哪些，以及如何避免这些误差发生。

（2）绩效信息收集方法培训。这方面的培训一般以讲座的方式进行。另外，还可以通过远程视频来进行现场演示或练习。

（3）绩效评估指标培训。让评估者熟悉在评估过程中将使用的各个绩效指标，如了解它们的真正含义等。

（4）绩效标准培训。绩效标准培训是指通过培训，向评估者提供评估要用的比较标准或参考框架。评估者如何理解绩效标准，将在很大程度上影响他们对每位被评估者的评估结果。进行绩效标准培训是实现绩效管理中程序公平的前提条件。

（5）评估方法培训。绩效评估中可能采用的具体方法多种多样，每种方法都有其优点和缺点。通过培训，评估者应能充分掌握实际评估时需要采用的各种方法。

（6）绩效反馈方法培训。绩效反馈是评估者与被评估者进行沟通的过程，评估者将绩效信息反馈给员工，从而帮助他们纠正自己的绩效不足。绩效反馈并不是一次简单的谈话，评估者应该通过沟通帮助被评估者更好地认识到自身在工作中存在的问题。绩效反馈方法培训是评估者培训中的一项重要内容，它关系到绩效管理能否达到预期目标。

第三节　绩效管理风险控制

绩效评估有许多风险，这是由绩效评估的本质特征所决定的。绩效评估的结果与个人利益高度相关，在个人利益得失的问题上进行沟通是非常艰难的，有时根本无法协调。绩效评估的大量要素是主观的，如对软性指标打分和确定优、良、中、差等级，这些都会不可避免地产生矛盾。绩效评估的大量目标是短期的，有时会使长期的战略目标发生偏离。绩效评估的大量指标是预测的，很难适应市场的不断变化，在企业外部环境和内部条件发生变化时，许多指标在评估时已经没有意义。绩效评估的信息是不全面的，甚至有些信息来源不明。绩效评估的工具都是有缺陷的，要慎重使用任何一种评估工具。绩效评估的指标体系是局部的，弥补这个缺陷需要在日常管理中配合使用其他管理方法和工具。只要有行为，就会产生风险，可以说风险存在于绩效管理每个行为上。

一、企业绩效管理的误区

绩效管理作为企业人力资源管理的“中枢”，是一种防止绩效不佳、提高绩效的有力工具。如果这种工具运用得当，不仅有助于促进企业发展和绩效提高，而且有助于挖掘员工的潜力和提高员工的能力，还有助于将员工的个人目标与企业战略相结合，实现个人发展与企业目标的平衡，进而实现企业可持续发展。目前，很多企业已经认识到绩效管理的重要性，并且在绩效管理工作中投入较多精力，但在实践中仍然存在一些认识误区。

1. 将绩效管理等同于绩效评估

许多企业的管理人员认为，年末填写的那几张评估表就是绩效管理。事实上，绩效评估只是绩效管理过程中的一个环节，绩效评估绝不等于绩效管理。完整的绩效管理是包括绩效计划、绩效评估、绩效分析、绩效沟通与改进的系统性管理活动。绩效管理不仅强调达到绩效结果，更强调通过绩效计划、绩效评估、绩效分析、绩效反馈等环节达到绩效结果的过程。绩效管理所涉及的不仅是员工个人绩效的管理，还包括对企业绩效的计划、评估、分析与改进等。目前，我国大多数企业缺乏完整的绩效管理体系，还停留在绩效评估阶段。

2. 绩效管理缺乏沟通与反馈机制

绩效评估的不公开性加重了员工对评估的不安心理和对人力资源部的不信任感，进而影响绩效评估结果对员工指导、教育的作用。在许多企业中，员工对绩效管理制度缺乏了解，许多员工反映不知道企业的评估是怎样进行的、评估指标是如何提出的、评估结果是什么、评估结果究竟有什么用处，至于自己在工作中存在哪些问题，而这些问题又是由什么原因造成的、应该如何改进就更不知道了。

3. 绩效管理与战略目标脱节

绩效管理作为企业战略实施的有效工具，能否将战略目标层层分解落实到每位员工身上，促使每位员工都为企业战略目标的实现承担责任是关键。然而，现实中不少企业的问题是每年年底各部门的绩效目标都完成得非常好，而公司整体的绩效却不是很好。究其原因，主要是绩效目标的分解存在问题，即各部门的绩效目标不是从企业战略目标逐层分解得到的，而是根据各自的工作内容提出的，即是自下而上的申报，而不是自上而下的分解。这样，绩效管理与战略实施脱节，就难以引导所有员工趋向企业战略目标。

4. 绩效评估定位模糊

绩效评估定位的实质就是通过绩效评估要解决什么问题，绩效评估工作的管理目标是什么。在现实应用过程中，许多企业的绩效评估定位存在问题，主要表现为以下几个方面：在绩效管理体系中，评估定位模糊、缺乏明确的目的或对评估目的定位过于狭窄；或者为了评估而评估，使评估流于形式；或者只是为了分配奖金而进行评估，评估制度甚至等同于奖金分配制度，如明确地规定某项工作未完成将扣多少钱等惩罚性措施，罚多奖少使员工的注意力都集中在如何避免犯“规”被罚，而不是如何努力提高工作绩效上，在某些企业甚至出现员工尽可能少做事的现象，因为做得越多“犯规”的概率就越大，也就意味着被罚的概率越大。

二、评估者的主观错误及改进措施

1. 常见的评估者主观错误

（1）晕轮效应。著名心理学家爱德华·李·桑代克根据心理实验的结果发现，当评估者根据被评估者的一种特征得出总体印象时，就容易出现晕轮效应。“部分印象影响全体”

是对晕轮效应的最佳描述。晕轮效应又称光环效应、月晕偏差、以偏概全误差，是指评估者在对被评估者进行绩效评估时，把绩效中的某一方面甚至与工作绩效无关的某一方面看得过重，从而影响了整体绩效的评估结论。这是由于评估者仅根据员工表现的某一方面就形成整体感觉，并把这种感觉扩展到对这名员工的所有评估上；或是由于评估者在评估时仅选择一两个简短时期来测定，而忽略了被评估者的一贯表现。

（2）宽松或严格错误。有的评估者从来都给被评估者非常高或者非常低的评估分数，打分过高或过低说明结果出现了极端化的倾向。给予不应受到的抬高评估称为宽松错误，其产生的动机往往是为了避免评估争议。当使用主观性较强的绩效指标，并要求评估者与被评估者讨论评估结果时，这种主观错误最容易出现。对工作绩效过分地批评称为严格错误，这种主观错误相对较少。美国的一项研究结果表明，70% 以上的被调查主管认为，抬高或降低评估主要是做给下属看的。下面列出对这两种主观错误的解释。

1）抬高评估

①认为精确的评估将对下属的动机和业绩有不利影响。

②期望提高员工凭借绩效结果涨薪的合格率。

③期望避免下属不光彩事件的传播。

④希望避免产生一个消极的、永久的不利绩效记录。

⑤需要对那些因为个人问题而影响某次绩效但却一贯表现优秀的员工进行保护。

⑥希望对那些绩效一般但付出很多努力的员工进行奖励。

⑦避免与某些难以管理的员工对抗。

2）降低评估

①担心员工对其良好的绩效感到不安。

②为了惩罚一个顽固或难以对付的员工。

③为了促使一个有问题的员工主动辞职。

④为了给将要被解雇的员工制造一个有说服力的事实依据。

⑤为了缩减凭借绩效结果涨薪的下属数量。

⑥希望促使绩效较差或令人生厌的员工离开该部门。

（3）趋中错误。与宽松或严格错误相对的是趋中错误。趋中错误是由于对所有被评估者做出的结论差不多，员工评估结果集中于某一区域，致使被评估者的绩效差距不大，评估结果不符合正态分布而出现的错误。出现趋中错误的原因主要如下：一是评估者对评估工作本身缺乏信心；二是人们往往不愿意做出“极好”或者“极差”的评估；三是评估工作缺少足够的事实作为依据，以至于难以做出准确的评估。

强制分布法可以帮助评估者避免趋中错误的产生，因为它已经提前确定了将被评估者分布到每个绩效等级上的比例，这样就不可能把他们全部安排在中间位置。

（4）近因效应。近因效应是指进行评估时，过多地从被评估者近期表现出发，而忽视其长期一贯表现的一种现象。一般而言，每位员工都能准确地知道何时安排自己的绩效评估，因此，在评估之前的几天或几周内，其行为会有所改善。同时，评估者对员工近期行为的记忆自然比对其以往行为的记忆清晰，因此，容易出现近因效应。

（5）个人偏见。个人偏见是指评估者可能对员工的一些个人特征，如种族、宗教、性别、年龄、性格、气质等存在某种偏见，从而影响其评估结果的客观性。个人偏见对绩效评估的负面影响很大，因为偏见是一种长期形成的固有观念，一些人很难控制和改变它，把这种偏见带到绩效评估工作中会影响和伤害一大批人。

（6）马太效应。《马太福音》中有这样一句话："凡已有的，还要加给他，叫他多余。没有的，连他所有的也要夺过来。"在马太效应的作用下，企业绩效评估每次都是那几个人最终胜出，他们所得到的奖励和荣誉越来越多，而那些尚未出名的人则往往被人忽视，其价值或被贬低或不被承认。在这种环境下，有潜质的人才很难被发现和得到培养。

（7）偏见错误。由于评估者的某种偏见影响对被评估者工作实绩的评估而造成的错误称为偏见错误，又称定式错误。在企业里，如果评估者是工程专业出身，则往往认为文科专业出身的销售人员"不学无术"，只会"耍耍嘴皮子"，因而在评估时对这些销售人员评价不高。但是，如果企业要提拔公关主管，则会倾向于选拔文科专业出身的员工，因为这类员工往往被认为有较强的沟通能力，而理科专业出身的员工则被认为笨嘴拙舌、不善辞令。这样，评估者就忽视了对员工本身的考察，这就是惯性思维——偏见造成的错误。

（8）暗示效应。暗示是人们的一种特殊心理现象，是人们通过语言、行为或某种事物提示别人，使其接受或照办而引起的心理反应。评估者在领导者或权威人士的暗示下，很容易接受他们的看法而改变自己原来的看法，这样就可能造成绩效评估的暗示效应。

2. 改进措施

（1）注意相关信息的收集。在日常工作中要注意收集信息，必须与员工密切接触，勤于观察下属工作表现并做好记录。同时，关注其他与被评估者有来往的人的看法，如直接主管、同事或该员工服务的对象。

（2）对评估者和被评估者都进行必要的培训。培训计划有助于将评估误差降至最小，从而提高绩效评估的客观性。

（3）重点是员工的行为而不是员工本人。评估者的观察重点应放在被评估者的工作上，而不要太注重其他方面。如果主管把观察重点放在工作问题上而不是放在其他不相关的方面，那么这位员工就有可能把自己和问题分离开并采取改正措施。

（4）选择有效的评估主体。评估者如果对自己熟悉的领域进行评估，就会较好地把握评估指标和标准，评估结果也会更趋于客观、公正。

（5）重点是员工的行为而不是员工的意图。主管无法证明员工有没有意图，他们能证明的只是员工有没有成功。主管要避免有“出现工作问题就是态度不端正”的想法。同时，过分重视意图也会使主管的注意力脱离员工工作缺陷这一真正的问题。

（6）选择有效的评估工具。应根据评估目的选择正确的评估方法，如选择强制分布法就可以避免趋中错误，选择 360 度评价就可以避免偏见错误和个人偏见问题，选择关键绩效指标（KPI）就可以避免晕轮效应。

（7）取消“极差”项，承认“良好”即为“一般”的事实。一般当员工工作合格时，员工和主管的心理定位在“良好”；当主管对员工不太满意时，评估为“一般”；当员工工作严重不合格时，主管最多评估为“较差”，几乎不会评估为“极差”。当员工工作合格时，有些主管倾向于评估为“良好”或“优秀”，这样很不利于客观地评估员工的工作。因此，取消“极差”项，承认“良好”即为“一般”的事实，是一种处理“宽松误差”的方法。

（8）一位评估者不要一次评估太多员工，以免评估先松后紧或先紧后松，有失公允。“评估沟通”一般由评估者和被评估者单独进行，沟通的程序建议采用“三明治”法，即开始肯定被评估者的工作成绩，然后提出一些不足及改进意见，最后再对被评估者进行一番鼓励。评估者可以根据被评估者的自评结果找出可能产生争执的项目，并对相关内容进行客观而广泛的调查，这样才能有效地避免争执。

（9）每次评估都先复查一下前一次或前几次的绩效评估。在大多数企业中，每一次绩效评估通常都是从头做起，而不是把本次绩效评估和过去的绩效评估联系起来。这种做法的最大问题是在下一次评估时，主管常常忘记提到前一次已注意到而现在依然存在的问题。这样很容易让员工以为他已改正了前一次评估时暴露的问题，而事实并非如此。

三、评估技术错误

此类错误主要是由评估方法、评估工具和评估指标的不合适造成的，主要有以下几种情况。

1. 评估指标缺乏科学性

选择和确定什么样的绩效指标是评估中一个重要且难以解决的问题。在实践中，很多企业都在追求指标体系的全面和完整，所采用的绩效指标通常一方面是经营指标的完成情况，另一方面是工作态度、思想觉悟等一系列因素，具体包括安全指标、质量指标、生产指标、设备指标、政治工作指标等，可谓做到了面面俱到。然而，在如何使评估指标尽可能量化、可操作，并与绩效计划相结合的方面却考虑不周。绩效管理本应抓住关键业绩指标，将员工的行为引向企业战略目标方向，太多和太复杂的指标只能增加管理的难度和降低员工的满意度，影响对员工行为的引导。

2. 评估指标设计不合理

由于企业各个部门和各个岗位在工作职责、业务重点等方面有很大区别，因此其评估指标也不一样。即使是一样的指标，各个岗位的权重也会有所不同。有时指标选取错误，会导致用来评估被评估者的指标是被评估者不能影响和控制的，用这样的指标进行评估，被评估者当然不服气，绩效评估效果也就可想而知了。

3. 评估标准界定不清

如果绩效评估的标准是完全对外公开的，那么不同的评估者对“极好”“很好”“好”的标准的认识就可以是不同的。因此，在评估前明确界定各个标准是非常必要的。

4. 评估指标过于单一

一般来说，绝大多数岗位的工作都是由多种任务组成的，如果只用一个指标来衡量他们的工作绩效，那么评估结果就会有很大的局限性，而且有可能影响该岗位员工下一阶段的工作方向。例如，某企业评估车间主任的工作绩效指标只有“产量”，那么在下一绩效周期内，该车间主任就很可能会把主要精力放在产量上，而忽视产品质量、车间安全等问题。当然，也不是说评估指标越多越好，把员工做的每件事情都进行评估既浪费人力、物力、财力，也不会起到很好的作用。因此，一般只评估那些决定绩效高低的关键活动就可以了。

四、评估结果的误差原因分析及调整

1. 误差产生的原因

（1）评估者能力、水平、经验的差异产生的误差。评估者的素质、对被评估者的熟悉程度及所处地位均影响评估结果的有效性。此外，一些难以避免的主观现象也会影响评估结果。

（2）评估方法本身产生的误差。评估方法应该和评估指标的内容相适应，哪些可以定量评估、哪些只能定性评估、采用什么作为评估标准等问题都影响评估结果的准确性。

（3）信息搜集渠道及可靠度差异产生的误差。评估结果来源于相应的信息数据，错误的数据无论怎么处理仍然产生错误的结果。所以，需要对数据处理过程进行严格把关。

2. 误差的调整

（1）评估者“宽”和“严”的调整

1）标准得分法。标准得分法是指用分散度将不同尺度得到的测定值换算成共同评估的方法。

2）两两比较法。这是一种简单方法，对由不同评估者评估的同一个人进行比较，调整“宽”和“严”，而不对全员进行比较。在两组评估结果内，只取最高、中间和最低的水平进行对比分析，做出调整。

（2）部门之间的调整。在职务已经标准化、工作标准已经确定下来的情况下，对企业员工进行绩效评估不需要做部门之间的调整，但是如果绩效评估结果需要在某些方面进行运用，如评先进等，就需要在企业整体范围内考虑员工的价值，这时往往需要在部门之间进行评估结果的调整。

1）在生产性工作、技术性工作和事务性工作之间进行调整。由于工作性质不同，因此评估结果在均值和分散程度上都有很大差别。为了公平起见，必须做出适当的调整。

2）不同部门等级差异的调整。不同部门职务复杂程度不同、人员素质不同，因而经常形成等级上的差异，必须进行部门之间的调整。

五、减少绩效评估误差的措施

由于受绩效评估中各种因素的影响，因此绩效评估的信度和效度都会受到一定程度的影响。因此，需要采取有效的措施减少误差，使绩效评估的有效性达到最大化。通常情况下，可以采取的措施有以下几种。

一是对工作中的每一个方面进行评估，而不是只进行笼统的评估。

二是评估者的观察重点应该放在被评估者的工作上，而不要过多关注其他方面。

三是在评估表上不要使用概念界定不清的措辞，以防止造成评估者理解上的误差。

四是一位评估者不要一次评估过多员工，以免评估过程中前紧后松，有失公允。

五是对评估者和被评估者都要进行必要的绩效管理培训。

A公司员工的薪酬和晋升都与绩效评估紧密挂钩，但是A公司对员工绩效评估的目的绝不仅仅是为员工薪酬调整和晋升提供依据。A公司绩效评估的目的是使个人、团队业务

和公司目标密切结合，提前明确要达到的结果和需要的具体行为，提高对话质量，增强管理人员、团队和个人在实现持续进步方面的共同责任，在工作要求和个人能力、兴趣、工作重点之间发展最佳的契合点。

1. 绩效评估目标

A 公司绩效评估的成绩报告表是参照相关质量标准制定的。各个部门根据这个质量标准，针对具体业务制定自己的目标。A 公司员工每年制定的工作目标包括两个方面：一个是战略方向，包括长远的战略和优先考虑的目标；另一个是业绩，既包括员工在财务、客户关系、员工关系和合作伙伴关系等方面的表现，也包括员工的领导能力、战略计划、客户关注程度、信息分析能力、过程管理能力等。

A 公司每三个月会评估一次员工的目标执行情况。如果员工在工作中有一个联系紧密的合作伙伴，那么他们彼此之间就能够相互推动工作。跨部门同事和同部门同事之间的紧密联系，会使绩效评估达到 360 度平衡。

2. 如何避免误区

有些人在工作中的焦点不是客户，而是怎样使他的经理满意；有些人工作能力很强，但缺少与经理的沟通。这些情况都会导致绩效评估出现误区：要么员工业绩比较一般，但是经理很信任他；要么员工业绩很好，但是没有与经理建立信任关系。如此一来，人力资源部的工作就变得非常重要了。人力资源部会花很多精力在工作表现排在前 25 名和后 25 名的员工身上。如果一个人很有能力，但经理不重视，人力资源部会帮他找一位更好的经理。

3. 论功行赏

A 公司年终绩效评估在 1 月进行，个人评估是每季度一次，部门评估是一年一次，年底对业务进行总结。根据绩效评估情况，公司年底决定员工个人薪水的涨幅，也根据业绩晋升员工。A 公司常年都在选拔管理者，一般比较集中的时间是每年 2 月或 3 月，公司挑选管理精英到总部进行考察学习，到 5 月或 6 月会确定晋升的管理者人选。

4. 绩效评估流程

如果员工认为绩效评估不公平，可以拒绝在评估表上签字。每位员工的评估表都需要自己的主管和主管的主管签字，所以他的上级会知道其中有问题，并会参与进来了解情况，解决存在的问题。

绩效评估质量与管理者的关系很大。A 公司非常注重管理者的素质，因为管理者是制度的执行者，所以选拔管理者有许多明确的条件。例如，A 公司对副总裁候选人的素质有四点要求：一是个人的道德素质高；二是在整个大环境下，能够有效管理自己的人员；三是能够执行好总体业务目标，包括获得最好的效果、付出最低的成本、表现最快的速度；四是能够创新，大胆推动一些项目进行创新改革。总监、部门经理等都会有其就职要求。

A 公司有许多领导力提升培训和职业道德培训，还给管理层提供跨国性的培训，让管理层在全球做项目。

A 公司重视管理者的素质考察，如果管理者犯了严重的管理错误，A 公司会将管理者撤掉。

5. 适应变革的薪酬

A 公司的薪酬标准从职位入手，同一个职位可能会有差距，因为要看工作业绩。有些具有特殊能力的人可能要从国外招聘，薪酬跟国际市场挂钩。A 公司的薪酬水平在市场上处于中间档次。

曾经 A 公司的薪酬结构包括基本工资（占比很大）和年终奖金。

后来，A 公司管理层意识到固定工资有优点也有缺点，于是在 2015 年对薪酬结构进行调整，增加了一些可变动的工资，并将以前每年一次性发放的奖金改为每季度发放一次。以前奖金与全球市场挂钩，2015 年之后以所在国家的业绩作为奖金考核依据。

6. 科学调节薪酬

如果员工对自己的薪酬不满，可以向人力资源部提出来，A 公司则会进行市场调查。如果该员工的薪酬水平比市场平均水平低，A 公司会普调工资。

新员工在 A 公司刚刚开始工作时，学历上的差别会在薪酬中体现出来，如研究生和本科生会有差别。但是工作几年后，本科生比研究生薪酬水平高是非常有可能的。随着时间的推移，老员工可能经过几年涨薪，基数变得很大，那么应届毕业生的涨幅就会比老员工高。对于有创造性的员工，A 公司会破格调级。

A 公司的经理级别分为初级经理、部门经理、区域经理（总监）、副总裁（兼总监或总经理）、资深副总裁。在 A 公司，员工的男女比例相当。A 公司的经理有 664 人，女性经理人数占到经理总数的 23%，而且计划要发展到 40%。在 A 公司，中专毕业的工人也有做到部门经理的，A 公司强有力的培训给员工提供了一定的成长空间。在 A 公司，技术人员可以搞管理，管理人员也有做技术的，做管理的和做技术的在工资上有可比性。A 公司的许多职能部门都有专业职称评定，如在法律部、人力资源部可以评经济师、副教授、教授等；A 公司共有 1 377 名拥有内部职称的专业人员，分布在 8 个不同的部门。

讨论题

根据 A 公司的绩效评估体系，概括有效的绩效评估体系的特征。

本章思考题

1. 绩效管理制度的内容和制定要求有哪些？
2. 绩效管理制度的建立方法与设计步骤有哪些？
3. 绩效管理团队各角色的主要职责有哪些？
4. 绩效管理实施过程中有哪些常见错误？如何避免？

第十三章 绩效管理实施

假设你是公司销售部经理，黄刚是你部门负责东北地区的销售员，三年前他从一个小公司离职加入你所在的部门。前两年黄刚都未能完成销售任务，他把主要精力用于发展客户关系，但对客户业务需求的了解很肤浅，对产品的了解也很有限。根据这些表现，你给黄刚的业绩评定连续两年都是及格。

今年，东北地区某大客户公开招标项目 A，你和技术部经理立即组织力量投标，经几轮奋战，最终拿到了合同。作为销售员的黄刚，在项目期间工作很努力，以建立各种关系为重点，成为项目组的骨干。因项目 A 的成功，黄刚的销售业绩达到了 130%。

但同时，你注意到黄刚在与技术工程师合作时，关系处理得非常紧张。工程师们抱怨黄刚不能准确提供用户需求，没有计划，也不与大家沟通，造成几次方案重新设计，大家都不愿与他合作。另外，黄刚没有事先预报项目计划，目前订货、交货都有问题。

综合以上考虑，你计划给黄刚良好的业绩考核成绩。如果今天你约了黄刚做本年度的绩效沟通，那么你会怎样与他沟通？

案例思考

1. 你要讨论的关键点是什么？
2. 你希望达到的目的是什么？

第一节　绩效辅导

绩效辅导是指在绩效监控过程中，管理者根据绩效计划，采取恰当的方法，对下属进行持续的指导，确保员工工作不偏离企业战略目标，并提高其绩效周期内的绩效水平。

一、绩效辅导的作用

现代企业内部的专业分工日益清晰，知识型员工的比例不断增加，管理者虽然很难成为各个领域的专家，但是对员工的指导仍然是其工作的重要内容。管理者在绩效辅导过程中扮演"教练"的角色，通过指导和监控员工的工作过程，发现员工存在的问题，并及时培养其在工作中所需的能力。优秀的指导者应该在以下三个方面发挥作用。

1. 与员工建立一对一的密切联系，帮助他们制定具有挑战性的目标和任务，给他们提供反馈，并在他们需要时提供支持。

2. 营造一种鼓励承担风险、勇于创新的氛围，使员工能够吸取经验和教训，从别人身上学习，不断进行自我挑战并寻找学习新知识的机会。

3. 积极为员工提供学习机会，使他们与能够帮助他们获得发展的人建立联系，为他们提供新的具有挑战性的工作，进而为其目标实现和能力提升提供帮助和机会。

二、绩效辅导时机的选择

必须掌握辅导时机，以确保及时、有效地对员工进行辅导。一般来说，在以下时机对员工进行辅导会获得较好的效果。

1. 当员工需要征求一件事时。例如，员工向管理者请教问题或者了解新想法和新看法时，管理者可以在这个时候不失时机地对员工进行辅导。

2. 当员工希望解决某个问题时。例如，员工在工作中遇到阻碍或者难题希望得到帮助时，管理者可以传授给员工一些解决问题的技巧。

3. 当管理者发现有机会可以改进绩效时。例如，管理者发现某项工作用另一种方法去做更快更好时，就可以指导员工采用这种方法。

4. 当员工通过培训掌握新技能时。如果管理者希望员工将新技能运用于工作中，就可以辅导他使用这种技能。

5. 当员工面临新的职业发展机会时。例如，管理者发现员工拥有可以开发的潜力，而企业现在恰好拥有新的项目，就可以辅导员工争取机会。

6. 当员工工作业绩出现问题时。例如，员工工作的行为或态度不符合标准而自身尚未发觉，管理者就应及时给予员工提示和指导，以纠正其不当行为或态度。

三、绩效辅导风格的选择

有关这方面的研究主要集中在组织行为学的领导权变理论上。领导权变理论认为，领导的有效性依赖于情境因素，而这些情境因素可以被分离出来，作为影响领导者行为和业绩结果的中间变量。常用的中间变量包括领导者与下属关系、任务的结构化程度、领导者的职位权力、下属的成熟度、群体规范、下属对领导者决策的认可度、下属的工作作风等。被广泛接受的领导权变理论有领导情境理论、路径－目标理论等。

1. 领导情境理论

保罗·赫西和肯尼思·布兰查德在 1969 年提出的领导情境理论是一个影响比较大的领导权变理论，该理论又称领导生命周期理论。领导情境理论把领导行为划分为任务行为和关系行为两个维度，并根据两个维度组合成四种不同的领导风格——S1 指示、S2 推销、S3 参与和 S4 授权。领导情境理论模型如图 13–1 所示。

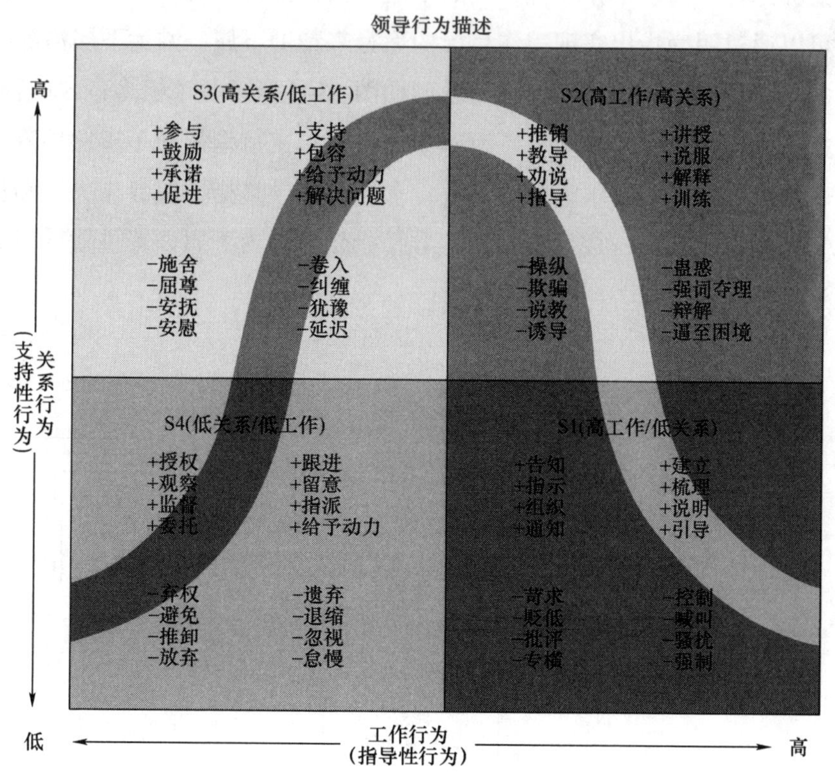

图 13–1 领导情境理论模型

领导情境理论比较重视下属的成熟度，这实际上隐含了一个假设，即领导者的领导力实际上取决于下属的接纳程度和能力水平。而根据下属的成熟度，也就是员工完成任务的能力和意愿程度，可以将下属分成四种：R1，下属既无能力又不愿意完成某项任务，这时是低成熟度阶段；R2，下属缺乏完成某项任务的能力，但是愿意从事这项任务；R3，下属有能力但不愿意从事某项任务；R4，下属既有能力又愿意完成某项任务，这时是高成熟度阶段。

领导情境理论的核心就是将四种基本的领导风格与四种员工的成熟度相匹配，并对管理者如何根据员工的不同绩效表现做出适当回应提供帮助。随着下属成熟度的提高，领导者不但可以减少对工作任务的控制，而且可以减少关系行为。具体来讲，对于处在 R1 阶段的下属，领导者采用给予其明确指导的指示型风格；对于处在 R2 阶段的下属，领导者采用高工作 / 高关系的推销型风格；对于处在 R3 阶段的下属，由参与型风格的领导管理最有效；而当下属的成熟度达到 R4 阶段时，领导者无须再做太多的事情，只需要授权即可。

2. 路径 – 目标理论

罗伯特 · 豪斯提出了另一种领导权变模型，即路径 – 目标理论。罗伯特 · 豪斯认为，如果领导者能够弥补下属或工作环境方面的不足，则会提升下属的工作绩效和满意度。有效的领导者可以通过明确指出实现工作目标的途径来帮助下属，并为下属清除在实现目标过程中出现的重大障碍。路径 – 目标理论模型如图 13–2 所示，该模型包含四种领导风格：指示型领导是指由领导者发布指示，下属不参加决策；支持型领导是指领导者对下属很友善，而且更多地考虑下属的要求，关心下属；参与型领导是指下属参与决策和管理，领导者主动征求并采纳下属意见；成就指向型领导是指领导者为下属设置挑战性目标，并相信下属能实现这些目标。

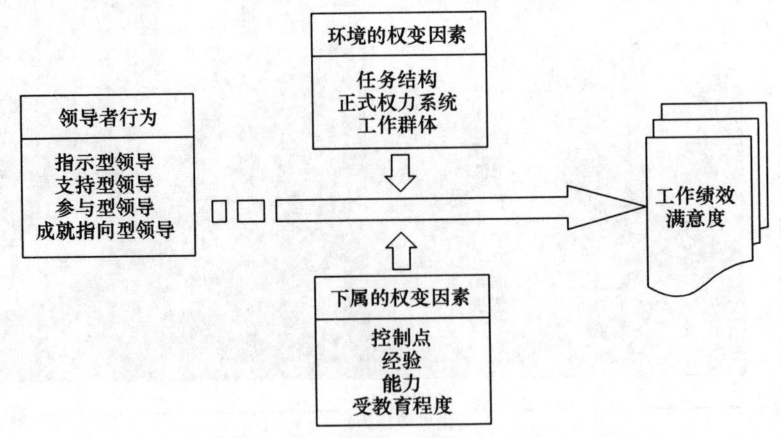

图 13–2 路径 – 目标理论模型

路径－目标理论同时提出两种权变因素，作为领导者行为与工作绩效、满意度之间的中间变量。一种是下属控制范围之外的环境，包括任务结构、正式权力系统、工作群体等；另一种是下属个性特点中的一部分，如控制点、经验、能力、受教育程度等。

罗伯特·豪斯指出，领导者的选用没有固定不变的公式，应当根据领导方式与权变因素的恰当配合来考虑。同时，罗伯特·豪斯认为领导者的风格是灵活的，同一位领导者可以根据不同的情境因素选择不同的领导风格。

由路径－目标理论还可以推导出一些观点，这些观点对于领导者行为的指导同样具有重要意义。例如，当面对结构模糊的任务或压力较大时，指示型领导会得到更高的员工满意度；当面对结构化任务时，支持型领导会得到比较高的工作绩效和员工满意度；对能力强或经验丰富的员工而言，指示型领导被视为累赘；正式权力系统越完善、越官僚化，领导者越应采用支持型风格，同时越少地做出指示行为；当工作群体内部有激烈冲突时，指示型领导会得到较高的员工满意度；内控型员工更适合接受参与型领导，外控型员工则对指示型领导更满意。

路径－目标理论虽然较少受到中间变量的限制，但无论是理论本身还是由之推导出的观点都得到了不同程度的验证，为领导者选择领导行为奠定了理论基础。

路径－目标理论也揭示了实施绩效计划过程中一个比较重要的问题——清除绩效障碍，及时、系统地找出并清除绩效障碍是高绩效管理者应当具备的素质。

四、绩效辅导程序及注意事项

进行绩效辅导时，首先要对员工的工作方法、结果进行及时的评估。这种评估是非正式的，主要通过描述具体行为、对照目标反馈数据，提出这些行为、数据可能的影响及后果，在此基础上进行辅导。对于非基层员工来说，这种辅导更多的是给出建议；而对于基层员工来说，更多的则是管理者亲自演示与传授。进行绩效辅导时应注意以下问题。

1. 信任员工。

2. 绩效辅导应该是经常性的，而不是出了问题才进行绩效辅导。

3. 当员工在工作绩效方面表现出色时也应该对其进行绩效辅导，一方面认可员工的表现，另一方面鼓励员工以后做得更好。

4. 将创造和启发相结合。管理者不应该总是直接告诉员工怎么做，还应该启发员工自己思考和探索解决问题的方法。

5. 给员工独立工作的机会。管理者应该让员工大胆尝试，并对一些过程中的错误表示宽容。

6. 注重提升员工的能力。辅导不应该仅仅停留在解决一些具体问题上，而是应该以提高员工的自身能力为目标。这样，员工以后遇到类似问题或新问题时，就有能力独立应对。

第二节　绩效目标变更

管理学上有一个著名的循环，称为 PDCA 循环，又称戴明环，如图 13-3 所示。绩效目标（以下简称目标）在企业中推广和落实必然会经过计划—执行—检查—处理这一过程。

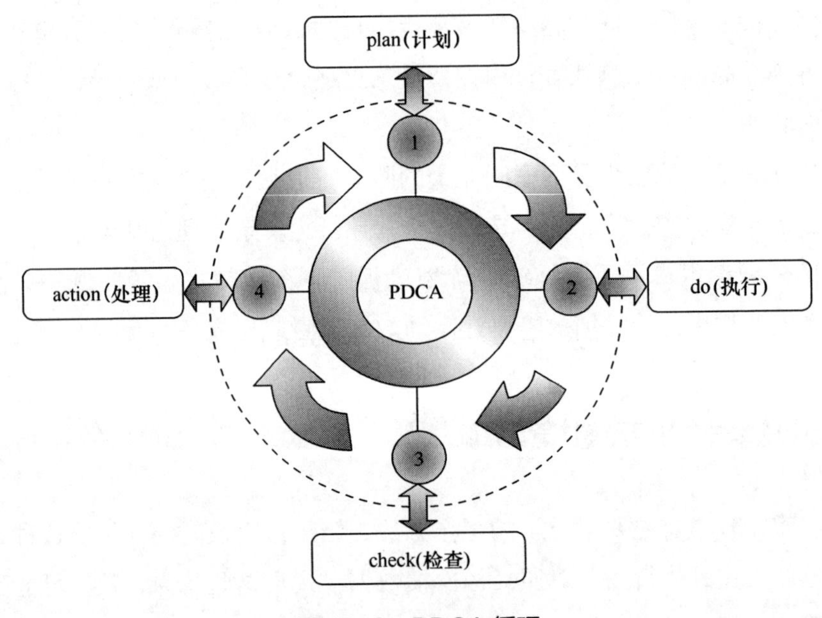

图 13-3　PDCA 循环

一、目标执行中的变更

目标执行中的变更是指在目标执行过程中对目标进行修改，甚至重新规划。目标的变更包括整体变更和局部变更两种。

1. 目标变更的原因

目标变更基本上是对原目标的重新制定，因此，对目标需要变更的条件和原因都有较高的要求。

（1）国家宏观政策调整。例如，近几年国家对房地产行业实施调控，很多房地产企业都改变了原有目标。

（2）企业战略发展方向转变。企业所有的目标都是根据战略发展方向分解而来，一旦企业发展方向变化，目标必然需要变更。

（3）企业组织结构发生变化。企业组织结构的变化必然会使部门及个人职责、职权发生变化，其相应的目标也会随着职责范围的变化而进行调整。

（4）企业内部重要人员流失。企业内部重要人员特别是高层领导的变化，也会影响一定时期内目标的执行。特别是销售总监等职位人员的变化，会在企业内部及主要客户之间造成影响，目标变更也随之而来。

2. 目标变更的流程

（1）目标变更的提出。目标变更在企业经营中占有很重要的分量，如果处理不当，势必影响企业的发展。目标变更一般由企业高层领导提出，然后召开专门会议对目标是否需要变更进行讨论、商议。

1）目标变更提出者填写目标变更申请书，详细说明变更理由、变更和不变更给企业带来的风险、变更所要求的资源（人、财、物）、变更后的实施方案等。目标变更申请书示例见表 13–1。

表 13–1　　目标变更申请书示例

目标变更提出者	所属部门	现任职位
原目标		
变更后的目标		
目标变更理由		
审核人签字		

2）召开股东大会或者高层领导会议针对目标变更申请书的内容进行讨论，讨论过程及结果应当以专门的书面文件记录，要求所有与会人员签字，并以附件形式附在目标变更申请书后面。

（2）目标变更的实施。根据目标变更讨论会确定的最终目标内容，以公告的形式告知全体员工，并据此对各自目标做出相应调整。

目标变更会影响部分人的利益，难免会遇到一些阻碍，针对这种情况，管理者应让所有员工认识到目标变更是针对企业整体利益的，并不是针对某一个人的，个人相关利益的损失会通过其他渠道进行弥补。另外，管理者应向员工证明，目标变更程序是公正、公平、合法的，是建立在商议基础上的。

二、目标执行中的修正

目标执行中的修正是指调整目标本身，使目标能够适应新情况。

1. 目标修正的原因

目标是经过严密程序制定出来的，在制定时包括了对未来的预测和不确定性的估计，所以一般不存在修正的必要。但是如果发生下列情况，必须修正目标。

（1）目标制定时所依据的外部竞争对手或者外部市场环境发生变化。

（2）企业经营面临突发事件或者业务流程发生变化，如出现金融危机，这时就需要对原目标进行修正。

（3）有了更好的构想，主要是指修正目标的表达方式可以更加清晰。

（4）实现目标的方法需要调整。

2. 目标修正的流程

（1）确定目标是否需要修正

1）目标是结合企业发展战略、充分考虑目标执行过程中会遇到的各种情形制定出来的，因此，不能因为目标执行环境的细微变化就要求修正。

2）企业设定的目标具有挑战性，有挑战必然有困难，不能因为有困难就要求修正目标，应该努力克服困难，实现既定目标。

3）不能因为目标执行进度与年度发展进度不一致就要求修正目标。只要在年度内能够达成目标，即使月度或季度目标进度稍慢也应当按照原目标进行。

4）不能因为个人或部门行动方向与目标方向暂时不一致就要求修正目标。在这种情况下，应当纠正行动的偏差而不是修正目标。

总之，不能仅仅是因为细微环境的变化、目标执行遇到困难或因为执行主体本身行动的问题就去修正目标。必须分清目标是否出现偏差，如果不是，则应坚决执行；反之，则应修正。为此，要建立目标的修正标准，只有符合这些标准才允许修正目标。

（2）建立目标的修正标准

1）规定目标需要修正的情形。即将目标需要修正的原因以更加具体的形式确定下来，如目标制定时外部环境发生变化，应当详细说明是什么样的外部环境，或列入企业章程中，或制定专门的规章制度。

2）规定目标执行的误差范围。任何目标不应仅仅是确定某一个具体数值，而应当是一个范围，只要在此范围内，就没有必要对目标进行修正。

（3）进行目标修正。企业应当制定专门的目标管理卡，目标管理卡中应当包含目标修正理由及修正后的目标，然后由相关领导审批，递交相关部门保管、存档，作为未来绩效考核的依据。

目标管理卡示例见表13–2。

表13–2　目标管理卡示例

目标执行者	所属部门	填表日期
原目标		
修正后的目标		
目标修正理由		
审核人签字		

目标修正过程中还应考虑目标执行的其他相关责任人。如果目标修正不影响其他部门，可直接将目标管理卡交由领导审批，然后返还给执行者执行目标；如果目标修正影响其他部门，在填写目标管理卡时应首先与其他部门探讨，经大家一致通过后，其他部门也要填写相应的目标管理卡。

场景再现

某公司的主导产品是增强材料和电子布。公司推行绩效管理已经进入第二年，去年主要是对中级管理者实行年薪制，年末对部门进行年终考核，对于员工的考核基本没有开展，今年在去年基础上将加强对各个岗位的二级考核工作。

在年初的公司年度工作会议上，总经理就绩效管理做了工作报告，表示今年将继续对部门经理实行年薪制，对各个岗位员工实行岗位绩效工资制，对生产工人给予季度奖金，对销售人员给予年终业绩提成奖金等。各部门经理都签订了目标责任书，人力资源部也将各部门的年度目标分解到了各个季度，同时组织各部门确定了员工的月度绩效计划及考核标准。

工作会议结束后，人力资源部经理张鹰要求各个部门经理加强绩效辅导工作，每月都应与每位员工进行一次绩效沟通，并要求各部门保存好绩效沟通记录，人力资源部将不定时进行检查。

但是第一季度的执行效果并不尽如人意。各部门并不重视绩效考核工作，部门内部员工的考核分数基本一致，员工的绩效工资拉不开差距，个别部门的绩效考核表单迟迟交不上来，甚至影响当月绩效工资的及时发放。同时，很多部门经理未对员工进行有效的绩效辅导，绩效考核流于形式。

另外，采购部和销售部多次反映无法继续进行绩效考核，因为设定的考核目标太高，如果严格按照设定的目标进行考核，很多员工的绩效考核结果都是不及格。最后，人力资源部同意对销售部和采购部的考核目标进行修正，最终让所有员工的考核结果全部及格，但是这两个部门员工还不是很满意。

关于销售部与采购部提出的问题，与公司年初对市场的判断有一定关系。年初公司判断增强材料的市场不会有大的增长，同时价格保持稳定，而电子布行业要复苏，价格会增长。据此对增强材料制定了销量增加 10% 同时价格不变的考核目标，对电子布制定了销量增加 20% 同时价格上涨 10% 的考核目标。

从今年 1 月开始，增强材料市场保持稳定，价格波动不大，但是电子布国际市场供不应求，推动价格持续攀升，公司目前基本没有库存。同时，产品的供不应求对原材料的采购带来很大压力。增强材料和电子布都需要一种叫玻璃纤维的主要原材料，目前这种原材料不但价格猛涨，而且供不应求，几个重要的供应商都库存不足。采购部使尽浑身解数，也无法采购到足够数量的原材料。

从 2 月开始，增强材料和电子布的生产都开始受到原材料供应不足的制约。由于电子布利润较高，因此公司决定原材料首先保证电子布生产的需要。预计电子布一季度将超额完成指标；但是增强材料产量受原材料供应不足的影响，一季度实际完成值预计将比考核目标少 20%。

由于原材料采购越来越困难，因此公司决定进一步减少增强材料的生产，以保证利润高的电子布的生产和销售。

张鹰意识到，绩效考核能否收到成效，一是绩效目标是否科学合理，二是能否保证绩效考核数据的真实性。对于这两点，他心中都没有底。

目前已经到了 3 月底，如何及时完成员工的月度考核和各部门的季度绩效考核，是让张鹰非常头疼的事情。同时，因为第一季度市场发生了很多变化，公司打算进行产品结构的调整，这样年初制定的目标就要相应调整，但是怎么调整目前还没有明确的思路。

讨论题

1. 该公司在实施绩效考核过程中有什么问题？
2. 该公司的绩效考核目标存在什么问题？如何修正？

本章思考题

1. 绩效辅导在时机选择和实施过程中有哪些注意事项?
2. 根据领导情境理论，如何针对不同类型的员工采取适当的沟通方式?
3. 根据路径 – 目标理论，四种领导风格在绩效辅导中应如何运用?
4. 哪些情况下需要变更绩效目标? 哪些情况下仅需要修正绩效目标?

第十四章 绩效评估结果的分析应用与绩效改进

引导案例

赛特购物中心某楼层（主要经营家电、日用品等）过去考核员工是把销售业绩、卫生环境、柜台陈列、账册管理等方面的情况汇总在一起评估，根据综合评估的结果发放奖金。这样就会出现销售业绩单项突出，而最后综合评估分数不一定高、奖金不一定多的情况，严重影响员工积极性。

为了提高员工积极性，赛特购物中心推出以下改革措施，完善了考核方案。

首先提出总奖金的40%作为销售奖金，按销售业绩排序分档，如第一名拿第一档、第二名拿第二档等。

其次提出总奖金的20%作为销售服务奖，按服务态度分档排序。

再次提出总奖金的5%作为领班奖，奖励领班所做的一些临时性的、不能计入业绩考核的工作。

最后总奖金剩下的35%才按老办法进行销售、卫生、陈列、账册等综合评估。

不难看出，新方案突出了员工的销售业绩，并把每个人的业绩摆在明处。

上述改革措施实施后，确实极大调动了员工销售的积极性，9月、10月销售额连续增长20%。但同时，也出现了一些负面效应：一些员工争抢销售业绩，在一定程度上影响了团结；一些员工平时劳动态度好，只因为不善于沟通表达而销售业绩不突出，感到很委屈；一些排在后面的员工觉得没面子，心理压力较大。

案例思考

1. 你怎样评价案例中绩效评估改革措施带来的负面效应？
2. 为了消除这些负面效应，你认为有哪些工作需要进一步落实？

第一节　绩效评估结果分析与应用

绩效评估完毕，人力资源部应该及时对绩效评估结果进行整理、归档、统计和分析。绩效评估结果有助于人力资源部更科学地制定和实施各项人力资源管理政策，如招聘政策、选拔政策、培训政策等。

一、绩效评估结果分析

1. 分析内容

企业人力资源部可以根据需要进行统计和分析，具体主要围绕以下内容进行。

各项结果占总人数的比例是多少？其中优秀人数比例和不合格人数比例各为多少？

不合格人员的主要不合格原因是什么？是工作态度问题还是工作能力问题？

是否出现员工自评和企业考核差距过大的现象？如果出现，主要原因是什么？

是否有明显的考核误差出现？如果出现，是哪种误差？如何才能预防？

能胜任工作岗位的员工比例是多少？

2. 分析方法

员工评估成绩是变好了还是变差了，有比较才会有高下。评估结果主要通过横向比较和纵向比较来进行分析。

（1）横向比较分析。横向比较分析是指以指标、人员、部门、类别为变化量，对同一个考核期进行比较分析。对同一位员工的各个指标进行比较，可以分析其各项工作执行情况的均衡状况，便于进一步做好指导和协调工作。

对于人员、部门和类别之间的比较，以任务完成优劣或对企业贡献多少的顺序作为绩效工资、评先进等的依据。同时，在比较过程中，也可以发现评估过程造成的各种误差，有利于及时调整，提高评估工作的质量。

（2）纵向比较分析。纵向比较分析是指以人员、部门、公司为变量，对不同考核期的同一考核指标进行比较分析。通过对员工本期评估结果与上一期评估结果进行比较分析，找出业绩差距及引起差距的内在原因，以达到有针对性地改进员工绩效的目的，具体可以从以下几个方面进行。

1）比较当年单项评估指标的平均值与任一年度的平均值。以当年的单项评估指标平均值与任一年度进行比较，观察其变化情况，有无进步及进步大小。可以进行全部指标的比较，也可以选取某些指标进行比较。

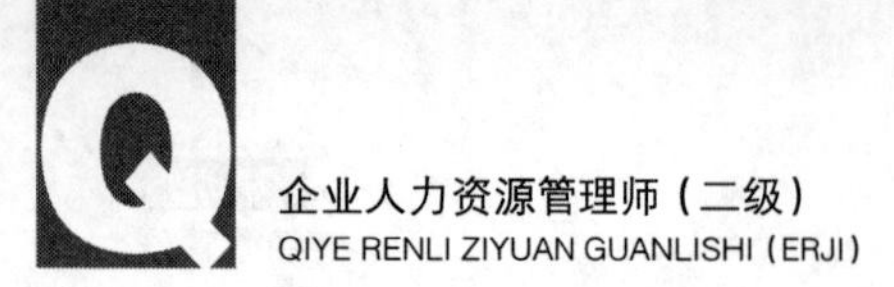

2）分析各单项评估指标平均值的历年变化趋势。主要分析单项评估指标平均值的历年变化趋势。

3）比较各组评估指标的总体平均水平。对某一年度或历年的变化趋势进行分析，方法与单项评估指标相同。

（3）分析方法的限制条件

1）评估结果的计算方法不变。

2）权重体系保持不变。

3）单项评估指标相对得分的对照量不变。

如果不具备以上条件，则以本期调整上期的方式对评估结果进行调整，使评估结果具有可比性。

3. 分析注意事项

（1）灵活进行多维度分析和综合分析。在对评估指标进行多维度分析的基础上，对各个指标的评估结果进行全面综合分析，以确定业绩改进的总体目标和措施。

（2）区别对待不同类型指标。在实际分析过程中，对难以量化的能力类指标、可量化的业绩类指标应区别对待。应通过对业绩类指标的分析，在找出差距的基础上再进行能力类指标的分析。这主要是因为业绩类指标的评估结果更客观，更容易得到员工认可，有利于建立互信的基础，这也是业绩改进所必需的前提。而且从投入与产出模型来讲，员工的能力是投入，员工的业绩是工作产出，通过评估结果分析原因也是符合分析问题的普遍规律的。

（3）按顺序进行评估结果分析。评估结果分析的整体过程是首先进行业绩指标结果分析、业绩差距分析、能力分析，其次进行业绩环境分析，最后通过本期与上期能力对比分析及综合分析提出改进意见。

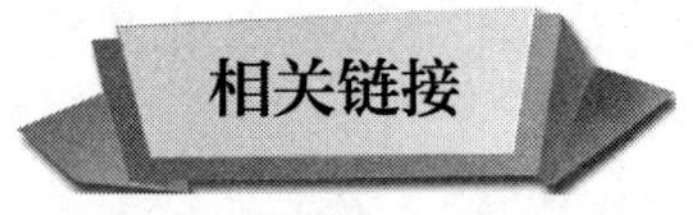

综合分配绩效评估结果

1. 按态度、品质、业绩分配

把态度、品质、业绩分别按绩效评估结果的高、中、低档排序，把员工分成不同级别，把每种级别的员工控制在一定的比例内，进行不同的安排。态度能力绩效考核的矩阵模型见表 14–1，该模型把员工按评估结果分为五种级别：一级员工，10%，优岗；二级员工，15%，优岗；三级员工，55%，上岗；四级员工，10%，试岗；五级员工，10%，待岗。

表 14-1　　态度能力绩效考核的矩阵模型

态度、品质	高	三级员工 改善绩效，制订培训计划	二级员工 薪酬激励	一级员工 薪酬激励，并列入后备人员开发计划
	中	四级员工 改善绩效，制订培训计划	三级员工 维持现有绩效	二级员工 薪酬激励
	低	五级员工 制订绩效改善计划，脱岗培训	四级员工 制订绩效改善计划，在岗培训	三级员工 维持现有绩效
业绩能力		低	中	高

2. 按综合素质、工作绩效分配

“九格图”是一种按综合素质、工作绩效来划分绩效评估结果类型的方法，它把员工的评估结果分配在九个不同的方格内，如图 14-1 所示。

综合素质	高	有欠缺者 暂停加薪及晋升，要求其努力工作提高绩效，或轮换岗位给予第二次机会	优秀者 加薪及给予较多的奖金，鼓励其争取更好的绩效，具备晋升条件	非常优秀者 各种机会和奖励，大幅度加薪及高额奖金，连续获得则可优先晋升或给予其他各种奖励
	中	有问题者 停止一切晋升机会与奖励，在绩效方面严格要求，要求其参加培训和学习，令其进入观察期，以考虑下一步如何处理，考虑减薪	表现尚可者 对加薪和晋升均需要提出绩效要求，要求其参加培训提高能力和技能水平	优秀者 奖励，鼓励，给予晋升机会
	低	失败者 立即淘汰	有问题者 停止一切晋升机会与奖励，在能力和素质方面严格要求，要求其提高绩效，令其进入观察期，以考虑下一步如何处理，考虑减薪	有欠缺者 暂停加薪及晋升，给予一年的时间要求其提高能力和素质，要求其参加培训和学习
		低	中	高
			工作绩效	

图 14-1　“九格图”

二、绩效评估结果应用

绩效评估结果的应用对于绩效管理的成功与否至关重要。如果不能合理利用绩效评估结果，那么绩效管理对员工业绩和能力提升的激励作用就会大大削弱。

1. 绩效评估结果应用的原则

（1）坚持以人为本，改进和提升员工的绩效，促进员工的职业发展。

（2）能够将员工利益与企业利益紧密联系起来，使员工和企业共荣辱、共成长。

（3）绩效评估结果应有利于人力资源的管理和决策。

2. 绩效评估结果应用需要防范的问题

（1）绩效评估结果没有及时反馈给被评估者。

（2）绩效评估结果没有应用到与员工利益紧密结合的地方。

（3）绩效评估结果的应用没有针对员工需要培训和改进的地方。

（4）绩效评估结果的应用方式单一，形式化严重。

3. 绩效评估结果应用的方向

绩效评估结果确定后，要与相应的其他管理环节衔接，主要应用方向如下。

（1）作为直线经理与员工一起制订绩效改进计划的依据。直线经理应该及时将绩效评估结果反馈给员工，并与员工进行绩效沟通，发现绩效差距，查找原因。最后，直线经理与员工一起制订绩效改进计划，并跟踪绩效改进计划的执行效果。

（2）作为调薪、奖惩、晋升或降级的依据。人力资源部根据绩效评估结果的分析情况与直线经理进行会商，并根据公司相关规定将绩效评估结果作为薪酬调整、奖金分配、职位晋升或降级、岗位调整等的依据。

（3）作为绩效改进方案的设计依据。绩效改进是绩效考核后续应用中最重要的环节，也是绩效考核的最终目的。

企业绩效和个人绩效的提升是人力资源部的工作重点，而实现这一目标的途径就是绩效改进。绩效改进方案不仅涉及员工个人的绩效改进，还涉及企业的绩效改进，以及部门的绩效改进。

第二节 绩效改进

绩效评估结束了并不意味着绩效管理也结束了，相反，绩效管理最关键的环节即将开始。绩效管理是“绩效计划—绩效实施—绩效检查—绩效反馈—绩效改进”的闭环管理。绩效改进是绩效管理的最后一环，也是最重要的一环。绩效改进是绩效考核的后续应用阶段，是连接绩效反馈和下一循环绩效计划制订的关键环节，是确认企业或员工绩效的不足、查明原因，制定并实施有针对性的改进策略，不断提高企业或员工竞争优势的过程。

绩效改进不但要促进员工个人绩效改进，更要推动企业绩效改进。

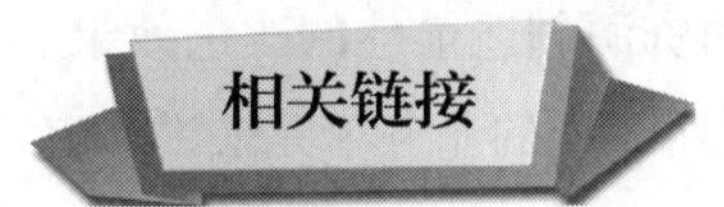

企业绩效和个人绩效有联系，也有区别。如果把企业看成一列动车，则企业绩效相当于一个动车头，而个人绩效相当于一节节车厢，动车头把握方向，带动整辆列车前进，一旦动车头方向偏了，整辆列车都有脱轨的风险。因此，企业绩效目标的合理设计就非常重要。

有时候会出现一种怪现象，员工个人绩效看着都不错，但是企业绩效目标却没有达成，企业收入没有达到预期，市场份额还在持续下降。这时问题出在哪里?

问题可能出在企业绩效没有合理分解，即个人绩效目标总和小于企业绩效总和，导致个人绩效目标不能支撑企业绩效目标的实现。此外，企业绩效目标设计不合理，难以达成；或者企业绩效目标设计合理，但是个人绩效目标未完成；或者部门关系设置不合理，都有可能导致企业绩效最终出现偏差。

一、绩效改进的原则

1. 系统思维

绩效改进首先要求把企业看作一个有机的整体和系统。一方面要看到该系统与外界环境的关系，包括外界环境如何对该系统造成影响，同时该系统采用何种方法适应外界环境；另一方面要看到这个系统内部各个组成部分之间的相互作用，看到它们之间牵一发而动全身的关系。这种思维方法不仅有助于绩效改进人员识别出影响企业绩效、个人绩效的多种因素，也为综合考虑各种影响因素之间的关系设计并实施多项配套措施提供了思路。

2. 结果导向

强调采用“执果索因”与“对症下药”相结合的方式解决企业绩效和个人绩效的问题。结果导向是指完全以结果为出发点，采用一系列分析方法分析产生绩效差距的原因并追查原因，根据原因明确绩效干预方案。但是，在现实中往往存在“一果多因”的问题，这就需要对影响结果的原因进行准确分析和定位，即“对症下药”。

3. 效益最佳

绩效改进不可避免涉及资源投入、流程再造、变革推进等，在此情况下，就必须始终坚持效益观念，按照“打蛇打七寸”的思维，投入尽可能少的资源创造最佳的改进效果。绩效改进可以尝试从困难的业务单元开始做起。对于处在发展瓶颈期的业务单元来讲，直线经理需要各方的帮助。如果绩效改进工作能够有效提升业务单元的绩效水平，帮助直线经理摆脱困境，那么绩效改进工作的影响力与威信将会逐步树立起来。

二、绩效改进的步骤

无论是企业绩效改进还是个人绩效改进，都可以遵循以下步骤。

1. 分析绩效目标

通过分析设定目标与实际达成情况之间的差异，找到绩效改进的空间。进而再进行分析，是目标设计过高，还是实际达成过低。

2. 寻找影响绩效目标达成的因素

可以采用5W1H分析法、4W分析法、观察法，也可以通过访谈、数据分析、流程分析等方法进一步确定关键影响因素。

影响绩效的关键因素往往多个共同作用，如绩效目标设计不合理，绩效目标分解到部门和个人不合理，直线经理执行过程有偏差，员工能力或意愿问题，工具、资源和环境等不支持。

3. 设计绩效改进措施

从最关键的影响因素出发，设计有针对性的绩效改进措施，关注的焦点包括但不限于提高知识技能，提升工作积极性，改进人力资源管理，改进资源、工具和环境，改进架构和流程，改进财务系统，促进员工健康。具体改进措施包括组织设计、流程再造、团队重整、管理提升、能力再造、接班人计划等。

4. 实施绩效改进措施

在实施绩效改进措施的过程中，必须与所有利益相关方交流实施日程及其将带来的变化。在实施干预之前，要根据具体的改进措施确定需要提供的培训或其他的支持机制。最后，在实施绩效改进措施时，要循序渐进，让员工慢慢接受这种变化，对反对意见和质疑要做好应对准备。

5. 评估绩效改进效果

评估过程主要关注绩效改进措施在完成既定目标方面的情况，而不是关注它如何受人欢迎。要根据实际情况修订绩效改进措施，并对拟修订内容进行评估。绝大多数绩效改进措施不可能一步到位，可通过不断优化、完善，努力达到绩效改进的预期目的。

三、绩效改进设计的主要工作

1. 分析绩效评估结果，为绩效改进设计提供数据支持

（1）绩效评估结果的总体分布情况。

（2）数据质量检测（数据有效性、信度、效度）。

（3）统计结果的分布是否正常？ 是不是直线经理没有正确理解绩效评估方法，或者企业考评系统本身就存在问题?

（4）是否存在普遍性问题?

（5）为每位员工建立绩效档案，作为奖金发放、工资调整、职务升降、岗位调动等的依据。

2. 分析绩效管理体系是否符合企业现状

（1）行业因素。行业不同，思维方式、管理模式不同。例如，传统行业相对稳定、计划性较强，对于该行业中规模较大的企业而言，可以主要采用平衡计分卡构建绩效管理体系，综合采用 KSA（关键成功领域）、KSF（关键成功要素）、鱼骨图等方法建立绩效指标库；对于规模较小的企业，可以将 MBO（目标管理）方法作为主要方法，辅之上述其他方法建立绩效指标库。又如，对于新兴行业或服务行业等，可以将 OKR（目标与关键成果）方法作为主要方法建立绩效管理体系，以体现项目制运作、快速反应、计划多变、知识型员工更加重视自我管理和自我实现等特点。

（2）战略因素。当企业的发展战略发生变化时，需要重新梳理企业战略、部门规划、

基层重点、岗位任务等，由上而下、由下而上结合，企业员工广泛参与、达成共识，形成新的适合当下企业发展战略的绩效管理和绩效考核指标体系。

3. 对绩效管理过程的有效性进行检查

检查是否存在绩效考核、绩效反馈等执行不到位的情况。

（1）做好绩效检查，强化过程管控。例如，在规模较小的企业里，绩效检查工作要么不经常进行，要么进行得不规范；而在规模较大的企业里，虽然绩效检查工作的经常性、规范性较好，但往往深度不够。

（2）做实绩效反馈，促进绩效改进。从实际情况来看，绩效反馈较绩效检查更为薄弱。究其原因，主要有三点：一是评估者对反馈的重要性认识不足，视绩效反馈为可有可无的事情；二是绩效评估工作不细不实，缺乏绩效反馈的基础；三是评估者对绩效反馈心存畏惧，缺乏绩效反馈的技能。评估者应重视绩效反馈，切实担负起促进企业绩效提升、促进员工发展的重任。企业人力资源部要以岗位管理为基础，构建全员绩效评估体系，形成个体绩效档案，为绩效反馈奠定基础。同时，评估者要掌握必要的绩效反馈技能。

4. 提供绩效改进辅导和培训

意愿和能力是导致绩效问题的主要原因，改变意愿和提升能力是绩效管理者开展绩效改进工作的重要内容。基本的意愿和能力包括：相关职能部门在绩效管理体系设计、推进方面的专业能力；各级管理者主动承担绩效管理责任的意愿和能力，公平、公正开展绩效考核，对员工进行及时、有效的绩效反馈与辅导等方面的意愿和能力；员工参与绩效管理全流程的意愿和能力；获得领导层尤其是主要领导的资源保障的能力。

5. 针对不同层级员工设计绩效改进方案

（1）高级管理者。高级管理者作为企业的舵手，其个人绩效必须体现企业绩效，除了要考察其当期的业绩，还要考察其未来的业绩潜力。这些考察点包括高管胜任力的考察、接班人培养、业务创新能力等。

（2）中级管理者。小组、科室、部门负责人的个人绩效包含其所在小组、科室、部门的绩效。中级管理者一样需要被考察持续的岗位胜任力，考察内容参考高级管理者，要求上比高级管理者稍低一个层级。

（3）基层员工。基层员工个人绩效的主要影响因素包括目标设置是否合理、激励是否对员工产生足够的驱动力、能力是否欠缺等。直线经理需要与基层员工进行绩效沟通，制订绩效改进计划，主要采取以下针对性措施。

1）预防性措施与制止性措施。即制定详细的绩效评估标准，明确什么是正确、有效的行为，使基层员工掌握具体、有效的工作方法，从而有效防止和减少员工的无产行为，提升工作绩效。

2）正向激励措施与负向激励措施。

3）向基层员工提供培训，提升基层员工工作能力。如果部门资源不足，需要向人力资源部提出申请。

4）组织变革与人事调整。可以是部门内部组织结构、作业方式、人员配置等方面的调整，如果调整涉及多个部门，需要及时请人力资源部介入。

6. 推动建设健康的绩效文化

企业文化管理是企业管理的最高境界，绩效文化是企业的核心文化，建设健康的绩效文化是绩效改进的最高境界。

（1）绩效管理的各项具体活动尤其是绩效考核，要适应企业文化要求。例如，注重队伍稳定、重视和谐氛围的企业在推行强制排序和末位淘汰制度时需要十分谨慎；追求结果导向、以成败论英雄的企业，则应适当拉长考核周期，设置弹性绩效目标，并配套建立具有较强吸引力的利益分享机制。

（2）绩效管理要成为企业文化管理的有力武器，尤其是在企业处于转型变革时期，绩效管理要发挥好“指挥棒”作用，担负起正确引导企业资源合理流动、适当改变员工行为的重任。

（3）要建立科学的绩效管理文化思想观。绩效管理是与员工一起达成目标的工作，而不是针对员工的过程；绩效计划、反馈和沟通都是在双向合作的方式下完成的；绩效管理不是要盯住问题，而是要找出原因、解决问题。

（4）绩效考核结果要公开、透明，不搞暗箱操作。

? 本章思考题

1. 绩效评估结果应用的原则和方向有哪些？
2. 绩效改进的步骤是什么？
3. 绩效改进设计的主要工作有哪些？

薪酬管理

- 第十五章　薪酬体系设计
- 第十六章　员工福利管理

第十五章

薪酬体系设计

引导案例

A 公司是一家由国有企业改制而来的股份制企业，员工总数 2 728 人，其岗位分类情况见表 15–1。

A 公司薪酬结构线与市场薪酬结构线的比较如图 15–1 所示。

表 15–1　　A 公司岗位分类情况

岗位类别	岗位特征
中高级管理岗位	部门副经理（含）以上管理岗位
主管岗位	部门主管（含）以上管理岗位
技术岗位	技术员、工程师
市场运营岗位	市场推广、市场支持、市场开发岗位
财务岗位	财务人员
管理岗位	行政、人事、法务、文秘等岗位
技工岗位	技工、技师
工勤岗位	非计件工人、勤务人员
销售岗位	大区经理、办事处主任、销售员
计件工人岗位	计件工人

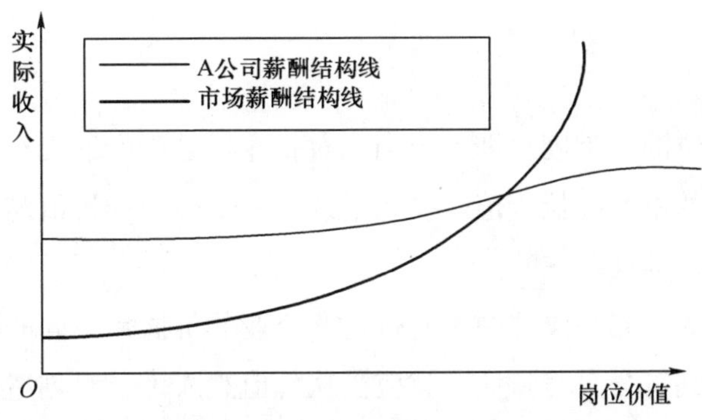

图 15-1　A 公司薪酬结构线与市场薪酬结构线的比较

案例思考

1. 该公司的薪酬体系设计合理吗?

2. 这种薪酬体系给团队建设带来什么影响?

第一节　薪酬体系设计概述

一、薪酬的激励作用

1. 薪酬具有维持和保障的作用

薪酬可以为员工提供基本的生活保障，满足员工衣食住行以及生活娱乐和自身技能提升需要的支出。

2. 薪酬具有改善绩效的作用

薪酬可以促进员工提高个人绩效，继而提高部门绩效和企业绩效，并最终实现企业战略目标。

3. 薪酬具有提高员工积极性的作用

薪酬可以提高员工的工作积极性，激发员工的工作潜能。薪酬的发放既是对员工过去工作的肯定和补偿，也是对员工未来努力工作的预期。

二、薪酬支付三要素

企业中薪酬的决定性因素主要包括岗位价值、岗位胜任力和绩效表现。

1. 岗位价值

岗位价值是指岗位的贡献度，即一个岗位对企业贡献程度的大小，是排除此岗位在职员工能力、素质影响的单纯岗位价值。换句话说，一个岗位的价值与谁在这个岗位上任职是无关的，岗位价值是客观存在的。

岗位价值是相对的，同一岗位在不同行业和企业的价值是不同的。一家企业的岗位价值评估系统要真正做到符合自身特质，就应当从价值观入手，对创造价值的各项素质和技能条件进行系统、科学的梳理。

此外，岗位价值是动态变化的。随着社会不断进步，企业也经历着不同的发展阶段，在某个阶段可能销售部更重要一些，而下一阶段可能研发部更重要一些，相对应地，对这些岗位的价值评估也就随之发生变化。随着知识经济时代的到来，知识正在替代传统的劳动成为创造价值的主要要素。显然，对知识需求层次高的岗位进行价值评估时应有所侧重。

常用的岗位评估方法有“海氏岗位评估模型”“美世国际岗位评估系统”等，这些优秀咨询公司的评估方法在一定程度上具有普适性。

2. 岗位胜任力

岗位胜任力是指个人具备的素质和能力与岗位任职资格和素质模型所包含要素的匹配程度。

不同岗位对胜任力要求有高有低，这种胜任力在市场上获取的难度有难有易，这会对该岗位的总体薪酬水平有直接影响。同时，员工学识、经历各异，个人素质与技能不尽相同，其岗位胜任力也必然是不同的。因此，即便岗位价值相同，两位员工自身素质的不同也会导致价值回报不同，设计薪酬体系时要考虑如何体现这种差异。

3. 绩效表现

一般来说，企业给予薪酬的标准是基于员工价值贡献的回报，这种回报很大程度体现在员工的绩效表现上。

因此，在薪酬设计上，首先要清晰地传达企业的绩效文化导向，明确岗位的价值高低，体现绩效表现与薪酬的关系。其次要根据岗位特点和岗位价值评估，合理设计薪酬结构以匹配绩效激励体系，很多企业容易犯的错误就是制定过高或过低的绩效激励制度和难以评估的绩效考核办法。例如，一线业务岗位的绩效指标往往相对容易测量，但是越往管理层走，绩效指标越难设定和测量，需要加入更多的素质和文化要素。

三、薪酬策略

1. 薪酬策略的概念

薪酬策略是指将企业战略和目标、文化、外部环境有机结合，从而制定的薪酬管理指导原则。薪酬策略是设计与实施薪酬制度的指导思想，也是评估薪酬政策的重要衡量指标。薪酬策略是人力资源部根据企业最高管理层的薪酬方针制定的，它强调的是相对于竞争性企业，其薪酬支付的标准、差异和方式等。

薪酬策略既要反映企业的战略需求，又要满足员工期望。企业的发展战略决定企业的薪酬策略，企业的薪酬策略支持企业发展战略的实现。后者表现在企业通过薪酬策略向员工传递企业期望的信息，并对那些与企业期望一致的行为进行奖励。员工期望是企业制定薪酬策略需要考虑的重要因素，企业要根据员工的特点和不同需要，对不同年龄层次的员工采用不同的薪酬策略。

2. 薪酬策略的确定

要确定企业薪酬策略，应逐一回答以下问题。

（1）薪酬设计要达到什么目的？首先要确定目的，即企业要通过新的薪酬体系达到什么效果？是要奖优罚劣，改善原来薪酬体系的不足，还是要增加福利、稳定团队？是要解决短期问题，还是要解决制约长期发展的问题？

（2）薪酬设计要遵循什么原则？是要以岗定薪建立薪酬等级体系，还是要打破层级建立宽幅薪酬？是按照职位付酬，还是按照能力付酬？是要拉大差距鼓励内部竞争，还是要适当增加保障因素？是以业绩为导向，还是以能力为导向？

（3）薪酬体系存在什么问题？目前企业面临的迫切问题是什么？针对这些问题应该有什么样的解决思路？例如，突出问题是薪资水平不合理，关键岗位激励不足，薪资结构僵化，还是内部不公平？明确了问题之后，在接下来的方案设计中就能够有针对性地解决问题。

（4）薪酬水平应该有多高？在行业里，企业的薪酬水平处于什么位置？大概处在什么分位值？与竞争对手相比是高还是低（尤其是关键岗位）？以上问题可以帮助企业决定是采用领先策略，还是滞后策略或跟随策略。

（5）要重点激励哪些员工？企业的核心竞争力靠哪些员工支撑，就应该重点向哪些员工倾斜。对于重点激励的岗位需要什么样的人才？打算给出什么程度的薪酬水平？对他们的激励方式是什么？是否能够起到激励作用？

（6）要重点激励什么？是业绩还是能力，是工龄还是学历，是职称还是行政级别？企业想要激励什么，就需要设计什么样的薪酬元素，从而有效支持企业战略发展。

四、薪酬管理制度

薪酬管理制度以规则和规章的形式表现企业的薪酬策略、薪酬分配标准和薪酬管理方式。

1. 薪酬管理制度的目的

（1）确定企业内部的公平，确定企业各岗位的相对价值。

（2）通过提供具有市场竞争力的薪酬吸引优秀人才加入企业。

（3）充分激励、发挥员工的能力，提高企业战略发展所需的核心竞争力。

2. 薪酬管理制度的制定

薪酬管理制度由企业的人力资源部制定并监督实施。当然，在制定薪酬管理制度时，人力资源部要听取其他部门的意见，让其他部门充分参与，这样才能获得广大员工的支持。

薪酬管理制度的制定要遵循公平性、有效性、合法性、激励性等原则。在制度执行过程中要注意一致性和规范性，体现制度的严肃性和公平性，并根据情况适时对制度进行优化，改善企业薪酬管理制度的不足；或在内外部环境发生剧烈变化的情况下，增强制度的适应性。

在优化薪酬管理制度时，首先从企业内外部的薪酬调查入手，在深入分析企业薪酬体系现状的基础上，找到薪酬制度的问题，然后由制度拟定部门优化修改，提交审议后颁布实行。

3. 薪酬管理制度的优化依据

合理的薪酬管理制度最终可以达到为企业吸引人才、留住人才的目的，优化后的薪酬管理制度需要符合三个标准：企业是否提供具有市场竞争力的薪酬以吸引有才能的人？优化后的薪酬管理制度是否能实现企业内部分配的公平性？薪酬管理制度是否有效实现了最大限度激励员工的目的？

五、薪酬体系设计的基本原则

设计良好的薪酬体系，能吸引人才、留住人才，减少企业的内部矛盾，增强企业的凝聚力，提高员工的综合素质，从而提高企业的劳动生产率，完善企业机制。

1. 效率原则

薪酬管理的首要原则是效率原则。无论采用什么样的薪酬体系，衡量其好坏的首要标准就是是否给企业带来效率的提升、成本的降低和顾客满意度的提高。效率原则包括两个层面：一个层面是站在产出角度来看，薪酬能给企业绩效带来最大价值；另一个层面是站在投入角度来看，可以实现薪酬成本控制。薪酬效率原则是指用适当的薪酬成本给企业带来最大的价值。

2. 公平原则

中国传统文化重视“不患寡而患不均”的思想，因而薪酬管理要满足公平原则，包括分配公平、过程公平和机会公平。

分配公平是指进行人力资源管理决策时应符合公平要求。分配公平可分为自我公平、内部公平和外部公平三个方面。自我公平是指员工获得的薪酬应与其对企业做出的贡献成正比；内部公平是指在同一企业中，不同职务的员工获得的薪酬应与其对企业做出的贡献成正比；外部公平是指在同一行业、同一地区或同等规模的不同企业中，类似职务的薪酬应基本相同。如果员工认为受到不公平对待，将会产生不满情绪。员工对于分配公平的认知，来自其对工作投入与所得进行的主观比较，以及与工作经验、同事、同行、朋友等进行对比。

过程公平是指在决定任何奖惩决策时，所依据的决策标准或方法应符合公正性原则，程序公平、一致，标准明确，过程公开。

机会公平是指企业赋予所有员工同样的发展机会，包括在决策前与员工互相沟通、决策时考虑员工的意见、建立员工申诉机制等。

3. 合法原则

合法原则是企业薪酬管理和薪酬体系设计的最基本要求，是指企业实施的薪酬制度要符合国家的法律法规、政策条例要求，如不能违反最低工资制度、法定保险福利等，必须按照相应的法律规章要求执行。

4. 平衡原则

在进行薪酬体系设计时需要注意三个维度之间的平衡，即固定薪酬（固定工资、岗位工资、津贴等）和变动薪酬（绩效工资、奖金等）之间的平衡，长期薪酬（股票、股票期权等）和短期薪酬（计件工资、奖金等）之间的平衡，外在薪酬（通常体现为物质性薪酬）和内在薪酬（通常体现为非物质性薪酬，以精神和心理层面为主）之间的平衡。

5. 激励原则

要根据动机理论激励员工，以使员工的工作效率更高。通常利用以下五个动机理论激励员工。

（1）需求层次理论。即马斯洛需求层次理论，该理论将人的需求分为五个层次（从低到高）：生理需求、安全需求、人际交往需求、尊重需求及自我实现需求。只有在低层次需求得到满足之后，高层次需求才变得有激励性。在设立基本工资时，必须将基本工资设置在较高的水平，以满足员工最基本的生理需求和安全需求。在设置激励计划时注意，激励计划只有在能够满足员工更高层次需求的情况下，才会产生激励作用。

（2）双因素理论。双因素理论又称激励保健理论，是激励理论的代表之一。该理论认为能够激发人们工作动机的因素有激励因素和保健因素。像认同、晋升、成就感等就是具有激励作用的激励因素，而保健因素是指与基本生活需要、安全及公平待遇相关的因素。

（3）公平理论。公平理论又称社会比较理论，是研究人的动机和知觉关系的一种激励理论。该理论认为，员工的激励程度来源于对自己及参照对象的报酬和投入比例的主观比较。员工认为当其自身的产出与投入对等时，他们将会受到激励；而当其自身的产出与投入失衡时，他们就会产生不满心理。

（4）期望理论。期望理论又称效价－手段－期望理论，是管理心理学与行为学的一种理论。该理论可以用公式表示为：

$$激励力量 = 期望值 \times 效价$$

在这个公式中，激励力量是指调动个人积极性，激发其内部潜力的强度；期望值是指根据个人经验判断达到目标的把握程度；效价是指其所能达到的目标对满足个人需要的价值。因此，在设计薪酬体系时要明确并界定工作的任务与职责。

（5）强化理论。强化理论又称操作条件反射理论或行为修正理论。该理论认为，为了达到某种目的，个人会采取一定的行为作用于环境。当这种行为的后果对其自身有利时，这种行为在以后就会重复出现；反之，这种行为就会减弱或消失。这种正强化或负强化的办法可以用来影响行为的后果，从而修正行为。因此，报酬必须跟上需要强化的行为，而没有获得报酬或奖赏的行为将被员工自行中断。

6. 竞争原则

企业应在总体经营战略的指导下，根据市场薪酬水平制定更有竞争力的薪酬策略，切不可盲目制定。例如，A 岗位在整体市场薪酬水平上处于 25 分位，在录用人员时可以将薪酬定在 25 分位之上，以保持较强的竞争力，将合适的人才吸引过来。

效率、公平、合法、平衡、激励、竞争是薪酬管理的原则，是每个企业都要追求的。总体上，在不同的发展阶段和不同的发展目标下，企业重点追求的原则会有所不同。

六、薪酬策略的种类

1. 薪酬水平策略

根据企业薪酬水平与市场薪酬水平的对比，通常有以下三种策略供选择。

（1）竞争性策略。实施竞争性策略的企业强调自身薪酬水平的外部竞争性，实行高于市场薪酬水平的薪酬标准，确保留住企业现有人才，并对外部人才具有较强的吸引力。

（2）稳定性策略。企业以稳定员工队伍为目标，企业薪酬水平与市场薪酬水平基本保持一致，在保持一定流动率的基础上实现员工队伍的相对稳定。

（3）限制性策略。企业采取低于市场平均水平的薪酬标准，当企业处于衰退期或支付能力不足时，会通过这种方式降低企业经营成本。

2. 薪酬激励策略

薪酬激励主要包括外在激励和内在激励两个方面。外在激励是指薪酬的提升，加强外在激励能够帮助员工看到个人价值，从而激发工作热情；内在激励则是指通过内在的激励政策使员工内心得到满足，从而提高企业自身的凝聚力与团结力，最终达到个人与企业双赢的效果，并为企业的可持续发展打下坚实的基础。

薪酬激励策略对人力资源管理的作用主要体现在三个方面。第一，人力资源管理通过制定薪酬激励策略来提高员工对企业的忠诚度与归属感，从而培养出一批核心员工，帮助企业获得良好的经济效益；同时，应对核心员工进行重点薪酬嘉奖，从而让员工也收获自身的价值。第二，合理的薪酬激励策略能够挖掘员工的内在潜能，从而为企业创造出更大的经济价值和社会价值。第三，合理的薪酬激励策略能够提升员工的主观能动性，从而实现每位员工的个人价值，构建和谐共赢的劳资关系，最终促进企业长久而稳定的发展。

3. 薪酬结构策略

首先，薪酬结构策略是指薪酬由哪些部分构成，各占什么比例，可以选择的薪酬结构模式有高弹性薪酬模式和高稳定薪酬模式。高弹性薪酬模式是一种激励性很强的薪酬模式，该模式中，绩效薪酬是薪酬结构的主要组成部分，基本薪酬等处于次要地位且所占比例非常低。高稳定薪酬模式是一种稳定性很强的薪酬模式，该模式中，基本薪酬是薪酬结构的主要组成部分，绩效薪酬等处于次要地位且所占比例非常低。在实际应用中，一般都

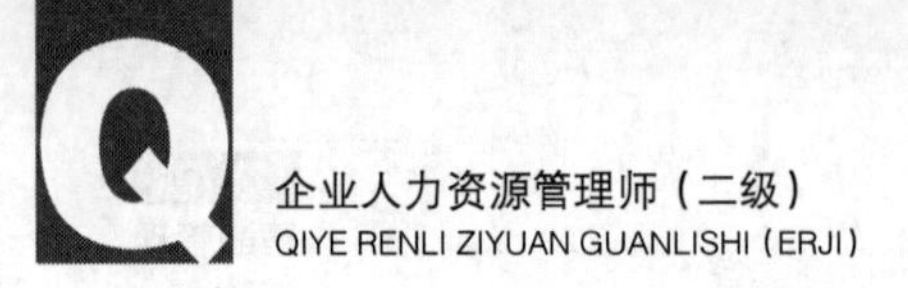

是绩效薪酬和基本薪酬各占一定比例，当两者比例不断调整、变化时，可以演变为以激励为主的高弹性薪酬模式，也可以演变为以稳定为主的高稳定薪酬模式。

其次，薪酬结构策略是指薪酬分为多少层级，层级之间的关系如何。一般层级差距较大的薪酬结构策略，重点激励高层管理人员；而层级差距较小的薪酬结构策略，薪酬水平较为平均。

4. 薪酬组合策略

薪酬组合策略是指企业向员工支付的总薪酬有哪些薪酬形式，这些薪酬形式之间是如何组合的。薪酬组合策略包括组合类型策略和组合比例策略。

组合类型策略是指企业对不同员工所采用的薪酬组合形式不同，包括简单型策略——对部分员工薪酬只采用单一的薪酬形式，而没有其他薪酬形式；复合型策略——对部分员工采用多元的薪酬形式。

组合比例策略是指企业对不同员工的薪酬侧重点不同，如对销售人员实行以激励薪酬为主的策略，对行政人员实行以职位薪酬为主的策略等。企业根据其主要的薪酬形式决定采用何种薪酬组合策略。

七、薪酬体系设计要素

1. 一定浮动性的薪酬

在企业的人力资源管理实践中，薪酬结构主要有单元结构和二元结构，其中单元结构主要是指薪酬是一个整体部分，而二元结构主要是指薪酬由几个部分构成。常见的薪酬模式主要有基于岗位的薪酬模式、基于绩效的薪酬模式、基于技能的薪酬模式、基于市场的薪酬模式、基于年功的薪酬模式，其中最常见的薪酬模式是基本工资加绩效，这样的薪酬模式能够将员工的收入等级和标准与个人工作价值及贡献要素相联系。此时，收入要素的改变能在一定程度上更好地发挥薪酬激励作用。收入多，员工的工作积极性提高；收入少，员工的工作积极性降低。

2. 多劳多得的收入模式

在企业中，大多数员工都希望多劳多得，因此薪酬的变动应该与多劳多得的评估体系相联系，即企业的绩效评估系统应与员工的努力程度挂钩，这样可使员工的努力程度或价值能够在薪酬上有所体现。此时，员工的努力程度不同，获得的薪酬也不同，这更有利于发挥薪酬的激励作用。

3. 完善的晋升渠道

企业的管理者需要明白，薪酬的激励作用不应该单纯体现在工资上。对于企业来说，单纯的工资激励永远不会为企业留住人才，因此企业在保障基本工资的基础上，应该进行一定的事业留人，即通过岗位晋升空间留人。例如，企业的某类岗位员工刚开始的工资为 3 000 元，但是之后随着员工个人能力的提高，其工资便可以涨到 3 500 元、4 000 元、6 000 元，此时发展晋升空间较大，对员工来说更具有诱惑力，也更容易激发其工作的积极主动性。因此，这样的激励方式比单纯的工资可以获得更好的激励效果。

4. 其他要素

（1）要为员工提供具有公平性和竞争力的薪酬。公平性的薪酬保证努力付出的员工获得相应的工资，而竞争性的薪酬则让员工在入职之初便珍惜这份工作，避免人才流失。

（2）设计符合员工需求的薪酬福利体系。任何激励举措如果不是在基于满足员工需求的基础上实行的，即使提供再高的工资也起不到应有的激励效果。

（3）注意与员工进行薪酬沟通。良好的薪酬沟通有利于员工理解自身获得薪酬的原因，即及时得到绩效评估反馈，从而更好地发挥激励作用。

（4）保证薪酬支付的透明度。很多企业都会纠结于薪酬信息是公开还是保密，这源于企业员工对薪酬公平性的敏感程度，因而公开和保密都各有优缺点，关键在于企业对“度”的把握。

薪酬是人力资源管理的核心问题，其有效设计往往会更容易激发员工的工作积极性，改善员工绩效和企业绩效，最终实现企业战略目标，促进企业发展。

八、薪酬体系设计模式

1. 基于参与主体和决定机制的薪酬体系设计模式

薪酬体系设计根据参与主体和决定机制的不同，可分为以下四种模式。

（1）企业领导拍板模式。即企业领导凭借自己的行政权威和管理经验，硬性地界定该企业与每位员工有关的薪酬体系。采用这种薪酬体系设计模式，直接成本较低，但薪酬界定的科学性较差，可能导致或加深企业领导与员工之间的矛盾，薪酬设计的间接成本也较高。该模式通常适合规模较小、以私有产权为基础的企业，而且企业领导是企业资产所有权或使用权的掌控者。

（2）民主协商模式。即通过企业所有员工的协商，确定企业内每位员工的薪酬，从而确定企业的薪酬体系。该模式在确定每位员工的薪酬及企业的薪酬体系时，能有更周全的考虑，对员工积极性的发挥产生较大的激励作用，但薪酬设计的直接成本较高，且薪酬界定的科学性较差，可能导致企业内员工之间的纷争，薪酬设计的间接成本也可能较高。该模式比较适合以合作制集体产权为基础的企业。

（3）专家咨询模式。即企业委托薪酬体系设计专家，依据理性原则确定员工的薪酬，从而确定企业的薪酬体系。该模式具有较强的科学性，能较好地化解员工与管理者之间的矛盾，可避免员工之间在薪酬界定上的矛盾，薪酬设计的间接成本较低，但具有相对较高的直接成本。该模式比较适合规模较大的所有制企业。

（4）个案谈判模式。即由企业代表和特定员工就薪酬的确定展开谈判，以确定员工的基本薪酬（特定员工在某一较短时间内的薪酬）。该模式较充分地考虑人力资源供求双方的需求，薪酬设计更合理、有效，但可能会使企业的薪酬管理无序，运作成本较高。该模式比较适合运用于企业战略发展过程中不可替代的关键岗位员工和高科技人才。

2. 基于不同关注点的薪酬体系设计模式

薪酬体系设计根据关注点的不同，可分为以下五种模式。

（1）岗位工资制。岗位工资制是以岗位价值作为支付工资的基础和依据，即在确定员工的基本工资时，首先对岗位本身的价值做出客观的评价，确定与该岗位价值相当的基本工资。其特点是对岗不对人，岗位工资制比较适合职能管理类岗位。

实施岗位工资制的关键是岗位评价和员工能力与岗位要求的匹配程度。其中，劳动条件、劳动强度、劳动责任、劳动技能是国际通用的岗位评价要素。

1）优点

①使员工获得与其工作岗位相对应的薪酬，实现了真正意义上的同岗同酬。

②基本上只考虑岗位本身的因素，很少考虑人的因素，有利于按照岗位系列进行薪酬管理，操作比较简单易行。

③工作与薪酬的关系清晰，稳定性强，有利于成本控制。

2）缺点

①由于薪酬和晋升直接挂钩，因此当员工晋升无望、丧失加薪机会时，其工作积极性会受挫，甚至出现消极怠工或离职的现象。

②由于岗位的稳定性较强，因此员工薪酬也就相对稳定，企业对外部环境变化反应迟钝，无法及时、有效地激励员工。

（2）能力或技能工资制。能力或技能工资制是以员工所具备的能力或技能作为工资支付的基础。这种模式的薪酬差异主要来自个人能力或技能水平的差异，而非岗位等级、岗位价值的高低。能力或技能工资制适用于企业中的技术工人、研发人员、专业管理者等。

实施能力或技能工资制的关键是如何测评员工的能力或技能水平，包括显性的知识、技能以及隐性的自我认知、人格特征和动机。

1）优点

①员工注重能力的提升，往往会偏向于合作，而不是过度的竞争。

②鼓励员工发展深度技能（在专业领域深入研究）和广度技能（跨岗位发展），使员工在没有获得晋升的情况下，其薪酬水平同样可以得到提高。

③员工能力的不断提升使企业能够适应环境的变化，增强企业的灵活性。

2）缺点

①界定和评价能力或技能不是一件容易做到的事情，管理成本较高。

②当员工达到企业要求的能力或技能时，可能导致企业的薪酬成本不易控制。

③员工着眼于提高自身能力或技能，可能会忽视企业的整体需要和当前工作目标的完成。

④能力或技能水平高的员工未必有高的产出，即能力或技能工资的假设未必成立，这取决于员工投入工作的程度。

⑤对于达到能力或技能顶端的人才如何进一步激励比较困难。

（3）绩效工资制。绩效工资制是以工作业绩作为支付工资的基础，主要涉及工作成绩或劳动效率。其特点是将员工的绩效同制定的标准相比较，以确定其绩效工资的额度。其形式有计件（工时）工资制、佣金制、年薪制等。绩效工资制适用于生产工人、管理人员、销售人员等。

实施绩效工资制，要求企业的绩效管理基础非常牢固，完善职责线和目标线的建设，即岗位职责体系明确、目标分解合理。其中，绩效目标及衡量标准的确定是关键。

1）优点

①员工收入和工作目标的完成情况直接挂钩，激励效果明显。

②员工的工作目标明确，通过层层目标分解，企业战略目标容易实现。

③企业不用事先支付过高的人工成本，在整体绩效不好时能够节省人工成本。

2）缺点

①绩效考核难度大。

②过于强调个人绩效，不利于团队合作。

（4）市场工资制。市场工资制是根据市场价格确定企业薪酬水平，如根据地区及行业人才市场的薪酬调查结果来确定岗位的具体薪酬水平。该模式主要考虑企业的盈利状况及人力资源策略，一般适用于企业的核心人员。

市场工资制实施的关键是企业有一定的岗位管理基础，以及企业参与市场薪酬调查。

1）优点

①企业可以通过薪酬策略吸引和留住关键人才。

②企业可以通过调整那些替代性强的人员的薪酬水平节省人工成本。

2）缺点

①市场工资制要求企业有良好的发展能力和盈利水平，否则难以支付与市场接轨的工资。

②员工要了解市场薪酬水平，才能认同市场工资制，因此，这种薪酬模式对薪酬市场数据的客观性提出了很高的要求，同时对员工的职业素质也提出了要求。

③完全按市场付酬会拉大企业内部的薪酬差距，影响内部的公平性。

（5）年功序列工资制。年功序列工资制是一种简单而传统的薪酬制度，按照服务期的长短而支付或增加薪酬的一种管理制度，往往与终身雇佣制相关联。员工的企业工龄越长，工资越高。

年功序列工资制的理论基础是“人力资本理论”，它假设随着员工在企业任职时间的延长，其人力资本存量，包括知识、技能、经验和人际关系等方面的积累越来越多，员工对企业的贡献价值也越大。

1）优点。有利于培养员工的忠诚度，增强员工的安全感。

2）缺点。工资刚性太强，弹性太弱。国有企业过去的工资制度在很大程度上带有年功序列工资的色彩，虽然强调技能，但在评定技能等级时，实际上也是论资排辈的。

九、薪酬体系设计的组织机构

企业薪酬体系的实施与修订主要由薪酬委员会决定。薪酬委员会是董事会中的专门委员会，主要负责对高级管理者的薪酬政策与体系设计提出建议，审查一般管理者的薪酬结构与水平，制订管理者奖金、期权等激励方案。

1. 薪酬委员会的职权

（1）薪酬委员会要根据董事及高级管理者管理岗位的职责范围、重要性及其他相关企业相关岗位的薪酬水平来制订薪酬计划或方案。这些计划或方案主要包括（但不限于）绩效评估标准、程序及主要评估体系，奖励和惩罚的主要方案和制度等。例如，薪酬委员会就可以决定是否采用公司股票作为董事薪酬的一部分。

（2）负责审查董事（非独立董事）及高级管理者履行职责的情况，并对其进行年度绩效评估，这也是合理制订薪酬计划的重要根据。

（3）负责对公司薪酬制度的执行情况进行监督。此外，薪酬委员会还可以负责董事会授权的其他事宜。正如董事会可以终止薪酬委员会委员的任期一样，董事会也有权否决损害股东利益的薪酬计划或方案。薪酬委员会提出的董事薪酬计划，只有在报经董事会同意，提交股东大会审议通过后方可实施；经理的薪酬分配方案也必须报董事会批准。

（4）在薪酬委员会下可以设工作组，专门负责做好薪酬委员会决策的前期准备工作，筹备薪酬委员会会议，并提供企业有关经营方面的资料及被评估者的有关资料。这些资料包括企业主要财务指标和经营目标完成情况，高级管理者分管工作范围及主要职责情况，董事及高级管理者岗位工作业绩评估系统中相关指标的完成情况，董事及高级管理者的业务创新能力、创利能力及经营绩效情况，按企业业绩拟定与薪酬分配规划和分配方式有关的测算依据。工作组还要负责执行薪酬委员会对董事和高级管理者的有关评估。

2. 薪酬委员会的运作

薪酬委员会每年至少召开两次会议，会议召开前七日要通知全体委员，会议由主任委员主持，主任委员不能出席时可委托其他一名委员（独立董事）主持。至少有三分之二的委员出席方可举行会议，每一名委员有一票的表决权。会议做出的决议必须经全体委员过半数通过。会议的表决方式可以是举手表决或投票表决，临时会议可以采取通信表决的方式。

在必要时，可以邀请公司董事、监事及高级管理者列席会议。如果会议是讨论有关委员会成员的议题，当事人应回避。另外，会议的召开程序、表决方式和会议通过的薪酬政策与分配方案必须遵循有关法律法规和公司章程的规定。会后应有记录，出席会议的委员应在会议记录上签名，会议记录由公司董事会秘书保存。会议结束后，会上所形成的议案及表决结果应以书面形式提交公司董事会。出席会议的委员对会议所议事项有保密义务，不得擅自披露有关信息。

第二节　薪酬体系设计流程和环节

一、薪酬体系设计的基本流程

1. 全面评价企业所面临的内外部环境及其对薪酬的影响

企业所面临的内外部环境是指企业所处的社会、政治和经济背景，全球竞争压力，企业的文化和价值观，员工的需要，工会的压力等。企业必须首先全面、准确地了解自己所处的环境，然后才能确定在特定环境下取得竞争优势所需要采纳的薪酬体系。

2. 制定与企业战略和环境背景相匹配的战略性薪酬决策

薪酬决策的内容包括薪酬体系决策、薪酬水平决策、薪酬结构决策、薪酬管理过程决策等。薪酬决策的核心是使企业的薪酬体系有助于企业战略目标的实现和薪酬管理过程有效性的提高，使企业具备外部竞争力及内部一致性，同时合理认可员工的贡献。由于不同类型的薪酬决策支持不同的企业战略，因此企业必须根据经营环境和既定战略来制定合理的薪酬决策。

3. 将薪酬战略转化为薪酬实践

薪酬战略是指企业在做薪酬设计时所坚持的一种导向或基本原则，因此下一步企业所要做的是将这些原则用一定的薪酬体系或薪酬组合体现出来，或者运用一定的技术来实现企业的战略导向要求。这一步实际上是从理念和原则层面到操作层面的跳跃，好的薪酬战略能否不打折扣地贯彻执行，薪酬技术的选择、薪酬体系的设计及实施是至关重要的。

4. 对薪酬体系的匹配性进行再评价

薪酬体系的设计和实施并不是一件一劳永逸的事情，管理者必须不断地对其进行重新评价并适时调整，使之与变化了的经营环境和企业战略相适应。为了确保这一点，阶段性地对企业薪酬体系的匹配性和适应性进行重新评价就显得十分必要。

二、薪酬体系设计的重要环节

1. 薪酬诊断

薪酬诊断是薪酬体系设计最重要的基础性工作，是指由在企业管理、人力资源管理、薪酬管理等方面拥有扎实理论知识和丰富实践经验的专家，与企业有关人员密切配合，综合利用各种先进的分析方法，发现企业薪酬方面存在的问题和薄弱环节，分析产生问题的原因，提出切实可行的方案，进而指导方案实施，达到解决问题、改进现状、提高企业薪酬管理水平的目的。

（1）薪酬诊断的内容。薪酬体系通常包括固定工资、可变工资、员工福利、津贴等。如果进一步细分，薪酬体系还应该包括薪酬调查、员工薪酬满意度、薪酬策略、薪酬结构等方面的内容。此外，在进行薪酬诊断时，需要先对企业文化进行一个初步的诊断。

对薪酬体系的诊断应该先从战略角度进行宏观把握，并在此基础上对薪酬体系的各个方面进行诊断。一般来说，诊断薪酬体系需要从以下几个方面入手。

1）薪酬政策诊断。重点关注企业所实施的薪酬政策是否符合以下基本原则。

①与企业战略的基本方向和未来目标是否一致。

②与企业人力资源管理系统及其各环节之间的关系是否协调。

③是否体现了职、能、绩三统一的原则。

④是否考虑现实可行性与未来调整空间。

2）薪酬水平诊断。检测当前企业总体薪酬水平与市场的关系，以保持企业薪酬的外部竞争力，主要诊断内容如下。

①当前市场环境是否发生了新变化，这些变化对企业薪酬水平，特别是核心员工薪酬水平的外部竞争力是否有影响。

②当前薪酬水平与企业经营状况、财务目标是否一致。

③当前薪酬水平与薪酬结构之间的关系是否协调。

3）薪酬结构诊断。检测当前企业薪酬的纵向结构是否合理，以保持企业薪酬的内部一致性，其主要诊断内容如下。

①薪酬等级的数目和级差是否合理，是否体现内部公平的原则。

②各类各级员工的薪酬关系是否协调。

③核心员工的流失率是否与薪酬结构，特别是薪酬等级结构的设计有关。

4）薪酬组合诊断。检测当前企业薪酬的横向结构是否合理，以保持薪酬的激励功能，其主要诊断内容如下。

①在员工薪酬组合中，各薪酬要素之间的比例关系是否合理，是否具有激励效应。

②员工的努力程度是否与薪酬有直接的关系，激励薪酬对员工是否具有吸引力。

③当前的薪酬支付方式是否合理，是否考虑了时间性和个体差异。

（2）薪酬诊断的判断标准

1）符合企业的战略需要。一个设计良好的薪酬体系直接与企业的战略规划相联系，从而使员工能够把行为集中到帮助企业在市场竞争中生存的方向上去。

2）兼具内外公平性。在一个设计良好的薪酬体系中，员工会感觉到，相对于同一企业中从事相同工作的其他员工，相对于同一企业中从事不同工作的其他员工，相对于其他企业中从事类似工作的员工，自己的工作获得了满意的薪酬。

一个企业越是能够建立起面向员工的内部公平和外部公平条件，它就越能有效地吸引、激励和保留它所需要的员工，最终实现企业战略目标。

3）节约成本，富有效率。从本质上说，薪酬其实是员工与企业之间的一种交易或交换，是员工在向企业让渡其劳务使用权后所获得的报酬。在这个交易或交换过程中，企业所支付的薪酬就是成本，如何使用最小的成本获得最大的利益是经济实体所应该考虑的问题。所以，薪酬体系在吸引人才、留住人才的同时，还应该节省成本。如果能够以同样的成本创造出更大的价值，这就意味着它还是富有效率的。

（3）薪酬诊断的方式。薪酬诊断的方式根据不同的标准可以有不同的划分。从诊断过程是否正式来划分，薪酬诊断的方式可分为正规方式与非正规方式；从人员的来源来划分，薪酬诊断的方式可分为内部人员诊断和外部专家诊断。

1）正规方式诊断与非正规方式诊断

①正规方式诊断。正规方式诊断包括在薪酬问题的获得、分析和诊断过程中所采取的各种正式途径。例如，通过正常的管理途径反映、收集和反馈一些企业薪酬管理的信息、资料和问题，组织专门的问题分析小组、薪酬专家和管理人员对薪酬问题进行及时的分析和诊断，将分析结果以诊断报告和诊断方案的形式递交有关管理和决策部门。最常用的正规方式诊断是员工薪酬满意度调查。通过定期或不定期的薪酬满意度调查，可以了解最基层员工对薪酬制度和薪酬管理各方面的意见。

②非正规方式诊断。非正规方式诊断是指通过一些灵活的内部沟通方式，及时地反映薪酬管理中的问题；同时，薪酬主管能够及时听取员工对薪酬政策和薪酬管理的意见、建议，从中发现问题并及时处理。

2）内部人员诊断与外部专家诊断

①内部人员诊断。内部人员诊断即由企业内部人员，如总经理、人力资源部管理者、员工等组成诊断小组，运用专家咨询、决策层集中会诊、员工面谈等方法对企业薪酬管理的全过程进行诊断。这种诊断方式具有费用低、时间机动灵活、诊断人员熟悉企业文化及其相关运作情况等优点，但缺点是内部人员对企业存在的问题往往习以为常，不易发现问题及其原因。

②外部专家诊断。外部专家诊断则是请外部人力资源方面的专家、学者或管理经验丰富的企业家进行薪酬管理诊断。外部专家诊断的优点在于这些专家不属于某一企业，分析问题时立场较为客观、公正，同时他们有深刻的洞察力，易于发现问题及其原因。此外，他们受过企业诊断技术的系统训练，因而对企业人力资源管理有深入、独到的见解，分析问题的方法较先进。不过，这种诊断方式的缺点是费用较高，诊断人员对企业经营环境和企业文化不熟悉，需要一定的适应时间，所以对诊断人员素质和能力的要求较高。

（4）薪酬诊断的必要性

1）促进薪酬体系与时俱进。随着外部竞争环境的变化及企业的不断发展壮大，原有的薪酬理念可能变得不合时宜，适时的薪酬诊断可以促进薪酬体系与时俱进。

2）持续激励员工。当员工工作积极性不高时，企业必然会考虑对员工的激励程度是否不够，薪酬体系是否出了问题。那么，薪酬诊断也就提上了议事日程。

3）提高企业竞争力。企业薪酬体系一旦建立就应该在相当长的一段时期内稳定、切实、有效地执行，但这并不意味着它会一直对企业的竞争力产生积极作用。随着员工队伍不断扩大，人工成本不断上升，如果不及时对薪酬体系进行诊断，就有可能会面临薪酬成本不断增加，进而导致企业竞争力下降的问题。

2. 薪酬沟通

薪酬沟通是薪酬体系设计的重要环节，是指为了实现企业的战略目标，管理者与员工在互动过程中通过某种途径或方式将薪酬信息（包括企业薪酬战略、薪酬制度、薪酬水平、薪酬结构、薪酬价值取向等）、思想情感等进行交流，让员工充分参与并对薪酬体系的执行情况予以反馈，再进一步完善薪酬体系，共同努力推动企业战略目标的实现。

薪酬沟通贯穿于企业薪酬管理的整个流程，贯穿于薪酬方案由制订到实施、控制、调整的全过程。事实上，企业在开始设计和开发薪酬方案的时候，就应该考虑如何就该方案与员工进行沟通。随着全球化市场竞争的加剧，企业逐渐认识到，精心设计的薪酬体系和良好的薪酬沟通已经成为有效激励员工、提高盈利率的关键要素。

（1）薪酬沟通的主要作用

1）薪酬沟通能够为员工创造良好的工作“软”环境，使员工生活和工作在人际关系和谐、心情舒畅的氛围中，激发员工的工作热情，吸引并留住人才。

2）薪酬沟通可以把企业价值理念、企业目标有效地传达给员工，把企业目标分解成员工个人成长目标，使企业和员工融为一体，引导员工使其行为与企业发展目标一致，从而极大地调动员工的积极性，提高企业效益。

3）在企业与员工进行薪酬沟通的过程中，可以发现企业薪酬体系存在的问题，便于及时调整各种关系，消除员工的不满情绪，促进企业平稳、快速发展。

4）薪酬沟通不仅具有激励员工的作用，还具有约束员工的作用。即让员工清楚地知道哪些是企业期望的、哪些是企业禁止的，指明了员工努力的方向。

（2）薪酬沟通的基本特征

1）激励性。薪酬沟通充分体现了企业人文关怀、人文理念，使员工人格得到尊重、需求得到满足，使员工满意度大大提高，从而激励员工产生一种主人翁责任感，极大地调动员工投入工作的积极性。

2）互动性。薪酬沟通是双向沟通而非单向沟通，是有反馈的信息沟通。企业管理者把薪酬信息传递给员工，同时员工把对薪酬管理的反馈和建议传递给管理者，从而形成一种良性互动。

3）公开性。薪酬沟通使企业薪酬不再是个“暗箱”，而是公开、透明的。不仅薪酬制度透明化，而且绩效管理制度、绩效评估指标等也透明化、公平化、标准化。由此，员工知道薪酬高的人自有其高的理由，薪酬低的人也自有其不足之处。

4）动态性和灵活性。当前企业面临的竞争环境不确定性在增加，其薪酬方案的调整频率变得越来越高，所以薪酬沟通应具有动态性和灵活性。

（3）薪酬沟通的方式

1）书面沟通。将薪酬设计的理念导向，如薪酬体系价值导向、薪酬设计原则、薪酬框架、薪酬套改方案等以书面方式公布，或者以内部通知的方式“昭示天下”。

2）面谈交流。各级管理者在书面沟通的基础上，可以通过个别谈话的方式与下属员工进行薪酬交流。交流内容可以包括与员工个人密切相关的薪酬调整、职业发展等。针对薪酬发生变化的不同类型员工进行个性化的沟通，以了解员工的思想动态。例如，对有情绪的员工要做到耐心解释，做好思想安抚工作；对涨薪的员工，可以从企业认可和发展期望的角度来进行沟通，以达到激励目的。

（4）薪酬沟通的技术要点

1）薪酬沟通的相关问题。薪酬标准的背后隐含着企业的价值标准和激励导向，因此，薪酬沟通可以围绕以下问题进行。

企业的薪酬战略是什么？是领先战略、落后战略还是跟随战略？

企业的目标是什么？是吸引、保留还是激励？

企业的薪酬体系设计侧重于内部公平还是外部公平？

企业的付薪要素是什么？是岗位、资历、能力还是业绩？

薪酬标准是如何制定的？如何将付薪要素设计到薪酬体系中？

2）薪酬沟通的角度。薪酬沟通不能仅局限于薪资水平、涨降幅度，还要引导员工站在发展的角度，长期动态地看待薪酬体系。

一方面要站在企业发展的角度，引导员工认识行业的大环境和发展方向，了解外部市场人才情况和薪酬管理状况，理性地看待薪酬变化；另一方面要站在个人发展的角度，引导员工看到个人发展是如何与企业发展结合起来的。需要强调的是，薪酬不是一成不变的，如果个人能力、个人绩效提升了，薪酬也有机会得到提升。

第三节　基于不同职类的薪酬体系设计

一、专业技术人员的薪酬体系设计

专业技术人员一般是指企业内拥有某项专门知识和技术，在专业领域有较深的造诣，能够自主创新，解决复杂的技术或管理问题的专门人才，如研发人员、工程师、设计师、高级工艺师等。专业技术人员在企业中担当技术攻关和创新的重任，是企业核心竞争力的来源，也是企业重要的战略资源。

1. 专业技术人员的特点

与一般员工相比，专业技术人员具有以下特点。

（1）以脑力劳动为主，对专业知识掌握程度高，接受的教育和培训时间较长，工作有一定的创造性。

（2）培养周期长。由于专业技术较为复杂、学习难度大，对相关人员技能要求高，因此专业技术人员一旦流失，可能给企业带来重大影响或损失。

（3）工作过程和结果不易控制，工作量不易衡量。专业技术人员的工作主要是脑力劳动，其工作过程不易检查，工作成果短期内难以展现，工作面临失败的风险也较大。同时，专业技术人员往往与数据、信息、材料、图样、机器等打交道较多，而与人打交道较少。因此，他们在工作中所付出的努力并不被很多人了解。

（4）追求自我价值的实现。专业技术人员更关注自身价值的认同和专业能力的提升，喜欢挑战，渴望有自由发挥的空间。

2. 专业技术人员薪酬设计的问题

专业技术人员具有稀缺性，他们成为企业在劳动力市场上激烈争夺的对象。很多企业专业技术人员的流失跟薪酬激励体系存在的问题有关，这些问题具体表现如下。

（1）企业和专业技术人员对其贡献的目标追求不同。企业追求利润等目标，这与专业技术人员追求技术本身的完美性经常是矛盾的。由于企业与专业技术人员对衡量贡献的标准认识不同，导致二者对薪酬公平性的理解有偏差，因此薪酬对专业技术人员的激励作用降低了。

（2）薪酬结构不合理，激励手段单一

1）关注短期激励，缺乏长期激励机制。企业为了调动专业技术人员的积极性，鼓励专业技术人员多做贡献，通常把短期项目奖励作为重要的激励手段。但是，一个产品从研发到销售并创造利润往往需要一定周期，其工作成果在很多时候不容易在短期内显现出来。若企业仅以短期工作绩效来决定专业技术人员的薪酬，会造成专业技术人员过度关注短期利益，从而放弃能为企业带来长期利益的行为。

2）薪酬提升通道单一。不少企业的专业技术人员晋升通道单一，只有行政职务晋升一条通道，这会导致专业技术人员将精力用在行政职务的晋升上，从而影响自身在研发产品上的专注力，甚至影响企业研发实力的提升。

（3）平均主义现象较严重。不少企业实行的薪酬制度具有强烈的平均主义色彩，往往忽视专业技术人员与其他类别员工的差异，以及专业技术人员自身的差异，不能体现知识、技术的价值，影响了专业技术人员的工作积极性。

技术开发工作的关键是看开发产品的时间性及市场的销售状况。即使专业技术人员从事的工作内容基本相同，他们在工作中投入的时间和精力也存在很大差异，简单地根据专业技术人员所从事的工作来确定其薪酬水平，很难体现出不同专业技术人员对企业所做贡献的差别，也无法体现出专业技术人员的价值。因此，在专业技术人员的薪酬设计过程中，有效区分不同专业技术人员的技术水平非常重要。

3. 专业技术人员薪酬设计的建议

基于专业技术人员的特点，企业的薪酬设计应与其需求相匹配，这样才能更好地发挥薪酬的激励作用。在具体操作上，企业可以把握以下几个方面。

（1）合理设计薪酬标准，体现企业的发展战略。针对专业技术人员的薪酬设计必须解决专业技术人员管理与企业发展战略之间的矛盾，因而企业设计薪酬时，必须从企业发展战略和专业技术人员的角度进行分析，制定的薪酬政策和制度必须体现企业发展战略和专业技术人员目标要求。合理的薪酬制度有利于调动专业技术人员工作的积极性，同时有利于控制企业发展的不利因素。

（2）着力营造尊重和包容的文化氛围。一方面，要提升专业技术人员在企业中的地位，重要的决策可以听取他们的意见，或者吸收他们参与决策；另一方面，技术攻关和产品研发失败的风险较大，企业要给予专业技术人员足够的协助和爱护，尊重他们的工作，鼓励创新，允许犯错，鼓励试错，让专业技术人员在错误中学习和成长。尊重、创新和包容的文化氛围可以让专业技术人员放下思想包袱，突破思维局限，在创新的道路上一往无前。

（3）体现内部公平。相对公平是公平理论在薪酬设计中的运用，它强调企业在设计薪酬时要“一碗水端平”。对于专业技术人员比较多的企业，对技术类员工实行以技能为基础的基本薪酬确定方式可能比较合理也比较有利，但在实行技能工资制的情况下，企业必须制订出明确的技能等级评价及再评价方案，而不能搞变相的论资排辈。单纯依赖职称评定系统来界定技术类员工技能等级的做法，已远远适应不了企业人力资源管理的需要，企业必须自行研究、制定适用于本企业的技能等级评价标准，并定期进行评价和再评价，这样才能保证技能工资制真正落到实处。

（4）合理设计薪酬结构，满足专业技术人员的个性化需求

1）提供具有竞争力的基本薪酬。大多数专业技术人员都是风险回避型的，他们对专业技术的认同程度较高，期望得到较高且稳定的收入，以潜心于专业研究。因此，专业技术人员的基本薪酬应当在薪酬总额中占比较大，并且处于劳动力市场的领先地位。在确定基本薪酬之前，人力资源部应该进行周密的市场调查，以确定核心专业技术人员的基本薪酬水平，并保持其外部竞争性，这样才能达到激励人才和留住核心人才的目的。

2）短期激励和长期激励相结合，关注专业技术人员的长期发展。专业技术人员的工作周期在很多时候比较长，而且其工作结果对企业利润的影响也是滞后的，甚至根本体现不出来。因此，对他们的评价和激励不能以短期利润为重要依据。对于有突出贡献的专业

技术人员，企业应该给予一定金额的一次性奖励，或按其成果所创造的利润给予提成。为了解决短期激励不足的问题，可以采取股权激励或技术入股等方式，逐渐完善长期激励机制，深化企业与专业技术人员的长期利益联系，把专业技术人员的长期收益与企业的利益结合起来，提高专业技术人员的忠诚度，实现双方的互利共赢。

3）提供满足专业技术人员高层次需求的福利和服务。由于知识更新速度加快，竞争加剧，因此核心专业技术人员的自我发展意识也在不断提高。在福利和服务方面，核心专业技术人员对一些常规的福利和服务往往不感兴趣，但是他们却非常看重继续教育和培训的机会。因此，企业除了应为核心专业技术人员提供各种物质条件上的便利，还应尽量为他们提供一些出差考察、学习培训的机会，为他们参加各种学术会议提供经费和时间的便利。一方面，可以满足核心专业技术人员个人发展和自我实现的需求，提高其对企业的忠诚度和归属感；另一方面，也可以使核心专业技术人员有机会吸收新技术知识，接触本行业的前沿技术，学习其他同类企业的科研方法，加强技术合作，为企业和员工的发展创造条件。

4）开辟双重通道职业发展路径，实行专业技术职务薪资制。除了传统的管理职位晋升通道，企业应根据专业技术人员的特点，设立专门的专业技术职务晋升通道，并配套专业技术职务薪资，为专业技术人员提供双通道职业发展路径。专业技术职务薪资制是指针对专业技术人员专业技能变化的特点，以技术职务为对象建立起来的薪资体系。企业依据专业技术工作的性质和自身需要，设立专业技术职务级别，在专业技术岗位上的员工依据自身的专业技术职务，享受对应的薪资等级，并沿着相应的薪资等级进行晋升。

二、销售人员的薪酬体系设计

一套好的薪酬体系，能激发销售人员的潜力，调动他们的积极性，实现企业的销售目标。

一般来说，销售人员的工资分为固定工资和浮动工资。固定工资包括基本工资、补贴等，属于保障性工资；浮动工资包括绩效工资、提成等，属于激励性工资。这种设计既能保证销售人员的基本生活水准，又能激励销售人员提高业绩。

1. 典型的销售人员薪酬结构

典型的销售人员薪酬结构有以下五种。

（1）纯工资模式。这种薪酬结构能给销售人员带来极大的安全感，主要适用于以下情况。

1）销售对象是高技术含量产品或服务。

2）销售对象是金额巨大、销售周期长的产品或服务。

3）初创型企业需要开拓市场。

4）新产品刚上市，市场多变、难以预测。

5）针对新入职销售人员，由于其对产品和市场不了解，为了保证其基本生活而设置的过渡期纯工资。

（2）底薪＋提成模式。这种薪酬结构应用比较普遍。根据产品的不同，技术含量低、销售范围广的产品可以采用低底薪，专业性强、技术含量高的产品可以采用高底薪。由于销售人员的收入与业绩挂钩，极易出现“短视”行为和道德风险，因此企业需要关注销售人员的销售行为和过程。

（3）底薪＋奖金模式。这种薪酬结构主要适用于以下情况。

1）产品知名度低，市场开拓存在一定的困难。

2）企业发展到较为成熟的阶段，主要依靠品牌和销售渠道铺设来开展业务。

3）产品的销售周期比较长。

4）垄断企业。

（4）底薪＋提成＋奖金模式。这种薪酬结构是应用最广的，比较适用于计划快速开拓市场、需要加大激励力度，同时对协作性要求比较高的销售团队。

（5）纯业绩提成模式。这种薪酬结构比较适用于兼职销售人员和购买者分散、产品同质化程度高、市场广阔、推销难度较低的行业。

选择好薪酬结构后，需要对固定薪酬和浮动薪酬的比例进行测算和调整。一般层次越高，浮动工资的比例越大，如高层销售管理者的固浮比为3∶7，中层销售管理者的固浮比为4∶6，基层销售人员的固浮比为5∶5。不管如何调整，要遵循销售目标导向、成本和费用可控及有效激励性原则。

2. 底薪的设计

底薪就是固定工资，主要包括基本工资和补贴。底薪的作用是保障销售人员的生活水准。销售人员不可能只靠底薪生活，但底薪的设置也是很重要的。一般而言，底薪的设计要综合考虑以下因素。

（1）岗位价值。通过工作分析和岗位价值评估，对各个销售岗位在职位体系内的相对价值做一个排序，以此作为发放薪酬的重要依据。岗位价值越高，底薪也越高。

（2）当地生活水平和最低工资标准。大城市的生活成本比小城市高，基本工资也要高一些；城区的生活成本比郊区高，基本工资也要高一些。底薪通常不低于当地的最低工资标准，否则有可能违法。

（3）产品销售周期。销售周期越长，底薪越高。销售周期越长，意味着销售人员有较长时间拿不到奖金和提成，为了维持基本的生活水平，底薪应高一些。

（4）岗位要求。岗位对销售人员的要求越高，底薪越高，如有些销售岗位对学历、技术、英语、形象、综合素质等方面要求高，底薪也相应要高。

（5）产品销售难度。产品的销售难度越大，底薪越高。

另外，底薪的设置还要与企业的发展阶段、行业及市场行情等结合起来考虑。

3. 绩效工资与销售提成的设计

绩效工资和销售提成既有联系又有区别。绩效工资是对销售人员的销售过程进行奖励，即综合考虑销售业绩和销售行为，而销售提成只和销售业绩有关。

（1）绩效工资。绩效工资可以分为月度绩效工资、季度绩效工资和年度绩效工资，选择哪一种绩效工资取决于企业的需要。有些企业需要时刻关注销售人员的销售过程，那么可以采用月度绩效工资的形式；有些企业不重点关注销售过程，那么可以采用年度绩效工资。

销售人员的绩效考核指标由业绩考核指标（定量）和行为考核指标（定性）两部分组成，业绩考核指标一般占60%～70%。

（2）销售提成。销售提成的计算涉及提成基数和提成系数的选择，即销售提成＝提成基数×提成系数。有以销售额作为提成基数的，有以毛利润作为提成基数的，有以回款金额作为提成基数的，企业可以根据实际情况确定。下面重点介绍几种提成模式。

1）固定式。固定式提成模式的系数是一个固定值，即卖多少、提多少，没有计划，也没有封顶。采用这种提成模式，企业无法把目标分摊给销售人员，也无法做整个销售薪酬预算，对销售人员的工资控制能力较弱。对于处在初创期的企业来说，当市场不稳定时，采取这种提成模式比较有效。

2）递增式。递增式提成模式是指随着销售业绩的增加，提成系数也会提高。采用这种提成模式，企业需要设定精确的目标，以避免支付成本过高，或支付没有达到应有的激励效果。同时在销售管理上，要加大控制力度，避免让销售人员过分关注“拉单”而导致回扣增加，也避免订单过于集中而不能及时处理。递增式提成模式对目标的设定要求比较高，适合市场可以预测和发展较成熟的企业。

3）递减式。递减式提成模式的目的是控制企业的支付成本，当完成预期目标后，降低提成系数。这种提成模式的应用难点在于希望付出最少的报酬得到最优的绩效，这就要求目标需要设定得非常精确，否则会使激励作用减弱，也没有达到减少支付成本的目的。这种提成模式适用于销售人员对订单规模或利润较难控制的情况，而且大多数销售人员的业绩处于一般水平。

4）混合式。混合式提成模式是指针对交易市场多变的情况，不断地调整提成系数。这种提成模式既能提供有效的激励，又能控制支付成本。但是这种提成模式比较复杂，在提成比例递减阶段可能会减弱激励作用，因此要求在设定提成比例和目标时，一定要对市场的变化情况非常了解，对订单有足够的控制力。

5）封顶式。封顶式提成模式是指当销售人员完成预期的目标之后，就不再进行奖励。这种提成模式适用于品牌优势比较明显的企业，其主要销售业绩源于品牌效应，对销售人员的依赖性不高。这种提成模式根据销售人员的业绩提供奖金，可鼓励销售人员完成目标，保证企业销售目标的完成。

6）阶梯式。阶梯式提成模式是指根据销售人员某一段时间的销售业绩给予固定的奖金，即销售业绩越高，奖金不一定越高，只有当销售业绩突破某一目标之后，销售人员才能拿到更高的奖金。这种提成模式强调差异性。如果运用得好，能激发销售人员的潜能；如果运用得不好，会大大打击销售人员的积极性。

企业需要结合实际内部情况和市场情况，并考虑支付成本和激励效果，来选择合适的提成模式。

4. 销售人员薪酬体系的设计原则

（1）目标导向原则。薪酬体系的设计要以企业战略目标的实现为基础，并随着企业战略目标的调整而调整。

（2）成本可控原则。薪酬体系的设计要体现成本可控原则，如果销售人员的薪酬总额超过了企业支付能力，再好的薪酬体系也无法长久使用。

（3）因地制宜原则。每个企业、每个阶段的薪酬体系都是不一样的，没有最好的薪酬体系，只有最合适的薪酬体系。

（4）公平性原则。薪酬体系要做到相对公平，包括企业内部各岗位的相对公平和企业外部类似岗位的相对公平。

（5）激励性原则。薪酬体系的设计一定要体现激励性原则，没有激励性的薪酬体系是“一潭死水”。

三、生产人员的薪酬体系设计

1. 考虑因素

在基层生产人员薪酬体系的设计过程中，需要考虑的因素主要有企业内部因素、企业外部因素及员工个人因素。企业内部因素包括业务性质、工作岗位价值、企业支付能力、企业文化等，企业外部因素包括产品市场的竞争情况、地区生活水平、劳动力市场的供求情况与竞争情况、国家法律法规等，员工个人因素则主要是员工价值的体现。

在以上三个方面的诸多因素中进行总结，在设计制造业企业生产人员的薪酬体系时需要重点考虑以下五个因素。

（1）基层生产岗位价值。岗位价值是指不同岗位的相对价值，主要通过工作分析或岗位评估来确定。通俗地讲，它是每个岗位对企业业绩的相对贡献度。员工的工作岗位价值大小主要通过工资和津贴体现出来。在制造业的基层生产人员中，不同工作岗位的价值是不同的。例如，装配车间工人与冲压车间工人的工作难度不同，这种难度必须在他们的津贴中体现出来，以维持内部公平。

（2）生产人员个人价值。生产人员个人价值包括知识技能价值和其个人对企业发展所起作用的价值。其中，知识技能价值是指生产人员具备的工作技能和与工作相关的知识，这方面价值可以通过技能等级评价或技术性工作表现来确定，并通过技能等级工资制的形式来体现。个人对企业发展所起作用的价值则主要由工作年限，即工龄工资体现。

（3）加班工资。制造业企业生产订单的不稳定性是无法避免的业务特性。在生产订单量较大的情况下，生产人员的加班时间势必增多，这时只有生产人员的付出得到了合理的补偿，才能避免影响生产效率的负面情绪出现。因此，加班工资设计得合理与否，在制造业企业中显得尤为重要。加班工资的支付不仅要遵循国家规定的法律法规，还要考虑生产人员的工作满意度，更要具有激励生产人员加班的效果。

（4）当地生活成本。企业在薪资体系的设计过程中应十分重视当地生活成本，如果员工的基本生活都无法得到保障，那么何来精力投入工作中？生活成本是指员工维持生活所需的费用。其参考依据可以是当地的最低生活标准和最低工资标准，然后根据企业情况、岗位情况和员工个人情况确定往上调整的幅度。这个影响因素在薪酬体系中可以通过基本工资和伙食补贴来体现。

（5）劳动力市场工资水平。企业要设计有竞争力的薪酬体系，必须考虑当地劳动力市场的工资水平。企业的薪资水平主要受到供求关系和竞争对手薪资水平的影响，具体数字可以通过市场调查确定。

2. 设计要求、设计原则和设计步骤

（1）设计要求。企业设计薪酬体系的目的是吸引和激励员工，以使员工个人利益与企业利益相结合。因此，所设计的薪酬体系必须满足以下三个要求。首先是企业内部的公平性，要能够体现各岗位的价值和员工本身的价值，并与企业的长远战略目标相一致；其次是与企业外部具有竞争关系的类似企业相比要有一定的竞争力；最后是符合国家和地方有关劳动薪资方面的法律法规。

（2）设计原则。薪酬设计原则如下：在企业能承受的范围内，在市场上有竞争力，对内部员工公平，对员工个人有意义。遵守这样的设计原则使薪酬既能最大限度地激励员工，又能保障企业的经济效益。

（3）设计步骤

1）职位分析。结合企业的经营目标，对企业的业务和人员进行有效分析，明确各部门职能和岗位之间的相互关系。

2）薪酬调查。薪酬调查的对象最好是与自己有竞争关系的企业或同行业的类似企业，重点考虑员工的流失去向和招聘来源。

3）薪酬水平定位。对同行业和当地企业的薪酬数据进行分析，根据本企业的情况和定位选择合理的薪酬水平。确定企业的整体薪酬水平，需要对企业盈利能力、支付能力进行评估，具体要综合考虑职位等级、个人的技能和资历、个人绩效这三方面因素。

4）结构设计。工资主要包括职位工资、技能工资、绩效工资。企业应对各职位做评估以确定职位工资，对每位员工的资历做评估以确定技能工资，对每位员工的工作表现做评估以确定绩效工资。

5）薪酬体系的实施及修正。在薪酬体系确定后应组织相关的培训或宣讲，以使全体员工特别是部门负责人准确理解薪酬制度，以免在实施过程中出现阻碍。在薪酬体系实施过程中，还应对员工反馈的问题进行认真分析，及时修正不足之处，确保薪酬体系的完备性。

第四节　基于薪酬支付三要素的薪酬体系设计

一、基于岗位的薪酬体系设计

岗位薪酬体系是指以由岗位的劳动技能、劳动责任、劳动强度、劳动条件等薪酬要素确定的岗位系数作为支付薪酬的根据，以岗位作为支付薪酬唯一或主要标准的工资支付制度。有完全依据岗位的薪酬体系，也有以岗位为基础的混合薪酬体系。下面主要介绍岗位技能工资制、岗位薪点工资制、结构工资制和谈判工资制。

1. 岗位技能工资制

（1）基本概念。岗位技能工资制是指在企业内部工资分配中，以按劳分配为原则，以加强工资调控为前提，以劳动技能、劳动责任、劳动强度及劳动条件四大基本劳动要素评价和计量为基础，以岗位、技能工资为主要内容，按员工的实际劳动贡献（包括劳动数量和劳动质量）确定劳动报酬的企业新型基本工资制度。

（2）结构体系。岗位技能工资通常由员工基本工资（包括岗位工资和技能工资）、特殊行业工资、辅助工资（包括奖金和各种津贴、补贴）三部分组成。岗位工资部分是依据岗位本身的特性决定工资水平，能鼓励员工合理流动，促使员工找到最适合的岗位和承担与之相应的职责；技能工资部分对员工的技能水平和知识结构提出了一定的要求，能激励员工努力提高技术水平、科学文化素质和实际工作能力；特殊行业工资部分是指针对某些特殊行业或工种而设定的工资，以体现这些行业或工种的特殊性，这些特殊性可能源于工作环境、工作风险、技能要求、市场供需等多方面因素；辅助工资部分一般包括工龄工资和效益工资，其中的奖金具有直接激励员工积极性的作用。

（3）主要优点和缺点

1）优点

①遵循按劳分配原则。岗位技能工资制把员工的条件、岗位特性等要素通过严格的测评，以定量的方式反映出来，避免了原等级工资制形式单一、不能全面反映员工劳动差别的弊端，从而贯彻了按劳分配的原则。

②调整员工的收入结构。实行岗位技能工资制后，企业把一部分奖金、津贴和补贴直接核算进工资单元，改变了高补贴、高奖金的现象。

③适用正常的运行机制。实行岗位技能工资制后，企业对员工的基本工资实行动态管理，以岗分等，以能分级，一岗多薪，岗变薪变。

④调整劳动力结构。企业因为工资关系不合理等原因导致人员分布不合理，“一线紧、二线松、三线肿”的问题相当普遍。实行岗位技能工资制后，企业严格按照定员组织生产，岗位工资与定员相结合，从而调整了劳动力结构，调动了员工的积极性。

2）缺点。岗位技能工资制仍存在许多缺点，如受到等级工资制的影响，工作年限对工资的影响过大，与效率优先的原则不太符合，效益优先也体现得不明显，因此，岗位技能工资制还需要改革。

（4）实施要点

1）调整企业组织结构，建立有效的运行机制。推行岗位技能工资制首先需要调整企业组织结构，科学合理地设置岗位，明确各岗位职责，合理确定各岗位职数，建立上岗靠竞争、收入看贡献的运行机制。

①调整企业组织结构，重新设置生产工作岗位。按照精干高效的原则调整组织结构，对现行的组织结构从根本上进行思考，主要考虑职能的划分是否合理，各部门之间及上下级之间是否责权明晰、信息顺畅、监控有力、运转高效，管理部门、管理层次能否再减少等。

②建立竞争上岗、严格考评、动态淘汰的运行机制。企业的管理岗位、生产岗位都应实行竞聘上岗，所有岗位都要提前公布竞聘条件、程序和办法。要打破传统的管理者和工人的身份界限，每位员工都有权利根据自身的特点和兴趣选择最能发挥自我潜能的岗位。

同时，企业也可以从全局出发，综合考虑各岗位的最佳聘任人选，实现双向选择。

2）科学、合理地进行岗位测评，建立岗位劳动评价体系。岗位测评是以劳动技能、劳动责任、劳动强度、劳动条件等要素为基础，通过测试和评定不同岗位的基本劳动要素，系统评价各岗位在企业生产经营工作中的地位和作用，从而依据各岗位的职责和贡献合理拉开收入差距，吸引人才，留住人才。

①建立岗位测评指标体系。由于工人岗位与管理岗位工作性质不同，因此需要分别建立评价体系。

②确定各因素的分数值及评分标准。各因素的分数值可视企业具体情况而定。一般情况下，工人岗位评价四大因素的评分比例为：劳动责任 35%，劳动技能 30%，劳动强度 20%，劳动条件 15%；管理岗位评价四大因素的评分比例为：工作责任 40%，工作技能 25%，工作强度 25%，工作条件 10%。根据评分比例再确定各子因素的分值，并规定各子因素的详细评分标准。

③实施岗位测评。首先应组建测评小组，测评小组由企业分管领导、相关中级管理者、员工代表组成，其中员工代表应占测评人数的 50%，一线员工代表应占全体员工代表的 50%。其次要对测评人员进行培训，统一尺度，明确标准。针对属于劳动技能、劳动责任、劳动强度的各因素，基本上采用经验测评法测定；针对属于劳动条件的各因素，主要采用技术测评法，按照国家统一标准测评。测评采用百分制计分方法，去掉一个最高分和一个最低分，最后取平均分。最后确定各岗位等级的分数范围，并根据实际得分情况确定各岗位等级的高低，为以岗定薪提供科学依据。

3）确定岗位技能工资标准。完成岗位测评后，可将企业所有岗位分成若干个等级，然后确定每个岗位的工资标准。通常确定工资标准的方法有以下几种。

①参照劳动力市场，依照合理的工资指导价位确定岗位工资标准、工资差距，合理确定基本工资的最低、最高标准。

②用产品的市场价扣除企业目标毛利，再减去直接材料和制度费用，得到直接人工费用，在此基础上再测算不同岗位的工资收入。

③执行各地劳动保障部门提出的岗位工资参照标准。

4）建立、健全岗位工资制的正常运行机制

①建立正常的岗位技能工资标准升降制度。确定岗位技能工资标准时应考虑劳动力市场工资指导价位、企业成本、利润空间等因素。由于这些因素是变化的，因此企业应定期调高或调低岗位技能工资标准。

②建立正常的岗位升级制度。随着企业的技术进步和管理进步，企业可能对某些岗位的质量指标、成本指标要求越来越高。因此，应根据这些变化调高岗位级别，以鼓励员工努力钻研业务，积极进取。

5）建立岗位技能工资的动态管理机制

①岗位工资的变动。员工在不同岗位等级之间调动工作时，从第二个月起执行新的岗位工资待遇，以体现岗变薪变。企业人力资源部应将员工岗位等级变动情况及时填入岗位工资动态管理登记表。

②建立试岗制度。员工在不同岗位之间调动应执行试岗制度，试岗期限视新岗位复杂程度而定，试岗期间的工资按新岗位工资标准的一定比例计算。

③调动工作的工资处理。当有员工从外单位调入时，在试岗期内对该员工执行试岗工资标准。待其试岗期满后，经考核合格，按所在岗位的工资标准执行。当有员工调出企业时，按加权平均法计算该员工的岗位技能工资。

（5）适用范围。岗位技能工资制是20世纪90年代在国营企业推广的基本工资制度。岗位技能工资制适应性很强，基本上适用于各类企业。特别是在一些生产性企业和技术含量较高的企业，岗位技能工资制更能发挥其优越性。

2. 岗位薪点工资制

（1）基本概念。岗位薪点工资制是以岗位为对象，以薪点数为标准，按照员工个人实际贡献获取的工资点值确定劳动报酬的一种弹性工资分配制度。岗位薪点工资制是在岗位劳动四要素的基础上通过量化考核直接与员工劳动成果挂钩的，它将工资的保障、激励、调节职能融为一体，使企业的工资分配与市场对企业工资的决定机制相适应。

（2）结构体系。岗位薪点工资由四部分组成，其中，基本生活费、积累贡献及津贴由金额表示，岗位工资由薪点数表示。

基本生活费用于保障员工的最低生活需要，是体现工资保障职能的工资组成部分。

积累贡献应按一定的标准分段累进确定。

津贴包括夜班津贴、加班津贴等，其中夜班津贴应该按实际出勤天数累计计算。

岗位工资是最具活力并最能体现工资激励职能的工资组成部分，由岗位薪点、责任薪点及能够胜任其他岗位的工种薪点组成。

（3）主要特点。岗位薪点工资制最基本的特点是工资标准不以金额表示，而以薪点数表示，即由薪点数代表企业的经济效益。岗位薪点工资制的主要特点表现如下。

1）岗位薪点工资制使工资分配直接与企业效益和员工个人的劳动成果挂钩，体现了效率优先的原则，符合市场导向。实行岗位薪点工资制，可以使员工的劳动报酬与其自身岗位的劳动技能、劳动责任、劳动强度及劳动条件更加密切地联系起来，从而突出体现岗位要素在员工收入中的决定作用。薪点基值与企业效益挂钩，薪点浮动值与企业所属部门主要经济指标挂钩，这样可使员工收入、所在部门的经济技术指标、企业效益与市场联系在一起。

2）岗位薪点工资制能客观地反映员工的劳动差别，有利于调节各类工资的关系，实行按劳分配。岗位薪点工资用薪点数表示，比岗位技能工资更容易做到工资向一线关键岗位、科技管理岗位、技术岗位倾斜，使其劳动力价格与市场工资率接轨，保证员工队伍的稳定。

3）岗位薪点工资通过用不同的薪点数确定员工工资，可以促进员工学习更多的技术，一专多能，勇挑重担，为企业多做贡献。

4）实行岗位薪点工资制，进行量化考核，对员工既是动力也是压力，使工资发挥了激励作用。在保证达到最低工资标准的前提下，其余部分都可根据企业效益上下浮动。

5）岗位薪点工资制把各类津贴和奖金纳入员工的薪点数中，逐步做到了收入工资化，便于管理，有利于建立正常的员工培训考核制度和竞争上岗机制。

（4）实施要点。岗位薪点工资制采取的是点因素分析法，根据员工的劳动岗位因素和个人表现因素测评出每位员工的薪点数，再加上预先规定增加的薪点数得出总薪点数，然后再用总薪点数乘以点值，即可得出员工的工资标准。在实际操作中，岗位薪点工资制的实施步骤如下。

1）对企业岗位进行科学的工作分析。即对每一个岗位具体的工作职责、权限、内容、强度、环境、上岗资格等进行全面分析，在工作分析的基础上制定不同岗位的岗位说明书或岗位工作规范。

2）对每一个岗位进行科学评价。在全面工作分析的基础上进行岗位评价，对每一个岗位按照所应承担的责任、所应具备的知识和技能、工作环境和其他要素等进行评价。

3）对员工进行考评。以岗位说明书或岗位工作规范规定的岗位职责履行情况为标准，对员工在考核期内的表现和业绩进行考评，得出每位员工的表现薪点数。

4）对员工进行综合评价，得出加分薪点数。在确定加分薪点数的时候，企业需要制定统一的评价标准，以保证公平性和客观性。

5）对员工所在岗位的岗位薪点数、表现薪点数和加分薪点数进行汇总，得出每位员工的个人总薪点数。

6）确定工资率。通常情况下，影响工资率确定的因素主要有企业所在行业的特征、所在地区的生活水平、企业自身的经营状况等。应对近期的工资进行测算以确定合理的工资率，即所说的点值。

7）计算薪点工资。在工资率确定以后，根据以下基础公式计算出最终的薪点工资。

$$\text{薪点工资} = \text{个人总薪点数} \times \text{工资率}$$

在薪点工资确定以后，企业为了增加薪点工资的激励作用，通常还会将薪点工资进行必要的组合，从而得到一个新公式：

$$\text{薪点工资} = \text{个人总薪点数} \times \text{工资率} \times \text{考核系数}$$

有的企业将经营效益体现到薪点工资中，从而得到另一个新公式：

薪点工资 = 个人总薪点数 × 工资率 × 企业效益系数

此外，企业还可以将以上两种计算方式加以组合或者结合更多的计算方式，用以激励员工。

（5）适用范围。岗位薪点工资制是我国企业在工资改革过程中创建的一种新型工资模式。它的特点和基本操作过程类似于岗位技能工资制，但是在实际操作中更加灵活多变。因为它的灵活性，这种工资制度一出现就受到许多企业的关注和青睐。

3. 结构工资制

（1）基本概念。结构工资制是以工资的不同功能为基础，将工资划分为不同的相互独立的工资单元，再给各个工资单元赋予不同的结构系数，组成有质的区分和量的比例关系的薪酬结构而确立的一种新型工资制度。实行结构工资制的目的在于拉开工资档次，合理分配收入。

（2）结构体系。结构工资制一般由基本工资、岗位工资、绩效工资、工龄工资和学历工资构成。

1）基本工资。基本工资是由现行国家工资制度中的职务工资、标准津贴和全国统一规定的各种补贴组成的，按国家政策规定按时增加，以保障员工的基本生活水平。基本工资的调整按照国家、行业的有关政策及企业的发展状况确定。

2）岗位工资。岗位工资标准根据不同岗位的劳动技能、劳动责任、劳动条件等因素确定。岗位工资是结构工资的主体部分，占比最大。岗位不同，员工的工资不同。在相同岗位上任职的员工，则按其承担任务的差别、实现业绩在质量和数量上的差别以及贡献的大小合理拉开收入差距。为了使责任重的员工工资与一般员工工资拉开差距，多采用岗位等级制。岗位工资原则上不超过工资总额的40%。员工一般通过竞聘上岗，以岗位评估确定其岗位工资的等级档次。岗位工资与资历、年龄无关。

3）绩效工资。绩效工资是根据不同岗位员工的工作实效和工作成绩来核定的工资，代表企业效益的完成情况。绩效工资是岗位工资的延伸和补充，与岗位绩效直接挂钩。实行绩效工资，使分配管理由“身份管理”向“岗位绩效管理”转变，拉开不同员工之间的收入差距，可以鼓励员工在各自岗位上创造业绩。绩效突出的员工其收入可以达到较高水平。

4）工龄工资。工龄工资是根据员工参加工作的年限，依照一定标准支付，以体现企业员工逐年积累的劳动贡献的一种工资形式。工龄工资有利于鼓励员工热爱企业和本职工作，增强企业的凝聚力，稳定员工队伍。工龄工资表明企业对员工劳动贡献的重视。同时，它的差距不大，目的在于表明收入水平不完全取决于工龄，关键在于个人能力和贡献。

5）学历工资。学历工资的设立是为了对员工的知识积累进行肯定和鼓励。学历工资的差距在市场经济发达国家逐渐扩大，因为智力投资成本的差距在拉大。学历工资实质上是把工资和知识挂钩，这样不仅有利于促进管理者参加各类培训、不断掌握新知识，而且还可以减少人员流动、提高员工素质。

企业通常会将结构工资简化为基本工资、岗位津贴（岗位工资）和绩效津贴（绩效工资）。

（3）主要优点和缺点

1）优点

①薪酬结构与劳动结构紧密结合在一起，反映了劳动差别的诸多要素。劳动结构存在几个部分，薪酬结构就有几个相对应的部分，并且薪酬结构随着劳动结构的变化而变化。

②具有灵活的调节机能。结构工资制的各组成部分职能各异，并且分别计算薪酬，这样可以从不同侧面和不同角度反映劳动者的贡献大小，充分发挥工资的各种职能作用，便于灵活调节。

③有利于分级管理。因为结构工资制将工资划分为有质的区分和量的比例关系的薪酬结构，这有利于实行工资的分级管理，克服以往工资管理“一刀切”的弊病，为改革工资分配制度开辟了道路。

④能够适应各行各业的特点。结构工资制简单明了、易于操作，具有普遍适用的特点，能够适应各类企业的需要。

2）缺点。结构工资制有两大缺点：一是合理确定和保持各工资单元比例的难度较大；二是工资单元多且各自独立运行，管理任务繁重。

（4）实施要点

1）建立、健全人力资源的基础工作。在建立结构工资制之前，应该将企业全体员工的人数、工资、工作年限、学历、职称、技术等级、技能水平、工作岗位、职务等登记造表，并对其进行综合分析，对员工劳动进行归类分析。

2）设计结构工资制的基本模式。确定设立的工资单元数量及每个工资单元的权重。

3）确定各工资单元的内部结构框架。在确定工资单元的数量和权重之后，按照岗位测评的方法确定岗位工资单元中各岗位的岗位顺序，依据不同的情况做具体分析。若实行一岗一薪制度，则需要确定各岗位之间的岗差系数；若实行一岗多薪制度，则还需要确定每类岗位内部各等级的工资系数，同时根据各工资单元内部结构的安排，规定相应的业务或技术标准、职责规范条例、劳动定额等方面的要求，并进一步拟定具体的考核办法。

4）确定工资单元的最低工资额度。工资单元的最低工资加上奖金和一部分津贴的总和，不能低于本地区执行的最低工资标准。

5）测算、检查及对结构工资方案做出调整。在完成以上几个步骤之后，结构工资制已经基本形成，接下来应对其做进一步的模拟、测试、试运转，整个过程中应不断地调整和修改。

6）实施、套改结构工资制。在原有工资制度的基础上进行结构工资制改革，一般是按照员工原标准工资的一定百分比就近套入职务工资，或者套入技术技能等级工资。例如，薪酬结构中设置了基本工资单元的，则原工资应先冲掉基本工资部分，再套入其他各单元。岗位调动者应该按照新岗位确定其岗位工资，然后再分别确定工龄工资、学历工资，并进一步确定计算绩效工资的办法。

（5）适用范围。结构工资制是我国国家机关和事业单位在工资制度改革过程中探索出的一种新的工资制度。在工资制度改革之初，为了打破旧的工资体制，他们在国家允许的自主权范围内进行内部工资制度改革，也就是在保留原有工资制度的前提下，引进新的分配机制，建立新的工资单元，逐步形成兼顾各方面关系、体现各种劳动因素的结构工资制。结构工资制的适用范围比较广泛，目前我国一些国有企业、民营企业和合资企业都在实行这种工资制度。

4. 谈判工资制

（1）基本概念。谈判工资制是指在国家法律的保护和约束下，通过企业与员工之间的谈判决定员工工资的一种工资确定方式，是一种灵活反映企业经营状况和劳务市场供求状况的制度。谈判内容主要包括工资协议的期限，工资分配制度，员工年度平均工资水平及其调整幅度，奖金、津贴、补贴等的分配办法，变更和解除工资协议的程序，工资协议的终止条件，工资协议的违约责任等。

（2）谈判工资水平的确定原则

1）理论标准原则。谈判工资水平的确定应以维持劳动者及其家属生活所需的最低费用为下限，即以企业所在地区的最低工资标准为工资基准线，它随着经济发展水平的提高而变化。

2）政府工资指导线与劳动力市场工资指导价位原则。各地根据当年国家对企业工资分配的总体调控目标、劳动力市场工资指导价位，综合考虑本地区当年经济增长、物价水平、劳动力市场状况等因素，合理确定企业工资水平和增长幅度，确定员工个人工资收入水平。

3）劳动生产率标准原则。劳资双方根据劳动生产率高低决定如何分配由劳动生产率提高而带来的新收益，通常要遵守“两个低于”的原则，即工资总额增长幅度低于利润增长幅度、平均工资增长幅度低于劳动生产率增长幅度，这样在维护员工利益的同时，能更好地保障企业的发展，实现企业与员工的“双赢”。

4）支付能力与比较标准原则。进行劳资谈判时，双方应准确估计企业的净利润，并充分考虑经济环境对企业可能产生的一些不确定因素，以决定工资的增长幅度。

（3）主要特点

1）谈判工资制是在市场经济条件下规范劳动力市场运行、促进劳动力合理流动的必然要求。谈判工资制是在资本主义发展过程中为协调劳资矛盾而产生的，它产生的深层次原因如下：在市场经济条件下，工资作为劳动力的价格由劳动力市场的供求双方共同决定，工资水平趋于市场化，而不能由一方决定。这是经济规律的客观要求。

2）谈判工资制是协调企业和员工之间利益、维护员工合法权益的重要手段。在多数企业以利润最大化为目标的情况下，有可能产生抑制工资增长、把人工成本尽可能压低的倾向，从而有损劳动者合法权益。劳资矛盾如果不能及时化解，既不利于企业发展，也不利于社会稳定。

3）谈判工资制是实现企业民主管理、提高企业经济效益的重要途径。工资集体协商可以在很大程度上消除企业分配工资的随意性，提高劳动者在企业工资决策中的民主地位，为员工民主参与企业管理提供了切入点。

（4）实施要点。谈判工资制实质上是由市场决定劳动力价格。因此，首先需要构建一个成熟的劳动力市场；其次需要组建规范的谈判主体，谈判双方应分别是能完全代表所有者利益的企业和代表员工利益的工会；再次需要树立企业与员工“双赢”的理念，企业应具备较准确判断员工价值的能力；最后需要政府的宏观指导，也就是由政府制定相应的政策、法规，以保证这一制度能健康运行。

（5）适用范围。2000 年 11 月，劳动和社会保障部（现人力资源社会保障部）发布了《工资集体协商试行办法》，提出职工代表与企业代表依法就企业内部工资分配制度、工资分配形式、工资收入水平等事项进行平等协商，以增加工资分配的透明度。工资问题直接关系到劳动者的生活、企业的运营、社会经济的发展和社会的稳定。目前，全国实行工资集体协商的企业数量众多，其中绝大多数为非公有制企业，一些国有企业也在积极进行试点。谈判工资制作为与市场经济相适应的工资决定和制衡机制，从已试行企业的实施效果来看，它在维护员工权益、协调劳资关系、促进经济发展、保持社会稳定等方面发挥了重要作用。这项制度已越来越多地为人们所认识并接受。

二、基于胜任特征的薪酬体系设计

胜任特征又称能力、胜任力、才干或素质，是 20 世纪 70 年代由著名的组织行为研究学者戴维·麦克莱兰提出的。胜任特征是指能将某一工作中表现优异者与表现平平者进行区分的个人潜在的深层次特征。它可以是任何能被可靠测量且能显著区分优秀绩效和一般绩效的个体特征。这一薪酬体系以员工潜能或能力的大小来确定薪酬的多少。以胜任特征为基础的薪酬体系本质上就是以素质、知识和技能为基础的薪酬体系。

1. 胜任特征薪酬体系的产生

目前，企业使用最多的是岗位薪酬体系，但是这种薪酬体系存在以下两类问题。

一是这种等级结构将员工固定在每个岗位上，员工很难有机会从事其他岗位的工作，导致企业缺乏灵活性和弹性。

二是对部分员工的职业发展不利。在岗位薪酬体系中，通常是管理类岗位的薪酬比较高，而专业技术类岗位的薪酬在到达一定程度后就很难再提高了。因此，员工在考虑自己的职业发展时第一选择就是管理岗位。但是，并不是所有优秀的专业技术人员都适合做管理者，于是企业就会失去许多优秀的专业技术人员，而多了许多平庸的管理者。

在这种环境下，许多企业将确定薪酬的基础从岗位转向员工胜任特征。与岗位薪酬不同，胜任特征薪酬是以胜任特征为基础的薪酬，以员工个体所具备的素质、知识和技能作为制定薪酬的标准。因此，在胜任特征薪酬体系下，企业考核的重点是员工的素质、知识和技能，以及特定知识和技能对于企业的价值。在员工掌握的知识和技能不变的情况下，岗位调动对其本人的实际薪酬水平没有影响，这意味着企业内的岗位安排可以有更大的灵活性。

2. 胜任特征薪酬体系的设计步骤

（1）工作分析。工作分析的目的是确定完成特定任务所需的胜任特征，而不是确定岗位职责。岗位与胜任特征之间的关系很复杂，同一岗位可能需要多种素质、知识、技能，反过来，不同岗位却可能需要同种胜任特征。因此，从某种意义上来说，设计胜任特征薪酬体系时的工作分析也是企业工作流程的再设计。

首先，必须确定哪些胜任特征是支持企业战略、为企业创造价值的，而具有这些胜任特征的员工应当获得报酬。这一步骤实际上要求企业界定自己准备支付报酬的胜任特征是哪些。因为在不同的企业战略指引下，作为付酬对象的胜任特征组合很可能会存在差异。即使不同企业所使用的胜任特征在概念上是一样的，在不同的企业文化氛围内，员工的行为表现也会有差异。

其次，在实行以胜任特征为基础的薪酬体系时，企业通常会根据职能领域的不同分别确定其核心能力。

（2）确定胜任特征与品质、特性和行为的关系。胜任特征本身是一种抽象的概念，如果没有明确的衡量手段来评价员工是否具备某种胜任特征，那么，胜任特征薪酬体系的设计就无从谈起。一方面，对胜任特征本身进行直接的衡量很困难；另一方面，企业关心员工胜任特征的最终目的是了解员工如何运用这种胜任特征来达成企业所期望的经营目标。因此，用员工在工作过程中的行为表现及其他特性来代替对胜任特征本身的直接衡量不仅是必要的，而且对企业来说也是有意义的。

在这一步骤中，企业需要观察和直接询问绩效优异者是如何完成工作或解决问题的，以确定达成优秀绩效的行为特征有哪些，或者说哪些行为表明员工具备某种胜任特征。例如，绩效行为能力中影响力的评估与描述见表 15-2。

表 15-2　　绩效行为能力中影响力的评估与描述

影响力是指有目的地劝说或影响他人，以产生既定影响作用的能力。它包括对他人的需要和所关注的问题进行预测及做出反应的能力

能力评估	行为描述
0	任其自然
	引用政策及进行结果归纳
1（直接劝说）	寻找原因，运用数据或者具体的例子来劝说
	不能使自己的陈述与听众的兴趣和水平相适应
	遇到反对时只能重复相同的观点
2（多次劝说尝试）	在劝说无效时尝试使用多种不同的策略，努力适应听众的兴趣及水平（如在讨论时提出两个或三个不同的观点）
3（建立信任关系，采取多种行动）	在陈述或讨论中注意贴近听众的兴趣和水平
	寻找“双赢”的机会
	在探察对方所关注的问题、兴趣及情感时表现出敏感性和对他人的理解，并利用这种理解来设计对反对意见做出的有效反应
4（通过他人施加影响）	运用专家或第三方的力量去施加影响
	有计划地与客户、内部同事及行业同事建立并维持一个关系网络
	在必要的时候，对某些机会和解决问题的思想提供“幕后”支持

（3）胜任特征评估。胜任特征评估即能力评估，是指根据界定好的能力类型及其等级定义，对员工在某领域中所具备的绩效行为能力进行评估，然后将评估结果与他们所应获得的基本薪酬结合在一起。显然，在这种薪酬体系中，员工的基本薪酬水平取决于他们对一种工作、角色或者团队功能的理解和执行能力，他们可以因具备某些既定能力或者能力水平的提高而得到基本薪酬的提升。一旦胜任特征薪酬作为一种基本薪酬被接受，企业就可以将其内化到薪酬体系的其他部分之中，如作为确定浮动薪酬的基础。

（4）薪酬调查。为了确保企业给员工支付的薪酬具有外部竞争力，在设计胜任特征薪酬体系时也要进行薪酬调查。由于不同的企业需要不同的胜任特征，且不同的企业对胜任特征有不同的度量方法，而实施胜任特征薪酬体系的企业并不普遍，因此这种调查是有较大难度的。

一种简化方法是：只调查每个任职资格系列最有代表的等级（如落在该等级的人数是该系列最多的）所对应的标杆岗位的市场薪酬水平，然后以此为基准，利用内部比较的办法确定其他等级的薪酬。

（5）确定薪酬体系。胜任特征薪酬体系一般包括工资、奖金和福利三部分，根据实际情况，有时也包括员工持股计划。胜任特征薪酬体系的结构与决定要素如图 15-2 所示。

工资	决定要素	奖金	决定要素
固定工资 浮动工资	知识 技能 能力 职责 企业短期绩效 个人短期绩效	年终奖 特别奖励	对企业的价值 企业中期绩效 对企业的特殊贡献（如出色完成某项目）
福利	**决定要素**	**股票期权**	**决定要素**
国家法定福利 补充保险 自助福利	年龄 工龄 对企业的价值	全员持股 向核心人员倾斜	核心人才战略 胜任特征 个人长期绩效 企业长期绩效

图 15-2 胜任特征薪酬体系的结构与决定要素

由于在岗位评估的过程中，对所有岗位是用同一套标准进行评估和比较的，因此在将评估结果和薪酬相联系时，一般采用的是统一的薪酬体系。但是，在衡量员工胜任特征的过程中，只是对统一职系的胜任特征进行了分级，因而在设计薪酬体系时，必须考虑是采用统一的薪酬体系，还是针对不同的职系设计不同的薪酬体系。

每一种方法都有优缺点。统一的薪酬体系管理简单，但很难设计一个基于胜任特征的、能覆盖不同职系的薪酬体系。如果针对每个职系都设计出相对应的薪酬体系，虽然这样灵活性和针对性都很强，但是会给管理带来很多不便。所以，在实践中，可以走中间路线，将相似的职系合并起来，采用同一个薪酬体系。

（6）确定薪酬结构。在设计薪酬结构时需要重点解决以下问题。

1）确定薪等。可以采用与能力分级相对应的薪等。

2）确定每个薪等对应的薪酬区间。确定时一般要考虑以下因素。

①能力跨度。能力跨度越大，向上晋升所需的时间越长，薪酬区间就应当越大。

②人员分布。如果能力分级合理，落在各薪等的人数将近似正态分布。为了合理反映落在同一薪等人员的能力与绩效差距，人数多的薪等的薪酬区间应较大。

③企业文化和管理倾向。一些强调拉开收入档次、鼓励或接受收入差距的企业，其浮

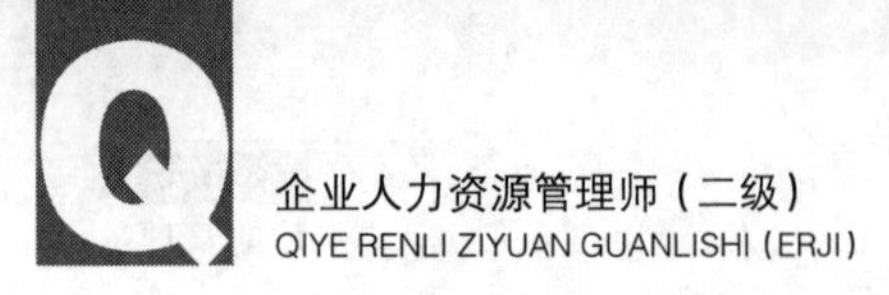

动幅度也会设置得比较大。

3）确定相邻薪等之间的交叉。一般来说，人们对某种能力的掌握速度刚开始会比较快，到一定程度后会出现“平台期”，能力增长缓慢或停滞，只有少数人会进入更高层次。与此相适应的是，“平台期”之前对应的各薪等之间不应该有重叠，甚至可以出现缺口，这样设置的目的是从利益上引导员工成长；而“平台期”及突破“平台期”之后对应的各薪等之间应该有一定的重叠，这样设置的目的是解决能力升级机会与激励之间的矛盾。

3. 胜任特征薪酬体系的优点

（1）减小企业推进组织变革和流程重组的阻力，提高企业的灵活性和适应性。

（2）鼓励员工对自身的发展负责，使员工对自己的职业生涯有更多的控制力。

（3）能使员工承担更多、更广泛的责任，而不仅仅是岗位说明书中所涉及的责任。

（4）容易向员工阐述薪酬与胜任特征及岗位之间的关系，使员工有动力去提高自身的能力。

4. 胜任特征薪酬体系实施的注意事项

（1）企业的类型是否适合采用这种薪酬体系。

（2）这种薪酬体系需要不断地评估员工的能力，这会大大增加企业的管理难度。

（3）增加企业的人工成本。很多管理方面的研究表明：管理的灵活性稍微增加，就会对结果产生很大影响。灵活性增加幅度越大，取得的改进幅度就越小。能力的提高不一定会带来生产率的提高，因此，对一名员工来说，技能的种类和数量应该有一个最佳值，超过该值后，生产率的回报会低于薪酬的增长。

三、基于绩效的薪酬体系设计

基于岗位的薪酬体系是以岗位的相对价值作为付酬的主要依据，基于胜任特征的薪酬体系是以员工拥有的素质、知识和技能等作为付酬的主要依据。岗位的相对价值和员工的胜任特征具有隐性和长期性的特点，相对来说，根据员工的实际工作绩效来付酬就具有显性特点和现实意义。

1. 绩效薪酬的含义

绩效薪酬是指根据员工实际的劳动成果确定员工薪酬，这类薪酬随着个人绩效、团队绩效或者企业绩效的某些衡量指标变化而变化。在这种薪酬体系下，企业支付薪酬的依据是员工个人及与其相关的团队的绩效水平，或者说绩效成为企业衡量员工劳动付出的替代指标。

2. 绩效薪酬的分类

绩效薪酬根据时间维度可以分为长期绩效薪酬和短期绩效薪酬，根据激励对象维度可以分为个人绩效薪酬和团体绩效薪酬。长期绩效薪酬以股票所有权为代表，短期绩效薪酬有一次性奖金、绩效加薪等形式。个人绩效薪酬有计件工资制、佣金制等形式，团体绩效薪酬有收益分享、利润分享等形式。

3. 绩效薪酬的形式

个人绩效薪酬是指以员工个人绩效为依据而支付的薪酬。显然，这种薪酬支付方式隐含的前提是员工绩效主要取决于员工个人可控因素。个人绩效薪酬主要有以下几种形式。

（1）计件工资。计件工资是最常见的一种个人绩效薪酬形式，它是根据员工单位时间的产出水平和工资率支付的薪酬。根据工资率的不同，计件工资可以分为直接计件工资和差别计件工资。

1）直接计件工资。这种计件工资制度的工资率在任何产量水平都是一个常量。例如，规定员工生产一件产品的工资为 2 元，即工资率为 2 元 / 件，则员工生产 10 件的工资为 20 元，生产 11 件的工资为 22 元。这种计件工资的优点是简便易计算，缺点是个人和团队的绩效水平不易控制。

2）差别计件工资。这种计件工资制度的工资率随着产量水平的变化而变化，是一个变量。差别计件工资制度又包括泰勒制和梅里克制两种。

①泰勒制。泰勒制的特点是有两档工资率，即设定一个标准产量 S，在标准产量内实行低档工资率 R_L，当实际产量 N 超过标准产量后实行高档工资率 R_H。按照这种工资制度，一位员工的实际收入 E 为：

$$E=N\times R_L\ (N\leqslant S)$$

$$E=N\times R_H\ (N>S)$$

②梅里克制。梅里克制与泰勒制的基本原理相同，但它实行的是三档工资率，即设定一个标准产量 S，当实际产量 N 低于或等于标准产量的 83%时，实行低档工资率 R_L；当实际产量 N 介于标准产量的 83%和 100%之间时，实行中档工资率 R_M；当实际产量 N 高于标准产量时，实行高档工资率 R_H。按照这种工资制度，一位员工的实际收入 E 为：

$$E=N\times R_L\ (N\leqslant S\times 83\%)$$

$$E=N\times R_M\ (S\times 83\%<N\leqslant S)$$

$$E=N\times R_H\ (N>S)$$

差别计件工资的目的在于奖励业绩显著的员工，惩罚效率不高的员工。

此外，标准产量的设置使企业可以有效地控制个人和团队的绩效水平，但是，一个不

合适的标准产量通常会引起劳动纠纷，因此在确定标准产量时要十分谨慎，最好让管理层和一般员工一起参与确定。

（2）工时工资。工时工资通常适用于重复动作少、技巧要求高、周期较长的工作任务。它是根据员工单位产出所消耗的时间和相应的工资率支付的薪酬。根据工资计算办法的不同，工时工资可以分为标准工时工资和差别工时工资。

1）标准工时工资。在标准工时工资制度下，企业首先确定某项工作的标准工时及相应的工资率，然后根据这个标准工资率来统一支付员工工资。这里的标准工时是指在正常技术水平和熟练程度下员工完成某种工作所需的时间。如果某熟练员工能够在标准工时内完成某件工作，那么，他的工资仍然按照标准工时乘以该工作的小时工资率来计算。例如，假设修理一台机器的标准工时是 3 小时，标准工资率是 3 元，那么，如果某员工实际修理耗时 2 小时，则他的实际工资仍为 9 元。

标准工时工资制度类似于“任务包干”制度，其重点在于激励员工提高劳动效率，节约劳动时间。但是，对企业来说，以工作任务计算的直接劳动成本没有变化。再以修理机器为例，不论员工实际修理时间是多少，一台机器的实际修理费始终为 9 元。

2）差别工时工资。这种工资制度的设计思想是将节约工时与节约劳动成本结合起来，具体包括哈尔西 50–50 奖金制和罗恩制两种形式。

哈尔西 50–50 奖金制首先确定某项工作的时间限额及相应工资率，如果员工能够以低于限额的时间完成工作，节余就按照 50∶50 的比例在企业和员工之间分摊。

罗恩制与哈尔西 50–50 奖金制类似，但在罗恩制下，员工获得的节余分摊比例随着工时节约比例的增大而增大。例如，某项工作的标准工时为 10 小时，如果实际耗时 7 小时，员工可提取成本节余的 30%作为奖金；如果实际耗时 6 小时，员工则可提取成本节余的 40%作为奖金。

（3）绩效调薪与绩效奖金。绩效调薪与绩效奖金是在基本薪酬体系的基础上，根据员工绩效评估结果来调整薪酬水平的一种薪酬制度。这种薪酬制度通常适用于工作内容比较复杂、绩效表现需要多维指标来综合评估的工作类型。

1）绩效调薪。绩效调薪是指根据员工在某种绩效评估体系中所获得的评估结果，相应地调整员工未来基本薪酬水平的一种薪酬管理方案。调薪的周期一般为一年，调薪的幅度取决于绩效评估的结果，评估结果越好，调薪幅度越大。绩效调薪不仅包括绩效加薪，也包括绩效减薪。

绩效加薪是指将基本薪酬的增加与员工在某种绩效评估体系中所获得的评估等级联系在一起的一种绩效薪酬体系。通常在年度绩效评估结束时，企业根据员工的绩效评估结果及事先确定的绩效加薪规则，决定员工在第二年可以得到的基本薪酬，绩效加薪所产生的基本薪酬增加部分会在员工以后的服务年限中得到累计。

绩效加薪的三大关键要素是加薪幅度、加薪时间及加薪实施方式。

加薪幅度主要取决于企业的支付能力。加薪幅度过大，可能超过企业的承受能力；加薪幅度过小，绩效加薪计划又可能无效，因为小规模加薪往往起不到激励员工提高绩效的作用，并且容易与生活成本加薪混同。在比较复杂的绩效加薪制度中，加薪幅度还与企业薪酬水平和市场薪酬水平的对比关系有关，或者与员工所在管理层级、企业内部的相对收入水平等因素有关。

从加薪时间来看，常见的绩效加薪是每年一次，也有些企业采取半年一次或者是每两年一次的做法。

加薪实施方式可以采取基本薪酬累积增长的方式，也可以采取一次性加薪的方式。一次性加薪是常规的年度绩效加薪的一种变通措施，它通常是对那些已经处于所在薪酬等级最高级的员工所采取的一种绩效激励方式，因为这时企业已经不能再提高这类员工的基本薪酬水平，但是又需要对高绩效员工进行激励。

2）绩效奖金。绩效奖金不改变员工的基本薪酬水平，它是在基本薪酬之外，根据员工绩效评估结果给予的一次性奖励。绩效奖金与绩效调薪一样，都是基于企业对员工过去工作业绩的评估，两者的区别如下。

①绩效调薪有奖有罚，而绩效奖金则一般只奖不罚。

②绩效调薪的增资部分是随基本薪酬一起在后续年份逐月发放的，而绩效奖金则一般是在当年年底发放。例如，某员工基本薪酬为 100 000 元 / 年，第一年年底他的绩效评估得分为 A。假定绩效调薪和绩效奖金的增资幅度都是基本薪酬的 4%，按照绩效调薪的办法，该员工第二年的基本薪酬应变为 104 000 元 / 年，或者说，增资的 4 000 元是在第二年逐月发放的；而按照绩效奖金的办法，该员工在第一年年底就可以获得 4 000 元。因此，两种薪酬方案在激励强度和激励持续性方面各有特点。

③绩效调薪对基本薪酬有后续影响，而绩效奖金则对基本薪酬没有影响。接着上述例子，如果按照绩效调薪的办法，该员工第二年的基本薪酬就会变为 104 000 元 / 年。这样，只要他在第二年年底的绩效评估得分能达到 B，他在第三年的基本薪酬就仍然能保持在同样的水平；而按照绩效奖金的办法，该员工第二年的基本薪酬仍为 100 000 元 / 年，而且只有在第二年年底的绩效评估得分能达到 A，才能再次获得 4 000 元的奖金。

④绩效调薪的幅度受到基本薪酬等级浮动区间的限制，而绩效奖金则没有这一限制。

4. 绩效薪酬的特点

（1）在组织层面上，绩效薪酬降低了员工分配公平感的整体水平。社会比较理论认为，社会比较信息是公平感形成的重要基础。在平均绩效薪酬强度高的企业中，员工收入很大程度上表现为“干多少拿多少”，于是员工有很大的绩效压力。他们在与低绩效薪酬强度企业（个人绩效与个人收入联系弱）的员工进行比较时，会认为在其他企业中不需要很努力也可以有相似的收入，因而感到有些不公平。

（2）绩效薪酬是一种竞争性激励薪酬，它常常会削弱员工的凝聚力。研究发现，虽然在个体层面上绩效薪酬强度与帮助行为不相关，但在组织层面上绩效薪酬对帮助行为具有消极作用，即相对于低绩效薪酬强度企业中的员工，高绩效薪酬强度企业中的员工总的来说更不愿意帮助他人。同时还发现，绩效企业对知识型员工的自我发展有显著的促进作用，相对于帮助行为的利他性，自我发展有很强的利己性，随着绩效薪酬强度增加，员工为了提高自己的收入，会更加关注自我发展。即使在集体主义文化环境下，绩效薪酬还是可以让员工将注意力集中在特定的个人工作目标上，从而更多地关注个人利益而非集体利益。

正因为绩效薪酬对提高员工工作积极性有显著作用，目前我国许多企业正在尝试运用基于个人绩效的绩效薪酬制度。对于绩效薪酬制度的实施，有两点需要注意。第一，实施绩效薪酬时，需要根据企业实际情况来采用合适的绩效薪酬强度，而不能简单模仿其他企业。这些实际情况包括员工对企业的认同程度、企业管理人员的管理水平、员工的工作性质等，如在工作相互依赖程度较高的企业中，实施过高强度的绩效薪酬有可能影响员工的相互合作。第二，要重视绩效考评过程的公平性，提高过程公平性可以有效减少绩效薪酬的消极作用。要在实践过程中注意把握公平性的六个方面，即员工参与决策、基于道德和伦理标准、无偏见、具有纠正错误的机制、制定和执行具有连续性和一致性的考评标准、信息准确。

5. 绩效薪酬体系的设计角度和设计原则

（1）设计角度。绩效薪酬可以针对不同职能部门和业务类别的员工群体特点来设计，如分别针对生产操作人员、经营管理人员、市场营销人员、专业技术人员等，设计和实施各具特色的绩效薪酬体系，包括计件工资制、年薪制、佣金分成制等。

一般来说，基于企业长期绩效提升目标来进行整体绩效薪酬设计及整体管理实际上具有更重要的战略意义，当然也具有更大的操作难度和现实挑战。在这方面，西方学者的研究成果可供借鉴，如收益分享计划、利润分享计划、综合绩效薪酬激励计划、长期股权激励计划等不同运作模式。

（2）设计原则

1）应保证业绩同薪酬挂钩。

2）绩效标准应公平合理。

3）要具有确保薪酬计划执行的具体措施，应将绩效薪酬计划制度化、契约化。

4）要注意与基本薪酬配合。绩效薪酬体系的设计与管理要以基本薪酬为基础，并与之在操作层面相衔接。

第五节　薪酬预算、支付和调整

薪酬预算、支付和调整是薪酬日常管理的基础工作，也是薪酬成本管理循环的重要组成部分。

一、薪酬预算

薪酬预算是指企业在薪酬管理过程中进行的一系列成本开支方面的权衡和取舍。薪酬预算包括薪酬总额计算和薪酬控制两个环节。准确的薪酬总额计算可以保证企业在未来一段时间内的薪酬支付可协调和可控制，同时企业在进行薪酬决策时，还需要综合考虑企业的财务状况、薪酬结构及企业所处市场环境因素的影响，对薪酬预算进行有效控制，确保企业的薪酬成本不超出企业的承受能力。

1. 薪酬预算的步骤

（1）确定企业战略目标和经营计划。首先，确定未来企业的战略是快速扩张、适当收缩、稳步增长还是转换领域，它决定企业对人力资源的整体需求，同时也会影响企业对薪酬总额的预算。

其次，确定企业明年的经营目标，如收入、利润、增加值、产值等指标，这是决定薪酬总额的基础。一般将经营目标分为基础目标、努力目标和最低目标，以分别计算对应的薪酬总额。

最后，确定明年的组织结构和岗位设置，因为组织结构和岗位设置的变动一方面会影响员工人数，另一方面也会带来员工岗位工资部分的变动。

（2）分析企业外部因素。在做薪酬预算时，企业应详细分析劳动力市场工资指导价位变化、消费价格指数变化、国家社会保障政策变化、企业外部经营环境变化等多方面外部因素。其中，消费价格指数变化会反映到固定薪酬预算方面，国家社会保障政策变化会反映到社会保险费用预算方面，劳动力市场工资指导价位和企业外部经营环境变化会对薪酬总额的预算有较大影响。在薪酬总额预算受到限制的情况下，企业管理者必须权衡人工成本在工资、社会保险费用及招聘、培训等其他方面的分配，不同的分配倾向体现了不同的人力资源管理工作重心。

（3）分析企业内部因素。薪酬预算应考虑企业内部因素的影响，主要包括历史薪酬增长率及企业目前支付能力。

企业应该保持历史薪酬增长率的稳定性，尤其是保持人均平均薪酬增长率的稳定性，

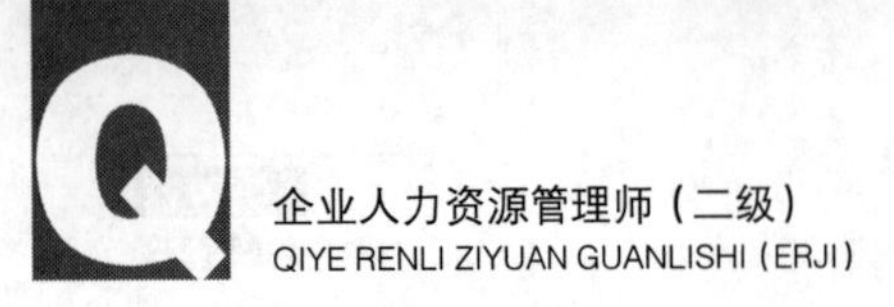

不能突然大幅度增长，最好是各年度稳定增长，这样才能充分调动员工的积极性。

了解企业目前的支付能力也是必要的。企业增加值增加，意味着薪酬支付能力提高；企业增加值减少，意味着薪酬支付能力降低。

（4）确定企业薪酬策略。薪酬策略是指将企业战略目标、企业文化、内外部环境有机地结合，从而制定的对薪酬管理进行指导的原则。薪酬策略是设计与实施薪酬制度的指导思想。它强调的是相对于同规模的竞争性企业来讲，薪酬支付的标准和差异。

薪酬策略包括薪酬水平策略、薪酬激励策略和薪酬结构策略三部分。薪酬水平策略是指要确定企业采取领先型、跟随型还是滞后型策略。薪酬激励策略是指确定重点激励哪些人群，采用什么样的激励方式。薪酬结构策略是指薪酬应当由哪些部分构成，各占多大比例；薪酬分多少层级，各层级之间的关系如何。

（5）分析人员流动情况。结合人力资源规划和企业未来经营目标，分析未来一个薪酬年度内人力资源的需求和供给预测，包括预测总人数、提拔人数、新增人数、离职人数、新设立组织结构的需求人数等。

（6）推算薪酬预算总额。根据企业实际情况，选择合适的方法推算薪酬预算总额。具体方法包括薪酬比例推算法、盈亏平衡推算法、劳动分配推算法、自下而上推算法等。

由于每种方法的侧重点不同，因此推算出来的结果有时候差异很大。这就需要先使用多种方法推算薪酬预算总额，再不断调整使多种方法推算出来的结果趋于一致，这个趋于一致的结果便可作为最终的薪酬预算总额。

2. 薪酬预算总额的推算方法

（1）薪酬比例推算法。薪酬比例推算法是针对销售业绩相对稳定的企业，以销售额为基数，按照一定的薪酬费用比率，推算薪酬预算总额的一种方法。薪酬比例推算法的计算公式为：

薪酬预算总额＝本年度销售预算总额 × 上一年度薪酬费用比率

上一年度薪酬费用比率＝上一年度薪酬总额 ÷ 上一年度销售总额

在薪酬比例推算法中，薪酬预算总额通常包括广义的所有经济性薪酬的总金额。按照该法推算出的薪酬预算总额，也对应包含相应的薪酬类目。为了计算方便，可以将薪酬预算总额转化为财务上的人工成本，对应计算出的薪酬预算总额就是财务上的人工成本预算总额乘以上一年度薪酬费用比率。

可以进一步推算出：

上一年度薪酬费用比率＝（上一年度薪酬总额 ÷ 员工总人数）÷
（上一年度销售总额 ÷ 员工总人数）
＝人均薪酬额 ÷ 人均销售额

显而易见，薪酬费用比率是企业发放的人均薪酬额与企业产生的人均销售额之间的比率。也就是说，薪酬比例推算法的原理是企业在保持产生一定人均销售额的情况下，对员工支付的人均薪酬额的薪酬费用比率也维持稳定。

【举例】

某企业上一年度的销售额为 3 亿元，上一年度发放的薪酬总额为 4 500 万元，本年度销售预算总额为 36 亿元，则本年度的薪酬预算总额应是多少？

上一年度薪酬费用比率 =4 500 万元 ÷3 亿元 =15%

本年度的薪酬预算总额 =36 亿元 ×15%=5.4 亿元

（2）盈亏平衡推算法。盈亏平衡推算法又称量本利推算法，是企业根据产品产量、运营成本和利润三者之间的相互作用关系来控制成本、预测利润的综合分析方法。

利用本法推算薪酬预算总额首先要计算盈亏平衡点销售额。当企业的实际销售额高于盈亏平衡点销售额时，企业就盈利；反之，企业就亏损。

另外，还需要确定企业的安全盈利点销售额。安全盈利点销售额是指企业在达到这个销售额的情况下，不仅能够确保股东的权益，还能够应对企业可能遭受的风险和危机。

盈亏平衡推算法的计算公式为：

薪酬预算总额 = 本年度销售预算总额 × 合理的薪酬费用比率

其中，最低薪酬费用比率≤合理的薪酬费用比率≤最高薪酬费用比率。最低薪酬费用比率、最高薪酬费用比率的计算公式分别为：

最低薪酬费用比率 = 上一年度薪酬总额 ÷ 安全盈利点销售额

最高薪酬费用比率 = 上一年度薪酬总额 ÷ 盈亏平衡点销售额

【举例】

某企业上一年度的销售额为 4 亿元，上一年度发放的薪酬总额为 6 000 万元。该企业的盈亏平衡点销售额为 3.5 亿元，安全盈利点销售额为 5 亿元，本年度的销售预算总额为 4.5 亿元。则该企业本年度的薪酬预算总额应是多少？

该企业可采取的最高薪酬费用比率 =6 000 万元 ÷3.5 亿元≈ 17.14%（四舍五入）

该企业可采取的最低薪酬费用比率 =6 000 万元 ÷5 亿元 =12%

上一年度实际发生的薪酬费用比率 =6 000 万元 ÷4 亿元 =15%

将三个薪酬费用比率数值进行比较后，该企业管理层综合考虑订单增加、生产稳定、技术更新带来生产效率提高等实际情况，认为完成 4.5 亿元的销售预算总额应当不需要再增加劳动力，在考虑业绩增长和消费价格指数提高的基础上，决定让薪酬总额提升 5%，于是得到：

本年度薪酬预算总额 =6 000 万元 ×（1+5%）=6 300 万元

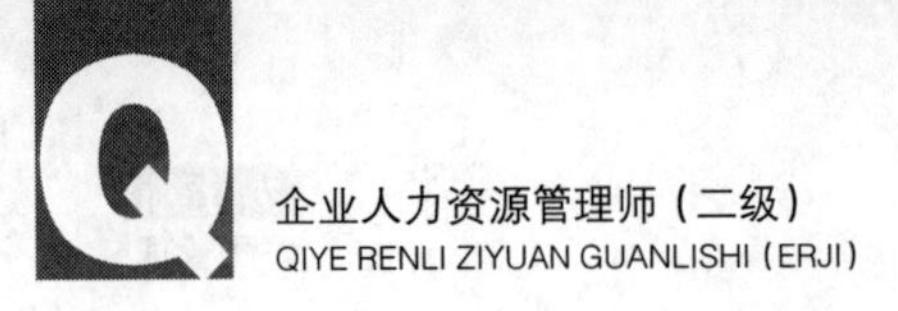

下面利用盈亏平衡推算法反过来验证这个薪酬预算总额的合理性。

本年度薪酬费用比率＝本年度薪酬预算总额 ÷ 本年度销售预算总额

＝6 300 万元 ÷ 4.5 亿元＝14%

本年度薪酬费用比率介于最高薪酬费用比率和最低薪酬费用比率之间，从本例的计算过程能够看出，如果仍然采用上一年度 15% 的薪酬费用比率，则在管理上显得简单粗放，并不合理。

（3）劳动分配推算法。劳动分配推算法的原理是推算企业在一定时期内新创造的价值中，有多少是用来支付人工成本的。劳动分配推算法反映分配关系和人工成本要素之间的投入产出关系。劳动分配推断法的计算公式为：

薪酬预算总额＝本年度预算人工成本 × 薪酬费用占比

本年度预算人工成本＝本年度预算劳动分配率 × 本年度预算附加价值

其中，本年度预算劳动分配率可以通过上一年度劳动分配率来推算出。

上一年度劳动分配率＝上一年度人工成本总额 ÷ 上一年度附加价值 ×100%

劳动分配率是反映企业人工成本投入与附加价值产出之间关系的重要指标，也是衡量企业人工成本相对水平高低的重要指标。

附加价值是企业本身创造的价值，它是扣除从外部购买材料或委托加工的费用之后，真正附加在企业上的价值。附加价值是资本与劳动之间分配的基础。附加价值的计算方法有两种。

第一种是扣减法，是指从销售额中减去原材料等从外部购入的由其他组织或个人创造的价值，其计算公式为：

附加价值＝销售额－当期进货成本－（直接原材料＋购入零配件＋外包费＋间接材料＋其他外部组织创造的价值）

第二种是相加法，是指将形成附加价值的各项因素相加后得出，其计算公式为：

附加价值＝利润＋人力成本＋财务费用＋租金＋折旧＋税收＋其他形成附加价值的各项费用

【举例】

某企业本年度预算劳动分配率为 45%，本年度预算附加价值为 8 000 万元，本年度薪酬费用占比为人工成本的 60%，则该企业本年度的薪酬预算总额应是多少？

本年度预算人工成本＝45% × 8 000 万元＝3 600 万元

本年度薪酬预算总额＝3 600 万元 × 60%＝2 160 万元

小提示：劳动分配推算法中的人工成本、劳动分配率、附加价值等数据的来源可以从财务部获取，应以审计后的财务报表数据为准。

（4）自下而上推算法。薪酬比例推算法、盈亏平衡推算法和劳动分配推算法都是自上而下推算薪酬预算总额的方法。自上而下推算薪酬预算总额的优点是与企业战略联系得更加紧密，使薪酬预算结果更加符合企业发展的需要，同时能够控制薪酬的总体水平。

但是自上而下推算薪酬预算总额也存在一定的缺点。例如，薪酬预算过程缺乏灵活性；在确定薪酬预算总额的过程中，可能产生较多的主观干扰因素，进而降低薪酬预算的准确性；中层管理者、基层管理者和员工没有参与感，不利于调动中层管理者、基层管理者的责任感和员工的积极性。于是，一种自下而上推算薪酬预算总额的方法被引入。

自下而上推算法是先由各部门的管理者对本部门现有员工及计划补充员工在下一年度的薪酬情况做出预算，据此加总后计算出整个部门的薪酬预算，然后将每个部门的薪酬预算数据汇总后得出整个企业的薪酬预算总额。

这种方法在实施全面预算管理、对各部门费用管控要求较高或采取承包制的企业中最为常见。自下而上推算法的计算过程如图 15-3 所示。

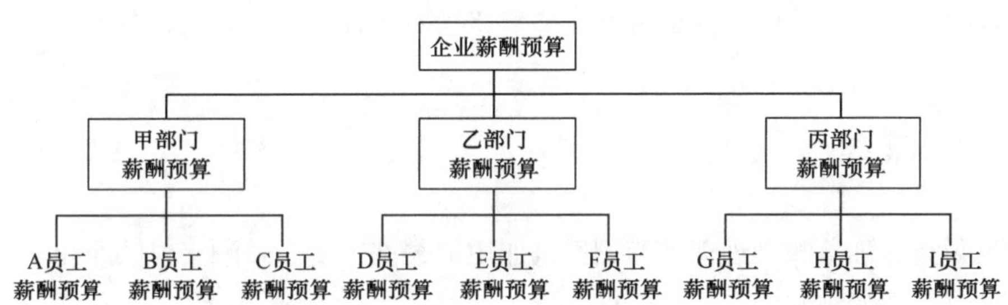

图 15-3　自下而上推算法的计算过程

自下而上推算法的优点是应用更加灵活，可行性较强。利用本法推算出的薪酬预算数据更贴近现实情况，能够让中层管理者、基层管理者思考本部门的编制和人员聘用情况，并更加关注员工的态度、能力和绩效。

自下而上推算法的缺点是整体工作量较大，工程较复杂。整个薪酬预算过程耗费的周期较长，最终薪酬预算汇总后的结果可能并不准确，有时候甚至会大大超过决策层的预期。这是因为各部门的管理决策通常都是短期的，很难把企业的长远发展和部门的短期利益相结合，所以各部门管理者通常并不偏向于控制人工成本，造成最终的薪酬预算与企业整体战略不一致。

实践时，人力资源部在推算薪酬预算总额时，可以根据企业的具体情况把三种自上而下推算法与自下而上推算法结合在一起运用，在一定程度上做到相互验证。

3. 薪酬预算控制

薪酬预算控制是薪酬预算的重要环节，是企业在通过各种方法确定薪酬预算总额后，为了保障薪酬预算标准的有效实现而采取的一系列管理和监控手段。薪酬预算控制不是简单地通过各种方式压缩人力成本，而是要在不违背薪酬策略、薪酬方案设计定位，以及能够保证薪酬外部竞争性和内部公平性的基础上，采取有效控制措施，减少一些不科学、不合理的人力成本支出。薪酬预算控制方法主要有以下三种。

（1）提高劳动效率。提高劳动效率是最有效的薪酬预算控制方法，也是企业运营最希望看到的结果。通过提高劳动效率，能够有效减少生产单位产品需要付出的劳动时间，能够提高劳动者在单位时间内创造的价值，从而增加企业的附加值。

（2）增加经营业绩。增加经营业绩同样也是有效的薪酬预算控制方法。增加经营业绩通常是指增加企业的销售额或利润，从而增加企业的附加值。注意，如果单纯是企业的销售额增加，并不一定会带来薪酬预算的有效控制，因为有可能销售额的增加是投入了更大的成本，结果反而使劳动效率降低，薪酬预算同样得不到有效控制。

（3）降低人工成本。当已经尝试过前两种方法而没有达到预期效果，薪酬预算已经超过预期较多，或者生产经营情况遇到困难，人力资源部可以采取一些降低人工成本的其他办法，如评估并裁减企业中的冗余人员、延迟薪酬调整时间、压缩福利费用等。

二、薪酬支付

薪酬支付是保证薪酬管理能够起到激励作用的关键一步，薪酬支付的原则、策略及保密性应该遵循一定的规则。

1. 薪酬支付的法律规定

薪酬支付的法律规定主要包括《劳动法》《工资支付暂行规定》《劳动保障监察条例》。

（1）《劳动法》

第五十条　工资应当以货币形式按月支付给劳动者本人。不得克扣或者无故拖欠劳动者的工资。

（2）《工资支付暂行规定》

第七条　工资必须在用人单位与劳动者约定的日期支付。如遇节假日或休息日，则应提前在最近的工作日支付。工资至少每月支付一次，实行周、日、小时工资制的可按周、日、小时支付工资。

（3）《劳动保障监察条例》

第二十六条　用人单位有下列行为之一的，由劳动保障行政部门分别责令限期支付劳动者的工资报酬、劳动者工资低于当地最低工资标准的差额或者解除劳动合同的经济补偿；逾期不支付的，责令用人单位按照应付金额 50% 以上 1 倍以下的标准计算，向劳动者加付赔偿金：

（一）克扣或者无故拖欠劳动者工资报酬的；

（二）支付劳动者的工资低于当地最低工资标准的；

（三）解除劳动合同未依法给予劳动者经济补偿的。

2. 薪酬支付的基本原则

（1）及时性原则。员工的薪酬不是企业对员工的施舍，而是企业对员工的“负债”。员工把自己的劳动提供给企业，企业同样应该兑现给员工相应的劳动报酬。这是企业的基本信誉问题。

因此，员工的月薪必须每月由企业按时支付给员工，如定在每个月的15日之前通过银行打款的方式打到员工的银行卡上。

季度奖金和年度奖金应在季度和年度的绩效考核完成之后的某一段时间内及时支付。年薪的结算和年度奖金的支付最好不要超过春节假期。

如果遇到特殊情况不能按时发放的，必须事先向员工做出合理解释。如果没有具体的时间，员工会感到不确定性、没有安全感和被欺骗。

（2）现金性原则。支付给员工的薪酬只能以现金的形式发放，不能以企业产品、其他物品甚至是股份来代替。例如，有的企业原本承诺在年底给员工发放年度奖金，可到了年底，由于财务状况紧张，企业就把一部分库存商品按照商品的售价折算成奖金发放给员工。这样做不仅给员工带来销售商品的麻烦，同时因为商品销售的折价，员工实际到手的金额低于预期，会让员工失去对企业的信心，使员工满意度下降、人才流失率增加。

（3）足额性原则。薪酬应当足额支付给员工，不应有任何无理由的截留。当然，正常的社会保险或住房公积金个人部分扣款、个人所得税扣款、薪酬管理体系需要或者在薪酬制度文件中有明确规定的正常扣款除外。

如果企业遇到经营困难，不得已只能暂缓发放员工薪酬或只能部分发放，应当向员工说明原因，获得员工的同意和理解。当企业度过困难期之后，应立即恢复正常的薪酬支付，及时给员工发放足额薪酬。

（4）奖罚性原则。在企业日常经营管理过程中，一定会有部分员工因为技术成果转化、合理化建议等企业提倡的行为而受到薪酬上的奖励，也会有部分员工因为旷工、迟到、缺勤等企业不希望看到的行为而受到薪酬上的扣罚。

所有的奖罚如果要体现在薪酬上，应该事先让员工知晓相应的规则或约定。员工产生奖罚对应的行为时，应有确认行为的过程，并及时告知员工。整个操作过程应本着公平、公正、公开的原则，不能无理由地随意追加。

（5）对应性原则。员工本人的薪酬应当支付给员工本人，不能随意支付给其他人。即使是由于某些原因，员工本人无法领取薪酬，也可以通过银行代发的形式发到员工本人的银行卡上。企业应留存薪酬支付的相关记录。

（6）应急性原则。一般情况下，企业不应随意给员工预支工资，但当员工遇到紧急情况时，企业可以本着人性化的原则给员工提供帮助。为此，企业可以制定员工预支工资的条件和规则等相关规定。

3. 薪酬支付的策略

薪酬支付策略是指在不违反薪酬支付原则的前提下，为了最大化地激励和约束员工，增强员工对薪酬发放的正面感受而采取的策略。

（1）即时支付策略。即时支付策略是一种最简单的薪酬支付策略。它是企业根据员工付出的劳动或做出的成绩而立即给予员工回报的一种最直接的薪酬支付方式。即时支付的内容可以是现金、即期股票，也可以是非经济性福利。

即时支付策略的优点是员工能够得到即时的回报和满足，从而增强对企业的信心。这种策略的缺点是不具备长期激励的效果，当员工离职成本较低时，可能会给企业的财务管理造成较大压力。

例如，为了激励销售人员的工作热情，某企业决定对部分岗位销售人员的销售提成采取日结制，销售人员第二天就可以领到前一天的销售提成。针对部分销售人员采用这种方式后，该企业发现，这部分销售人员的销售业绩普遍比原来提升 20% 以上。

（2）递延支付策略。递延支付策略是对应即时支付策略而来的，它的含义并不是违反薪酬的及时性原则，故意拖后支付或延期支付，而是事先规定一部分薪酬用于长期激励，采取有序、依次延期的方式发放。

与即时支付策略相比，递延支付策略将员工个人利益与企业长期发展利益结合在一起，能够产生更长远的激励和约束效应。

例如，某企业利用其专用法人账户在股票二级市场按该企业年报公布后一个月的股票平均价格，用当年企业经营者 70% 的风险收入购入该企业股票。企业经营者与该企业签订股票托管协议，在股票到期前，这部分股权的表决权由该企业行使，且股票不能上市流通，但企业经营者享有分红和增配股的权利。该年度购入的股票在第二年上级单位下达业绩评定书后的一个月内，返还上一年度风险收入总额的 30%，第三年以同样的方式返还 30%，剩余的 10% 累积留存，以后年度的股票和累积与返还依此类推。如果企业经营者下一年度完成经营责任书净利润指标的 5% 以下，则将被扣罚以前年度累积股票数额的 40%。也就是说，该企业经营者风险收入的 70% 首先是以股票的形式确定下来，但并不实际发放，而是根据经营者在以后几年的经营业绩来决定是否按事先确定的比例发放，在此期间，企业经营者享有这部分股票的分红和增配股的权利。因此，企业经营者对股票的实际所有权只是被递延了，并不存在真正对股票行权的过程。

在高级人才的薪酬构成中，维持其基本生活保障的工资应按月以现金的形式即时支付。风险酬劳和知识资本酬劳与企业的长远业绩有一定的关联性，应建立在绩效评估的基础上，可以采取递延支付的方式。

不同的行业、企业、岗位，对即时支付和递延支付的薪酬比例没有固定规定，可以根据具体情况判断和确定。例如，对于部分刚刚兴起的高新技术企业，还没有形成一定规模，存在较大的市场风险，但是前景较好，这时对企业的高级人才可以采取相对于传统稳定行业较高的递延支付薪酬比例。

（3）期权支付策略。与递延支付策略类似，期权支付策略也是对人才在企业长期发展的激励。递延支付策略适用于现金和股权，而期权支付策略通常只适用于股权。该策略比较适合高成长、低股息的上市公司，一般对应有配套的公司股票期权计划。

例如，某企业规定经营者不能一次性地行使股票购入期权，而必须分年度行使；也不能一次性地售出购入的股票，必须分年度售出。在企业赎回股票时，同样也规定分次或分年度进行。

对于产品有发展潜力、当前经营状况良好、具有较大成长空间的高科技企业，可以采取期权支付策略，并设计满足企业需要的针对性股票期权。

4. 薪酬公开和保密制度

薪酬应该公开还是保密没有定论，可以视企业的具体情况而定。一般来说，管理规范化程度较低、企业文化强调员工竞争、集权化程度较高的企业比较适合采用薪酬保密制度，而管理比较规范、组织结构和岗位职责比较清晰、企业文化强调员工沟通合作的企业则比较适合采用薪酬公开制度。下面重点介绍薪酬保密制度的优缺点。

（1）薪酬保密制度的优点

1）有利于避免员工出现攀比行为。

2）有利于保护企业的商业秘密。

3）有利于保护员工的个人隐私，维持和谐的人际关系。

4）有利于降低管理者的管理难度。

（2）薪酬保密制度的缺点

1）可能会导致薪酬制度的激励性下降。

2）薪酬的不透明可能会产生小道消息，从而引发一系列本不该出现的问题。

3）可能会引发暗箱操作，导致内部薪酬不公平。

4）可能导致个人的薪酬水平与自身的薪酬谈判能力有一定联系，不符合薪酬管理理念。

5）可能会引发不正常的上下级关系。

企业无论是采取薪酬公开政策还是薪酬保密政策，都应该做好薪酬管理的基础配套工作。例如，应保证绩效考核的准确性和公正性，应保证薪酬的公平性和竞争性，应强化企业对薪酬问题的监控和反应速度，应保证薪酬政策的适度透明，应保证企业与员工之间进行良好的薪酬沟通。

三、薪酬调整

随着企业战略的发展变化，薪酬体系不可能永远适应和满足企业的需要，这时就需要对企业的薪酬管理做出有针对性的调整，以适应企业发展。薪酬调整是企业保持管理的动态平衡、达到薪酬管理目标的重要手段，也是薪酬管理的日常工作之一。

常见的薪酬调整包括薪酬水平调整和薪酬结构调整两类。当进行薪酬水平调整时，一般是在企业薪酬结构不发生变化的情况下。当进行薪酬结构调整时，通常伴随着企业薪酬体系的重新设计和薪酬管理的变革。

1. 薪酬水平调整

薪酬水平调整的频率一般按照企业具体情况确定，一般是一年一次。进行薪酬水平调整之前，要做好外部薪酬水平的调查和内部薪酬情况的分析调研。薪酬水平调整的常见方法包括单一式调整和复合式调整。

（1）单一式调整。单一式调整是指依据单一因素进行薪酬水平调整的方法。

1）按绩效调整。按绩效调整薪酬的方法是根据员工的绩效水平调整员工的薪酬水平。相同岗位、相同层级的员工，绩效水平越高，薪酬调整的额度或幅度就越大。

2）按技能调整。按技能调整薪酬的方法是根据员工的技能测评结果调整员工的薪酬水平。相同岗位、相同层级的员工，技能测评的评分越高，薪酬调整的幅度或额度就越大。

3）按态度调整。按态度调整薪酬的方法是通过 360 度评价或者上级对下级工作积极性和主动性的评价，来判断员工工作态度的优劣程度，进而调整员工的薪酬水平。相同岗位、相同层级的员工，态度测评的评分越高，薪酬调整的幅度或额度就越大。

4）等比例调整。等比例调整是指全体员工在原工资基础上增长或降低同一百分比，如全体员工月薪增长 10%。这种薪酬水平调整方法将使原本工资高的员工的调整额度大于原本工资低的员工。

5）等额度调整。等额度调整是指不论员工原有工资水平是高或低，一律按照相同的额度给予调整，如全体员工月薪增长 500 元。如果不想增加基本工资，也可以把增加的工资以岗位津贴或各类补贴的形式发放。

单一式薪酬水平调整方法的比较见表 15-3。

表 15-3　　单一式薪酬水平调整方法的比较

类型	适用范围	优点	缺点
按绩效调整	看重绩效、强调竞争的企业或岗位，如销售业务类岗位、某些管理岗位	员工的绩效通常会得到有效的激励	薪酬差距可能越来越大，绩效高者薪酬增长到一定程度可能反而变得懒惰
按技能调整	看重能力、强调技能水平和发展的企业或岗位，如某些技术类岗位、教育培训类岗位	员工的技能水平通常会得到有效的激励	企业一味为员工的技能水平付费，但激励效果可能无法直接体现在企业的整体绩效评估结果上
按态度调整	看重态度、强调工作积极性和主动性的企业或岗位，如对于新入职的员工	员工的工作态度通常会得到有效的激励	过于主观，准确性较差可能滋生“面子工程”
等比例调整	强调内部薪酬差距的企业或者薪酬管理水平相对较弱的企业	操作简单，对员工产生的激励效果相同	原本有差距的基本薪酬因等比例的调整差距越来越大
等额度调整	需要解决物价上涨带来工资购买力下降问题的企业	操作简单，能够保留原有的薪酬差距	对企业员工产生的激励效果不同，高薪者感觉较弱，低薪者感觉较强

（2）复合式调整

1）综合性调整。综合性调整的方法是综合考虑绩效管理、能力评估和态度因素后，让绩效、能力或态度综合运用、共同作用的薪酬水平调整方法。

2）多元化调整。多元化调整的方法是在同一个企业中，对于部分特定的人才，综合运用前五种单一式调整方法和综合性调整方法而形成的多元薪酬水平调整模式。

2. 薪酬结构调整

薪酬结构调整是指岗位工资、绩效工资、技能工资、辅助工资等配置比例的变动，这种变动代表企业激励员工的方式与内涵的改变。薪酬结构调整的目的是适应外部和内部环境因素的变化，保持薪酬的内部公平性，体现企业的薪酬价值导向，更好地发挥薪酬的激励功能。

（1）纵向薪酬等级调整。纵向薪酬等级调整包括等级数调整和等级幅度调整。

1）薪酬等级数调整。薪酬等级数调整包括增加和减少等级数两种，企业应根据实际情况进行选择。

当企业认为原有薪酬等级数过少，各个岗位的相对价值未能得到真实反映时，可进一步细分各个岗位的差别，增加薪酬等级数。这种情况通常是在规模较大、岗位等级层次较多、工作规范且弹性较低的企业中发生。

而在扁平化管理的企业中，一般会倾向减少薪酬等级数，扩大每个薪酬等级幅度，采用宽带薪酬。

2）薪酬等级幅度调整。当某些岗位的工作内容和职责发生变化，或某个工种的操作方式、技术要求发生变化时，就可以考虑调整原有的薪酬等级幅度，使之变宽或变窄。在一般情况下，当工作和技术要求提高时，可扩大薪酬等级幅度；反之，可缩小薪酬等级幅度。例如，实行宽带薪酬就是减少薪酬等级，同时大幅增加同一等级内的薪酬幅度。

（2）横向薪酬结构调整。横向薪酬结构调整是指调整薪酬结构中各部分的比例，增加或减少薪酬结构，或者调整不同的组合模式。

1）调整固定薪酬和变动薪酬的比例。固定薪酬和变动薪酬的特点和功效不同，两者保持适当的比例有助于提高薪酬绩效。目前的趋势是扩大变动薪酬的比例，以增加薪酬结构弹性、增强薪酬激励效果，更有效地控制和降低薪酬成本。

2）调整不同薪酬形式的组合模式。企业应根据不同薪酬形式的优缺点，合理搭配，扬长避短，使薪酬组合模式与企业薪酬战略和工作性质的特点相适应。为了符合现代薪酬理念和薪酬管理发展趋势，可在薪酬组合模式中增加利润分享、股权激励等激励性薪酬形式，有利于形成员工与企业相互合作、共同发展的格局。

3. 薪酬调整的步骤

企业一般采取年度调薪方式，即每年进行一次全面的薪酬调整，年度调薪步骤如图 15-4 所示。

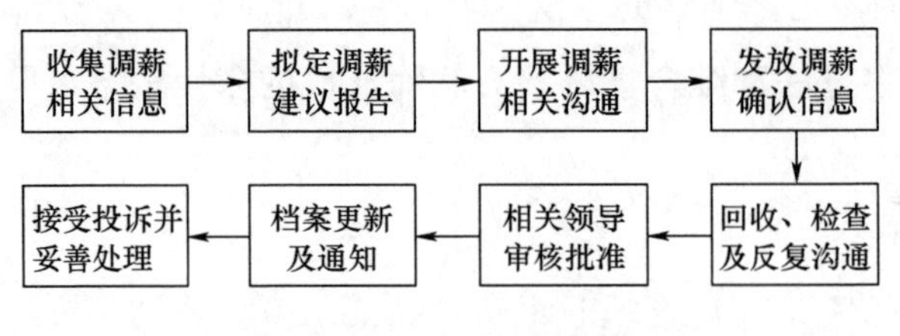

图 15-4 年度调薪步骤

（1）收集调薪相关信息。调薪前，人力资源部应收集调薪相关信息，包括但不限于以下内容：竞争对手的薪酬水平情况、外部劳动力市场的薪酬情况、内部薪酬满意度情况、法律法规的相关要求、消费价格指数。

（2）拟定调薪建议报告。人力资源部拟定调薪建议报告，包括但不限于以下内容：本次调薪将采取的薪酬策略，总体的调薪比例、金额及原因分析报告，调薪前后将给企业带来的影响和变化，往期调薪情况及各方面分析，本次调薪的具体实施方案及进度预期，本次调薪需要各部门配合的工作清单。

（3）开展调薪相关沟通。调薪沟通能够增加员工对薪酬调整工作的理解和接受程度，人力资源部应做好与员工的沟通工作。如果调薪过程中的沟通不足，将引发员工对调薪工作的不解或不满。

当然，根据不同企业的具体情况，调薪沟通的操作方式可以各自选择。例如，有的企业是把调薪思路直接公告全体员工；有的企业是把调薪理念先传达给中层管理者和基层管理者，再通过管理者传达给全体员工；还有的企业规模较小，采用由人力资源部单独和每位员工面谈的形式。

（4）发放调薪确认信息。发放至各部门管理者的调薪确认信息应当包括但不限于以下内容：员工的基本信息及薪酬相关信息，如姓名、司龄、现岗位、曾任职岗位、目前薪酬状况、历次调薪时间、薪酬变动原因及具体变动情况、历年绩效评估情况；员工本次调薪的基本信息，如是否涉及岗位变化、薪酬变动比例、薪酬变动金额、调薪生效日期。

各部门需要上交调薪建议汇总表，调薪建议汇总表（样表）见表 15–4。

表 15–4　　调薪建议汇总表（样表）

部门	岗位	职级	姓名	工号	当前薪酬	去年绩效评定结果	拟调薪酬比例	拟调薪酬金额	调整原因

表 15–4 的格式可以根据需要修改，如有的企业调整薪酬还依据能力评定结果和态度评定结果，有的企业至少要看前三年的绩效数据，有的企业要在表中体现员工历年薪酬变化情况等。

（5）回收、检查及反复沟通。将各部门调薪建议汇总表回收后，人力资源部需要就各部门反馈的薪酬调整建议进行审核，对于不符合企业整体薪酬理念或策略的，人力资源部应及时与各部门管理者沟通，要求他们重新考虑并修改。

调薪建议汇总表的常见问题如下：存在超出企业预算规定的调薪幅度或调薪金额的情况；调薪建议没有反映出员工所担任职位的重要性和绩效情况；调薪建议过多考虑了员工的司龄，而不是贡献；调薪建议强调无差别的平均主义；调薪建议没有考虑外部劳动力市场薪酬水平情况。

由于各部门管理者素质、能力和理解水平不同，人力资源部针对薪酬调整建议与其沟通的过程可能要反复持续好几轮。在此过程中，人力资源部要保持足够的耐心和信心，确保最终沟通后的调薪建议汇总表符合企业整体的调薪思路。

（6）相关领导审核批准。在领导审核批准的环节，要注意将前面所有的工作过程形成书面报告，呈交相关领导，保证领导知悉整个调整过程，而不只是调薪结果。

（7）档案更新及通知。人力资源部根据经管理层审核批准后的薪酬调整方案更新员工的档案，并拟定薪酬调整的通知文件。如果需要通过短信、邮件等形式通知到所有员工，应拟定通知内容。

（8）接受投诉并妥善处理。调薪实施后，必然有员工对薪酬调整不理解或不满意。人力资源部应提前在通知中告知员工投诉的方式，方便员工提出自己的意见。对于员工的投诉，人力资源部要妥善处理，尤其是对于核心员工或优秀人才的投诉，要搞清楚问题原因，及时稳妥地做出安排。

4. 其他薪酬调整

（1）职务调薪。职务调薪是指由于员工职务的调整而产生的薪酬调整。职务调薪通常都是根据企业薪酬政策的相关规定执行。职务调薪不需要与年度调薪同时进行，只要发生职务调整，就做出薪酬调整。

（2）调岗调薪。调岗调薪与职务调薪类似，是因为岗位发生变化而发生的薪酬调整。调岗调薪也是根据企业薪酬政策的相关规定执行。调岗调薪引发的薪酬变化通常是在岗位发生变化后即时产生的。

1）特别调薪。特别调薪是指在企业紧急情况下做出的薪酬调整。特别调薪的原因通常包括但不限于以下几项：外部劳动力市场上某类岗位的薪酬水平发生较大变化；针对竞争对手的战略，保留某一类特别员工；为符合相关法律法规要求，修正之前薪酬调整中不合理的内容。

2）试用期满后调薪。员工通过试用期或者岗位晋升后通过考核期，可能会有薪酬的相应调整。这类薪酬调整需要参考企业的薪酬政策。对于试用期或考核期表现优秀、表现一般和表现较差的员工，薪酬调整的幅度应是有区别的。

最近，一家大型民营餐饮服务企业的总经理王鹰超发现越来越多的竞争对手进入了该行业，同时企业的经营业绩有所下滑。于是，他请一家管理咨询公司进行专题研究，经过长达两个月的调研，提交的调查分析报告指出：在产品研发、食材采购、存货管理等方面，企业并没有明显的弱点，其经营业绩下滑的原因主要在于一线员工工作积极性不高、服务口碑不好，顾客的购买意愿降低了。

王鹰超认为，企业给出的薪酬水平在行业内至少处于中上档次，加上企业品牌越做越大，员工应该与企业一条心。于是，他把问题抛给了人力资源部经理李忆如：“我的钱花到哪里去了？”李忆如也无从回应，只能承诺一定尽快推出改进方案。

经过多方面研究，李忆如认为目前企业的薪酬体系比较传统，包括基本工资、奖金和福利三大模块。其中，基本工资是基于岗位的任职资格（能力）、工作内容和责任确定的，福利是一种“普惠制”关怀，两者都相对固化，只有与绩效相关的奖金是最有可能影响员工积极性的。她判断，很有可能是奖金的问题。目前，企业对一线服务人员的绩效主要从出勤、投诉和失误三个方面来考核，实际情况是只要员工没有犯大错、立大功，按照绩效支付的奖金基本上没有区别。

为了验证自己的想法，她吩咐薪酬经理李诚带领手下员工马上赶赴几个分店进行访谈调研。李诚那边很快反馈了结果，受访的员工都表示自己是按照工作流程做事，并没有消极的心态。

针对这样的情况，李忆如凭借自己多年的人力资源管理经验，想到应梳理一线服务岗位的工作流程、细化服务标准，从而制订精细化的绩效考核方案。

她向总经理提交了《关于推进“绩效管理精细化”项目的报告》，并获得了总经理的肯定。李忆如很高兴，立刻带领相关人员开展工作，经过访谈、跟班、讨论，推出细致的一线服务人员工作流程。

两个月过去了，李忆如开始带领手下员工评估项目效果，并满心欢喜地等待员工的变化。不料，调查结果却让人失望，无论是问卷还是实地观察都显示，员工的积极性并未得到显著提高。李忆如急了，总经理王鹰超也开始给李忆如施压。

踌躇之际，她想到了自己曾经的一位人力资源老师，于是，李忆如拨通了老师的电话。

听了介绍，老师提出两个问题：第一，这个行业中，顾客的诉求是常规的标准化服务还是其他？第二，高度标准的工作流程能不能区分积极和不积极的员工？最后老师说：“目前大多数企业采用的薪酬管理体系都是以员工在企业内的固定角色为假设前提的，是一种‘固化构架’，其依靠完成角色规定的动作获得奖金或绩效工资，但员工在此之外对于岗位甚至战略的贡献无法得到回报。所以，如何打破这种‘固化构架’，建立一种抛开角色、辐射全员的奖金体系才应该是你们关注的重点。而要达到这个效果，你们需要的不是细化服务标准，因为这样只会加固原有的‘固化构架’，你们应该让这种体系变成灵动的‘云’，能够根据企业按战略确定的规则向不同的员工输送激励资源……”

李忆如开始按照老师的方法进行“云式薪酬体系”的设计。首先，她组织相关部门的员工组成工作小组，对企业的服务目标进行分解，并且使用物质和精神奖励相结合的“非货币奖励”办法。又过了三个月，企业召开了盛大的颁奖仪式。企业高管亲自给获奖者颁奖，并与每个人合影。随后合影被第一时间刊登在企业的内网和内刊上，再后来，获奖者得到了一个写有高管鼓励语和签名的水晶相框，相框周围是企业的标志……李忆如把所有的“激励资源”都作为“非货币奖励”上传到企业内网。值得一提的是，每个奖项都是根据员工感人事迹来报道的，获奖者因为企业认可了自己的价值而深受鼓舞。

奇迹出现了，这些做法让员工明白企业究竟需要什么，同时设置的一系列奖励也充满诱惑，于是服务质量稳步提升，顾客常常到网站上留言称赞，甚至当地媒体也慕名报道“感人的服务”。

讨论题

1. 案例中引入“云式薪酬体系”的奖励方法有何启示？
2. 为什么企业推行的“绩效管理精细化”项目没有达到预期的效果？

本章思考题

1. 基于岗位的薪酬体系有哪些？
2. 结构工资制的优点和缺点有哪些？
3. 胜任特征的概念是什么？
4. 如何设计销售人员的薪酬体系？

第十六章
员工福利管理

引导案例

青岛某企业管理顾问有限公司发布了一项员工福利制度，短时间内引来无数网友热议。这个福利制度设置了心灵创伤奖、成功形象奖、虎头蛇尾奖、光棍重生奖、八号女生奖、和谐家庭奖、低碳顺风车奖、千里共婵娟奖、添油加醋奖共九项福利，对每一项福利都进行了详细的解释，并表示本公司愿意最大限度地丰富员工的生活和工作。

该公司人力资源部经理表示，公司新增九项员工福利，确有其事，并进一步解释说："公司属于金融培训机构，为了打造强有力的团队，吸引大批人才加入，我们人力资源部对新增员工福利一事进行了构想。""公司考虑员工的切身利益，给员工提供平台，激发员工的潜力，员工才能给公司带来利益。"

以下是新增九项员工福利的通知内容。

亲爱的员工们：

为了完善公司制度，丰富员工生活与工作，经公司"员工福利委员会"商议决定，新增九项员工福利。

1. 心灵创伤奖：公司以部门为单位组建"创伤评定委员会"（以下简称委员会），员工凡在工作中遇到打击，可向委员会提出安慰补偿，委员会根据员工情况评定创伤等级（1～10 级），然后按照等级适度进行物资补偿。

2. 成功形象奖：公司每月向员工发放美发费，男员工 20 元 / 月，女员工 200 元 / 月。

3. 虎头蛇尾奖：每天早晨最后一位打卡的员工，需要向第一位打卡的员工赠送一样礼物。注：礼物价值不限，COO（首席运营官）会在每天下午五点半公布"获奖者"与"颁奖嘉宾"。

4. 光棍重生奖：公司单身员工每月可享受半天带薪假期用于约会、相亲等求偶活动。公司提供电影票两张并可报销餐费，员工必须在次日将活动合照用邮件发送给 COO 和部门负责人，无法提供照片则按旷工处理。

5. 八号女生奖：公司将每月8号定为“女生日”，当天女员工可向公司任何男同事（包括领导）提出任何要求，男员工需要尽全力完成，若无法完成，则负责未来一周内部门所有女员工的下午茶购买任务。

6. 和谐家庭奖：若公司转正员工的父母不在青岛，公司承担每年一次其父母来青岛旅游、团聚的所有费用。

7. 低碳顺风车奖：公司员工可主动向有车员工提出搭“顺风车”的要求，有车员工每月载其他员工超过20人次，可到人力资源部领取100元的加油卡，40人次即200元，依此类推。

8. 千里共婵娟奖：凡经部门领导确认，在公司加班的员工，公司不仅会提供丰盛的晚餐，而且会给该员工在家等候的家人提供同款晚餐。

9. 添油加醋奖：员工可向人力资源部建议增设任何员工福利，经“员工福利委员会”讨论，一经采纳必有重赏。

案例思考

1. 为什么该公司的福利会引发网友热议?

2. 员工福利具有什么样的功能?

第一节 员工福利

福利是企业为了改善员工健康、解决员工家庭困难、保障员工将来退休生活等所提供的报酬。从本质上来讲，福利是一种补充性报酬，通常采用延期且非货币形式支付，其内容包括法定福利和非法定福利。其中，法定福利是指政府颁布的政策、法律法规规定的企业必须为员工提供的养老、医疗、失业、工伤、生育保险等配套福利；非法定福利是指企业根据自己的实际情况设计的，如交通补助、午餐费、保健活动、旅游、住房福利、带薪病假、带薪事假、丧假、婚假等福利项目，它是法定福利项目的重要补充。本章所讲的员工福利特指非法定福利。

一、员工福利的概念

员工福利是企业根据国家有关法律法规及自身需要，向全体或部分员工提供的直接经济报酬以外的各种津贴、补贴、实物、服务等，用以提高或改善员工的物质及精神生活质量。员工福利是以改善员工生活质量、维护社会安定和促进社会经济发展为目的，是企业给员工的补充性报酬。

在“以人为本，和谐发展”管理理念的指引下，企业越来越重视福利制度对员工的激励作用。主流的薪酬管理思想已经把福利、基本工资和奖金统称为薪酬体系的三大支柱，并且从战略的高度对福利进行研究。

二、员工福利的理论基础

提供员工福利虽然会增加企业成本，但以长远的观点来看，对企业整体的经济效益却有很大帮助。员工福利以需求层次理论、激励保健理论、期望理论与交换理论作为理论基础，由于前三个理论本书已有介绍，因此下面重点介绍交换理论。

交换理论相信个人的行为是以自我为中心且利己的，故在交换过程中，交换的双方若不能得到满意的结果，即无法获得利润，则无交换的必要。员工福利可视为另一种激励员工的方式，雇主可借此换取员工更多的投入与向心力。

三、员工福利的意义

1. 改善人际关系，增加员工满意度和安全感

良好的员工福利可使员工无后顾之忧，提高其安全感。此外，员工福利还使员工产生工作满意感，进而激发员工自觉为企业目标奋斗的动力。

2. 吸引和留住员工

在开放的市场竞争环境中，良好的员工福利有时比高工资更能吸引员工。而在企业内部要想留住和凝聚员工，员工福利无疑是一个重要因素，因为良好的员工福利体现了高级管理者以人为本的管理理念。

3. 提高企业的经济效益

良好的员工福利可使员工得到更多的实惠，因而员工将以更高的工作绩效回报企业，从而提高了企业的经济收益。

四、提供员工福利的原因

1. 劳动力市场竞争的要求

虽然企业在选择是否提供员工福利上有自主权，但事实上，在一个竞争性的劳动力市场中，越来越多的企业提供各种形式的福利，那么其他企业实际上也被迫提供这些福利。

换言之，企业在选择是否提供这种福利方面的自主权其实是很小的。

2. 培养员工的忠诚度

福利是一种很好的吸引和保留员工的工具。有吸引力的员工福利计划既能帮助企业招聘到高素质员工，又能保证被雇佣的高素质员工继续留在企业中工作。而一旦这些福利计划被建立，它们就会成为企业惯例被沿袭下来。

3. 提高企业成本支出的有效性

随着市场经济的发展，员工福利计划所受到的税收待遇往往要比货币薪酬所受到的税收待遇优惠。这就意味着，在员工身上所花的同等价值的福利比在薪酬上所支出的同等货币能够产生更大的潜在价值。对企业来说，尽管用于现金报酬和大多数员工福利的开支都可以列为成本开支而不必纳税，但是增加员工的现金报酬却会导致企业必须缴纳的社会保险费上升，而用于员工福利的成本却可以享受免税待遇，这样企业将一定的收入以福利的形式而不是以现金的形式提供给员工更具有成本方面的优势。

五、员工福利的种类

1. 按照享受范围分类

（1）全员性福利。全员性福利是指全体员工可以享受的福利，如工作餐、节日礼物、健康体检、带薪年假、奖励礼品等。

（2）特殊群体福利。特殊群体福利是指供特殊群体享用的福利，这些特殊群体往往是对企业做出特殊贡献的技术专家、管理专家等企业核心人员。特殊群体的福利包括住房、汽车等项目。

2. 按照福利种类分类

（1）经济性福利。此类福利可以看作薪酬收入的组成部分，其形式多样，包括住房福利、交通福利、饮食福利、教育培训福利、医疗保健福利、带薪假期、文化旅游福利、金融福利、生活福利、企业补充保险与商业保险等。

（2）非经济性福利。此类福利的基本目的在于全面改善员工的工作生活质量，包括咨询性服务、保护性服务等。

3. 按照享受形式分类

传统的员工福利种类比较单一，员工基本没有选择权，企业提供什么样的福利，员工就享受什么样的福利。而随着员工福利理论的发展及技术的进步，自助式员工福利越来越受到企业和员工的欢迎，这种福利称为弹性福利。

本节之后将重点介绍弹性福利、企业年金和补充医疗保险，这是近年来企业采用的主流员工福利形式。

第二节　弹性福利方案设计

区别于传统福利的弹性福利，正在吸引越来越多企业的关注。目前，很多大型企业已经开始搭建企业福利运作平台，整合既有各项福利，加强与员工的线上沟通，以更好地让福利预算发挥激励效应。

一、弹性福利的概念

弹性福利起源于20世纪70年代，蓬勃发展于20世纪80年代，其产生背景有三点：第一，社会环境变迁，就业人口需求多样化；第二，对人性管理的重视；第三，致力于减少福利成本。

弹性福利又称“自助餐式福利”“菜单式福利”，因员工可以从企业所提供的一份列有各种福利项目的“菜单”中自由选择其所需要的福利而得名。

美国有关机构曾对采取弹性福利的企业做过一项调查，发现企业实施弹性福利的原因有控制激增的成本、符合员工的需求、提升员工的满足感、增进员工的士气和忠诚度、使员工充分了解实际的福利成本、增加员工的福利。

除上述原因之外，在人才市场竞争日益激烈的情况下，利用能满足多元化员工需求的福利制度来吸引和留住员工，也是弹性福利日益受到全球各地企业重视的原因。

二、弹性福利计划的常见形式

1. 标准组件式福利

标准组件式福利是指由企业同时推出多种固定的“福利组合”，每一种组合所包含的福利项目或优惠都不一样，员工只能选择其中的一个组合，不能要求更换组合中的内容。

2. 核心加选择型福利

核心加选择型福利由核心福利和弹性选择福利组成。核心福利是每位员工都可以享受的基本福利，不能自由选择。弹性选择福利是员工在获得的福利限额内可以根据自己的需求或喜好随意选择的福利项目，每一个福利项目都附有价格。员工所获得的福利限额是员工所享有的福利总值减去核心福利的价值后的余额。如果员工所选的弹性选择福利总值低于其享有的福利限额，差额可以折发现金；反之，超出部分必须从税前薪酬中抵扣。

3. 附加型弹性福利

附加型弹性福利是指在现有福利计划之外，再提供其他不同的福利措施或扩大原有福利项目的范围，让员工去选择。这是一种最普遍的弹性福利制度，它在维持现有福利的基础上，又提供额外的福利项目供员工选择，因此扩大了员工的选择范围，能够满足员工的多样化需求。

4. 弹性专用账户式福利

弹性专用账户式福利是指员工每年可以按照规定的金额（个人专用账户）去选择各种福利项目的福利计划。账户中的金额如果本年度没有用完，一般不能延期到下一年度使用，也不能以现金形式发放，余额归企业所有。

5. 自助式福利

自助式福利是指企业提供一份列有各种福利项目的“菜单”，员工在“菜单”中完全自由地选择其所需要的福利。企业应根据员工的不同需求尽量提供多样化的福利项目，以便供员工选择。

三、弹性福利计划的设计原则

1. 战略导向性原则

弹性福利制度的设计应与企业的总体战略目标保持匹配，体现企业发展战略的需求，发挥福利对实施企业总体战略的杠杆作用。如果对企业战略目标有所调整或改变，那么对弹性福利计划也应做出相应调整。根据迈克尔·波特的战略理论，企业的基本外部战略有成本领先战略（overall cost leadership strategy）、差异化战略（differentiation strategy）和目标集中战略（market focus strategy）三种。采用不同战略的企业，弹性福利计划的设计截然不同。

实施成本领先战略的企业，经营关键是如何提高生产效率、控制和降低人工成本，一般不适合实行全面的弹性福利计划。

实施差异化战略的企业，要保证提供的产品或服务具有独特性，主要需要创造型员工。由于这类人才稀缺，因此除给予他们高额薪酬之外，还要提供适合其个性化需求的弹性福利，以提高他们的工作满意度和企业忠诚度。

实行目标集中战略的企业，必须清楚自己最核心的竞争力是什么，以及哪些员工是实现这种竞争力的载体。因此，其弹性福利计划要配合其战略需要，能吸引和保留为企业带来核心价值的人才。

2. 恰当性原则

企业的福利水平对外要具有竞争性，不落后于同行业或同类型的其他企业；对内要符合本企业的发展阶段、规模和实力，福利项目应在企业可支付的范围之内，不要使福利成为企业的财政负担。

3. 激励性原则

弹性福利计划应与员工的能力及员工对企业的贡献大小联系起来，让能力强、贡献大的员工享有更多的福利，调动每一位员工的工作热情。

4. 灵活性原则

弹性福利也是有刚性的，一旦确定之后，再要改动是比较困难的。因此，弹性福利计划要灵活设计，以尽量满足各类员工的不同需求，保证员工在不同职位、年龄阶段选择自己真正需要的福利项目，真正体现弹性福利的优势。同时，弹性福利要具有根据企业的经营和财务状况进行自我调整的能力。

5. 可衡量原则

弹性福利项目尽量用价值标准来衡量，以确定福利点数和福利标准。为了方便管理，不能用价值衡量的福利项目应尽量排除在弹性福利项目之外。

6. 易理解和可管理原则

弹性福利项目的设计和描述应尽量详细，易被大多数员工理解，这样员工在选择和享受福利项目时不会产生歧义。弹性福利项目应切合实际、可实施，便于企业购买。

7. 合法性原则

国家立法要求企业为员工提供健康和安全保障，还要提供各种各样的福利以弥补员工生病、生育、受工伤、失业和退休时的收入损失。法律还对某些特定的福利计划做出了指导性规定，企业应当无条件提供法律规定的福利项目。

四、弹性福利计划的注意事项

1. 建立约束协调机制

为了配合福利管理，解决实施过程中发生的各种意外及其他特殊情况，企业需要制定相关的约束协调机制。例如，福利项目一旦选定后是否可以修改或取消，本年度未使用的福利点数能否累计至下一年度，试用期内和员工转正后的福利点数如何计算，员工晋升、职位变动、离职等情况引起的福利变动如何处理等。

2. 建立配套的电子化管理设施

电子化管理是弹性福利计划成功实施的必要条件之一。弹性福利计划的实施，需要福利管理者使用后端系统查阅及核对各种管理报表和成本核算表、公布福利政策和福利项目等，员工则使用前端系统查阅福利信息和本人薪酬账户详细情况、选择个人福利项目等，这无疑增加了福利管理的工作量和工作难度，企业应将福利管理从日常薪酬管理中分离出来，开发相应的软件进行专门管理。另外，寻找合适的福利项目供应商并确认其供应能力、供应质量，也是弹性福利计划顺利实施的关键性因素。

3. 加强与员工的信息沟通

弹性福利计划的直接受益者是广大员工，在制订和实施时，应在不同层次、不同范围内征求员工的意见，收集他们对福利的需求信息，及时向员工清楚地说明每一项福利，使他们更好地利用福利项目。员工也要主动向企业提出自己的需求。

五、弹性福利方案的实施步骤

1. 福利总额预算

在每个福利工作年限内，年初由人力资源部进行福利总额预算，确定广义范围内的福利发放总额。这个福利总额包括法定福利必需的支出、原自有固定项目的费用支出及当年弹性福利部分的支出。一种方法是根据上一年度的福利总规模赋予一个增长率来确定，另一种方法是根据本年度将要实施的项目进行预估。

2. 点值确定与分配

方法一是根据上一年度的福利点值总额加上一个增长率（该增长率可以是企业上一年度的利润增长率），再根据福利总点值和福利财务预算确定两者的换算比率。这种方法在形式上更容易让员工从企业的效益增长中受益，也更便于后期引入并深化“福利点值银行”的概念。

方法二是使用点值与货币的固定换算关系。每年直接根据福利预算总额确定福利点值总额。这种方法简单、方便，而且能够避免换算比率发生变化。

3. 福利需求调查

弹性福利最重要的作用是更加关注员工的个性化福利需求，每年员工的变动及员工福利需求的变动都会影响福利“菜单”，人力资源部需要每年编制福利调查问卷了解员工需求，更新福利“菜单”。

4. 福利“菜单”更新

根据福利需求调查的结果，核算每个福利项目的采购成本（成本主要用来换算该项目的福利点值价格，而不应该作为该项目是否可行的参考依据，因为需要该项目的员工可以花更多的福利点值来购买），将可行且具有必要意义的福利项目列入本年度福利“菜单”中，并“明码标价”。

5. 福利选择与统计

发放福利“菜单”供每位员工选择，统计各项福利的选择情况。对于需要调整的特别项目，与员工商量后进行调整。

6. 福利购置与支付

根据最终确定的福利选项统计情况，在确定的时间根据确定的方式，采购并支付各个项目。由于是团体采购，因此企业可能有更高的议价能力。

7. 成本与效果调查

对本年度的福利实施情况进行成本核算，并以各种方式调查弹性福利的实施效果。本年度实施弹性福利方案的实际成本和员工的满意度调查结果将用于方案的改进。

六、国内企业常用的福利“菜单”

下面汇总国内企业常用的 22 种福利“菜单”。

1. 交通补贴

交通补贴实行按月发放现金和报销票据两种方式。发放现金和报销票据都有不同金额的细分项目，员工可以根据个人情况选择适当的细分项目。

2. 午餐补贴

按照实际出勤的工作日数量计发午餐补贴。

3. 通信费补贴

通信费补贴应以实报实销和最高限额为设计原则，参考国家通信费用补贴管理规定设计不同等级，供员工选择适合的等级。

4. 节假日慰问

在国庆节、春节、中秋节、儿童节、妇女节等节假日发放补贴，补贴额度有不同等级，员工可以根据个人情况选择适合自己的项目。

5. 劳动防护用品发放

为了满足员工工作防护需求，又便于企业核算和管理，可设置不同额度的劳动防护用品补贴。通常企业不再集中发放劳动防护用品，但是特殊劳动防护用品应由企业集中采购。

6. 防暑降温费

关于防暑降温费的发放，国家规定部分应按照规定发放，同时根据员工实际需要，企业可以提供不同等级的防暑降温用品。

7. 取暖费

关于取暖费，国家规定部分应按照规定发放，同时根据员工实际取暖需要，企业可提供不同等级的取暖补贴标准。

8. 水电补贴

生活成本越来越高，为了提高员工生活水平，企业可提供不同等级的水电补贴。

9. 住房补贴

根据职称、职务等因素，企业可为员工提供不同等级的住房补贴，缓解员工购房压力。

10. 人身意外伤害保险

企业可为员工提供意外伤害死亡及残疾保险、意外伤害医疗保险、意外伤害住院补贴、航空意外险、疾病医疗保险等，供员工选择，防范风险。

11. 医疗门诊补贴

为了减轻员工负担，保障员工身体健康，企业可提供医疗保险个人补助（可按年龄设不同等级）、床位费补贴、医疗困难补助。

12. 补充养老保险

为了提高员工养老水平，企业可提供不同等级的补充养老保险，以供员工根据自身需要选择。

13. 儿童看护计划

为了缓解父母照顾幼儿的困难，企业可制订儿童看护计划，提供子女托儿所、幼儿园费用补贴以及儿童读物、营养品发放等服务。

14. 老人护理计划

参考儿童看护计划。

15. 健康服务计划

为了帮助员工了解其身体健康水平、促进员工加强体育锻炼，企业可为员工提供健康体检、健身年卡等健康服务，可将这类服务打包成不同等级的健康套餐，供员工选择。

16. 咨询服务

为了使员工更好地应对工作和生活压力，企业可为员工提供理财咨询、婚姻咨询、心理咨询等。

17. 子女奖学金

为了承担支持教育事业的社会责任，企业可提供不同等级的子女奖学金，奖励取得优异成绩的员工子女，鼓励员工把下一代培养成栋梁之材。

18. 购车无息贷款

为了满足员工购车的需要，企业可为员工提供购车无息贷款，缓解员工的购车压力。可根据员工的职位、贡献、工作年限、生活等因素设计不同等级的贷款，可规定最低累计点值。

19. 购房无息贷款

为了缓解青年员工的购房压力，企业可为员工提供购房无息贷款，可规定服务年限、最低累计点值。

20. 员工奖学金

人才是企业生存发展的根本，为利用非工作时间学习、完成学业的员工提供奖学金，可按其获得学位等级的不同给予金额不等的奖励。

21. 购书卡

企业可为员工提供不同金额的购书卡。

22. 旅游项目

相对于纯粹的现金奖励，旅游更能鼓励员工，使团队更有凝聚力。企业可提供不同等级的旅游套餐，供员工根据自己的喜好选择旅游项目。

第三节　企业年金方案设计

企业在建立员工的基本社会保险体系后，为了更好地吸引和留住优秀人才，发挥员工潜能，可根据支付能力为员工制订企业年金方案。在提高员工福利的同时，利用国家有关税收政策，为企业和个人合理节税，树立和提升企业的良好形象。

一、企业年金的概念

“年金”一词源于英文 pension 或 annuity。pension 可以解释为“定期支付给某人（或其受益人）的固定金额”；也可以解释为“（国家定期给予老人的）养老金，或（雇主给予长期服务员工的）退休金”。annuity 可以解释为“在生存期内每年定期获得一定金额的收人，或者作为一种定期的、每年支付的收入保险形式”。上述解释均强调了年金的两个共性，即定期支付性与保障性，无论这种保障性是否侧重于老年生活保障。

我国企业年金是指企业及其员工在依法参加基本养老保险的基础上，自主建立的补充养老保险制度。它是由企业自主设立，以员工薪酬为基础，费用由企业和员工共同缴纳的补充养老保险制度。

二、企业年金的作用和特点

1. 作用

从微观上来看，企业年金是企业福利政策的一部分；从宏观上来看，它又是社会养老保障体系的重要制度之一。企业年金对于员工、企业及社会经济都能起积极的促进作用。

（1）降低财政支付压力，应对老龄化危机。企业年金作为养老制度第一支柱的补充，可以降低基本养老保险的替代率，减轻政府在筹资、管理、支付方面的负担，提高政府养老保险的承受能力。

（2）增加企业的竞争力和凝聚力。根据企业及员工实际情况设计的企业年金制度，是现代企业薪酬福利的重要制度之一。通过企业年金制度，企业为员工退休后的生活进行了一定的储蓄，企业与员工之间建立了长久的联系。企业年金成为企业吸纳和挽留人才的重要措施，有利于降低员工流动性及这种流动性对企业造成的不利影响。

（3）提高退休人员生活水平。退休后的老年员工收入锐减，生活质量难以得到保障。企业年金则能够给参加员工提供20%以上的工资替代率，这样基本养老保险和企业年金可以使一般收入者的工资替代率达到80%，以维持退休后的生活水平。

（4）促进国家资本市场的稳定和发展。企业年金与资本市场相辅相成的关系为发达国家养老金市场的实际经验所证实。企业年金在国民经济发展中起聚集资本的作用，为资本市场提供了一笔长期、稳定的资金来源。

2. 特点

作为企业和员工自主建立和共同缴纳的补充养老制度，企业年金主要具有以下几个特点。

（1）私立性。私立性是企业年金区别于国家建立的基本养老保险的重要特点，主要表现在企业年金发起人是作为民事主体的企业，可根据本企业的经营特点等决定是否建立企业年金。企业年金的私立性决定了市场运作方式在其收益过程中的关键作用，同时，企业年金的设立、投资、运营也被赋予一定的自由度和灵活性。

（2）补充性。企业年金补充性的表现在于其一定程度上弥补了员工退休后政府养老金的不足，以及一定程度上承担了个人储蓄养老中因个体差异存在的巨大风险。

（3）自愿性。大部分国家并不强制企业为员工设立企业年金计划，而是采取税收等优惠制度进行引导。企业可以自主决定是否为员工提供企业年金计划，员工也可以在满足一定条件的情况下退出企业年金计划。

（4）非互济性。互济性是指在社会成员之间进行统筹以实现财富的再分配。对于缴费确定型企业年金，每位员工都有个人账户，企业和员工的缴费都被存入个人账户中，个人账户彼此独立，不存在互济性；对于受益确定型企业年金，一般都是企业单方面缴费，故也不存在互济性。

（5）基于雇佣关系而成立。通常情况下，员工在劳动合同签订一段时间后，即获得参加企业年金计划的资格，并获得“企业年金既定收益权”。企业年金的缴费基数及具体费率以员工薪资数额、劳动合同期限及员工已经在本单位的服务年限为基础进行确认。

三、企业年金的类型

企业年金按照不同的标准可以划分为多种类型。按照计划设立是否为雇主的法定义务，可以划分为自愿性企业年金与强制性企业年金两种。前者是指企业可以自愿选择参加企业年金计划，但是一旦决定建立企业年金计划，必须按照既定的规则运作。后者是指国家立法强制实施企业年金，所有雇主都必须为员工投保，待遇水平、投资模式及收益支付完全由国家规定。

从筹资模式和收益分配方式来看，企业年金可以划分为缴费确定型企业年金、收益确定型企业年金及混合型企业年金三种。缴费确定型企业年金是指企业为员工建立个人资产账户，企业与员工按照一定比例定期向个人资产账户缴费，员工退休时的企业年金收益水平取决于资产积累及投资收益。收益确定型企业年金是指企业单独承担缴费义务，员工无须自己缴费，退休后的养老金收益是确定的，企业承担因无法预测的社会经济变化引起的企业年金收益波动风险，员工承担企业倒闭失去企业年金或者通货膨胀降低退休津贴的风险。混合型企业年金则是一种吸收上述两种方案特点的创新方案，但这种方案在管理上的复杂性和难度有所增加。

四、企业年金的实施

1. 企业年金的设立条件

设立企业年金的企业应该具备三个条件：依法参加基本养老保险并履行缴费义务，具有相应的经济负担能力，已建立集体协商机制。

企业设立企业年金，应当由企业与工会或职工代表通过集体协商确定，并制订企业年金方案。国有企业及国有控股企业的企业年金方案草案应当提交职工大会或职工代表大会讨论通过。

企业年金方案应包含参加人员范围、资金筹集方式、员工企业年金个人账户管理方式、基金管理方式、计发办法和支付方式、支付企业年金待遇的条件、组织管理和监督方式、中止缴费的条件、双方约定的其他事项等内容。

2. 企业年金的费用来源与提取

企业年金所需费用由企业和员工共同缴纳。企业年金基金由企业缴费、员工个人缴费和企业年金基金投资运营收益组成。企业缴费的列支渠道按国家有关规定执行；员工缴费可以由企业从员工工资中代扣代缴。企业缴费每年不超过本企业员工工资总额的8%。企业和员工缴费合计不超过本企业员工工资总额的12%。

职工在达到国家规定的退休年龄或者符合其他规定的领取条件时，可以从本人企业年金个人账户中按月、分次或者一次性领取企业年金，也可以将本人企业年金个人账户资金全部或者部分购买商业养老保险产品，依据保险合同领取待遇并享受相应的继承权。

出国（境）定居人员的企业年金个人账户资金，可以根据本人要求一次性支付给本人。员工变动工作单位时，其企业年金个人账户资金可以随同转移。员工升学、参军、失业期间或新就业单位没有实行企业年金制度的，其企业年金个人账户可以暂时由原管理机构继续管理。

员工或退休人员死亡后，其企业年金个人账户余额可以继承。

员工未达到国家规定的企业年金领取条件之一的，不得从其企业年金个人账户中提前提取资金。

3. 企业年金基金的管理

建立企业年金计划的企业应当确定企业年金受托人。受托人是指受托管理企业年金基金的具有企业年金管理资格的账户管理人、投资管理人和托管人。企业年金基金采用个人账户方式进行管理。企业缴费应当按照企业年金方案确定的比例和办法计入员工企业年金个人账户，员工个人缴费计入本人企业年金个人账户。

企业年金基金可以按照国家规定投资运营。企业年金基金投资运营收益并入企业年金基金。

第四节　补充医疗保险方案设计

目前，虽然企业员工大多有了基本医疗保险，但医疗费用支出还是很多员工的一项重大家庭支出。这项支出既影响员工的幸福指数，又影响企业的生产效率。因此，一些经营和经济状况良好的企业相继建立补充医疗保险，为员工多建一层保障机制。

一、企业补充医疗保险的概念、特点和作用

1. 概念

企业补充医疗保险一般被定义为：在国家有关法规指导下，各类企业根据自身的经营、经济状况建立的，旨在为其员工提供一定程度和范围保障的医疗计划。它既体现了单位福利的合理配置，又兼顾了个人的不同需求，是国家医疗保障体系的重要组成部分。企业补充医疗保险是收入的再分配，企业支付的比例越高，个人支付的比例相对就越少，相对报酬就会增加。

2. 特点

（1）福利性。企业补充医疗保险是对基本医疗保险的补充，是企业福利的延续。

（2）自办性。企业补充医疗保险筹资、支付和管理具有相对的独立性。

（3）非营利性。企业补充医疗保险的目标和福利性决定了其具有非营利性的特点。

（4）一定的强制性和自愿性。企业有责任和义务为员工提供补充医疗保险，员工参加补充医疗保险要坚持自愿的原则。

（5）统筹级次性。为了提高企业补充医疗保险基金的抗风险能力，企业补充医疗保险筹资应在较高的层次上进行。

3. 作用

企业补充医疗保险是基本医疗保险的必要补充，是员工医疗保障的第二道防线。相对于整个医疗保障体系建设而言，企业补充医疗保险是整个医疗保障体系的重要组成部分，是与基本医疗保险具有不同功能的另一种保障方式。

从劳动经济学角度来说，企业补充医疗保险是连接企业和员工长期经济关系的桥梁之一，企业以此调动员工的生产积极性，进而促进劳动生产率的提高。通过企业补充医疗保险，可以转移部分由国家承担的员工医疗保险责任，解决医疗保险制度改革的难点，最终减轻国家负担。企业补充医疗保险按照企业经济发展水平确定保障水平，依据保险的原理

和方法解决医疗费用的筹集和支付。企业补充医疗保险本质上是一种社会再分配形式，在一定程度上解决了社会分配差别过大的问题。

二、企业补充医疗保险模式

企业补充医疗保险模式分为保障型、第三方管理型和企业自主管理型三种。企业建立补充医疗保险，要根据自身的经济条件、人员数量、年龄结构、发展阶段等实际情况选择合适的补充医疗保险模式。

1. 保障型企业补充医疗保险

保障型企业补充医疗保险是指商业补充医疗保险，是一种企业为员工购买，保险公司承担保险责任，一般覆盖基本医疗保险支付范围，按照理赔条款赔付的保险。如果企业员工年龄结构较轻、工资总额较低，可选择保障型医疗保险。当员工发生理赔条款范围内的费用时联系保险公司自行理赔，企业只需要负担保险费。大部分保障型企业补充医疗保险只对在职员工承保，退休员工不能参保，主要原因是退休员工医疗风险较大。对于逐渐老龄化而想要所有员工均有医疗保障的企业来说，无法参加保障型医疗保险。

2. 第三方管理型企业补充医疗保险

在我国，健康保险的第三方管理是新兴事物。《健康保险管理办法》设定了经营健康保险业务的专业化条件，明确支持保险公司经营医疗保险时，加强与医疗机构、健康管理机构、康复服务机构的合作，强化健康管理服务等发展方向。

“第三方管理型”是相对于投保方和保险方而言的。保险公司作为第三方管理者出现，负责对企业医疗保障方案提供理赔管理、技术支持等一系列服务项目。企业通过保险公司的专业化医疗管理和理赔管理能避免虚假的医疗费用，在不降低员工医疗保障水平的基础上控制医疗费用的总体规模。企业通过与保险公司合作，可以从烦琐的医疗报销中解脱出来，减少医疗费用报销中的内部矛盾。

大型企业可选择第三方管理型企业补充医疗保险，自行或与保险公司共同制订个性化医疗保障方案，适度提高员工的医疗待遇。

3. 自主管理型企业补充医疗保险

当企业有自己的管理队伍或者没有条件采用前两种模式时，企业可自主管理医疗基金，制订适合本企业的医疗报销方案。

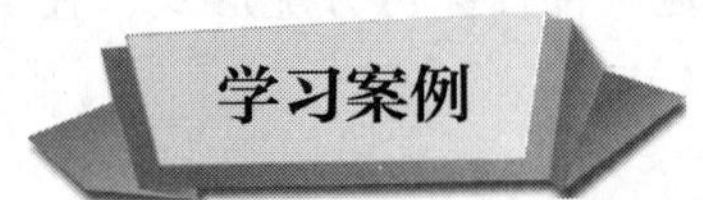

企业年金方案的模板

（其中企业缴费规则、权益归属规则、支付规则，可以作为补充条款附于方案中。）

企业协商首席代表：（签章及日期）

职工协商首席代表：（签章及日期）

第一章　总　　则

第一条　建立企业年金的目的：为了保障和提高本企业职工退休后的生活水平，建立多层次养老保障体系；调动本企业职工的劳动积极性，建立人才长效机制，增强企业的凝聚力和创造力，促进企业健康持续发展。

第二条　建立企业年金的依据：根据《中华人民共和国劳动法》《中华人民共和国信托法》《企业年金办法》《企业年金基金管理办法》和《集体合同规定》，结合本企业的实际情况，特制订本方案。

第三条　建立企业年金应当遵循的原则

1. 坚持有利于企业发展的原则：旨在提高本企业职工退休后的养老金待遇，减少职工的后顾之忧，最大限度地保障职工的利益，激励职工的劳动积极性和创造性，增强企业凝聚力，促进企业发展。

2. 充分体现效率与公平兼顾的原则：根据国家的相关政策确定缴费水平，结合本企业的人力资源发展策略，保证资金分配的合理和公平。

3. 自愿平等协商的原则：通过职工代表大会集体协商企业年金方案内容，并形成相关的书面记录。

4. 高度安全、适度收益的原则：选择合适的企业年金管理机构，根据本企业的风险承受能力选择相应的投资产品，以保证企业年金基金的安全性和收益性。

5. 适时调整的原则：根据国家企业年金政策的调整和企业年金市场的发展以及企业自身的发展，适时调整本方案。

第二章　企业年金方案参加职工

第四条　现企业职工总数为 ×× 人，符合以下参加条件的人数为 ×× 人。

第五条　参加本方案的条件

1. 与本企业签订劳动合同并参加基本养老保险的，且在本方案公布后规定期限内提出申请，并填写参加企业年金申请表的职工。

2. 新进职工试用期（或见习期）满才可办理企业年金。

第六条　参加职工的权利

1. 有权选择参加或不参加企业年金计划。

2. 有权了解企业为其供款的额度和规定。

3. 有权向企业和企业年金管理机构查询、抄录或复制其个人账户信息。

4. 在符合相关法律法规的条件下，有权申请领取、转移和处置其个人账户上的供款。

5. 企业或企业年金管理机构违背管理职责、处理管理业务不当，致使参加职工的企业年金基金财产受到损失的，有权向人民法院申请赔偿。

6. 法律法规规定和本方案约定的其他权利。

第七条　参加职工的义务

1. 参加职工需要如实向企业或企业年金管理机构提供建立企业年金计划所需的信息材料。

2. 参加职工需要根据本方案规定按时供款。

3. 如果发生与企业年金计划管理有关的信息变更，需要及时通知企业或企业年金管理机构。

4. 法律法规规定和本方案约定的其他义务。

第八条　参加职工退出计划的条件和程序

本方案实施后，参加职工无故不得退出本方案，需要符合以下条件方可退出本方案。

1. 达到国家规定的领取条件。由参加职工直接向企业年金管理机构申请领取，申请时需要填写相关申请书和提供领取的所需证明。

2. 参加职工与企业解除劳动关系。解除劳动关系包括参加人员向企业提出辞职、参加职工被企业开除。参加职工按照企业人事制度规定与企业解除劳动关系，即退出本方案。企业开具解除劳动关系证明，由参加职工凭此证明向企业年金管理机构办理相关手续。

第三章　资金筹集方式和缴费办法

第九条　本企业属于国务院国资委所属（或其他所属性质）企业，资金的筹集和缴费办法需要符合国家的相关法律法规。

第十条　企业年金基金缴费由企业和参加职工个人共同承担。

第十一条　企业年金基金缴费分别按下列方式、时间和比例计提

1. 企业缴费最高额度不超过国家规定，为本企业上一年度职工工资总额的1/12以内计提，相关缴费按国家或地方有关规定允许的列支渠道列支。企业和职工个人缴费合计不超过本企业职工工资总额的12%。具体所需费用，由企业和职工双方协商确定。

2. 企业的缴费规则（略）。

3. 今后如果需要调整企业或个人缴费比例，在国家规定范围内应由企业和职工协商确定。

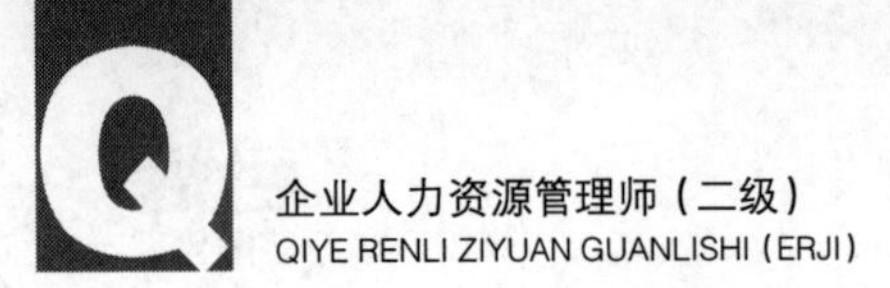

第四章至第九章（略），主要有账户管理、企业年金基金管理、企业年金基金待遇计发和支付方式、中止缴费处理、组织管理和监督、附则。

讨论题

1. 企业年金方案的内容有哪些？
2. 企业年金方案生效的条件是什么？

本章思考题

1. 简述弹性福利计划的常见形式和设计原则。
2. 简述弹性福利方案的实施步骤。
3. 简述企业年金的作用和特点。
4. 简述企业补充医疗保险的特点和模式。

第六篇 劳动关系管理

- 第十七章　劳动争议处理概述
- 第十八章　员工沟通与工作满意度调查
- 第十九章　职工民主管理

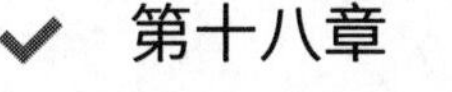
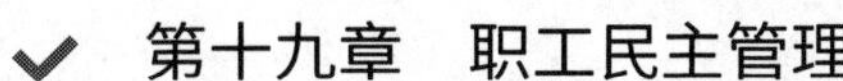

第十七章

劳动争议处理概述

引导案例

2019年年初，小王进入一家饭店当学徒。说是当学徒，其实他什么都得做，如洗菜、洗碗、打扫卫生，晚上还要睡在饭店里看店，但是老板每个月才给他2 800元工资。2020年的一天，小王向一位网友提到了自己的不满。网友告诉他，应该向老板提出要求，薪酬要根据当地的最低工资标准确定，而且每天睡在饭店里也应该算加班。第二天小王向老板提出了要求，老板看了小王一眼，掏出了1 000元，然后说："你走吧！"

案例思考

1. 网友的提醒是否正确？
2. 小王可通过什么途径争取自己的合法权益？

第一节　劳动争议与调解

劳动争议又称劳动纠纷，是指劳动者与用人单位在执行劳动保障相关法律法规或签订、履行劳动合同时，因双方对劳动权利与义务有分歧而产生纠纷的行为。

一、劳动争议概述

1. 劳动争议的特点

（1）劳动争议的主体是特定的。劳动争议的一方为用人单位或其团体，另一方为劳动者或其团体，双方应存在劳动关系。也就是说，劳动争议是以当事人之间存在劳动关系为前提的。若争议双方不存在劳动关系，即便纠纷涉及劳动报酬给付问题，也不属于劳动争议。因此，解决劳动争议首先需要确定争议双方是否存在劳动关系。

（2）劳动争议的内容是特定的。劳动争议的内容是指对当事人之间是否存在劳动关系及劳动权利与劳动义务的争议。劳动者和用人单位（或其管理者）之间可能会发生很多争议，其中涉及劳动关系、劳动权利和劳动义务的争议才是劳动争议。

（3）劳动争议常常反映利益纠纷。例如，双方当事人就劳动报酬、经济补偿等经济问题存在不同的要求。劳动争议有时涉及员工认为企业存在不当解雇而要求恢复劳动关系等纠纷，这些纠纷的核心往往也是利益问题。至于劳动者认为单位侵害隐私权等则不属于劳动纠纷，由民法调整。

（4）劳动争议影响社会和谐。用人单位与劳动者之间通常具有共同的利益和合作基础，他们之间的争议一般是非对抗关系，但是如果这种合作和信任的基础被破坏，那么劳动争议就可能产生对抗性，甚至演变为强烈的冲突，给社会带来破坏性后果。因此，用人单位应当谨慎和认真地处理劳动争议。

2. 劳动争议产生的原因

劳动争议是一种社会现象，是劳动关系内在利益差别与矛盾的外在表现。考察和研究企业劳动争议产生的原因，有助于及时发现争议和解决争议、化解矛盾，有助于帮助企业建立有效的劳动争议解决机制，保障劳动者合法权益，协调和稳定劳动关系，从而提高企业运营的稳定性和效率。具体来说，劳动争议产生的原因大致如下。

（1）企业因素。产生劳动争议的企业因素主要有三个方面。

第一，直接违法。企业为了追求利益最大化，牺牲劳动者的合法权益，如降低劳动标准、随意拖欠或扣发工资，不为员工缴纳社会保险等。

第二，滥用管理权。管理权是法律赋予企业的经营与管理权力，包括对员工的管理。但是如果企业加重劳动者责任、扩大自己权力，擅自提高劳动定额和工作量，随意降职或解除劳动合同等，则属于滥用管理权，侵害劳动者权益。

第三，管理方式独断。例如，企业管理者作风粗暴、处置问题武断、不听取员工意见等，因缺少民主科学的管理机制，缺乏与员工的有效沟通而导致员工的满意度下降，抵触情绪产生，冲突增加。

（2）劳动者因素。产生劳动争议的劳动者因素主要有三个方面。

第一，劳动者法治意识增强，维权意识觉醒，勇于与企业违法损害自己利益的行为做抗争。

第二，劳动者的需求与期望增加。经济社会的发展提升了人们对物质利益的需求与期望，不可避免地导致一些员工产生不切实际的幻想，对企业提出并不合理的要求，当这些要求不能被满足时容易产生劳动纠纷。

第三，劳动者与用人单位之间的对立意识。劳动者与用人单位之间确实存在利益的博弈，少数员工未能以合作方式看待这种博弈，而是将其看作竞争关系，由此产生对立意识。劳动者一旦感到不公平，容易滥用法律赋予的权利以冲突的方式解决问题。

（3）外部环境因素。外部环境因素对劳动争议产生的影响是广泛的。企业与劳动者都处于特定的社会环境之中，企业外部的经济与人口、政策与法律、文化与价值观、国际环境与行业发展等因素对劳动争议的产生及其冲突程度都有很大的影响。外部环境因素刺激企业因素和劳动者因素产生劳动争议。劳动争议有时受某个因素影响，有时受几个因素共同影响；有时是这些因素的长期作用产生劳动争议，有时是因某个因素的激发而产生劳动争议。

产生劳动争议的原因具有多样性、复杂性、潜在性和爆发性，但是用人单位与劳动者之间的争议本质上是非对抗性的，用人单位与劳动者是利益共同体。企业只要善待员工，就可以减少劳动争议，或降低劳动争议的剧烈程度。

3. 劳动争议的范围、解决途径和处理原则

（1）劳动争议的范围

1）劳动争议的内容。劳动争议是指以劳动关系为中心而发生的一切争议，劳动关系中所发生的纠纷及与劳动关系相联系的纠纷都属于劳动争议的范畴。《中华人民共和国劳动争议调解仲裁法》（以下简称《劳动争议调解仲裁法》）明确规定的劳动争议内容有：①因确认劳动关系发生的争议；②因订立、履行、变更、解除和终止劳动合同发生的争议；③因除名、辞退和辞职、离职发生的争议；④因工作时间、休息休假、社会保险、福利、培训以及劳动保护发生的争议；⑤因劳动报酬、工伤医疗费、经济补偿或者赔偿金等发生的争议；⑥法律、法规规定的其他劳动争议。

2）不属于劳动争议的纠纷。《最高人民法院关于审理劳动争议案件适用法律问题的解释（一）》规定，不属于劳动争议的纠纷有：①劳动者请求社会保险经办机构发放社会保险金的纠纷；②劳动者与用人单位因住房制度改革产生的公有住房转让纠纷；③劳动者对劳动能力鉴定委员会的伤残等级鉴定结论或者对职业病诊断鉴定委员会的职业病诊断鉴定结论的异议纠纷；④家庭或者个人与家政服务人员之间的纠纷；⑤个体工匠与帮工、学徒之间的纠纷；⑥农村承包经营户与受雇人之间的纠纷。

（2）劳动争议的解决途径。解决劳动争议的途径主要有和解、调解、仲裁、诉讼四种。《劳动争议调解仲裁法》规定：发生劳动争议，当事人不愿协商、协商不成或者达成和解协议后不履行的，可以向调解组织申请调解；不愿调解、调解不成或者达成调解协议后不履行的，可以向劳动争议仲裁委员会申请仲裁；对仲裁裁决不服的，除本法另有规定

的外，可以向人民法院提起诉讼。此条款规定了劳动争议的解决方式，也阐明了和解、调解、仲裁和诉讼的顺序与关系。

1）劳动者与用人单位发生争议之后，任何一方都可以向劳动争议调解委员会提请调解，要求劳动争议调解委员会解决劳动争议，也可以直接向劳动争议仲裁委员会申请以仲裁的方式解决劳动争议。换言之，劳动争议双方当事人可以在调解和仲裁中任选一种方式解决劳动争议。

2）对于当事人向劳动争议调解委员会提出调解解决劳动争议的，劳动争议调解委员会应当根据自愿、合法的原则进行调解。若经过调解当事人之间未能达成协议，劳动争议仍未解决，那么，任何一方当事人都可以向劳动争议仲裁委员会申请仲裁。

3）对于当事人申请仲裁的案件，无论是否经过劳动争议调解委员会调解，劳动争议仲裁委员会都应依法予以仲裁。当事人对劳动争议仲裁委员会的裁决不服时，任何一方都有权向人民法院提起诉讼，要求人民法院依法进行审理，但当事人不得因不服仲裁裁决而向劳动争议调解委员会申请调解。

4）对于人民法院做出的已经发生法律效力的判决，当事人必须履行。当事人不服的，只有依法申请人民法院再审而不能向劳动争议调解委员会申请调解或者向劳动争议仲裁委员会申请仲裁。

5）劳动争议的和解是指当事人之间自行约定，通过协商，在法律允许的范围内双方或一方妥协而求得争议解决的方式。发生劳动争议，劳动者可以与用人单位协商，也可以请工会或者第三方共同与用人单位协商，达成和解协议。它的特点是：不受程序约束，在争议处理的任何阶段都可以进行，完全由争议双方自愿、自由协商，只要双方达成合意即可成立；达成和解协议之后，双方必须遵守。

此外，对于劳动争议的重大问题，法律规定由县级以上人民政府人力资源社会保障行政部门（原劳动行政部门）会同工会和企业方面代表建立协调劳动关系的三方机制，共同研究解决。当用人单位违反国家规定，拖欠或者未足额支付劳动报酬，拖欠工伤医疗费、经济补偿或者赔偿金时，劳动者也可以向人力资源社会保障行政部门投诉，以讨回公道。

（3）劳动争议的处理原则。《劳动法》规定，解决劳动争议，应当根据合法、公正、及时处理的原则。《劳动争议调解仲裁法》规定，解决劳动争议，应当根据事实，遵循合法、公正、及时、着重调解的原则，依法保护当事人的合法权益。以上是劳动争议处理机构在处理劳动纠纷时必须遵循的基本原则，它们贯穿于劳动争议处理的整个过程。此外，工会应依法参与处理劳动争议。

1）合法原则。合法原则是指劳动争议处理机构处理劳动争议的所有活动和决定都要合法，既要符合程序法，也要符合实体法；既要符合法律法规、规章制度等，也要符合有关政策。在不同层次的法律法规、规章制度相矛盾时应依据效力高的规定；当相同层次的法律法规、规章制度不一致时，由共同上级部门指定依据的方式确定适用的规定；政策不能与法律法规不一致，发生此类冲突时应以法律法规、规章制度为准。

发生劳动争议时如何适用法律？一方面要注意原则性和灵活性相结合，在调解劳动争议过程中，只要不违反法律法规、规章制度，双方当事人又能接受，即可达成协议；另一方面需要依靠集体合同、用人单位的内部劳动规则加以补充，只要用人单位内部劳动规则的内容不违反法律法规、规章制度，而且是经过职工代表大会或职工大会讨论通过且正式公布的，该内部劳动规则就可作为劳动争议处理机构处理劳动争议的参考依据。

2）公正原则。公正原则是指劳动争议处理机构在处理劳动争议时必须保证争议双方当事人处于平等的法律地位，具有平等的权利和义务，不得袒护任何一方。争议发生后，任何一方当事人都有提出调解、申请仲裁和提起诉讼的权利，都有义务服从劳动争议仲裁委员会的仲裁通知或人民法院的应诉通知。在劳动争议处理过程中，劳动争议处理机构应当保证当事人双方平等行使法律赋予的陈述理由和辩解等权利；在劳动争议仲裁过程中，劳动争议仲裁委员会应本着以事实为依据、以法律为准绳的原则，对劳动争议进行公正、客观的裁决，不受任何外界因素的影响和干扰。

保证争议双方当事人平等的法律地位是劳动争议处理机构公正处理争议的前提和基础，也是公正处理的具体表现。虽然在实际工作中劳动争议双方当事人存在行政上的隶属关系，存在管理与被管理、指挥与被指挥的关系，但是，当事人双方的法律地位完全平等，任何一方均不得有超过另一方的特权。

3）及时处理原则。及时处理原则要求劳动争议处理机构在处理劳动争议时立足于“快”，应该在法律法规规定的时限内受理、审理和结案。遵循该原则，应注意以下几个方面。

①用人单位劳动争议调解委员会对案件调解不成，应在规定时限内及时结案，不要使当事人丧失申请仲裁的权利。

②劳动争议仲裁委员会对案件先行调解不成时，应在受理时限之内及时裁决。

③人民法院在调解不成时，应及时判决。

总之，应该使劳动争议在法律法规规定的时限内得到及时的化解和处理，及时保护当事人的合法权益，防止矛盾激化。

4）着重调解原则。着重调解原则是指在第三方主持下，依法劝说争议双方当事人通过民主协商，在互谅互让的基础上达成协议，从而消除争议。由于劳动争议双方当事人在同一个单位，需要长期共事和合作，因此调解成为化解劳动争议的常用手段。

着重调解原则有两层含义：一是调解作为解决劳动争议的基础手段，贯穿于劳动争议的全过程，企业劳动争议调解委员会处理劳动争议的工作程序完全是调解，劳动争议仲裁委员会和人民法院在处理劳动争议的过程中仍要先进行调解，调解不成时再进行裁决和判决；二是调解要在争议双方当事人自愿的基础上进行，不能有丝毫的勉强和强制，如果违反当事人意愿，无论是企业劳动争议调解委员会还是劳动争议仲裁委员会或人民法院，其调解书都不能产生法律效力。

5）工会参与处理原则。依据《工会参与劳动争议处理办法》，工会参与处理下列劳动争议：因确认劳动关系发生的争议；因订立、履行、变更、解除和终止劳动合同发生的争议；因订立或履行集体合同发生的争议；因工作时间、休息休假、社会保险、福利、培训以及劳动保护、女职工和未成年工、残疾职工等特殊劳动保护发生的争议；因劳动报酬、工伤保险待遇、经济补偿或者赔偿金等发生的争议；法律、法规规定的其他劳动争议。工会工作者参与劳动争议处理工作，应当依照法律和有关规定履行职责，做到遵纪守法、公正廉洁，不得滥用职权、徇私舞弊、收受贿赂，不得泄露国家秘密、商业秘密和个人隐私。

工会参与处理劳动争议应遵循的原则包括：依据事实和法律及时、公正地处理，当事人在适用法律上一律平等，预防为主、基层为主、调解为主，尊重当事人申请仲裁和提起诉讼的权利，坚持劳动争议处理的三方原则。

二、劳动争议处理体系

劳动争议处理体系是指由劳动争议处理的各种机构和方式，以及其在劳动争议处理过程中的地位和相互关系所构成的有机整体。它表明劳动争议发生后应当由哪些机构、通过哪些方式进行处理。

1. 劳动争议处理机制

依据法律规定，我国的劳动争议处理机制有“一调一裁两审”与“一调一裁”两种。

（1）“一调一裁两审”机制。即“自行协商—企业内调解—仲裁—诉讼”的劳动争议处理机制。这个机制中的协商和调解属于裁审前程序，仲裁和诉讼属于裁审程序。本机制的目的是通过当事人自行协商和企业内调解，减少进入仲裁的劳动争议案件，再通过劳动仲裁进一步减少进入诉讼的劳动争议案件，将劳动争议的对抗性降至最低，以协商和调解为主解决劳动争议。

在发生劳动争议的情况下，当事人寻求解决纠纷要先行调解，可以在企业内部调解，也可以在仲裁机构调解，并且调解贯穿劳动争议处理始终。劳动者可以直接申请仲裁，只有经过仲裁机构审理，双方当事人对裁决不服的，才可以在十五天内向人民法院提起诉讼；直接向人民法院提起诉讼的，人民法院不予受理。

为了更好地落实与保障这一机制，《劳动争议调解仲裁法》提高了裁审前程序的地位。

除当事人双方自行协商和解的方式之外，增加工会或者第三方参与促成当事人双方协商和解的方式。除原有企业劳动争议调解委员会之外，增设基层人民调解组织及乡镇、街道的具有劳动争议调解职能的组织。调解协议具有一般合同的法律效力，特定的调解协议还可申请支付令的特殊法律效力。

（2）“一调一裁”机制。上述劳动争议处理机制在程序上虽然完整，但是处理时间较长，不利于及时处理及保障劳动者权益。因此，《劳动争议调解仲裁法》提出了适用于终局裁决的“一调一裁”机制。在这种机制下，劳动争议发生时，劳动者可以向调解组织申请调解；若当事人不愿申请基层调解、调解不成或当事人不履行所达成的调解协议，可以向劳动争议仲裁委员会申请仲裁，而仲裁裁决具有终局效力。不过对于终局裁决，劳动者不服可依法向法院提起诉讼，但是用人单位只有达到法定条件才可以向法院申请撤销裁决。

2. 劳动争议处理机构

目前，我国处理劳动争议的机构有劳动争议调解委员会、劳动争议仲裁委员会和人民法院三类。其中，劳动争议调解委员会属于民间争议调解机构，劳动争议仲裁委员会属于半官方的准司法机构，人民法院是解决劳动争议的最高机构。

企业劳动争议调解委员会是法定劳动争议基层调解组织。《劳动法》规定，在用人单位内，可以设立劳动争议调解委员会。劳动争议调解委员会由职工代表、用人单位代表和工会代表组成。企业劳动争议调解是指在企业劳动争议调解委员会主持下，在查明事实、分清是非的基础上，遵循一定原则，通过宣传国家法律和政策，采取说服教育的办法，促使企业和有争议的员工达成调解协议，从而把劳动争议解决在企业内的一种活动。

我国现有的劳动争议仲裁委员会是指人力资源社会保障行政部门负责组建，由人力资源社会保障行政部门、同级工会、用人单位各自选派代表组成的非政府性质的劳动争议仲裁专门机构。主任由人力资源社会保障行政部门代表担任，副主任由仲裁委员会委员协商产生。劳动争议仲裁委员会的特点如下：第一，属于依法设立的半官方机构，而非民间组织；第二，无任何强制手段，生效的仲裁结果有赖于人民法院的强制执行；第三，仲裁程序简便；第四，仲裁裁决不具有最终解决争议的效力。

依现行劳动争议处理体制，人民法院是劳动争议案件的最后审理者，其劳动司法职能由民事审判庭承担。人民法院审理劳动争议案件采用合议制或独任制的审判方式，由职工方和用人单位方的代表参与。尽管现行法律并未对劳动争议案件中的劳动诉讼做出特别规定，但在处理这类案件时，通常还是依照《中华人民共和国民事诉讼法》(以下简称《民事诉讼法》) 的基本规则，同时也要注意可能存在的特定劳动法律法规或司法解释中的特别规定。

三、劳动争议基层调解

1. 劳动争议基层调解的性质与原则

劳动争议基层调解是指劳动争议基层调解组织受理争议案件后，按照相关法律规定及劳动合同约定的权利和义务，以中间人的身份进行调解，促使争议双方当事人相互谅解、达成合意的一种争议解决方式。调解成功与否的关键在于双方是否达成协议和双方当事人是否执行这一协议。

劳动争议基层调解除了应遵循劳动争议处理原则，就调解的特殊性，还应遵循自愿和民主说服的原则。

首先，自愿原则是指争议双方自愿选择是否向劳动争议调解委员会申请调解。如果一方当事人向劳动争议调解委员会申请调解，另一方当事人向劳动争议仲裁委员会申请仲裁，则应由后者受理。其次，调解过程中应始终贯彻自愿协商的原则，劳动争议调解委员会本身无决定权，劳动争议的解决主要靠双方当事人自愿。双方当事人可以达成协议，也可以不达成协议，任何一方不能强迫另一方。再次，调解机构不能强行调解，更不能包办代替。最后，调解协议的执行也是自愿的。经劳动争议调解委员会调解达成的协议，没有强制执行的法律效力，对于不执行调解协议的，则视为反悔，即调解失败。

民主说服原则是由劳动争议调解委员会的性质决定的。劳动争议调解委员会既不是国家的审判机关，也不是国家的行政机关，因此，它既没有国家司法审判权，也没有行政命令权和仲裁权。所以，在调解劳动争议时，劳动争议调解委员会主要依据党和国家的法律、政策，运用民主讨论的办法动员双方当事人自愿协商达成调解协议，反对使用强迫命令、简单粗暴和用权势压服的做法。

2. 劳动争议基层调解的特点与作用

劳动争议基层调解是劳动争议处理制度的重要组成部分。基层调解与双方当事人完全自主协商相比，具有一定的规范性；基层调解与程序和实体方面具有严格规范的仲裁和诉讼相比，具有一定的灵活性；基层调解还具有程序简单、处理快捷、成本低廉、不伤和气等优点。

劳动争议基层调解对于解决劳动争议具有重要的作用：第一，有助于缓和、化解矛盾，为争议双方进行友好协商对话提供平台；第二，有助于及时、快捷地解决争议，减轻当事人的负担；第三，有助于减轻仲裁和诉讼工作的压力，节约司法资源；第四，有助于和平解决争议，维护良好的劳动关系；第五，有助于宣传劳动方面的法律法规，提高用人单位和劳动者的法治观念。建立有效的调解制度，充分发挥劳动争议基层调解的作用，对于维护社会稳定、促进经济发展、构建社会主义和谐社会都具有重要意义。

3. 劳动争议基层调解的组织

（1）劳动争议调解委员会。根据规定，劳动争议调解委员会的办事机构设在用人单位工会，没有设立工会组织的用人单位，由劳动者代表与用人单位代表协商决定。用人单位设立的劳动争议调解委员会由职工代表和用人单位代表组成。职工代表由工会成员担任，或由全体职工选举产生；用人单位代表由用人单位负责人指定。双方推举或指定的代表都只能代表一方。

劳动争议调解委员会的主任由工会成员或者双方推举的人员担任，委员会成员名单应报送地方总工会和地方劳动争议仲裁委员会备案。这种由双方组成的委员会有利于在调解中比较充分地听取和反映当事人双方的意见和要求，防止调解工作具有片面性。劳动争议调解委员会有独立行使调解工作的权利，依法调解劳动争议案件，不受任何个人、用人单位和其他机关干涉，这样能更好地维护当事人的合法权益，公正、合理地解决劳动争议。

（2）其他调解组织。其他调解组织包括人民调解委员会和乡镇、街道劳动争议调解组织。人民调解委员会是指由村民委员会和居民委员会设立的调解民间纠纷的群众性组织。乡镇、街道劳动争议调解组织是指在企业比较集中的乡镇、街道依法设立的调解劳动争议的区域性或行业性组织。调解组织的调解员应当由公道正派、联系群众、热心调解工作，并具有一定法律知识、政策水平和文化水平的成年公民担任。

人民调解委员会在基层人民政府和基层人民法院的指导下工作。基层人民政府及其派出机关指导人民调解委员会的日常工作，具体由司法助理员负责。人民调解委员会被赋予劳动争议调解职能后，应当根据劳动争议调解的特点制定相应的规定，以适应劳动争议调解工作。

4. 劳动争议基层调解的程序

（1）申请调解。在劳动争议发生后，当事人之间协商不成，可以自愿申请调解或者仲裁。双方当事人应当自争议发生之日起三十日内向调解组织申请调解，申请形式有书面和口头两种。其中，口头申请的，调解组织工作人员应当场记录申请人的基本情况以及申请调解的争议事项、事由和时间。

（2）受理劳动争议。调解组织收到一方当事人申请后，应征询对方当事人是否愿意调解，对于对方当事人不愿意调解的，应做好记录，在三日内以书面形式通知申请人；对于对方当事人愿意调解的，在四日内进行审查并做出受理或不受理的决定。

审查内容具体如下：申请事由是否属于劳动争议范畴，当事人是否属于劳动争议主体，申请调解的请求和事实根据是否明确，劳动争议是否在申请调解的时效内。经审查符合受理条件的，予以受理，通知双方当事人；对于不符合受理条件的，应告知当事人，并说明不受理的理由及申诉方法。

（3）调解前准备。为了保证调解工作顺利进行，应完成以下准备工作。

1）再次审查申请书内容是否完整，有欠缺的应及时通知当事人补充。

2）要求对方当事人就申请内容提出意见及证据。

3）指派调解员对争议事项进行全面调查。

4）编制调解方案，提出调解建议。

5）通知双方当事人调解的时间和地点。

若调解员中有争议当事人的亲属或其他有关系的可能影响调解结果的人员，当事人有权要求其回避。调解组织应对回避申请及时做出回复，并通知当事人，从而确保调解的公正性。

（4）实施调解。调解劳动争议，应当充分听取双方当事人对事实和理由的陈述，耐心疏导，尽可能帮助其达成调解协议。一般按以下程序进行调解。

1）由调解组织主任主持召开由争议双方当事人参加的调解会议，有关单位和个人可以参加调解会议协助调解。其中，简单争议可由调解组织指派一名或两名调解员进行调解。

2）调解组织应听取双方当事人对争议事实和理由的陈述，在查明事实、分清是非的基础上，依照相关法律法规及企业规章和劳动合同进行调解。

3）经调解达成协议的，制作调解协议书（简称调解书），双方当事人应自觉履行。调解协议书除调解委员会执有一份外，双方当事人应各执一份，且应加盖三方参与人印章和调解组织公章。

4）调解完成时应做记录，并在调解意见书上说明情况，由调解组织主任签名或盖章。调解意见书一式三份，当事人双方各执一份，调解组织执有一份。

（5）执行调解协议书。调解协议书生效后，调解组织可检查和督促当事人执行。若对调解不服，当事人可以在仲裁期限内申请仲裁，调解组织应帮助当事人行使申请仲裁的权利。

自调解组织收到调解申请之日起十五日内未达成调解协议的，当事人可以依法申请仲裁。

5. 劳动争议调解协议的效力

《中华人民共和国人民调解法》明确规定，经人民调解委员会调解达成的调解协议具有法律约束力，当事人应当按照约定履行。因拖欠支付劳动报酬、工伤医疗费、经济补偿或者赔偿金事项达成调解协议，用人单位在协议约定期限内不履行的，劳动者可以持调解协议书依法向人民法院申请支付令，人民法院应当依法发出支付令。

6. 工会在企业劳动争议调解中的地位和作用

工会在企业劳动争议调解中的地位和作用如下。

（1）地位

1）工会是职工自愿结合的工人阶级的群众性组织，代表职工的利益。在劳动争议调解中，工会是重要的参与方，具有独立的地位。

2）工会依法参与劳动争议协商、调解、仲裁、诉讼等工作，是维护职工合法权益的重要力量。

3）工会在参与劳动争议处理工作时，应当坚持中国共产党的领导，坚持以职工为本，立足预防、调解、法治、基层，推动构建和谐劳动关系。

（2）作用

1）工会积极参与劳动争议调解工作，通过协商、调解等方式化解劳动争议，维护职工的合法权益。

2）工会在调解过程中可以代表职工提出切实可行的和解方案，引导和督促当事人主动、及时、充分履行调解协议。

3）工会负责组建企业劳动争议调解委员会，并参与其中，履行相关职责，监督和推动调解协议的履行。

4）工会还可以为职工提供法律援助等法律服务，支持帮助职工进行劳动争议诉讼。

5）工会在处理集体劳动争议中发挥重要作用，代表职工同企业、事业单位、社会组织或有关方面进行协商，反映职工的意见和要求，并提出解决意见。

第二节　劳动争议仲裁

一、劳动争议仲裁概述

1. 劳动争议仲裁概念

劳动争议仲裁是指劳动争议仲裁机构依据劳动争议当事人的请求，对劳动争议的事实和责任依法做出公正的判断和裁决，并对当事人有约束和强制执行效力的劳动争议处理方式。

2. 劳动争议仲裁性质

（1）劳动争议仲裁具有强制性。其强制性表现在两个方面：一方面，劳动争议一方当事人提出仲裁请求后，无论另一方当事人是否愿意，劳动争议仲裁机构均可受理；另一方面，由劳动争议仲裁机构依法做出的仲裁裁决，生效后则具有法律约束力和强制力，劳动争议的双方当事人必须遵守和执行。

（2）劳动争议仲裁是具有法律效力的行政措施，兼有行政与司法的双重特征。各级政府对劳动争议仲裁机构实行方针、政策领导，不干预其具体事务，劳动争议仲裁机构的工作也不受其他任何个人的干扰。

3. 劳动争议仲裁原则

劳动争议仲裁应遵循的原则有先行调解原则、少数服从多数原则、回避原则和及时原则。

（1）先行调解原则。先行调解原则要求劳动争议仲裁机构在仲裁裁决之前先行调解，调解是仲裁的必经程序，不经过调解就不能仲裁。但先行调解并不等同于强行调解，当事人拒绝调解或调解达不成协议的，不能勉强或强迫其调解或达成协议。

（2）少数服从多数原则。少数服从多数原则是宪法民主集中原则在劳动争议仲裁中的具体表现。仲裁庭和仲裁委员会成员来自各方，在对案件意见不一致时，为了保证最终能公平、合理地做出决定，每位成员应该有平等的表决权。

（3）回避原则。遵循回避原则的目的在于防止办案人员因与当事人或案件有某种关系而影响案件的公正处理。因此，为了保障双方当事人的合法权益和防止极少数人徇私舞弊，仲裁机构在处理劳动争议案件时，对当事人认为由于某种原因导致仲裁有关人员可能裁决不公，或仲裁有关人员认为自己可能由于某种原因而影响审理公信力的，实行回避制度。

（4）及时原则。及时原则要求仲裁劳动争议案件时，必须严格按照法律规定的期限进行，否则就会因为劳动争议未能得到及时解决而影响当事人的合法权益。劳动争议一般会涉及劳动者一方的经济生活，因而也可能影响正常生产和社会安定。

4. 劳动争议仲裁特点

（1）劳动争议仲裁机构具有特定性和独立性。依照有关法律规定，我国劳动争议仲裁机构是劳动争议仲裁委员会（简称仲裁委员会）。在仲裁过程中，仲裁委员会处于第三方的地位，依据相关法律法规居中公断，维护双方当事人的合法权益。仲裁委员会享有法定的劳动争议仲裁权，其他机构和个人都不得加以干涉。

（2）劳动争议仲裁以劳动争议当事人提出申请为前提。劳动争议仲裁必须是由享有劳动权利或者劳动义务的直接承受者直接提出的。劳动争议的双方当事人是基于劳动关系而产生的，不同于民事关系或经济关系的双方当事人。

（3）劳动争议仲裁申请是当事人自愿提交的。也就是说，选择劳动争议仲裁是当事人的自由，劳动争议双方当事人可以通过仲裁的方式，也可以通过协商或调解的方式解决存在的争议，仲裁委员会没有依职权启动劳动争议仲裁的权利。

（4）劳动争议仲裁具有强制仲裁的特点。这一特点有两层含义：一是关于仲裁程序的启动，不需要当事人达成仲裁协议，只要有一方当事人申请仲裁即可，另一方当事人没有权利拒绝；二是劳动争议案件的处理必须经过仲裁才能进入诉讼程序，即劳动争议仲裁是提请劳动争议诉讼的必经之路。

（5）劳动争议仲裁裁决一般不具有终局法律效力。仲裁委员会通过法定程序对劳动争议案件做出的裁决并非最终裁决。依据法律规定，只有在特殊法定情形下，仲裁裁决才具有一定的“一裁终局”效力。除此以外，劳动争议双方当事人收到裁决书（本书指仲裁裁决书）以后，可以在规定的生效日期前向有管辖权的基层人民法院提起诉讼，只有超过法定起诉期限后，当事人没有起诉的，裁决才发生真正的法律效力，从而具有法律约束力。劳动争议的双方当事人不得就已经生效的裁决向法院以“存在裁决异议”而提起诉讼；但如果在裁决的执行过程中，一方当事人“毁约”，另一方当事人可以向人民法院申请执行。

5. 劳动争议仲裁机构的组织结构

（1）仲裁委员会。仲裁委员会是由人民政府依法设立，专门处理劳动、人事争议案件的仲裁机构。人力资源社会保障行政部门负责指导本行政区域的调解仲裁工作，组织协调处理跨地区、有影响的重大争议，负责仲裁员的管理、培训等工作。

仲裁委员会具有特殊的法律地位。它不是民间组织，也不是司法机构，更不是行政机构。人民政府是设立仲裁委员会的主体，人力资源社会保障行政部门在仲裁委员会的组建中占主导地位，仲裁委员会的经费由财政予以支持，这些都使仲裁委员会具有一定的行政色彩。但仲裁委员会在行使仲裁职责时居于中间人的地位，实行裁决制度。劳动仲裁不属于行政行为，不受《中华人民共和国行政诉讼法》调整，仲裁委员会具有准司法的特征。

仲裁委员会的设立原则是统筹规划、合理布局和适应实际需要。省、自治区人民政府可以决定在市、县设立；直辖市人民政府可以决定在区、县设立。直辖市、设区的市也可以设立一个或者若干个仲裁委员会，仲裁委员会不按行政区划层层设立。各级仲裁委员会相互之间不存在行政隶属关系，各自独立仲裁。省、自治区、直辖市人民政府人力资源社会保障行政部门对本行政区域的劳动争议仲裁工作进行指导。仲裁委员会应当有专门的仲裁场所。

仲裁委员会的主要职责是聘任、解聘专职或者兼职仲裁员，受理劳动争议案件，讨论重大或者疑难的劳动争议案件，对仲裁活动进行监督。它应当依法对所聘任的仲裁员及仲裁活动进行监督，包括对仲裁申请受理、仲裁庭组成、仲裁员的仲裁活动等进行监督。

仲裁委员会每年至少召开两次全体会议，研究本委员会职责履行情况和重要工作事项。仲裁委员会主任或者三分之一以上的仲裁委员会成员提议召开仲裁委员会会议的，应当召开。仲裁委员会议事实行少数服从多数原则。

仲裁委员会由干部主管部门代表、人力资源社会保障等相关行政部门代表、军队文职人员工作主管部门代表、工会代表、用人单位代表等组成。仲裁委员会组成人员应当是单数。仲裁委员会设主任一名，副主任和委员若干名。仲裁委员会主任由政府负责人或者人力资源社会保障行政部门主要负责人担任。仲裁委员会组成单位可以派兼职仲裁员常驻办事机构，参与争议调解仲裁活动。

（2）仲裁办事机构。劳动争议仲裁委员会的仲裁办事机构是负责处理劳动争议案件、管理仲裁员、提供法律咨询和汇报工作的机构。其主要负责以下工作。

1）承办处理劳动争议案件的日常工作，如接收申请、立案、安排庭审等。

2）根据劳动争议仲裁委员会的授权，负责管理仲裁员，组织仲裁庭，确保仲裁程序的公正、合法和高效。

3）管理仲裁委员会的文书、档案、印鉴等，确保仲裁文件的安全、完整和保密。

4）负责劳动争议及其处理方面的法律、法规及政策咨询，为劳动者和用人单位提供专业的法律解答和指导。

5）向劳动争议仲裁委员会汇报、请示工作，确保仲裁工作的顺利进行和及时完成。

6）办理劳动争议仲裁委员会授权或交办的其他事项，如协助调解、调查取证等。

（3）仲裁庭。仲裁委员会裁决劳动争议案件实行仲裁庭制。仲裁庭是由仲裁委员会选出的仲裁员组成的处理劳动争议案件的基本组织形式。仲裁委员会处理劳动争议案件应当组成仲裁庭，实行一案一庭制。仲裁庭的组织形式主要包括以下两种：对于案情简单、事实明确的简单劳动争议案件，可以由仲裁委员会指定一名仲裁员审理仲裁；处理十人以上集体劳动、人事争议或有重大影响的劳动争议案件，应由三名仲裁员组成仲裁庭，并设首席仲裁员。

仲裁庭还设有记录人员。记录人员在仲裁庭上负责案件庭审记录等相关工作。记录人员不得由本庭仲裁员兼任。记录人员应客观记录案件庭审等情况，不得有因偏袒一方当事人而不客观记录、故意涂改记录或者将案件处理过程中应当保密的情况泄露给特定当事人等行为。

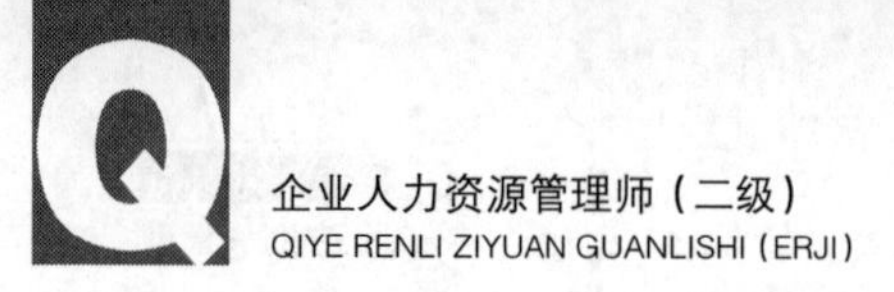

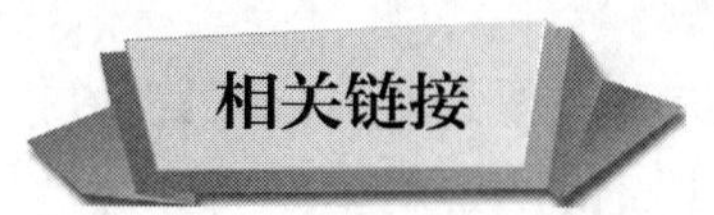

相关链接

仲 裁 员

仲裁员是由仲裁委员会聘任，依法调解和仲裁劳动争议案件的专业工作人员。仲裁员分为专职仲裁员和兼职仲裁员。仲裁委员会应当依法聘任一定数量的专职仲裁员；也可以根据办案工作需要，依法从干部主管部门、人力资源社会保障行政部门、军队文职人员工作主管部门、工会、企业组织等相关机构的人员及专家学者、律师中聘任兼职仲裁员。

《劳动争议调解仲裁法》规定，仲裁员应当公道正派并符合一定的条件，这些条件具体如下：曾任审判员，或从事法律研究、教学工作并具有中级以上职称，或具有法律知识、从事人力资源管理、工会等专业工作满五年，或律师执业满三年。被聘任的仲裁员由人力资源社会保障部统一免费发放仲裁员证和仲裁徽章。仲裁员聘期一般为五年。仲裁委员会负责仲裁员考核，考核结果作为解聘和续聘的依据。仲裁员聘期届满不再续聘的，在聘期内有工作岗位变动或者其他原因不再履行仲裁员职责的，年度考核不合格的，因违纪、违法犯罪不能继续履行仲裁员职责的，以及其他应当解聘的情形，仲裁委员会应当予以解聘。对于聘任与不再聘任的仲裁员都应予以公告。

仲裁员的职责是依法调解和仲裁劳动争议案件。其具体工作如下：接受仲裁委员会办事机构交办的劳动争议案件，具体参加仲裁庭的工作；开展调查取证等相关工作；根据国家有关法律法规及政策提出处理方案；对劳动争议实施调解，促使双方当事人达成调解协议；审查申诉人的撤诉要求；参加劳动争议仲裁庭的合议，提出裁决意见；处理与案件有关的工作；宣传有关的法律法规等。

仲裁员不得有的行为如下：徇情枉法，偏袒一方当事人；滥用职权，侵犯当事人合法权益；利用职权为自己或者他人谋取私利；隐瞒证据或者伪造证据；私自会见当事人及其代理人，接受当事人及其代理人的请客送礼；故意拖延办案、玩忽职守；泄露案件涉及的国家秘密、商业秘密和个人隐私或者擅自透露案件处理情况；在受聘期间担任所在仲裁委员会受理案件的代理人；其他违法违纪的行为。

6. 劳动争议仲裁当事人

这里所说的当事人包括劳动争议仲裁的双方当事人、共同当事人、仲裁第三人及仲裁代理人。

（1）劳动争议双方当事人。对于劳动争议仲裁当事人而言，其权利主要包括以下几类。提起仲裁申请的权利：劳动者和用人单位均有权依法向劳动争议仲裁委员会提出仲裁申请，要求解决劳动争议。委托代理人的权利：当事人可以委托代理人参加仲裁活动，以维护自己的合法权益。申请回避的权利：如果当事人认为仲裁员或其他相关人员存在可能影响公正裁决的情形，有权提出回避申请。提供证据的权利：当事人有权在仲裁过程中提供证据，以支持自己的主张和证明事实。自行和解的权利：在仲裁过程中，双方当事人可以自行和解，达成一致意见并解决争议。对仲裁裁决不服，向人民法院提起诉讼的权利：如果当事人对仲裁裁决不服，可以在法定期限内向人民法院提起诉讼。其他相关权利：例如请求传唤证人、请求鉴定等。上述权利有助于劳动争议仲裁当事人更好地维护自己的权益，并推动仲裁程序的顺利进行。

劳动争议仲裁当事人应该承担的义务有：在依法行使自己权利的同时，应尊重对方的权利；遵守仲裁纪律，不得干涉、阻碍、破坏仲裁的正常进行；遵循仲裁程序，按时应诉、答辩、提供证据，按时到庭；遵守并履行已发生法律效力的判决书；缴纳仲裁费用等。

（2）共同当事人。当劳动争议仲裁当事人一方或双方为两人或两人以上时，劳动争议中就出现了共同当事人的情况，共同当事人应该与当事人享有相同的权利并承担相同的义务，如在劳动派遣争议中，劳动者可将用人单位与用工单位列为共同当事人。

（3）仲裁第三人。劳动争议仲裁第三人是指与劳动争议仲裁结果有关的人或单位。劳动争议仲裁第三人享有的权利和承担的义务与当事人不同。具体而言，仲裁第三人享有的权利有：参加仲裁活动；提供证据，陈述意见；了解当事人答辩的事实和理由，向仲裁庭提交意见书；对裁决中要求自己承担的义务提起诉讼。同时，仲裁第三人应该承担的义务有：遵守仲裁活动规则，履行裁决，承担裁决中涉及本人或本单位的义务。

（4）仲裁代理人。劳动争议当事人及其法定代理人有权委托代理人参加仲裁活动。可作为仲裁代理人的有：律师、基层法律服务工作者，当事人的近亲属或者工作人员，当事人所在社区、单位以及有关社会团体推荐的公民。劳动争议当事人委托代理人参加仲裁活动时，必须向仲裁委员会提交由委托人签名或者盖章的授权委托书。仲裁代理人在仲裁活动中代理一方当事人参加仲裁活动，提出回避申请，收集、提供证据，进行辩论，请求调解。

二、劳动争议仲裁的时效与管辖权

1. 仲裁时效

（1）仲裁时效的概念。劳动争议仲裁时效是指劳动者和用人单位在法定期限内不向劳

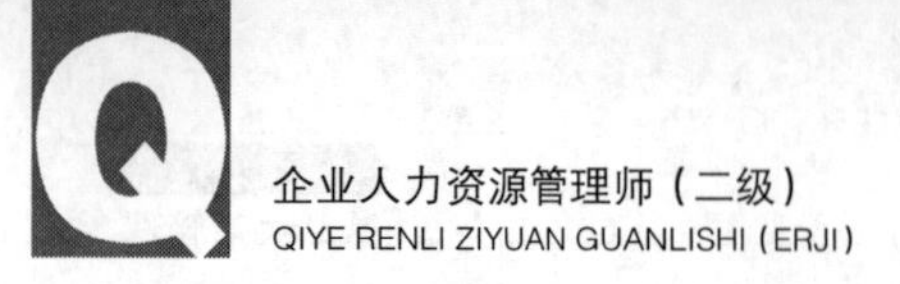

动争议仲裁机构申请仲裁，而丧失请求劳动争议仲裁机构保护其权利的制度。

现有规定是仲裁时效期间为一年，逾期不提出则丧失仲裁的胜诉权。劳动关系存续期间因拖欠劳动报酬发生争议的，劳动者申请仲裁不受此一年时效的限制；但是，劳动关系终止的，应当自劳动关系终止之日起一年内提出。

（2）仲裁时效的计算。确定仲裁时效起始时间有两种表述：一是当事人知道或者应当知道其权利被侵害之日；二是劳动争议发生之日。对于“劳动争议发生之日”有以下认定标准。

1）在劳动关系存续期间产生的支付工资争议，用人单位能够证明已经书面通知劳动者拒付工资的，书面通知送达之日为劳动争议发生之日；用人单位不能证明的，劳动者主张权利之日为劳动争议发生之日。

2）因解除或者终止劳动关系产生的争议，用人单位不能证明劳动者收到解除或者终止劳动关系书面通知时间的，劳动者主张权利之日为劳动争议发生之日。

3）劳动关系解除或者终止后产生的支付工资、经济补偿金、福利待遇等争议，劳动者能够证明用人单位承诺支付的时间为解除或者终止劳动关系后的具体日期的，用人单位承诺支付之日为劳动争议发生之日；劳动者不能证明的，解除或者终止劳动关系之日为劳动争议发生之日。

（3）仲裁时效的中断与中止。在申请仲裁的时效期间内，有下列情形之一的，仲裁时效中断：一方当事人通过协商、申请调解等方式向对方当事人主张权利的；一方当事人通过向有关部门投诉，向仲裁委员会申请仲裁，向人民法院起诉或者申请支付令等方式请求权利救济的；对方当事人同意履行义务的。从中断时起，仲裁时效期间重新计算。

因不可抗力，或者有无民事行为能力或者限制民事行为能力劳动者的法定代理人未确定等其他正当理由，当事人不能在规定的仲裁时效期间申请仲裁的，仲裁时效中止。从中止时效的原因消除之日起，仲裁时效期间继续计算。

2. 仲裁管辖权

仲裁管辖权是指各类仲裁委员会之间、同级仲裁委员会之间，受理劳动争议案件的分工和权限。劳动仲裁管辖依据级别管理与地域管辖相结合的原则。从实务来讲，管辖权问题就是当事人向哪一级、哪一个仲裁委员会申请仲裁。

（1）地域管辖。地域管辖是指同级仲裁委员会之间依行政区域确定的仲裁管辖。仲裁委员会负责管辖本区域内发生的劳动争议。劳动争议由劳动合同履行地或者用人单位所在地的仲裁委员会管辖，双方当事人分别向劳动合同履行地和用人单位所在地的仲裁委员会申请仲裁的，由劳动合同履行地的仲裁委员会管辖。

（2）级别管辖。级别管辖是指各级仲裁委员会受理劳动争议案件的特定范围。它主要根据案件的性质、影响范围等来确定。例如，上海市劳动人事争议仲裁委员会（简称市仲裁委员会）管辖的案件包括注册资金 1 000 万美元以上（或者相当于 1 000 万美元以上）的本市外商独资企业和劳动者发生的劳动争议案件，本市企业与其取得合法就业资格的外籍人员、港澳台人员和定居国外人员发生的劳动争议案件，有重大影响的劳动争议案件；上海各区仲裁委员会管辖本行政区域内除由市仲裁委员会管辖以外的劳动争议案件，但是浦东新区劳动人事争议仲裁委员会在管辖本行政区域劳动争议案件的同时，还管辖注册资金 1 000 万美元以上（或者相当于 1 000 万美元以上）的本市外商独资企业和劳动者发生的劳动争议案件。

三、劳动争议仲裁的程序

1. 提出申请

劳动争议发生后，当事人不愿自行协商解决或协商不成的，以及不愿申请调解或调解不成的，可在仲裁时效期间内，向有管辖权的仲裁委员会提出解决劳动争议的书面仲裁申请。

申请人申请仲裁应当提交书面仲裁申请（仲裁申请书），并按照被申请人人数提交副本；委托他人参加仲裁活动的，应当向仲裁委员会提交有委托人签名或者盖章的委托书，委托书应当载明委托事项和权限。

仲裁申请书内容包括：劳动者的姓名、性别、出生日期、身份证件号码、住所、通信地址和联系电话，用人单位的名称、住所、通信地址、联系电话和法定代表人或者主要负责人的姓名、职务；仲裁请求和所根据的事实、理由；证据和证据来源，证人姓名和住所。书写仲裁申请确有困难的，可以口头申请，由仲裁委员会记入笔录，经申请人签名、盖章或者捺印确认。

根据“谁主张，谁举证”原则，当事人申请劳动仲裁时对自己提出的主张有责任提供证据。但是，如果与争议事项有关的证据属于用人单位掌握管理的，用人单位应当提供，用人单位不提供的，应当承担不利后果。例如，劳动者主张加班费的，应当就加班事实的存在承担举证责任，但劳动者有证据证明用人单位掌握加班事实存在的证据，用人单位不提供的，由用人单位承担不利后果。

2. 案件受理

仲裁委员会接到仲裁申请书后依法进行审查。审查内容包括：申请人是否与申请案件有直接利害关系，该案件是否属于劳动争议范围，是否属于仲裁委员会受理范围，是否属于本仲裁委员会管辖，申请书及相关材料是否符合要求，申诉时间是否符合仲裁时效规定。若申诉材料不完备和情况说明不明确的，应指导申请人补齐。

仲裁委员会收到仲裁申请之日起五日内，认为符合受理条件的，应当受理，并向申请人出具受理通知书；认为不符合受理条件的，应当书面通知申请人不予受理，并说明理由。对仲裁委员会决定不予受理或者逾期未做出决定的，申请人可以就该劳动争议事项向人民法院提起诉讼。

仲裁委员会受理仲裁申请后，应当在五日内将仲裁申请书副本送达被申请人。被申请人收到仲裁申请书副本后，应当在十日内向仲裁委员会提交答辩书。仲裁委员会收到答辩书后，应当在五日内将答辩书副本送达申请人。被申请人逾期未提交答辩书的，不影响仲裁程序的进行。

3. 开庭准备

仲裁委员会应当在受理仲裁申请之日起五日内组成仲裁庭并将仲裁庭的组成情况书面通知当事人。仲裁员应该回避，或者当事人有权以口头或书面的方式提出回避的情形包括：仲裁员是案件当事人或者当事人、代理人的近亲属；仲裁员与案件有利害关系；仲裁员与当事人、代理人有其他关系，可能影响公正裁决；仲裁员私下会见当事人、代理人，或者接受当事人、代理人的请客送礼。

仲裁委员会对回避申请应当及时做出决定，并以口头或者书面方式通知当事人。

仲裁庭应当在开庭五日前，将开庭日期、地点书面通知双方当事人。当事人有正当理由的，可以在开庭三日前请求延期开庭。是否延期，由仲裁委员会根据实际情况决定。对于无正当理由拒不到庭或在开庭期间擅自退庭的，对申请人按撤回仲裁申请处理，对被申诉人做缺席裁决。

4. 开庭审理

开庭审理前，记录人员应当查明当事人和其他仲裁参与人是否到庭，宣布仲裁庭纪律。开庭审理时，由仲裁员宣布开庭、案由和仲裁员、记录人员名单，核对当事人，告知当事人有关的权利与义务，询问当事人是否提出回避申请。开庭审理中，仲裁员应当听取申请人的陈述和被申请人的答辩，主持庭审调查、质证和辩论、征询当事人最后意见，并进行调解。对调解达不成协议或不宜继续调解的，应及时休庭进行合议并做出裁决。

劳动争议仲裁公开进行，但当事人协议不公开进行或者涉及国家秘密、商业秘密和个人隐私的除外。仲裁庭对于专门性问题认为需要鉴定的，可以交由当事人约定的鉴定机构鉴定；当事人没有约定或者无法达成约定的，由仲裁庭指定的鉴定机构鉴定。根据当事人的请求或者仲裁庭的要求，鉴定机构应当派鉴定人出庭。当事人经仲裁庭许可，可以向鉴定人提问。

当事人所提供的证据经查证属实的，仲裁庭应当将其作为认定事实的根据。劳动者无法提供由用人单位掌握管理的与仲裁请求有关的证据，仲裁庭可以要求用人单位在指定期限内提供。用人单位在指定期限内不提供的，应当承担不利后果。当事人在仲裁过程中有权进行质证和辩论。质证和辩论终结时，首席仲裁员或者独任仲裁员应当征询当事人的最后意见。

仲裁庭应当将开庭情况记入笔录。当事人和其他仲裁参加人认为对自己陈述的记录有遗漏或者差错的，有权申请补正。如果不予补正，应当记录该申请。笔录由仲裁员、记录人员、当事人和其他仲裁参加人签名或者盖章。

5. 和解和调解

当事人申请劳动争议仲裁后可以自行和解。达成和解协议的，可以撤回仲裁申请。仲裁庭做出裁决前，应当在查明事实的基础上促使双方当事人先行调解达成协议。经调解达成协议的，仲裁庭应当根据协议内容制作仲裁调解书。仲裁调解书应当写明仲裁请求和当事人协议的结果，由仲裁员签名，加盖仲裁委员会印章，送达双方当事人。仲裁调解书经双方当事人签收后发生法律效力。

6. 裁决规则

（1）当事人双方经调解达不成协议，或者仲裁调解书送达前当事人反悔，或者当事人拒绝接收仲裁调解书，均视为调解不成，应及时裁决。

（2）仲裁庭就仲裁进行合议时，裁决应当按照多数仲裁员的意见做出，少数裁决员的不同意见应当记入笔录中。仲裁庭不能形成多数意见时，裁决应当按照首席仲裁员的意见做出。对管辖区域内有重大影响的案件，以及经仲裁庭合议难以得出结论的疑难案件，仲裁庭可以在查明事实后提交仲裁委员会决定。

（3）仲裁庭裁决案件时，申请人根据调解仲裁法规定，追索劳动报酬、工伤医疗费、经济补偿或者赔偿金，如果仲裁裁决涉及数项，对单项裁决数额不超过当地月最低工资标准十二个月金额的事项，应当适用终局裁决。

根据调解仲裁法规定，因执行国家的劳动标准在工作时间、休息休假、社会保险等方面发生的争议，应当适用终局裁决。

仲裁庭裁决案件时，裁决内容同时涉及终局裁决和非终局裁决的，应当分别制作裁决书，并告知当事人相应的救济权利。

仲裁庭对追索劳动报酬、工伤医疗费、经济补偿或者赔偿金的案件，根据当事人的申请，可以裁决先予执行，再移送人民法院执行。

（4）制作并送达裁决书。仲裁庭做出裁决后应制作裁决书。裁决书应当载明仲裁请求、争议事实、裁决理由、裁决结果、当事人权利和裁决日期。裁决书由仲裁员签名，加盖仲裁委员会印章。对裁决持不同意见的仲裁员可以签名，也可以不签名。

7. 结案

仲裁庭裁决劳动争议案件，应当自仲裁委员会受理仲裁申请之日起四十五日内结束。案情复杂需要延期的，经仲裁委员会主任或者其委托的仲裁院负责人书面批准，可以延期并书面通知当事人，但延长期限不得超过十五日。

8. 裁决履行与效力

仲裁裁决是仲裁委员会依法定程序做出的具有法律效力的决定。对于非终局裁决，当事人对仲裁裁决不服的，可以自收到裁决书之日起十五日内向人民法院提起诉讼；期满不起诉的，裁决书发生法律效力。对于发生法律效力的仲裁裁决，当事人必须履行。对在法定期限内既不起诉又不履行裁决的当事人，另一方当事人可以申请人民法院强制执行。

但是对追索劳动报酬、工伤医疗费、经济补偿或者赔偿金，不超过当地月最低工资标准十二个月金额的争议；因执行国家的劳动标准在工作时间、休息休假、社会保险等方面发生的争议：其仲裁裁决为终局裁决，裁决书自做出之日起发生法律效力。当事人对终局裁决不服的，可以自收到裁决书之日起十五日内向人民法院提起诉讼。

用人单位不服的，可以自收到裁决书之日起三十日内向仲裁委员会所在地的中级人民法院申请撤销裁决，但是必须有证据证明仲裁裁决属于以下情形：适用法律、法规确有错误的；仲裁委员会无管辖权的；违反法定程序的；裁决所根据的证据是伪造的；对方当事人隐瞒了足以影响公正裁决的证据的；仲裁员在仲裁该案时有索贿受贿、徇私舞弊、枉法裁决行为的。人民法院经组成合议庭审查核实裁决确有这些情形的，应当裁定撤销。仲裁裁决被人民法院裁定撤销的，当事人可以自收到裁定书之日起十五日内就该劳动争议事项向人民法院提起诉讼。

第三节　劳动争议诉讼

一、劳动争议诉讼概述

1. 劳动争议诉讼的概念

劳动争议诉讼是指劳动争议当事人不服仲裁委员会的裁决，在规定期限内向人民法院起诉，人民法院依照民事诉讼程序，在劳动争议双方当事人和其他诉讼参与人的参加下，审理和解决劳动争议案件的活动。

《劳动法》第七十九条规定：劳动争议发生后，当事人可以向本单位劳动争议调解委员会申请调解；调解不成，当事人一方要求仲裁的，可以向劳动争议仲裁委员会申请仲裁。当事人一方也可以直接向劳动争议仲裁委员会申请仲裁。对仲裁裁决不服的，可以向人民法院提起诉讼。

诉讼是仲裁后的再次解决方式，仲裁是诉讼前的必经程序。

2. 劳动争议诉讼的特点

劳动争议诉讼与劳动争议仲裁都是解决劳动纠纷的方式，但是劳动争议诉讼比劳动争议仲裁更具有强制力。劳动争议仲裁与劳动争议诉讼的区别具体如下。

（1）性质不同。劳动争议仲裁兼具行政性与准司法性；劳动争议诉讼则具有完全司法性质，适用司法程序。劳动争议诉讼适用民事诉讼程序，是人民法院正确适用相关法律法规，及时审结劳动争议案件的审判活动。

（2）行使权力的机构不同。仲裁委员会由人民政府依法设立，由干部主管部门代表、人力资源社会保障行政部门代表、军队文职人员工作主管部门代表、工会代表、用人单位代表等组成。劳动争议诉讼的审判机关是人民法院，人民法院是国家司法机关，具有更高的权威性。

（3）适用程序性规定不同。劳动争议仲裁主要适用《劳动争议调解仲裁法》及《劳动人事争议仲裁组织规则》等法律法规。劳动争议诉讼主要适用《民事诉讼法》及其他民事诉讼相关规定。

（4）决定的效力不同。劳动争议仲裁尽管具有法律效力，但当事人对仲裁结果不服的还可在法定期限内向人民法院起诉，除终局裁决外，仲裁结果不发生法律效力。劳动争议诉讼中当事人对一审法院判决不服的，可以提起上诉，二审法院做出的判决为最终判决，当事人必须执行。

（5）管辖前提不同。劳动争议仲裁的管辖前提是当事人之间存在劳动关系，或存在事实劳动关系的用人单位和劳动者之间存在劳动争议；劳动争议诉讼的管辖前提是劳动纠纷案件已经由劳动争议仲裁机构进行仲裁，且当事人对仲裁结果不服，向人民法院提起诉讼。

3. 劳动争议诉讼的受理条件

《民事诉讼法》规定，起诉必须符合的条件有：原告是与本案有直接利害关系的公民、法人和其他组织，有明确的被告，有具体的诉讼请求和事实、理由，属于人民法院受理民事诉讼的范围和受诉人民法院管辖。

劳动争议案件诉讼适用民事诉讼程序，因此，劳动争议案件的受理条件首先要满足

《民事诉讼法》的相关规定。同时，《劳动法》对劳动争议案件也做出了起诉规定。现行的劳动案件诉讼受理条件主要包括以下几个方面。

（1）争议双方是存在劳动关系或事实劳动关系的用人单位和劳动者，且两者因劳动关系中的劳动权利和义务产生纠纷。本条件是对于参与诉讼的原告与被告的要求。法院受理案件首先要有明确的诉讼对象，而劳动争议案件中的诉讼对象主要是用人单位和劳动者。

（2）原告有明确的诉讼请求、事实和理由，且其提供的事实和理由属于劳动法和其他相关法规调整的范围。本条件是对诉讼请求的要求。原告的诉讼事实不但真实存在，而且属于相关法规的调整范围。需要说明的是，原告需要有诉讼理由，但不要求理由一定能够对案件的审理起决定性作用。

（3）劳动争议案件已经由劳动仲裁机构进行裁决。目前的劳动争议处理机制实行仲裁前置程序，实践中诉讼在仲裁未果的情况下一般不予受理，因此，仲裁前置便成为人民法院受理案件的必要前提。这一点是劳动诉讼与一般民事诉讼最显著的区别。

（4）劳动争议当事人在仲裁委员会做出仲裁之日起十五日内向法院提起诉讼。这是劳动争议当事人在仲裁结束后向人民法院提请诉讼的时间条件。但是对于终局仲裁而言，用人单位根据有关法律规定，可以在收到裁决书之日起三十日内向人民法院（级别后文介绍）申请撤销裁决。

（5）当事人之间的劳动争议案件应属于人民法院的受理和管辖范围。当事人的劳动争议案件满足上诉条件并不一定能够被人民法院受理。案件只有属于提请法院的受理和管辖范围，才可能被法院受理。这是劳动争议案件受理的关键所在。劳动争议案件由用人单位所在地或劳动合同履行地的基层人民法院管辖。但是对终局裁决不服的，用人单位应该向仲裁委员会所在地的中级人民法院申请撤销裁决。

4. 劳动争议纠纷案件的审理思路

（1）保障劳动者权益与维护企业的生存发展并重。我国的劳动关系矛盾本质上是非对抗性的，争议双方是利益共同体，具有根本利益的高度一致性和具体利益的相对差异性。人民法院在审理劳动争议纠纷案件时，既要依法维护劳动者合法权益，又要促进企业的生存发展，努力做到双方互利共赢。

（2）促进劳动关系的和谐稳定。人民法院将尽量维护劳动合同的效力，慎重简单使用解除劳动合同的方法来解决劳动争议纠纷案件，应鼓励、规范企业自觉履行义务、承担社会责任，同时倡导劳动者理解用人单位确因经济困难所采取的合理应对行为。

（3）准确把握法律法规与国家相关政策。在审理劳动争议纠纷案件时，严格执行法律法规，还要充分考虑国家为应对某种经济危机出台的一系列方针政策。在全面、正确理解《劳动合同法》《劳动争议调解仲裁法》的立法原意和宗旨的基础上，充分发挥人民法院审判工作服务大局、应对危机的职能作用。

（4）充分发挥诉讼调解的功能作用。在审理劳动争议纠纷案件的全过程中，尽可能采取调解、和解方法，寻找各方利益平衡点，做到案结事了。努力化解劳动关系的矛盾和隐患，力争案件处理达到法律效果与社会效果的统一。

（5）发挥人民调解的职能作用。在审理劳动争议纠纷案件时，加强与政府部门的沟通和协调，积极主动地邀请企业工会、居民委员会、村民委员会、人民调解员、人民陪审员等社会各方力量参与调解，促成劳动关系双方当事人互谅互让。依法确认人民调解协议的效力，促进人民调解制度更有效地发挥预防和及时化解矛盾纠纷、维护社会和谐稳定的作用。

（6）妥善处理因解除劳动合同引发的纠纷。在审理解除劳动合同纠纷案件时，要保障劳动者的就业权和辞职权，也要尊重用人单位的用工自主权。既要防止劳动者不诚信的辞职行为影响用人单位的正常生产经营秩序，又要避免用人单位违法解除劳动合同侵犯劳动者的合法权益，引导劳动关系双方依照法律法规规定解除劳动合同。

（7）妥善处理因追索经济补偿引发的纠纷。审理劳动经济补偿纠纷案件时，要严格依照《劳动合同法》相关规定，准确把握支付经济补偿的法定条件，合理确定经济补偿的计算基数和方式。

（8）妥善处理拖欠基本工资的纠纷。法院从充分保护劳动者生存权利的角度出发，依法及时处理因拖欠基本工资引发的劳动争议，按照“快立、快调、快审、快执”的原则，尽快受理，适时调解，及时判决，优先执行。

（9）妥善处理追索加班费引发的纠纷。在审理涉及加班费的案件中，就加班事实应注意合理分配举证责任；加班费的确定应结合劳动合同约定、劳动者的岗位性质、工作要求等因素综合考量、合理裁判。

（10）妥善处理因用人单位裁员引发的纠纷。要严格审查用人单位的裁员行为是否符合《劳动合同法》规定的程序和条件，积极鼓励和引导用人单位与劳动者进行协商，尽量不裁员或少裁员。对于困难企业经过多方努力仍不得不实行经济性裁员，且一次性支付经济补偿确有困难的，要尽可能促使用人单位与工会或职工就分期支付或以其他方式支付经济补偿问题达成调解协议或和解协议。

（11）妥善处理因竞业限制引发的纠纷。在审理竞业限制纠纷案件时，既要防止因不适当扩大竞业限制的范围而妨碍劳动者的择业自由，又要保护用人单位的商业秘密等合法权益，最大限度地实现设立竞业限制制度的立法本意和目的。

（12）合理采取财产保全措施。在处理财产保全申请时，要充分考虑用人单位的生存发展、劳动者的生计保障和社会的和谐稳定，灵活采取财产保全措施，既要确保劳动者的合法权益将来能够实现，又要防止因采取财产保全措施不当给用人单位造成生产经营困难。对有转移财产、逃避债务迹象的企业，要加大财产保全力度，及时采取查封、扣押、冻结等措施，防止因企业资产流失导致劳动者权益受损；对暂时资金周转困难、尚有经营发展前景的负债企业，采用“活扣”“活封”等诉讼保全方式，慎用冻结、划拨流动资金，不拍卖、变卖厂房设备，避免因保全措施不当影响企业的生产经营或导致企业倒闭停业。

二、劳动争议诉讼的主体与时效

1. 诉讼主体

（1）原告与被告的确定。劳动争议诉讼的原告与被告应该是具有劳动关系的双方，即诉讼当事人只能是劳动者和用人单位。在向法院申请诉讼时，不服仲裁裁决的劳动者或用人单位一方为原告，仲裁的对方当事人为被告。若当事人双方均不服仲裁委员会做出的同一仲裁裁决，且都向同一法院起诉，先起诉的一方当事人为原告，但对双方的诉讼请求应当一起做出裁决。

（2）特殊情形中当事人的确定。若用人单位与其他单位合并，合并前发生的劳动争议将由合并后的用人单位为当事人；若用人单位解体为若干单位，解体前发生的劳动争议由解体后的实际用人单位为当事人；若解体后的若干单位对承担劳动权利与义务的用人单位不明确，解体后的用人单位均为当事人。

若用人单位招用的劳动者与原用人单位尚未解除劳动合同，对于劳动者与原用人单位之间的劳动争议，新的用人单位列为第三人；若原用人单位以新的用人单位侵权为由向人民法院起诉，劳动者列为第三人；若原用人单位以新的用人单位和劳动者共同侵权为由向人民法院起诉，新的用人单位和劳动者列为共同被告。

2. 诉讼时效

（1）诉讼时效的概念。诉讼时效是指民事权利受到侵害的权利人在法定的时效期间内不行使权利，当时效期间届满时，人民法院对权利人的权利不再进行保护的制度。在法律规定的诉讼时效内，权利人提出请求的，人民法院就强制义务人履行所承担的义务。而在法定的诉讼时效期间届满之后，权利人行使请求权的，人民法院就不再予以保护。在诉讼时效期间届满之后，义务人虽然可拒绝履行其义务，但是权利人请求权的行使仅发生障碍，权利本身及请求权并不消灭。当事人超过诉讼时效后起诉的，人民法院应当受理。受理后查明无中止、中断、延长事由的，判决驳回其诉讼请求。

《民法典》规定，向人民法院请求保护民事权利的诉讼时效期间为三年。法律另有规定的，依照其规定。诉讼时效期间自权利人知道或者应当知道权利受到损害以及义务人之日起计算。法律另有规定的，依照其规定。但是，自权利受到损害之日起超过二十年的，人民法院不予保护，有特殊情况的，人民法院可以根据权利人的申请决定延长。

劳动者对仲裁裁决不服的，可以自收到仲裁裁决书之日起十五日内向人民法院提起诉讼。用人单位可以自收到仲裁裁决书之日起三十日内向劳动争议仲裁委员会所在地的中级人民法院申请撤销裁决。

（2）诉讼时效的计算。诉讼时效期间自权利人知道或者应当知道权利受到损害以及义务人之日起计算。法律另有规定的，依照其规定。但是，自权利受到损害之日起超过二十年的，人民法院不予保护。有特殊情况的，人民法院可以根据权利人的申请决定延长；超过诉讼时效期间，当事人自愿履行的，不受诉讼时效限制。劳动争议的诉讼时效通常自仲裁裁决之日起计算。劳动过程中的侵权诉讼（如诉雇主性骚扰等）适用民事诉讼时效，工伤认定的诉讼时效则由相关法律法规规定。

在诉讼时效期间的最后六个月内，因不可抗力或者其他法律规定障碍不能行使请求权的，诉讼时效中止。自中止时效的原因消除之日起满六个月，诉讼时效期间届满。有下列情形之一的，诉讼时效中断，从中断、有关程序终结时起，诉讼时效期间重新计算：权利人向义务人提出履行请求，义务人同意履行义务，权利人提起诉讼或者申请仲裁，与提起诉讼或者申请仲裁具有同等效力的其他情形。诉讼时效期间的最后一日是法定休假日的，以法定休假日结束的次日为诉讼时效期间的最后一日。诉讼时效期间的最后一日的截止时间为二十四点；有业务时间的，停止业务活动的时间为截止时间。

三、劳动争议诉讼的受案范围及诉讼管辖

通常而言，受案范围涉及哪些劳动争议案件属于人民法院的管理范围，主要解决的问题是劳动争议案件本身；诉讼管辖则主要解决案件受理后，人民法院内部对于级别、地域管辖的权限分配。两者并不冲突，也不相同。

1. 劳动争议诉讼的受案范围

（1）一般范围。劳动者与用人单位之间发生的劳动争议范畴，在前文已阐述。当事人不服仲裁裁决，依法向人民法院起诉的，人民法院应当受理。

（2）特殊情形

1）仲裁委员会以当事人申请仲裁的事项不属于劳动争议为由，做出不予受理的书面裁决、决定或通知，当事人不服依法提起诉讼的，如果属于劳动争议案件，人民法院应当受理；如果虽然不属于劳动争议案件，但属于人民法院主管的其他案件，人民法院应当依法受理。

2）仲裁委员会以当事人的仲裁申请超过仲裁时效期间为由，做出不予受理的书面裁定，当事人不服依法提起诉讼的，人民法院应当受理。

3）仲裁庭裁决劳动争议案件，应当自仲裁委员会受理仲裁申请之日起四十五日内结束。案情复杂需要延期的，经劳动争议仲裁委员会主任批准，可以延期并书面通知当事人，但是延长期限不得超过十五日。逾期未做出仲裁裁决的，当事人可以就该劳动争议事项向人民法院提起诉讼。

4）仲裁裁决被人民法院裁定撤销的，当事人可以自收到裁定书之日起十五日内就该劳动争议事项向人民法院提起诉讼。

2. 诉讼管辖

劳动争议诉讼管辖是指各级人民法院分别受理的第一审劳动纠纷案件的不同分工和权限。劳动争议诉讼的管辖和受理不同，受理是管辖的前提，管辖是在案件受理后才能考虑的问题。

劳动争议案件的管辖分为两大类，即法定管辖和裁定管辖。法定管辖分为地域管辖和级别管辖两种情况。裁定管辖分为指定管辖、移送管辖和管辖权转移三种。下面主要介绍法定管辖的两种情况。

（1）劳动争议诉讼地域管辖。民事诉讼管辖的一般原则是“原告就被告”。而在劳动争议诉讼中，原告可以向用人单位或劳动合同履行地的基层人民法院提起诉讼。

之所以用这种地域管辖的标准，是因为如果劳动者提起诉讼，则用人单位作为被告，由用人单位所在地人民法院管辖。如果用人单位起诉劳动者，依一般管辖原则应由被告劳动者住所地或经常居住地人民法院管辖，但如果不知道劳动者住所地或经常居住地，这种案件的管辖便陷入僵局。因此，法律规定由用人单位所在地基层人民法院管辖。此外，有些劳动者履行劳动合同并不在用人单位所在地，为了降低劳动者的诉讼成本，法律规定劳动合同履行地基层人民法院也有权管辖。

（2）劳动争议诉讼级别管辖。劳动争议案件与一般民事诉讼案件不同，所有劳动争议案件一审都由基层人民法院管辖。但是对终局裁决不服的，用人单位应该向仲裁委员会所在地的中级人民法院申请撤销裁决。

四、劳动争议诉讼的审理程序和举证责任

1. 审理程序

目前，我国人民法院处理劳动争议案件和处理一般民事纠纷一样，适用《民事诉讼法》的规定。

我国劳动争议诉讼程序主要有一审程序、二审程序、审判监督程序、执行程序等。一审程序分四个阶段进行：起诉和受理、审理前的准备、开庭审理、依法做出判决。当事人

不服一审判决的，可依法提起二审程序。但必须在一审判决书送达之日起十五日内向上一级人民法院提起上诉。上诉状应当写明当事人的姓名、法人名称及其法定代表人的姓名或者其他组织的名称及其主要负责人的姓名，原审人民法院名称、案件编号和案由，上诉的请求和理由。上诉状应通过原审人民法院提交，并按对方当事人或代表人的人数提交副本。二审人民法院做出的判决为终审判决。审判监督程序是指各级人民法院院长对本院已经发生法律效力的判决、裁定、调解书，发现确有错误，认为需要再审的，应当提交审判委员会讨论决定的程序。当事人申请再审，应当在判决、裁决发生法律效力后六个月内提出。

一般情况下，有关法律文书（如判决书、裁决书、仲裁调解书）可以由当事人自觉履行。但如果当事人不履行，则可以在法律文书规定履行期间的最后一日起一年内，通过人民法院执行程序而予以强制执行。劳动者担心诉讼时间太长，影响自己的生活，可以申请人民法院先予执行。《民事诉讼法》规定，在当事人之间权利义务关系明确，不先予执行将严重影响申请人的生活或者生产经营，并且被申请人有履行能力的条件下，人民法院对下列案件，根据当事人的申请，可以裁定先予执行：追索赡养费、扶养费、抚育费、抚恤金、医疗费用的；追索劳动报酬的；因情况紧急需要先予执行的。

2. 举证责任

劳动争议诉讼中的证据属于广义上的民事证据，是依照法定程序提供或收集的事实材料。证据只有经人民法院查证属实，才能在法庭上用于证明、支持劳动争议当事人双方参与诉讼。劳动争议诉讼证据不仅有内容要求，而且有程序要求，即不但要能够证明劳动争议内容属实，还必须是依法定程序和形式收集或提供的事实材料。跟劳动争议内容毫无关系或采集程序不合法的证据在法庭上无任何证明力。

举证责任是指当法律要件事实在诉讼程序中处于真伪不明的状态时，负有证实法律要件的当事人一方所承担的裁判者做出对其不利裁判的危险。在劳动争议案件中，举证责任的分配对双方当事人的诉讼尤为重要，实践中经常出现举证问题使当事人陷入被动的情况。举证责任的合理分配不仅关系到劳动争议双方当事人的切身利益，还可能最终影响司法公正原则。

我国现行劳动争议诉讼中大致采用一般举证原则，即“谁主张，谁举证”。在特殊情况下，适用用人单位举证责任倒置，如涉及用人单位对员工的开除、除名、减少劳动报酬、解除劳动合同等单方面决定。适用举证责任倒置，意味着如果用人单位对上述决定提不出足够的证据证明其合理性，那么劳动者不需要证明即可胜诉，用人单位要对这类案件承担举证责任。

劳动争议诉讼的举证责任倒置，是劳动争议处理机制的亮点。举证责任倒置的适用很好地弥补了单一化的“谁主张，谁举证”原则的不足，正确合理地体现了劳动者和用人单位在不同情形下应适用的不同原则，也体现了我国司法的公正性。

学习案例

原告于2018年6月12日进入被告处工作，于2019年6月签订了起始日期为2019年1月1日的为期三年的劳动合同。原告每月工资3 000元。因被告未及时足额为原告缴纳社会保险，故原告于2019年9月18日提出辞职，并于2019年10月28日办理完全部离职手续，并于当天签署解除劳动合同确认书（以下简称确认书）一份。确认书第4条内容是，被告给予原告2 970元后，双方不再有任何权利义务，包括但不限于在职期间的工资、加班工资、经济补偿金、社会保险等纠纷。该确认书由原告签字确认。后原告认为确认书第4条违法，要求被告支付经济补偿金，被告拒绝支付。为此，原告申请仲裁，因不服仲裁裁决，原告诉至法院，要求判令被告支付2018年6月至2019年10月解除劳动合同经济补偿金及拖欠经济补偿金的100%赔偿金。

被告辩称：原告在被告单位一直工作至2019年10月，原告在2019年9月18日向被告主动辞职，被告也结清了相关费用，双方签订确认书后不再有任何权利义务纠纷，因此，被告不需要支付原告任何经济补偿金和赔偿金。原告离职前12个月的平均工资为3 000元。被告于2019年12月为原告补缴2018年6月至2019年6月的社会保险。

法院认为，当事人对自己提出的诉讼请求所依据的事实或者反驳对方诉讼请求所依据的事实有责任提供证据加以证明。没有证据或者证据不足以证明当事人的事实主张的，由负有举证责任的当事人承担不利后果。原告于2019年10月28日签署的确认书，系其真实意思的表示，其中的约定明确表明原告放弃主张经济补偿金、赔偿金等权利。原告认为该约定并不包括经济补偿金及赔偿金的主张，因未提供证据予以证明且与确认书的约定不符，本院不予采信，故对于原告要求被告支付2018年6月至2019年10月解除劳动合同经济补偿金及拖欠经济补偿金的100%赔偿金的诉讼请求，本院不予以支持。

讨论题

1. 法院为什么驳回原告的请求？
2. 原告提出的解除劳动合同确认书有什么法律含义？

本章思考题

1. 劳动争议的常见解决途径有哪些？
2. 劳动争议各种解决途径的顺序与关系是什么？

第十八章

员工沟通与工作满意度调查

引导案例

重庆某物资有限公司是一家以经营汽车零部件和耗材为主的企业。某年春季的一天，该公司组织员工郊游，已过了出发时间，而驾驶员仍迟迟未到，大家七嘴八舌开始埋怨起来，有人说这驾驶员已经三次没有准时了。回公司后，人力资源部经理从行政部经理处了解到，该驾驶员最近一段时间经常迟到、早退，上班时间也经常不打照面儿，打手机也不接。行政部经理认为该驾驶员是公司的老员工了，想再观察观察，但批评了他几次后还是没见改变，与其谈话后也没什么效果，现在建议将其调离岗位。人力资源部人员在查阅该驾驶员的个人资料后，得知此人在公司工作时间较长，工作表现一贯不错，纪律差是最近一段时间的事，于是决定暂不调动，待收集一些相关信息，找出真正原因后再做处理。随后找到这位驾驶员的同事，从侧面了解到这位驾驶员并无不良嗜好、家庭和睦，同时了解到这位驾驶员交际广泛，朋友中有开公司的、做生意的。

了解这些信息后，人力资源部决定直接和这位驾驶员进行沟通，最后选择了一个休息日，由人力资源部经理和一位平时与该驾驶员关系较好的同事到该驾驶员家里与其进行了一次推心置腹的谈话。在这次谈话交流中，了解到这位驾驶员以前做过服装生意，具有很好的销售经验和丰富的社会关系，进公司后一直想做销售工作，但苦于学历低不好意思提出调到销售部，在目前这个工作岗位做了两年，感到太枯燥、没有发展空间，这段时间他一直在帮一个朋友联系生意业务，并开始考虑跳槽。

得知这一情况后，人力资源部经理向有关领导汇报了具体情况，另外又对这位驾驶员的工作能力、相关专业知识进行了测试，发现他确实适合做销售工作，于是通过有关部门及领导的协调，将其调到销售部工作。这位驾驶员到销售岗位后，利用广泛的社会关系和销售经验积极开拓市场，不计时间报酬，再也没有发生过不遵守工作纪律的情况，销售业绩也逐月上升并获得公司嘉奖。于是，公司人力资源部再次利用工作以外的时间与他进行了沟通，了解到他对现在的工作非常满意，认为自己终于有了“用武之地”，一定要努力工作，充分发挥自己的才能。最近，他还根据自己的工作经验，结合公司的实际情况提出推动公司销售业务发展的六条建议，获得大家的好评。从他的言行、态度、精神面貌、工作成绩以及同事和领导的评价来看，对该员工的调动是非常正确的，也证明了非正式沟通是收集信息的一个重要途径。

案例思考

1. 该公司人力资源部运用哪些沟通方式获取信息？
2. 你能从该案例中得到哪些启示？

第一节　员工沟通

一、概述

1. 沟通的含义

沟通是人与人之间相互了解彼此思想、感情、见解、价值观的一种途径。生活中的沟通常被称为交流，它是人类获取信息的基本方式。在企业中，沟通不仅仅用来协调劳动关系，实际上它是贯穿企业经营活动的一条主线，是企业运行最基础的活动。通过沟通，上级向下级传达工作内容、目标与要求；也是通过沟通，上级了解到下级的工作绩效和所面临问题。管理离不开沟通，有效的沟通可以促进企业管理层与各级员工之间人际关系的和谐，及时发现和解决企业中存在的问题，从而顺利完成企业的工作任务，实现企业的目标。无数事实表明，良好的企业必然存在良好的沟通。

2. 沟通的功能

沟通有控制、激励、情绪表达和信息传递四种主要功能。控制沟通是指根据企业的权力等级和正式规章制度，上级对下级下达指令，下级完成上级交办或规定的任务。激励沟通是指明确告诉员工应该做什么、如何来做、如何改进工作绩效以及表扬理想行为，即通过外部肯定达到激发员工的目的。情绪表达沟通是指通过对话与交流表达满足感与失败感。人是情绪动物，除了拥有知识与信息需求，还拥有情绪需求。沟通提供了情绪表达机制，情绪表达可以宣泄消极情绪，也可以传递积极情绪。沟通信息与决策角色有关，沟通为个体和群体提供做决策所需要的信息，使决策者能够确定并评估各种备选方案，从而做出有效决策。

3. 沟通的过程

对于用人单位来说，沟通是一种程序。通过这种程序，用人单位的工作人员相互传递信息，并解释这些信息的意图。沟通的过程如图 18–1 所示。

发送者将要表达的想法编码、生成信息，然后通过信息传播渠道发送信息，将信息传达给接收者，接收者接收信息后，用解码系统还原发送者的想法。在传播过程中，信息会受到噪声的影响。因此，当接收者了解发送者要表达的想法后应给予反馈，以核实其解码的信息是否符合发送者的本意。沟通的任何环节出现问题，都会导致沟通失败。

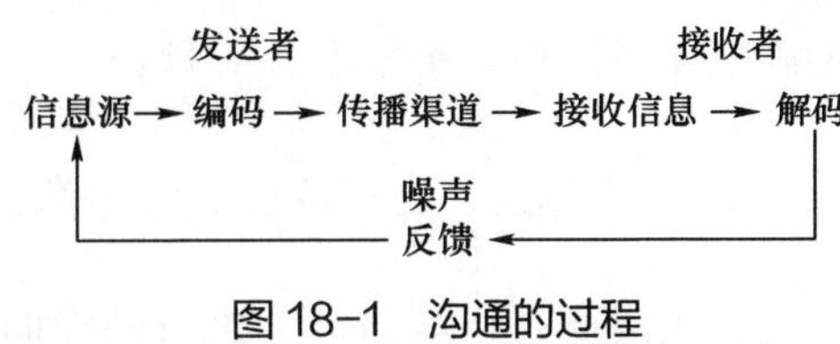

图 18–1　沟通的过程

二、沟通的方法和渠道

1. 纵向沟通与横向沟通

（1）纵向沟通。纵向沟通是指按照企业组织结构设置在垂直方向进行沟通。纵向沟通可分为下行沟通和上行沟通。

1）下行沟通。下行沟通是指信息从上级流向下级的自上而下的沟通。自上而下的沟通是企业最重要的沟通方式，主要作用是向下级传达指令，提供指导和控制员工的活动，协调企业组织各层次之间的活动，加强各层次之间的联系。这种沟通方式的主要缺点是：容易形成一种权力氛围，下级围着上级转，不能发挥员工的能动性；对下属是一种负担；逐级传递信息有曲解、误解和搁置的现象。

2）上行沟通。上行沟通是指信息从下级流向上级的自下而上的沟通。这种沟通方式的主要目的是对正在进行的事情提供信息反馈。它可以使员工有机会参与决策，向上级表明自己的意见，让上级全面掌握下级的情况。上行沟通有两种形式：一是层层传递，即依据一定的组织原则和组织程序逐级向上反映；二是越级反映，即减少中间层级，让项目最高决策者与一般员工直接沟通。

（2）横向沟通。横向沟通又称水平沟通，是指依照组织结构划分，在同一部门的员工之间、同级别员工之间、同级别部门之间进行的沟通。横向沟通的主要作用是及时了解其他员工或部门的信息，它在节省沟通时间和促进合作方面十分有效，便于在员工之间、部门之间及员工与部门之间快速协调。当然，横向沟通也有缺点，如导致直接领导不能掌握员工之间或部门之间的沟通情况，从而产生与纵向沟通之间的冲突。

2. 链式沟通、轮式沟通与全通道式沟通

链式沟通是指信息由发布者一级一级逐一向下传播，与信息接收者形成一条链。轮式沟通是指由一个核心人物作为信息发布中心，辐射状地向周围发布信息。全通道式沟通则是指所有员工相互传播信息。

链式沟通精确性较高，但传播速度、领导地位和员工满意度都不足。轮式沟通传播速度快，领导的中心地位突出，信息精确性强，但员工满意度低。全通道式沟通速度快且员工满意度高，但几乎没有领导地位。

3. 入职沟通、工作沟通、绩效沟通和离职沟通

入职沟通是指与新员工进行的导向沟通。入职沟通的主要目的是让新员工了解企业的基本情况，熟悉工作、部门及同事，消除陌生感，以便尽快地融入工作。

工作沟通是指在工作过程中因工作而进行的沟通。它是最常见的沟通方式。在工作过程中，管理者与被管理者、员工之间、管理者之间、不同部门之间的管理者与员工存在大量的沟通。这种沟通一般用来解决日常工作中出现的小问题或常规问题。

绩效沟通是指在评定员工绩效时，由部门领导、人力资源管理人员和被评定员工进行的沟通，用来了解员工在一段时期内的能力提升情况、获得的成绩或工作失败原因，以总结经验，提高工作效率。

离职沟通是指与要离职员工进行的沟通。离职沟通的重要性体现为两个方面：一方面，可以更清楚地了解员工离职原因，以便日后加强、改善管理；另一方面，以真诚友好的方式与离职员工交流，改变员工对企业的看法，使其离职后不会对企业进行负面宣传、破坏企业形象。

4. 正式沟通与非正式沟通

（1）正式沟通。正式沟通是指在企业运行过程中通过正式表单、报表、会议、谈话等方式进行的企业与员工、员工与员工的沟通。正式沟通具有一定的法定性，其沟通内容与方式往往经企业确认。

（2）非正式沟通。非正式沟通是指不通过正式的沟通方式、沟通渠道而进行的沟通。这种沟通大量存在于员工沟通之中。例如，下班后的聚会、聊天就是典型的非正式沟通。在非正式沟通中，员工通过个人关系传播信息，这种信息常被称为小道消息。非正式沟通一般不受企业传播体系的约束，也不受管理层的控制，具有自发性。大多数员工认为它比正式渠道发布的信息更加可信，其传播速度较快。在个别情况下，非正式沟通可能传播那些企业不愿意传播或有意缄口不说的信息。

非正式沟通对企业而言具有正反两个方面的作用。其中，正面作用包括：给员工提供真实表达思想、发泄内心不满情绪的机会，加强管理者与员工之间、员工与员工之间的联系。非正式沟通往往是在非正规、非严肃的场所进行，这种情形下管理者与员工的交流不是建立在上下级关系的基础之上，而是建立在朋友式的平等对话的基础之上，有利于活跃气氛、加深理解。

非正式沟通的负面作用主要包括：容易歪曲事实，引起思想混乱；在权威发生动摇时，非正式沟通往往促使员工对正式沟通渠道所发出的信息从相反的方面去理解，使员工形成逆反心理和反权威心态，非常不利于企业目标、工作计划的贯彻和实施。在特殊情况下，当非正式沟通被别有用心的人利用时，传谣者故意混淆是非、颠倒黑白，轻则造成人心浮动、士气涣散、效率低下，重则破坏工作计划、搅乱企业秩序，甚至会为企业带来毁灭性打击。

三、沟通的影响因素

沟通者特征、沟通方式与渠道、企业环境、企业组织结构、企业文化等因素都可能影响沟通效果，形成沟通障碍。

1. 沟通者特征

沟通者的价值观、态度、学识及能力都会影响沟通效率。例如，沟通双方缺乏真诚沟通的欲望，交流带有偏见、戒心、恐惧、感情用事等，这些都会对沟通造成不良影响。管理者高估自己的管理权，仅仅关注将信息传递出去，却忽视了信息接收者的感受；或是信息接收者只接收对自己有利的信息，过滤对自己不利的信息；信息发布者缺乏良好的信息编码能力，表达模糊、不清楚，使用方言、术语、行话等，都会造成沟通困难。

2. 沟通方式与渠道

沟通方式与渠道也是影响沟通的重要因素。有效沟通应该是一种动态的双向行为，而双向沟通应得到充分反馈。单一的纵向沟通或横向沟通都可能因为缺少反馈而导致沟通无效。此外，不同渠道如书面、口头或电子介质的沟通也会因噪声不同而效果不同。例如，书面沟通中写错字，口头沟通中声音太轻、口误，电子介质受到干扰等均会使信息接收者接收到不完整甚至错误的信息。

3. 企业环境

企业环境是影响沟通有效性的基础因素。自由开放、鼓励沟通的企业可以通过培训员工、改善沟通方式与渠道保障有效沟通。

4. 企业组织结构

企业的组织结构对沟通也有影响，如企业规模庞大、各个部门分工不明或职责不清、多头领导等会影响传递速度并扭曲所传递的信息，从而使沟通失去有效性。企业中间层级太多，会人为拉大沟通的空间距离，导致信息过滤太多或信息失真，浪费大量时间，影响信息传递的速度和效率。

5. 企业文化

不同的企业文化也会影响沟通的有效性。

四、沟通的注意事项

1. 提高沟通效率需要明确沟通的四个要点

沟通的四个要点是明确沟通目的、掌握沟通时间、明确沟通对象和掌握沟通方法。明确沟通目的是指沟通者必须知道说什么，沟通要达到什么目的。如果目的不明确，就意味着沟通者自己也不知道说什么，难以达到沟通效果。掌握沟通时间是指知道什么时候说，即掌握沟通时机，选择适当的时机可以促进沟通达到目的。明确沟通对象是指向谁沟通，选错对象自然也达不到沟通目的。掌握沟通方法是指知道如何沟通，不知道怎么说仍然难以达到沟通效果。

2. 信息沟通者之间应以相互尊重、促进合作的心理状态实现沟通

沟通应以真诚、尊重为前提，这样有利于企业与员工进行更好、更高效的沟通。尤其是企业管理者应尊重下级，这对沟通非常重要。

3. 管理者的态度

管理者必须帮助和启发员工表达自己的思想和情感，而不只是以自己为中心高谈阔论、教训别人。管理者倾听别人的意见比展示自己的知识储备更重要，这是管理者成熟和具有高智慧的标志。

4. 积极倾听

在沟通过程中，沟通双方应积极倾听。以管理者和员工之间的沟通为例。一方面，员

工通过倾听可以准确理解管理者所要传达的信息；另一方面，管理者通过倾听可以切身感受员工的心情，降低员工的自卫意识。积极倾听让管理者和员工彼此认同对方，甚至产生找到知音的感觉，促进彼此的沟通、了解。

5. 用多种方式沟通

例如，小型或大型会议、专职小组和工作小组、电子邮件、电视会议、内部通信和公文函件、简报通告等交流工具。除此之外，还要重视面对面的沟通。

有效沟通可以促进并且改善企业管理层和员工的关系，建立良好的相互信任的内部工作环境，使员工有归属感和责任感。有效沟通可以让员工了解企业经营活动存在的问题及追求的目标，让每位员工都清楚地了解和掌握企业重大决策或事项，鼓励和激发员工为改善经营状况出谋献策，促进员工的成长和企业的发展。

第二节　工作满意度调查

工作满意度是指员工在生理、心理上对环境因素的感受，即员工对工作环境的主观反应。工作满意度属于员工对工作的态度，由员工对工作的认知、情感与行为倾向构成。

一、工作满意度的后果和影响

1. 工作满意度的后果

工作满意度会影响员工的许多行为，特别是工作绩效、忠诚度等工作表现。在对工作不满意的情况下，员工可以通过各种方式来表达他们的不满。下面从建设性还是破坏性、积极的还是消极的两个维度，将员工的反应方式分为四类。

一是辞职（破坏性和积极的），员工选择离开企业。

二是提建议（建设性和积极的），与上级讨论所面临的问题，指出症结所在，提出建设性的改革措施。

三是忠诚（建设性和消极的），虽然对工作不满意，但仍然尽力维护企业的利益和形象，相信企业管理层会采取正确的举措。

四是忽视（破坏性和消极的），消极地听任事态向更糟糕的方向发展，包括抱怨、情绪抵触、旷工、迟到、怠工、错误率提高等。

2. 工作满意度的影响

具体来说，员工的工作满意度会影响以下几个方面。

（1）绩效。工作满意度与绩效之间关系的研究结果支持更高的绩效会促成更高的工作满意度这一观点，而非人们通常认为的工作满意度导致工作绩效提高。这是因为更高的绩效一般会为员工带来经济上、社会上和心理上的更高回报，从而提高员工的工作满意度。而较高的工作满意度又会提高员工的忠诚度，促使员工对工作更加投入，最终又促使绩效提高，从而形成良性循环。因此，管理者需要努力帮助员工提高绩效，以促使工作满意度提高。

（2）缺勤和迟到。一般而言，工作满意度低的员工往往会经常缺勤。迟到可以看作一种短期的缺勤行为，表示员工对工作的不满。它是员工在身体上懈怠，减少在工作中积极投入的另一种方式。迟到可能会导致工作无法及时圆满地完成，也可能会破坏与同事之间的工作关系。缺勤和迟到常常是消极态度的表现，需要引起管理者的注意。工作满意度与缺勤率呈负相关关系，这种负相关关系还受到其他因素的影响，如公休日加班而无加班费，久而久之无人愿意加班，导致缺勤率升高。

（3）离职率或流动率。高的工作满意度与低的员工离职率通常是联系在一起的。离职率是指在一定时期内（通常为一年）离开企业的员工人数占员工总人数的比例。工作满意度较高的员工更有可能长久地留在企业中。工作满意度较低的员工离职的可能性也更大，因为他们不能获得自我实现，在工作上很少得到认可。或与主管、同事不断发生冲突，或事业上停滞不前，这些因素导致他们更可能到别的企业寻求发展。另外，工作满意度与离职率之间的关系还受到其他一些因素的影响，如人才市场的供求状况、新工作机遇的诱惑、工龄等。工作满意度与流动率之间也呈负相关关系，而且其负相关程度比工作满意度与缺勤率之间的高。工作满意度与流动率之间的关系还受到员工绩效水平、任职时间、工作机会、劳动力市场状况等因素的影响。

（4）偷窃与暴力行为。偷窃行为是指员工未经许可拿走或利用企业的资源或产品。员工出现偷窃行为有多种原因。例如，在企业中受到没有人情味的待遇而采取报复行为，并将偷窃作为重建公平的一种手段。暴力行为或工作中各种形式的口头、身体侵犯行为是员工不满意的极端后果之一。工作压力能引发暴力行为，反过来，暴力行为也会加大工作压力。

（5）组织公民行为。与缺勤、迟到、偷窃等消极行为相反，组织公民行为是一种典型的积极行为。组织公民行为是指员工做出的对组织生存和高效运作起积极作用的行为，但这些行为又不是员工职责范围之内的，因而通常不能得到组织在薪酬上的回报。员工可以通过以下方式表现出组织公民行为：在履行一般工作责任时显示出少有的责任心，或者主动解决疑难问题，或者自愿承担额外的工作，或者与其他员工分享自己的时间、资源等。工作满意度高的员工更可能表现出组织公民行为。

二、工作满意度调查的作用

1. 预防和监控作用

工作满意度调查不仅能了解员工对企业的评价，而且能通过这些评价识别出员工的心理状态，这是一个双向的过程。工作满意度是员工实际感受和心理预期之差。不同级别、不同心理状态的员工对企业的心理预期是不一样的，因此，关注角度、关注程度也不同。员工所期望的回报包括内在回报和外在回报。前者是指员工的工作环境、学习机会、发展空间、归属感与成就感；后者是指员工通过为单位创造价值而得到的物质酬劳，包括基本薪酬、奖金、住房、福利、保险、期股期权等。根据工作满意度调查数据可以将员工分为四种群体。

（1）敏感状态群体。这一群体重外在报酬而轻内在报酬，或者相反。前者看重金钱等物质报酬，而对学习、晋升与企业发展前景漠不关心，外界高薪高福利对其诱惑大，容易跳槽；后者在内在回报问题上也会产生不稳定情绪。

（2）危险状态群体。这一群体所获得的内在回报和外在回报都偏低，其原因是能力差、知识水平低、不敬业，也可能是素质优秀而未被发现或无条件去发挥。

（3）过渡状态群体。这一群体所获得的外在回报与内在回报中等，只要有一个因素变化就会导致其进入其他群体。通常情况下，这一群体占员工的大多数。

（4）稳定状态群体。这一群体所获得的内在回报与外在回报都很高，处于薪酬待遇与发展机会均佳的状态，有成就感而无失落感，是企业中关键岗位上的骨干。

不同状态的群体可以相互转化，关键在于企业是否能够针对工作满意度调查结果采取有效措施解决问题，促进良性的人才流动与群体转化。

2. 诊断和改进作用

企业进行工作满意度调查的目的是了解企业内部在哪些方面亟待改进，企业改革的成效及改革对员工的影响，为企业人力资源管理决策提供重要依据。

一个非常典型的现象是，很多企业的员工满意度调查结果都显示出员工对薪酬不满，但是单纯的加薪往往是徒劳无功甚至是有害的。薪酬体现了员工付出与回报的关系，薪酬与企业的机制、经营状况都有密不可分的关系。结合工作满意度调查的访谈资料和其他企

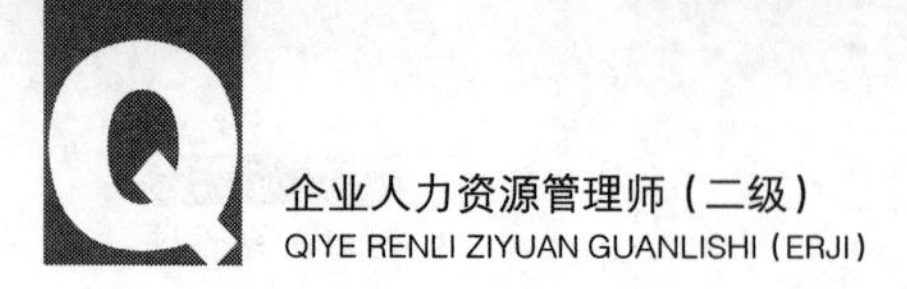

业公开披露的材料，也许会从薪酬问题中发现企业业务流程需要改进的地方，以便提高员工劳动生产率。

另一个经常会出现的现象是，员工关注的焦点往往会集中在人力资源管理方面，因此，人力资源部在做完工作满意度调查后感觉压力巨大。但若企业中只有人力资源部针对工作满意度调查采取行动，能够取得的改进是非常有限的。因此，即使工作满意度调查反映的是有关人力资源部的问题，也需要各部门共同努力。

3. 激发作用

工作满意度调查是广泛听取员工意见和激发员工参与的一种管理方式。通过工作满意度调查能够收集员工对改善企业经营管理的意见和要求，同时又能激发员工参与企业改革，提升员工对企业的认同感和忠诚度。

三、工作满意度的调查技术

工作满意度调查是一种科学的管理工具，它通常以调查问卷等形式收集员工对企业各个方面的满意程度。最早对工作满意度进行调查的是霍波克，他运用瑟斯通态度量表测量工作满意度，并发表了第一个关于工作满意度的研究报告。在员工的工作满意度调研上，西方企业的经验相当成熟。由于企业的快速成长及全球化进程的加快，企业更需要了解和把握每一名员工的能力与需求，更需要重视员工对待工作及企业的态度，而运用调查技术可以科学、方便地实现这一目的。

中国最早开展的工作满意度调查是由著名组织心理学家徐联仓和凌文辁对北京的一家大型国有企业的上千名工人进行的，这是中国企业首次开展员工工作满意度调查。1985年，随着中国行为科学学会的建立，员工态度调查在我国许多大型国有企业有一定程度的开展。随着更多的中国企业面临全球化竞争，工作满意度调查逐渐成为人力资源管理中极为重要的环节。以下介绍三种经典的调查技术。

1. 工作描述法问卷

工作描述法问卷主要衡量工作者一般的工作满意度（综合满意度）。该问卷主要从当前岗位的工作、当前收入、晋升机会、直接上司和同事五个方面给出各种可能情况的描述，由被调查者按照“项目描述是否符合工作实际情况”的感受进行选择。工作描述法问卷题目示例见表 18-1。

表 18-1　　工作描述法问卷题目示例

如果项目描述符合工作实际情况，则在项目旁边写上“是”，如果不符合则写上“否”，如果不确定则写上“？”

当前岗位的工作	当前收入	晋升机会	直接上司	同事
（1）令人着迷的	（1）收入刚好够日常消费	（1）好的晋升机会	（1）很难取悦的	（1）令人鼓舞的
（2）常规的	（2）靠收入勉强生活	（2）机会有限	（2）不礼貌的	（2）沉闷的
（3）令人满意的	（3）很低	（3）根据能力晋升	（3）会对下属出色的表现加以表扬	（3）动作慢的
（4）枯燥的	（4）没有安全感	（4）没有发展前途的工作	（4）老练的	（4）有企图心的
（5）有创造性的	（5）少于我应得的	（5）很少有晋升机会	（5）思想跟得上潮流的	（5）笨的
（6）受尊重的	（6）太低了	（6）定期晋升	（6）急躁的	（6）负责任的
（7）愉快的	（7）不公正	（7）非常好的晋升机会	（7）对下属的工作定位混乱的	（7）聪明的
（8）有用的	（8）丰厚	（8）很容易得到晋升	（8）烦人的	（8）容易成为敌人的
（9）感到疲倦的	（9）足够，能得到我想要的东西		（9）固执的	（9）话语太多的
（10）有挑战性的			（10）非常清楚工作情况	（10）聪明的
（11）遭受挫折的			（11）坏的	（11）懒惰的
（12）简单的			（12）聪明的	（12）令人不愉悦的
（13）有成就感的			（13）需要下属时常在身边的	（13）主动的
（14）快乐的			（14）懒惰的	（14）兴趣狭隘的
（15）沉闷的			（15）阻碍下属工作的	（15）忠诚的
（16）有趣的			（16）给出模糊指导的	（16）工作中很好相处的
（17）糟糕的			（17）知道如何做好领导的	（17）打扰我的
（18）重要的			（18）不能被信任的	（18）浪费时间的

2. 明尼苏达工作满意度量表

明尼苏达工作满意度量表共有 20 个大项内容，每一大项包含 5 个小项。这 20 个大项内容包括个人能力的发挥、成就感、能动性、公司培训和自我发展、权力、公司政策及实施、报酬、部门和同事的团队精神、创造力、独立性、道德标准、公司对员工的奖惩、本人责任、员工工作安全、员工所享受的社会服务、员工社会地位、员工关系管理和沟通交流、公司技术发展、公司的多样化发展、公司工作条件和环境。

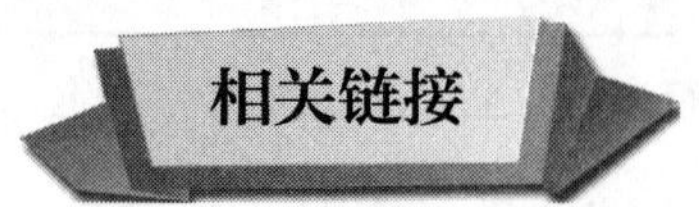

明尼苏达工作满意度调查问卷题目举例

以下20道题构成明尼苏达工作满意度问卷短式量表，其采用5点计分法（5=极度满意，4=很满意，3=满意，2=有点儿满意，1=不满意），并使用加权平均法计算最终得分。

（1）能够一直保持忙碌的状态。

（2）独立工作的机会。

（3）偶尔能有做一些不同事情的机会。

（4）在团队中成为重要角色的机会。

（5）老板对待下属的方式。

（6）上司做决策的能力。

（7）能够做一些不违背良心的事。

（8）我的工作稳定性。

（9）能够为其他人做些事情的机会。

（10）告诉他人该做些什么的机会。

（11）能够充分发挥自身能力的机会。

（12）公司政策的实施方式。

（13）我的收入与我的工作量。

（14）职位晋升的机会。

（15）能自己做出判断的自由。

（16）自主决定如何完成工作的机会。

（17）工作条件。

（18）同事之间的相处方式。

（19）工作表现出色时所获得的奖励。

（20）我能够从工作中获得的成就感。

3. 工作满意度指数量表

工作满意度指数量表是测量员工工作满意度的常用工具之一。工作满意度指数量表具体的问题设置会因企业的实际情况和需求不同而有所差异。因此，在应用工作满意度指数量表时，企业需要根据自身情况进行适当的调整和优化。下面是一个工作满意度指数量表的例子。

（1）你对自己所从事工作的性质感到满意吗？

（2）你对指导自己的人（你的上司）感到满意吗？

（3）你对共事的人（你的同事或与你平级的人）与你之间的关系感到满意吗？

（4）你对工作收入感到满意吗？

（5）你对获得的晋升机会感到满意吗？

（6）考虑到工作中的每个方面，你对当前的工作情形感到满意吗？

本量表采用 5 点正向计分方式（1= 非常不同意，3= 没意见，5= 非常同意）来评估员工对工作本身、领导、同事、收入、晋升机会及工作整体的满意程度，分数越高代表其工作满意度越高。工作满意度测评指标示例见表 18–2。

表 18–2　工作满意度测评指标示例

作者	测评指标
洛克（Locker）	工作本身、报酬、晋升机会、他人认可、工作条件、福利、自我、管理者、同事和企业外人员
阿诺德和费尔德曼（Arnold & Feldman）	工作本身、上司、经济报酬、晋升机会、工作环境和工作团队
史密斯（Smith）	工作、晋升机会、报酬、管理者及同事
韦斯（Weiss）	能力、成就、活动、晋升机会、权威、企业政策和实施、报酬、同事、创造性、独立性、道德价值、赏识、责任、稳定性、社会服务、社会地位、监督（人际关系）、监督（技术）、变化性和工作条件

四、工作满意度调查问卷的结构

工作满意度将是企业人力资源管理工作的开发重点，因为它能真实而又有针对性地反映企业在这一领域的管理水平。工作满意度调查问卷包含诸多内容，如责任感和使命感、成本和效益关系、个人价值提升、企业文化认同、顾客满意度提高等。

1. 标题

标题是对调查内容的高度概括。

2. 卷首语

卷首语又称封面信或前言，一般包含自我介绍、调查目的与回收事宜。

（1）自我介绍：让调查对象明白调查者的身份或调查主要负责单位。

（2）调查目的：让调查对象了解调查者想调查什么。

（3）回收事宜：包括回收问卷的时间、方式及其他事项。例如，告诉对方本次调查的匿名性和保密性原则，如本调查不会对调查对象产生不利的影响、真诚地感谢调查对象的合作与支持，以及答卷时的注意事项等。

3. 指导语

指导语旨在告诉调查对象如何填写问卷，包括对某种定义、标题的限定以及示范举例等内容。另外，指导语要简明易懂，使人一看就明白如何填写。

4. 主体

主体是指问卷的问题部分，可根据答案标准化程度分为开放题、封闭题、半开放题三种。问题设计决定问卷质量，因此，在设计问卷时应该注意以下四大原则。

（1）主题明确。所提问题应避免使用模糊性词语，尽可能使用中性词语，且所提问题应有确切答案。应删去与调查主题无关或相关性不强的题目，删去不能鉴别出不同调查对象反应的题目。应避免使用主观性、情绪化的字句，或诱导性题目，或涉及社会禁忌及调查对象隐私的问题。

（2）表达通俗易懂。题目内容不能超出调查对象的知识与能力范围，避免使用专业性很强的术语，尽量少用双重否定句；题目尽可能短一些、简单一些，一句话只说明一个概念。研究表明，由 10 个以内的字组成的短问题远比由 33 个以上的字组成的长问题更易被人理解与注意。

（3）注意逻辑顺序。针对问题难易程度的顺序：先易后难，先简后繁，先具体后抽象。针对问题敏感度的顺序：先是熟悉与感兴趣的问题，后是敏感与威胁性的问题。针对问题内容的顺序：相同主题的问题放在一起，相同形式的问题放在一起。

（4）格式美观、清晰。题目格式不应引起误解，题目应易于编码、录入、汇总和数据处理。因此，问卷要美观，避免杂乱。

5. 结束语

结束语要对调查对象的合作再次表示感谢，并提醒调查对象不要漏填、应复核，以消除无回答问题及有差错的答案。例如，可以这样写：“问卷到此结束，请您检查一遍是否有漏答与错答的问题。最后，衷心地感谢您对我们调查的热情支持！”除表示感谢之外，还要在卷尾以开放题形式提出本次调研中的一个重要问题。

五、工作满意度调查的途径

工作满意度调查有企业自行操作和专业机构操作两种途径。

1. 企业自行操作

即企业依靠自己的人力资源部和研究小组来开展工作，这种调查途径在中国企业中比较常见。例如，年度和季度的工作总结、民主评议会、合理化建议、意见箱等，多数采取匿名方式，但是企业和员工之间的微妙关系通常让员工顾虑重重。即使员工表露出一些想法，也会因为了解的信息片面、不足而使其所提建议被搁置一边。有时也会因为企业中的不同声音而导致调查终止。

因此，企业自行开展工作满意度调查时，员工常常抱着观望的态度而不是积极配合的态度。另外，工作满意度调查是一项复杂的专业化工作，企业在技术和人员上的不足也影响后期解决方案的编制，员工甚至会怀疑企业进行调查的初衷，因此会出现调查中人云亦云或万马齐喑的现象，使工作满意度调查流于形式，无法取得预期的激励效果。

2. 专业机构操作

通过专业机构对企业进行调查（称为第三方调查）是各国企业普遍采用的调查途径。员工的满意是企业价值中的关键因素与核心驱动力，更是企业追求的目标和方向，因此，越来越多的企业开始需要更全面、更细化的员工激励方法，以使员工认可企业。与第三方合作，企业可以有效地利用第三方人员和技术上的优势，增加员工对调查的信任度，得到尽可能真实的数据，提高调查质量，为最终提出解决方案打好基础。

工作满意度调查途径的比较见表 18–3。

表 18–3　　工作满意度调查途径的比较

比较内容	企业自行操作	专业机构操作
数据收集和分析	耗费人力，不够专业	计划周详，操作流程规范，利用专业统计软件分析数据，结果科学、客观、精确
员工的配合程度	员工往往心存疑虑，配合程度较差，较难保证员工的保密要求	代表第三方立场，员工配合程度较好，能确保员工的隐私权不受侵犯
问卷质量	完整性和真实性均受影响	完整性和真实性有保证
调查深度	真实度低，挖掘深度往往不够	代表第三方立场，信息详尽，真实度高
调查结果的分析	可能带有主观和感情色彩，缺乏有效的跟踪和横向比较	客观、公正，能如实指出企业的不足之处，可将纵向数据和横向数据进行比较分析，并建立跟踪机制

续表

比较内容	企业自行操作	专业机构操作
费用	表面上看没有费用支出，但企业在人力上的投入同样存在人工成本的支出	需要企业支付一定费用，费用高低取决于调查的范围和内容
精力	从问卷设计到访谈、问卷回收、数据分析和结果汇报，需要投入许多人力，耗费大量的时间和精力	只需要很少数量的人配合相关事宜，如问卷内容的审核、问卷的发放等

六、工作满意度调查的常见错误与解决方法

1. 时机选择不恰当

工作满意度调查越来越多地被运用于企业面临重大变革的时候。调查成为企业重组的一种工具，它不是用来提供有用、可行的信息，而是用来为决策服务。在企业面临重大变革的时候，员工的思想会有很大波动。而当调查结果出来的时候，员工的思想已经发生了很大变化，所以，选择这个时机做调查并不恰当。

解决方法是通过低调的定性访谈判断当前变革对员工思想的影响程度。定性访谈能够帮助管理者决定是否需要做全面的调查，同时帮助他们关注员工目前的思想状态。

2. 在所有员工中开展调查

国际调查研究机构发现，许多企业急于在所有员工中开展调查。对全体员工进行工作满意度调查的难点在于如何通过表格形式整理这些数据，如何解释这些数据，如何针对这些数据做出反应。类似于“全民普查”会发现许多问题，但所有这些问题都不是马上可以解决的。但这就会给企业造成麻烦，尤其是第一次进行调查的企业，因为员工会在参与调查的过程中提高期望值。

解决方法是采用抽样调查的方式，同时对需要特别关注的或在战略上对企业未来绩效有重大影响的部门员工进行普查。

3. 调查过于频繁

许多企业进行半年甚至季度的工作满意度调查，但是通常情况下，调查结果的变化很小，即便是年度调查也是如此。因此，在一年的时间内进行一次以上的工作满意度调查是一种浪费，往往没有明显效果。而且这样做可能对生产率带来负面影响，因为企业难以如此迅速和频繁地满足员工的期望（调查提升了员工的期望值），这将导致员工士气低落。

解决方法是避免“调查瘾”，可以在上一次调查带来实际的改善之后，再开展一次调

查。调查频率和调查深度将取决于企业的规模。

4. 调查过于简单

一些企业过于频繁地面向所有员工做工作满意度调查，因此，这些企业试图简化调查内容。但是简化的工作满意度调查可能会偏离研究人员和管理者希望了解影响员工士气关键因素的愿望，因为简化了的调查指标不能有效地解释工作满意度的偏差。

解决方法是在获取完整问卷结果的基础上进行二次统计分析，这样得出的调查指标就具有很强的解释性和预测性。

5. 参与调查的团队人数太少

为了了解对员工士气有负面影响的问题，高级管理者倾向于针对若干人数很少的团队（不超过 10 人）进行调查。这种方式在理论上是可行的，但是实际上可能达不到预期效果。一个人可能就会影响 25% 的总体结果，使整体团队实际的满意度情况发生严重偏差。而且，如此小范围的调查基本上保证不了匿名性。另外，由于员工知道他们可以对直接上司的测评结果施加影响，因此工作满意度调查会变得政治化。

解决方法是通常在不少于 30 人的团队中开展调查。

6. 将调查结果和奖金联系在一起

由于工作满意度对企业的重要性仅次于客户服务和盈利率，因此许多企业会根据工作满意度调查结果来决定给管理者发多少奖金。这样做自然有一定的价值，但是也可能导致调查被滥用。一位管理者如果觉得自己可能失去奖金，那么他或她可能会在调查开始前几周之内通过"迎合别人"来影响调查结果。在这种情况下，管理者工作满意度可能由于投机性的操纵而在短期内获得提高，但对企业的长期业绩而言有害无益。

解决方法是要有限制操纵调查结果的严格规定和协议，并且要考虑长期利益，这样根据工作满意度调查结果来奖励管理者也不失为好的方法。

7. 随意设定调查目标

企业常常会根据去年的调查结果为今年制定随意的并且往往不切合实际的工作满意度目标，这样做没有遵循调查原则，或者说没有认识到调查的"常规模式"。举例来说，一个处于过渡期的企业（正在经历变革）在福利方面获得 51% 的满意度，今年可能就会制定 60% 的目标。但这个目标是不切实际的，因为表现非常优异的企业的常规目标只有 59%。不了解可能的得分范围而随意设定改进目标，会使工作满意度调查成为"拍脑袋"工程。

解决方法是调查问题的设计需要以大量初步的调查和分析工作为基础，切忌想当然，

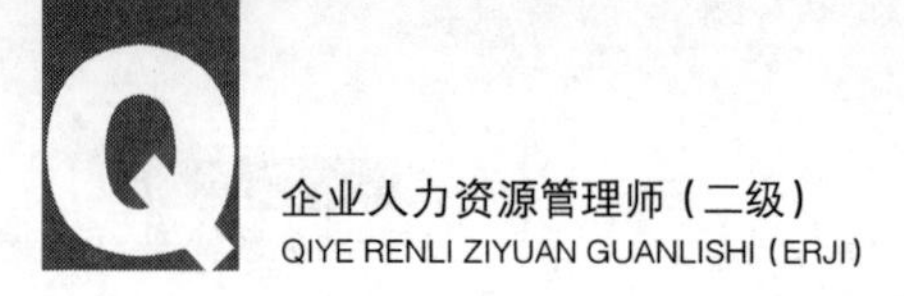

要考虑当前企业的实际情况，了解当前在企业流传的各种言论，总结管理者最关注的企业问题及企业最关注的人群。如果由第三方开展调研，要及时做好相关信息的沟通工作。

8. 调查结论作为决策依据

当企业面临重大变革的时候，进行工作满意度调查的目的是了解员工的心态，而此时员工的心态或多或少都会有波动。当一项革新措施出台时，往往会遇到来自各方面的阻力，即使调查结果显示员工普遍反对，也并不能说明企业变革就要取消。

解决方法是不能简单地把调查结论作为决策依据。调查是一个沟通渠道，企业要通过这样一个渠道来了解员工的想法，从而做好相应的信息沟通工作，稳定员工的情绪，以便推行新措施。

9. 调查内容一味追求详细

一方面，内容越详细意味着题量越大，要占用员工大量的时间，给员工带来不便，即使之前的沟通工作做得再好，也难以避免员工的应付心理，答题质量自然会受到影响；另一方面，调查只是帮助企业找到存在问题的方向，想仅仅依靠调查就发现企业的具体问题是不现实的，具体问题及其原因的发掘还需要后续大量的分析、考察和考证工作。

解决方法是设计调查题目时既要考虑质量又要考虑数量，在保证有效性的前提下设计数量合理的题目。同时，为了吸引和提高员工的参与度，题目的形式应多种多样，或者表达形式应更有新意。

10. 因多数而放弃少数

当一个企业 80% 的利润是由 20% 的人创造的时候，企业可以为了另外 80% 的人而放弃这关键的 20% 吗？如果忽略了那关键的 20%，调查报告的有效性将大打折扣，企业该解决的问题还是没有解决或者是错误地解决，那样损失将更大。

解决方法是在分析调查报告时，不能随意忽略少数人的意见，因为“真理往往掌握在少数人手中”。同时，在设计调查题目的时候，要设计一些题目对参加者的身份进行识别。这样一方面有利于找到企业关键的 20%，对他们的问题进行科学的分析和系统的解决，从而对企业业绩的提高达到事半功倍的效果；另一方面有利于找到不同工作类别的员工所存在的不同问题，从而有针对性地提高企业的管理水平，提高员工的满意度。

11. 重点关注工作满意度分数

开展调查的目的不是得到工作满意度分数。对于不同企业或同一企业的不同时期，工作满意度分数没有可比性，并不是说分数高企业就不需要改进，因为分数本身不能说明问题。调查重点在于通过调查来构建一个沟通的平台，弥补日常沟通的不足，了解更多员工没有说但最想说的话。

解决方法是把重点放在对调查结果的深层次分析上，透过分数看本质，而不是简单地就一项指标的得分与往年同期或者与别的企业做比较。

工作满意度调查问卷示例

此次调查问卷为匿名调查，您的见解和意见对于公司未来的发展至关重要，我们将以职业的态度对您的问卷严格保密，并感谢您的积极参与和支持。

填写说明：请在选项前打“√”。

1. 您认为目前员工对公司的忠诚度如何？（单选）

   A. 很忠诚　　B. 比较忠诚
   C. 一般　　D. 不太忠诚
   E. 很不忠诚　　F. 不清楚

2. 您认为目前公司的凝聚力如何？（单选）

   A. 很强　　B. 比较强
   C. 一般　　D. 不太强
   E. 没什么凝聚力　　F. 不清楚

3. 您对公司或部门的建设提出过建议吗？（单选）

   A. 非常愿意提建议，因为公司很重视
   B. 经常提建议，但被采纳的很少
   C. 没有，因为没有提出建议的渠道或措施
   D. 没有，因为不关心
   E. 不愿提建议，因为好的建议常常不被当回事儿

4. 您的上级在工作中扮演什么角色？（单选）

   A. 教练　　B. 工作分配者
   C. 监工　　D. 绊脚石

5. 您认为公司现在的管理者与员工的关系如何？（单选）

   A. 很融洽　　B. 比较融洽
   C. 一般　　D. 比较紧张

E. 非常紧张

6. 您认为公司还存在哪些影响管理者与员工关系的因素？(可多选)

A. 管理者不能充分、及时地与员工沟通

B. 管理者缺乏对员工的关心

C. 管理者很少深入基层

D. 管理者作风粗暴，缺少人性化

E. 管理者官僚主义严重，高高在上

F. 管理者采用负激励（如批评、扣罚等）较多，对员工表扬、奖励少

G. 员工的思想观念还没有完全转变，对有些管理措施不太理解

7. 您喜欢目前的工作吗？(单选)

A. 非常喜欢　　B. 比较喜欢

C. 无所谓　　D. 不喜欢

E. 讨厌

8. 对您来说，目前的工作怎么样？(单选)

A. 很合适，并且有信心、有能力做好

B. 是我喜欢的工作，但自己的能力还不够，否则会做得更好

C. 不是我喜欢的工作，但是我能够做好

D. 不适合我，正考虑换一个岗位

E. 很不适合我，我正考虑跳槽

9. 您是否愿意在公司长期工作？(单选)

A. 如无意外，会干一辈子

B. 除非有很好的机会，否则不会离职

C. 无所谓

D. 如有机会就离开

E. 肯定不会

10. 您是否希望接受对您来说难度更大、责任更大、压力更大的工作挑战？(单选)

A. 希望且很有信心　　B. 希望但没有信心

C. 不希望　　D. 无所谓

11. 您认为公司现在的人员素质如何？(单选)

A. 高　　B. 比较高

C. 一般　　D. 比较低

E. 很低

12. 在同事中，最受欢迎的人是什么样的？(可多选)

A. 工作能力强
B. 业绩突出
C. 与领导关系比较好
D. 受上级赏识
E. 人缘好，讲义气
F. 文化水平高
G. 资格老，地位高

13. 据您观察，员工得到晋升的原因是什么？（可多选）

A. 工作能力强
B. 业绩突出
C. 与领导关系比较好
D. 有管理能力
E. 受上级赏识
F. 能获取外部资源
G. 文化水平高
H. 其他

14. 您觉得“职务”晋升重要还是“薪资”晋升重要？（单选）

A. 职务晋升
B. 薪资晋升

15. 据您观察，员工受领导赏识的原因是什么？（可多选）

A. 善于表现自己
B. 工作能力强
C. 严格执行领导指令
D. 具有实干精神
E. 投领导所好
F. 是亲属或有特殊关系

16. 据您观察，您周围员工的积极性如何？（单选）

A. 很高
B. 比较高
C. 一般
D. 比较低
E. 很低

17. 您认为公司员工流失的主要原因是什么？（限选 3 项）

A. 寻找个人发展机会
B. 对公司文化不认同
C. 公司管理不规范
D. 工作没有成就感
E. 报酬待遇低
F. 分配制度不公平
G. 工作不符合兴趣

18. 与您的工作付出相比，您对目前的收入水平满意吗？（单选）

A. 满意
B. 较满意
C. 不满意
D. 很不满意

19. 您认为您目前的收入在本地区处于什么水平？（单选）

A. 偏上
B. 中等偏上
C. 中等
D. 中等偏下
E. 偏下

20. 影响您的薪酬满意度的原因是什么？（限选 3 项）

A. 薪酬没有体现个人的真正价值

B. 薪酬与外部相比没有竞争性，基数太低

C. 薪酬结构不合理

D. 上下级差距不合理，感到不公平

E. 同级之间差距不合理，感到不公平

F. 薪酬没有体现多劳多得，干多干少一个样

21. 您认为下列哪种方式能够更好地提高您的积极性和创造性？（限选 3 项）

A. 薪资待遇提高　　B. 工作环境改善

C. 职位晋升　　D. 挑战性的工作

E. 培训机会　　F. 领导认可

G. 工作是我喜欢的

22. 您认为下面哪些描述反映了真实状况？（可多选）

A. 尽管每天工作量很大，但是在公司工作是心情愉快的

B. 在公司中感到自己得到尊重和信任，并被公平地对待

C. 在公司的工作中与同事们的合作是富有成效的

D. 公司员工能够自上而下、富有激情地去做好每件事情

E. 压力特别大，每天工作特别疲惫，回家骨头就像散了架似的

F. 其他

23. 您认为目前您工作中最大的问题是什么？（可多选）

A. 个人业务水平偏低，效率低　　B. 公司对工作要求太高

C. 工作分配不当，重复工作　　D. 领导对个人工作关心不够

E. 工作环境不好　　F. 收入太低

G. 各种会议或其他干扰太多　　H. 工作量大，私人时间太少

I. 其他

24. 您认为可能导致自己没有工作激情的原因是什么？（可多选）

A. 工作没有成就感　　B. 工作挑战性不够

C. 没有充分的权限　　D. 晋升机会少

E. 公司提供的支持太少　　F. 工作压力大

G. 领导不能让我信服　　H. 与领导很难相处

I. 岗位经常变动　　J. 激励因素太少

K. 公司文化氛围不好　　L. 分配不公平

M. 没有展示自己能力的机会　　N. 公司发展前途不明朗

O. 工作成果不被认可　　P. 其他

25. 目前您留在公司工作的原因是什么？（限选 5 项）

A. 薪资待遇好　　B. 符合个人兴趣
C. 公司前景好　　D. 工作压力小
E. 硬件环境好　　F. 领导个人魅力
G. 有发展机会　　H. 人际关系简单
I. 地理位置优越　　J. 管理规范
K. 有良好的培训　　L. 认同公司文化
M. 没有更好的选择　　N. 公司制度制约走不了

26. 您对行政、人事、财务、法务工作有何建议及意见？

27. 您对公司负责人的工作有何建议及意见？

28. 您对区域工作有何建议及意见？

学习案例

某科技网络信息有限公司正处于高速成长的发展阶段，公司规模从3家子公司发展到15家，员工数从200人骤增到2 000人，公司的业务地域从一个县发展到全国。但是，这两年来员工的流失率不断上升，先是劳务派遣员工大量流失，近一年来合同制员工也开始流失，特别是技术人员、销售人员的流失率高达25%。人力资源部在员工辞职访谈中了解到，员工感到工作压力太大，基层领导对员工极不关心，只强调完成任务，根本不管员工的死活，与员工的付出相比，薪酬水平也低于市场水平。但是高层领导认为，工作压力大是不可避免的，在激烈的市场竞争中，工作压力不大就会被市场淘汰，员工应该有危机意识，为公司分担责任。况且公司的薪酬和福利在本地区、本行业是比较高的，现在的员工缺乏吃苦耐劳的精神，希望人力资源部做好员工的思想工作，降低员工的流失率。人力资源部想进行工作满意度调查，了解员工对公司的真正感受。

讨论题

1. 这份工作满意度调查问卷应如何设计？
2. 如何应用调查结果改善公司人力资源管理工作？

? 本章思考题

1. 你认为员工沟通在企业管理中的功能有哪些？
2. 如何评价非正式沟通对企业管理效果的影响？
3. 工作满意度调查的作用是什么？

第十九章 职工民主管理

A公司是一家中型国有企业。前几年经营状况不错，但这两年由于市场竞争激烈，职工年龄结构老化，企业开始亏损。有关部门开始考虑将A公司出让，改制成民营企业，要求公司管理层提出方案。公司管理层在一家资产管理公司的帮助下，完成了相关方案。由管理层、关键技术人员出资收购企业。随后在企业高层会议上通过了此方案，在中层干部会议上公布了方案，并开始推进企业改制。A公司职工从各种渠道快速得知这一方案，其内容立刻引发了大家的不满。大家认为这个方案只对少数人有利，对大多数人都不利。方案没有考虑广大老职工的利益，公司改制为民营企业后，虽然保留与职工的合同，但是民营企业很容易与职工解除劳动合同，以后职工权益可能得不到保障。而且这一方案没有在职工代表大会上通过，大家认为方案无效，现在不能执行。

案例思考

1. 企业职工是否有权利了解企业改制情况？
2. 在职工民主管理中，职工有哪些权利？

第一节　职工民主管理概述

一、职工民主管理的概念

职工民主管理又称企业民主管理，是指劳动者直接或间接参与管理所在企业内部事务，是企业职工通过职工大会、职工代表大会或其他形式，审议企业重大决策，监督企业行政领导，维护企业和职工合法权益，体现劳动者当家做主的企业管理制度。

职工民主管理有两层含义：一是劳动者扮演管理者与决策者的角色参与企业的决策及管理，二是劳动者通过民主管理获得自身权益的保障。企业民主管理的理论假设是，企业的经营管理活动不仅仅是投资人与管理者的活动，企业内所有成员包括劳动者与企业的利益息息相关，用人单位与劳动者是相互依存的。没有企业的发展，劳动者的根本利益得不到保障；没有劳动者的努力工作，用人单位也不可能获得良好的经济效益。

当然，劳动者参与用人单位决策和管理的行为与企业投资者和管理者的角色行为不同，它主要表现为劳动者对用人单位决策的影响和制约，用人单位则吸收和接纳劳动者的意见。职工民主管理制度与劳动合同制度、集体合同制度和劳动争议处理制度并存，共同执行协调劳动关系的职能。

二、职工民主管理的立法

职工民主管理源于19世纪工业化初期，当时欧洲一些国家出现了职工参与的工业民主化运动，以后则开始了相应的立法。德国1891年在职业教育促进法中规定了“企业主可视情况设置工人委员会”的条款，成为最早有职工参与立法的国家。第二次世界大战以后，职工参与制度开始盛行。1952年，国际劳工组织要求成员采取必要步骤促进企业一级雇主和工人就共同关心的问题进行协商和合作；同时建议成员制定法律和条例，建立各种协商和合作机构并决定其工作范围、职责和适合各企业的工作方法，鼓励企业一级雇主和工人双方借助法律和条例进行协商与合作。20世纪50年代以后，一些国家还制定了职工代表参加董事会或监事会的法律。职工参与制度已成为现代企业制度的重要组成部分。

我国在革命根据地和解放区的劳动立法中就已经写入民主管理原则。后来，《中华人民共和国宪法》将职工民主管理作为民主制度的一个重要组成部分，并在劳动立法和企业立法中具体规定了职工代表大会制度和其他民主管理形式。《中华人民共和国劳动法》第八条规定：“劳动者依照法律规定，通过职工大会、职工代表大会或者其他形式，参与民主管理或者就保护劳动者合法权益与用人单位进行平等协商。”《中华人民共和国工会法》更为集中地规定了职工民主管理制度。2012年，中共中央纪委等六部门共同颁布《企业民主管理规定》，该规定以规章的形式全面规范以职工代表大会为基本形式的企业民主管理制度，并且打破了企业所有制界限，明确非公有制企业也应实行民主管理。

三、职工民主管理的形式

1. 组织参与

职工通过设立一个代表性机构参与企业管理，如企业委员会、初级董事会、公司大会、职工代表大会等。

2. 代表参与

职工经合法程序产生职工代表参与企业管理，如职工代表参加企业有关机构或监督企业日常管理活动等。

3. 岗位参与

职工在劳动岗位上以自治的形式参与企业管理，如质量管理小组等。

4. 个人参与

职工本人以个人行为参与管理，如个人向企业提出合理化建议等。

其中，组织参与和代表参与是职工民主管理的间接形式，岗位参与和个人参与是职工民主管理的直接形式。

第二节　职工代表大会

一、职工代表大会的特点

职工代表大会是我国国有企业实行企业民主管理的最基本形式，是全体职工行使民主管理权力的机构。职工代表大会是职工参与民主选举、民主决策、民主管理、民主监督，协调企业内部劳动关系的维权机制。职工代表大会具有以下特点。

1. 职工代表大会具有广泛的代表性和充分的民主性

职工代表大会的代表来自企业的各个部门和层面，他们通过职工代表大会参与企业民主管理，表达本部门职工的意见和建议。职工代表大会的工作程序也具有充分的民主性，职工代表大会各项活动的开展都必须经过讨论、征求意见、表决等一系列民主程序。

2. 职工代表大会是企事业单位内部组织结构的重要组成部分

职工代表大会已被立法确定为职工行使民主管理权利的机构，是企事业单位最普遍采用的职工参与管理制度。

3. 职工代表大会是企业实行民主管理的基本形式

职工代表大会拥有完整的组织体系，形成了一套较完整的组织制度和工作制度，为广大职工参与企业管理提供了最基本和最广泛的平台。经过几十年的发展，职工代表大会制度积累了丰富的实践经验，在诸多职工参与管理的形式中起核心作用。

二、职工代表大会的职权

职工代表大会依法行使审议建议、审议通过、审查监督、民主选举、民主评议等职权。

审议建议是指用人单位应当向职工代表大会报告，且用人单位应当接受职工代表大会审议、听取职工代表大会代表的建议。用人单位需要职工代表大会审议建议的事项有：企事业单位的发展规划，年度经营管理情况和重要决策；企事业单位制定、修改、决定直接涉及职工切身利益的规章制度或者重大事项；工会与企业就职工工资调整、经济性裁员、群体性劳动纠纷、生产过程中发现的重大事故隐患或者职业危害等事项进行集体协商的情况；职工代表大会工作机构的工作情况、联席会议协商处理的事项；国有企业、集体企业及其控股企业的财务预决算、重组改制方案和重大改革措施，以及申请破产或者解散等重要事项；事业单位的财务预决算、重大改革改制方案等重要事项；法律法规规定的或者企事业单位与工会协商确定的应当向职工代表大会报告的其他事项。

职工代表大会审议通过的事项多是与劳动者待遇密切相关的，主要有：涉及劳动报酬、工作时间、休息休假、保险福利等事项的集体合同草案；工资调整机制、女职工权益保护、劳动安全卫生等专项集体合同草案；国有企业、集体企业及其控股企业的薪酬制度、福利制度、劳动用工管理制度、职工教育培训制度、改革改制中涉及的职工安置方案，以及其他涉及职工切身利益的重要事项；事业单位的职工聘任制度、考核奖惩办法、收益分配的原则和办法、职工生活福利制度、改革改制中涉及的职工安置方案，以及其他涉及职工切身利益的重要事项等。

职工代表大会审查监督的事项有：职工代表大会提案办理情况，职工代表大会审议通过的重要事项落实情况，集体合同和专项集体合同履行情况，劳动安全卫生标准执行、社会保险缴纳、职工教育培训经费提取使用等情况。

职工代表大会民主选举和民主评议的职能分别是：民主管理专门小组（委员会）成员和董事会及监事会中的职工代表等应由民主选举产生；董事会和监事会中的职工代表，国有、集体企业及其控股企业的高级管理人员，事业单位负责人等应由职工代表大会民主评议。

三、职工代表的选举及其权利与义务

企事业单位的职工可以当选为职工代表。职工代表的构成应当以一线职工为主体，中级管理者、高级管理者的占比不超过20%，但跨地区、跨行业的大型集团型企业的比例可以适当提高。女职工代表比例一般与本单位女职工人数所占比例相适应。教育、科技、文化、卫生等领域的企事业单位，职工代表应当以直接从事专业技术工作的人员为主体。职工代表依法行使权利，任何组织和个人不得压制、阻挠和打击报复。

职工代表由职工民主选举产生，实行常任制，可以连选连任，任期与职工代表大会届期相同。选区全体职工的2/3以上应当参加选举，候选人获得选区全体职工半数以上赞成票方可当选，选举结果应当公布。职工代表出现缺额时，应当由原选区依照规定的民主程序及时补选，选举结果应当公布。职工代表因无故不履行或者无法履行代表职责而被撤免的，应当经原选区全体职工半数以上同意。

职工代表的权利如下：在职工代表大会上，有选举权、被选举权、审议权和表决权；对涉及本单位发展和职工权益的重要事项有知情权、建议权、参与权和监督权；参加与职工代表履职相关的培训、检查等活动；因履职活动而占用生产、工作时间，按照正常出勤享受应得的待遇。

职工代表的义务如下：学习、宣传有关法律法规和政策，提高自身素质，增强参与民主管理的能力，做好本职工作；联系选区职工，听取职工的意见和建议，表达职工的意愿和要求；执行职工代表大会决议，做好职工代表大会交办的各项工作；及时向选区职工通报参加职工代表大会活动和履行职责的情况，接受评议监督；遵守单位规章制度，保守商业秘密。

四、职工代表大会的主要程序

1. 核实出席大会的职工代表人数并宣布大会开始

到会职工代表超过代表总数的2/3，即可宣布开会。开幕词简要阐述本次大会召开的目的、意义、中心议题和主要任务。然后宣布大会议程。注意，企业行政部门应安排好生产工作，保证代表的出席率。职工代表有特殊情况不能出席会议的，应向代表团（组）长请假。

2. 由企业领导人做工作报告

报告主要内容应包括生产经营管理情况、存在的问题及改进措施，企业发展计划、基本建设和重大技术改造方案，有关改善职工生活福利的情况等。如果工作报告已事先发给代表进行过充分讨论，可针对职工代表提出的意见做出说明。

3. 由企业行政有关负责人做专题议案的报告

凡应提交职工代表大会审查或审议的方案，均应由行政有关负责人向大会报告，说明制定的依据、目的和具体实施办法，也可针对职工代表对议案的意见做出说明。

由工会主席及职工代表大会专门小组负责人就上次职工代表大会决议落实情况、职工代表提案处理情况、集体合同执行情况等向大会做出报告。

企业工会主席就职工代表大会闭会期间，职工代表团（组）长和专门小组负责人联席会议处理的重大事项，向大会做出说明，提请大会确认。

4. 分组讨论

以职工代表团（组）为单位，就以上工作报告、议案分组进行讨论。同时对大会的各项决议草案和需要经大会选举的候选人进行酝酿。大会主席团成员分别参加本代表团（组）的讨论。

各代表团（组）应指定专人认真记录职工代表的发言内容，整理归纳后，将讨论意见向主席团汇报。

5. 大会发言

应安排时间让职工代表在大会上发言，可由各代表团（组）推选代表，在大会上陈述本团（组）讨论审议的意见和建议，也可让职工代表自由发言。

6. 选举

根据有关决定和实际需要，选举参加董事会、监事会、劳动争议调解委员会的职工代表，以及参加工资协商的职工代表、企业领导人等；根据大会主席团的提名，表决通过职工代表大会专门小组的人选；表决通过其他需要经职工代表大会选举的人员。

对有关的各项方案和大会决议、决定草案进行表决。

7. 宣布大会结束

致闭幕词，宣布大会结束。

第三节 工 会

一、工会的性质与职能

1. 工会的性质

工会是职工自愿结合的工人阶级群众组织，其基本职责是维护职工合法权益。在劳动关系的协调中，工会是职工利益的代表，代表劳动者的一方。工会有许多职责，但代表和维护职工合法权益是其基本职责，这是工会自身性质决定的。

工会通过平等协商和集体合同制度，推动健全劳动关系协调机制，维护职工劳动权益，构建和谐劳动关系。工会依照法律规定通过职工代表大会或者其他形式，组织职工参与本单位的民主选举、民主协商、民主决策、民主管理和民主监督。

2. 工会的职能

（1）工会的参与职能。工会作为工人阶级的群众组织，作为社会主义政治体制中重要的社会政治团体，在代表和组织职工参与社会各层次的管理、实行社会监督等方面有不可替代和不可推卸的责任。工会作为职工利益的代表者，应当组织和教育广大职工依照宪法和法律的规定行使民主权利，发挥国家主人翁的作用，通过各种途径和形式，参与管理国家事务、管理经济和文化事业、管理社会事务。

（2）工会的协助职能。政府是国家权力机关的执行机关，承担着管理社会事务的职能。各级政府是为人民服务的政府，工会是为职工说话办事的群众组织，政府与工会在维护人民群众利益和工人阶级利益上是完全一致的。工会协助人民政府开展工作，维护工人阶级领导的、以工农联盟为基础的人民民主专政的社会主义国家政权。通过工会协助职能的发挥，政府可以及时理解群众的想法和意见，同时保持与群众之间的密切联系，改进工作质量。

二、工会组织

1. 工会组织的建立原则

工会各级组织按照民主集中制原则建立，就是说各级工会在民主的基础上实行集中。工会的所有组织和成员都必须按照这个原则进行活动，具体表现如下：上级工会组织领导下级工会组织，各级工会委员会由会员大会或者会员代表大会民主选举产生；各级工会委员会向同级会员大会或者会员代表大会负责并报告工作，接受其监督；工会会员大会或者会员代表大会有权撤换或者罢免其所选举的代表或者工会委员会组成人员。

2. 工会组织系统

（1）基层工会委员会。用人单位建立基层工会委员会的条件：有会员二十五人以上的，应当设立基层工会委员会；不足二十五人的，可以单独建立基层工会委员会，也可以由两个以上单位的会员联合建立基层工会委员会，也可以选举组织员一人，组织会员开展活动；女职工人数较多的，可以建立工会女职工委员会，在同级工会领导下开展工作；女职工人数较少的，可以在工会委员会中设女职工委员。企业职工较多的乡镇、城市街道，可以建立基层工会的联合会。

（2）地方各级总工会和产业工会。县级以上地方建立地方各级总工会，即按行政区划，在省、自治区、直辖市，设区的市和自治州，县（旗）、自治县、不设区的市建立地方总工会。同一行业或者性质相近的几个行业，可以根据需要建立全国的或者地方的产业工会。我国现有的产业工会包括教育工会、农林水利气象工会、机械冶金工会、煤矿地质工会、石油化工工会、海员建设工会、国防邮电工会、财贸工会、建设建材工会、纺织工会、轻工业工会、民航工会、金融工会、铁路总工会等，以及中央国家机关工会联合会。

（3）中华全国总工会。全国建立统一的中华全国总工会，即中华全国总工会统一领导依法成立的工会组织。建立统一的工会组织，有利于维护工人阶级队伍的团结，也有利于维护职工群众的合法权益。

3. 工会组织的建立和撤销

（1）工会组织的建立。基层工会、地方各级总工会、全国或者地方产业工会组织的建立，必须报上一级工会批准。这样的规定体现了工会的领导体制，对于防止出现非法的工会团体有重要作用，保障了工会组织的统一性和唯一性。同时，上级工会可以派员帮助和指导企业职工组建工会，任何单位和个人不得阻挠。也就是说，上级工会在工会组建过程中可以发挥作用。

建立工会组织的法律程序如下：以书面形式向上一级工会提出建立工会组织及成立工会筹备组的请示报告；发展工会会员，建立工会小组；选举工会代表和工会委员会、工会经费审查委员会的委员候选人；召开第一次会员大会，成立工会组织；建立女职工委员会或女工小组（本级工会委员会审批即可），同时建立劳动保护监督检查委员会、劳动争议调解委员会或小组等；办理确认基层工会社团法人资格。

（2）工会组织的撤销。工会是依法建立的社会组织，国家保护其合法权益，任何组织和个人不得随意撤销、合并工会组织。基层工会所在的用人单位终止或者被撤销时，该工会组织相应撤销，并报告上一级工会。依前款规定被撤销的工会，其会员的会籍可以继续保留。也就是说，原有工会会员的会籍即会员资格可以继续保留，其会员组织关系移交居住地工会组织管理，待其重新就业或者重新确定工作单位后，再将其会员组织关系及时转入所在单位工会组织。工会会员保留会籍期间免除会费，不再享有选举权和被选举权。

三、工会的权利与义务

1. 工会有权利获得经费

工会经费主要用于服务职工和举办工会活动。工会经费的来源主要有：工会会员缴纳的会费；建立工会组织的用人单位按每月全部职工工资总额的 2% 向工会拨缴的经费；工会所属的企业、事业单位上缴的收入；人民政府的补助及其他收入。企业、事业单位、社会组织无正当理由拖延或者拒不拨缴工会经费，基层工会或者上级工会可以向当地人民法院申请支付令；拒不执行支付令的，工会可以依法申请人民法院强制执行。

2. 工会的监督权

工会对用人单位的民主管理及职工劳动权益有监督权。企业、事业单位、社会组织违反职工代表大会制度和其他民主管理制度，工会有权要求纠正，保障职工依法行使民主管理的权利。对于违反民主管理制度的责任人员，工会可以向企业、事业单位、社会组织的上级主管部门提出意见，要求予以处理。法律法规规定应当提交职工大会或者职工代表大会审议、通过、决定的事项，工会有权益监督用人单位依法办理。

企业、事业单位、社会组织违反劳动法律法规规定，如克扣、拖欠职工工资，不提供劳动安全卫生条件，随意延长劳动时间，侵犯女职工和未成年工特殊权益，以及其他严重侵犯职工劳动权益的情形，工会应当代表职工与企业、事业单位、社会组织交涉，要求企业、事业单位、社会组织采取措施予以改正；企业、事业单位、社会组织应当予以研究处理，并向工会作出答复；企业、事业单位、社会组织拒不改正的，工会可以提请当地人民政府依法作出处理。

3. 劳动合同指导、集体合同代签与争议处理

工会在指导职工签订劳动合同时，应向职工解释、说明如何签订劳动合同，维护劳动合同中职工的权利与义务，告诉职工违反劳动合同要承担的法律责任。企业、事业单位、社会组织违反集体合同，侵犯职工劳动权益的，工会可以依法要求企业、事业单位、社会组织承担责任；因履行集体合同发生争议，经协商解决不成的，工会可以向劳动争议仲裁机构提请仲裁，仲裁机构不予受理或者对仲裁裁决不服的，可以向人民法院提起诉讼。

4. 工会的建议权

（1）人事管理建议权。用人单位单方面解除职工劳动合同时，应当事先将理由通知工会，工会认为用人单位违反法律、法规和有关合同，要求重新研究处理时，用人单位应当研究工会的意见，并将处理结果书面通知工会。职工认为用人单位侵犯其劳动权益而申请劳动争议仲裁或者向人民法院提起诉讼的，工会应当给予支持和帮助。

（2）劳动安全卫生建议权。工会依照国家规定对新建、扩建企业和技术改造工程中的劳动条件和安全卫生设施与主体工程同时设计、同时施工、同时投产使用进行监督。对工会提出的意见，企业或者主管部门应当认真处理，并将处理结果书面通知工会。

（3）安全生产建议权。工会发现企业违章指挥、强令工人冒险作业，或者生产过程中发现明显重大事故隐患和职业危害，有权提出解决的建议，企业应当及时研究答复；发现危及职工生命安全的情况时，工会有权向企业建议组织职工撤离危险现场，企业必须及时作出处理决定。

（4）停工怠工事件建议权。企业、事业单位、社会组织发生停工、怠工事件，工会应当代表职工同企业、事业单位、社会组织或者有关方面协商，反映职工的意见和要求并提出解决意见。对于职工的合理要求，企业、事业单位、社会组织应当予以解决。工会协助企业、事业单位、社会组织做好工作，尽快恢复生产、工作秩序。

（5）对政策法律的建议权。国家机关在组织起草或者修改直接涉及职工切身利益的法律、法规、规章时，应当听取工会意见。县级以上各级人民政府制定国民经济和社会发展计划，对涉及职工利益的重大问题，应当听取同级工会的意见。县级以上各级人民政府及其有关部门研究制定劳动就业、工资、劳动安全卫生、社会保险等涉及职工切身利益的政策、措施时，应当吸收同级工会参加研究，听取工会意见。

5. 工会的调查权

工会有权对企业、事业单位、社会组织侵犯职工合法权益的问题进行调查。调查方式可以是询问有关人员取得第一手材料，也可以是实地调查取证。工会应掌握企业、事业单位、社会组织侵犯职工合法权益行为的起因、过程及造成后果的事实材料，为依法提出处理意见准备事实根据。职工因工伤亡事故和其他严重危害职工健康问题的调查处理，必须有工会参加。工会应当向有关部门提出处理意见，并有权要求追究直接负责的主管人员和有关责任人员的责任。

6. 其他权利与义务

除上述主要权利与义务之外，工会的权利与义务还包括调解劳动争议、提供法律服务、协助办好职工集体福利事业等。

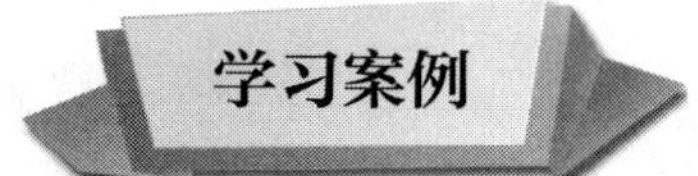

学习案例

被告胡某于1994年8月到原告某单位工作，至2010年11月原告通知被告解除合同时止，被告职务是后台安保。1999年12月，原告与被告签订过一份劳动合同。2007年6月，双方再次通过补充协议签订了无固定期限劳动合同。2009年9月和12月，某公司法人代表李某为该公司员工集中申请办理原告的贷记卡47张，根据原告全员营销模式，该申请由被告胡某受理后获得批准，其中36张贷记卡于2009年12月集中交由李某领取，每张授信额度为1万元。后因这批贷记卡被恶意透支，2012年10月26日，上级单位下发《关于胡某违规为某公司办理贷记卡并套现问题责任人处理的通知》。2010年11月25日，原告根据该文件书面通知胡某解除劳动合同。2010年11月29日，胡某提出劳动仲裁，仲裁裁决原告继续履行劳动合同。原告不服该裁决，提起诉讼。

原告诉求：被告违反《××贷记卡贷款风险管理操作规程》第十六条第一款的规定，未对申请人在申请表上填写的全部信息进行真实性核对，未亲自见到申请人本人在申请表上签名，负有调查不严责任。集中代领贷记卡交给他人使用，直接造成47张贷记卡透支超期形成不良账目。因其行为严重违反管理操作规程等单位内部规章制度。根据《××员工违反规章制度处理办法》中“对申请人资料真实性、手续完整性及不良信用记录审核不严或调查失实，致使他人用虚假资料骗取银行卡的，给予有关责任人员记过至开除处分”的规定，解除被告的劳动合同。

被告辩称：仲裁裁决认定的事实清楚，但是，自己在贷记卡办理过程中只是负责受理，而调查、审查、审批则由其他人负责。在涉案贷记卡办理过程中，被告只对贷记卡申领人提交的身份证等资料的真实性进行形式性审查，对资料的完整性、有效性等实质性审查由审查岗位负责。交给李某的贷记卡也不是本人单独交的，当时审查岗位的人员都在，一起清点后交的。

当部分贷记卡发生透支后，被告通过多种渠道积极催收，在多方努力下于2010年9月23日将透支款连本带息全部收回，没有给原告造成经济损失。被告违规是首次，情节轻微，没有造成严重后果，属于银行规定的从轻或减轻处理的情节。

原告在未与被告沟通的情况下向其出具解除劳动通知书，以严重违反用人单位规章制度为由单方面解除合同，原告未能举证证明规章制度规定的严重情节有哪些，以及被告的行为达到该严重情节。

原告提出的证明是“胡某面谈材料”，这一材料缺乏证据的合法性、真实性。被告没有在材料上写“以上事实属实”等字样，不能作为认为自己接受处理的表示。上级单位做出解除劳动合同的处理决定越权，被告只与原告存在劳动关系。

法院认为，根据《中华人民共和国劳动法》和《中华人民共和国劳动合同法》的规定，劳动者严重违反用人单位规章制度的，用人单位可以解除劳动合同。用人单位应当依法建立和完善劳动规章制度，将直接涉及劳动者切身利益的规章制度和重大事项决定公示，或者告知劳动者。原告应当在内部规章制度中对严重违反规章制度的情节预先设定并公示，让处于被管理方的劳动者承担因制度设计缺陷所带来的后果有失公允。原告没有能够举证被告是否达到了制度规定中的严重情节，应承担不利后果。

讨论题

1. 在本案中，出现了哪些违反劳动法的行为？
2. 针对这些违反劳动法的行为，企业应该如何预防？

? 本章思考题

1. 职工代表大会的特点是什么？
2. 职工代表的产生过程是什么？
3. 工会在用人单位中的合法权利有哪些？

参 考 文 献

安鸿章，孙义敏．劳动定额标准化导论［M］．北京：中国劳动出版社，1995．

安鸿章，余刘军．现代劳动定额学［M］．北京：北京经济学院出版社，1996．

曹荣，孙宗虎．至尊企业至尊人力资源第二分册：员工培训与开发管理［M］．北京：世界知识出版社，2002．

常凯．劳动法［M］．北京：高等教育出版社，2011．

陈芳．绩效管理［M］．深圳：海天出版社，2002．

陈关聚．人力资源管理信息化全攻略［M］．北京：中国经济出版社，2008．

陈胜军．培训与开发：提高、融合、绩效与发展［M］．北京：中国市场出版社，2010．

陈玉洁．企业成本核算与费用控制全书［M］．北京：经济科学出版社，2013．

达夫特．组织理论与设计精要［M］．李维安，等译．北京：机械工业出版社，2003．

德斯勒．人力资源管理［M］．刘昕，吴雯芳，译．6版．北京：中国人民大学出版社，1999．

杜勇，杜军．人力资源管理：理论、方法与案例［M］．重庆：西南师范大学出版社，2011．

葛秋萍．现代人力资源管理与发展［M］．北京：北京大学出版社，2012．

顾英伟，杨春晖．人力资源培训与开发［M］．北京：电子工业出版社，2007．

郭捷．劳动法与社会保障法［M］．2版．北京：法律出版社，2011．

何承金．劳动经济学［M］．大连：东北财经大学出版社，2002．

何娟．人力资源管理［M］．天津：天津大学出版社，2000．

贺小刚．绩效管理［M］．上海：上海财经大学出版社，2008．

侯光明．人力资源管理［M］．北京：高等教育出版社，2009．

胡八一．人力成本分析与控制方法［M］．北京：电子工业出版社，2013．

胡君辰，杨林锋．企业人力资源管理［M］．上海：格致出版社，2011．

康至军．HR转型突破：跳出专业深井成为业务伙伴［M］．北京：机械工业出版社，2013．

黎建飞．劳动与社会保障法教程［M］．3版．北京：中国人民大学出版社，2013．

李宝元．人力资源管理通要［M］．北京：人民邮电出版社，2010．

李长江．人力资源管理：理论、实务与艺术［M］．2版．北京：北京大学出版社，2017．

李成彦．人力资源管理［M］．北京：北京大学出版社，2011．

李作学．培训管理工作细化执行与模板［M］．北京：人民邮电出版社，2011.

廖泉文．人力资源管理［M］．北京：高等教育出版社，2003.

林泽炎．绩效考核操作实务［M］．广州：广东经济出版社，2003.

林泽炎，李春苗．员工职业生涯设计与管理［M］．广州：广东经济出版社，2003.

刘安鑫．人力资源管理实务［M］．北京：北京理工大学出版社，2006.

刘仲文．人力资源会计学［M］．北京：中国劳动社会保障出版社，2007.

罗宾逊 D G，罗宾逊 J C．人力资源成为战略性业务伙伴［M］．孙贺影，姚兰，周宇，译．北京：机械工业出版社，2011.

罗振军．七步打造完备的绩效管理体系［M］．哈尔滨：哈尔滨出版社，2006.

马军．人力资源管理实用文案［M］．北京：电子工业出版社，2006.

苗海荣．七步打造完备的培训管理体系［M］．哈尔滨：哈尔滨出版社，2006.

莫寰，张延平，王满四．人力资源管理：原理、技巧与应用［M］．北京：清华大学出版社，2007.

诺伊，霍伦拜克，格哈特，等．人力资源管理：赢得竞争优势［M］．刘昕，译．3 版．北京：中国人民大学出版社，2001.

彭剑锋．人力资源管理概论．［M］．2 版．上海：复旦大学出版社，2011.

施振荣．再造宏碁：开创、成长与挑战［M］．北京：中信出版社，2005.

石金涛．绩效管理［M］．北京：北京师范大学出版社，2007.

石金涛．培训与开发［M］．2 版．北京：中国人民大学出版社，2009.

宋培林．企业员工战略性培训与开发：基于胜任力提升的视角［M］．厦门：厦门大学出版社，2011.

孙宗虎．职业生涯规划管理实务手册［M］．2 版．北京：人民邮电出版社，2012.

汪雯．工资差别的形成机制：中国不同所有制企业的实证分析［M］．北京：中国经济出版社，2008.

王静．劳动与社会保障统计学［M］．2 版．北京：中国劳动社会保障出版社，2012.

王小刚．企业薪酬管理最佳实践［M］．北京：中国经济出版社，2010.

王逸．薪酬预算与薪酬总额管理［M］．北京：中国时代经济出版社，2014.

吴国存．企业人力资本投资［M］．北京：经济管理出版社，1999.

武欣．绩效管理实务手册［M］．北京：机械工业出版社，2001.

萧鸣政．工作分析的方法与技术［M］．4 版．北京：中国人民大学出版社，2014.

忻榕．人才发展五星模型：全面提升企业人才竞争力［M］．北京：机械工业出版社，2014.

许丽娟．员工培训与发展［M］．上海：华东理工大学出版社，2008.

颜士梅. 战略人力资源管理［M］. 北京：经济管理出版社，2003.

杨国安. 组织能力的“杨三角”：企业持续成功的秘诀［M］. 北京：机械工业出版社，2010.

杨瑚. 绩效考核与薪酬管理理论与应用［M］. 兰州：甘肃人民出版社，2010.

杨蓉. 人力资源管理［M］. 大连：东北财经大学出版社，2002.

杨生斌. 培训与开发［M］. 西安：西安交通大学出版社，2006.

杨燕绥. 社会保障法［M］. 北京：人民出版社，2012.

曾湘泉. 中国劳动问题研究［M］. 北京：中国劳动社会保障出版社，2006.

张培德. 现代人力资源管理［M］. 2 版. 北京：科学出版社，2010.

张文贤. 人力资源会计［M］. 北京：科学出版社，2010.

张文贤. 人力资源总监：人力资源管理创新［M］. 2 版. 上海：复旦大学出版社，2012.

张雪飞，肖利哲，王亚男. 人力资源开发与管理［M］. 北京：科学出版社，2011.

张艳. 企业人力资源会计研究［M］. 北京：社会科学文献出版社，2008.

赵国军. 薪酬管理方案设计与实施［M］. 北京：化学工业出版社，2009.

赵曙明. 人力资源战略与规划［M］. 3 版. 北京：中国人民大学出版社，2012.

赵永乐，李海东，张新岭，等. 人力资源规划［M］. 北京：电子工业出版社，2010.

郑尚元. 劳动法与社会保障法前沿问题［M］. 北京：清华大学出版社，2011.

朱勇国. 信息化人力资源管理［M］. 北京：中国劳动社会保障出版社，2006.

陈万思，姚圣娟，丁珏. 战略人力资源管理效能、组织学习与创新［J］. 华东经济管理，2013（2）：112–117.

韩琳，吴忠，赵媛. 上海市最低工资标准调整机制研究［J］. 上海工程技术大学学报，2008，22（4）：370–373.

何薇. 人力资源的新投资回报率：无形收益［J］. 科教导刊，2010（8）：87，108.

贾洪波，阳义南. 中国补充医疗保险发展：成效、问题与出路［J］. 中国软科学，2013（1）：81–92.

李圆. 大客户的人力资源服务发展趋势：基于人力资源共享服务中心的角度［J］. 现代企业文化，2010（33）：49–50.

林清快，钱进. 共享服务模式：集团性管理的有效手段［J］. 人力资源管理，2010（2）：52–53.

凌泽华. 专业技术人员的薪酬激励设计初探［J］. 现代商业，2009（5）：116–117.

刘崇瑞. 基于组织形态变迁的战略人力资源管理发展研究［J］. 商业时代，2013（3）：100–103.

刘宁，施春燕. 宽带薪酬的应用条件与体系设计［J］. 企业改革与管理，2012（3）：

48–51.

刘烜，蒋乐平．西方人力资源审计流程设计及其对我国的启示［J］．商业会计，2010（2）：38–40.

楼华勇．绩效薪酬制度的缺点和难点探讨［J］．现代商业，2009（26）：87.

吕晓彬．薪酬管理信息系统在唐钢的应用与思考［J］．企业管理，2011（7）：103–105.

马晓静．论人力资源管理与企业战略的匹配［J］．经济论坛，2005（11）：87–89.

明叔亮，胡雯，莫莉，等．华为股票虚实［J］．财经，2012（16）：62–71.

穆胜．云式薪酬：员工激励的新引擎［J］．销售与管理，2012（9）：72–75.

彭剑锋．战略性人力资源管理［J］．企业管理，2003（10）：93–96.

陕西汽车集团有限责任公司．实现充分激励的结构薪酬［J］．企业管理，2012（4）：48–50.

王玉红．企业提升人力资源管理的窍门：推行共享服务［J］．科技资讯，2009（1）：177–178.

张正堂，刘宁．战略性人力资源管理及其理论基础［J］．财经问题研究，2005（1）：75–81.

赵静．密薪只是一个传说？传说！［J］．人力资源管理，2010（4）：70–74.

朱立君．企业薪酬设计模式分析［J］．企业家天地（下半月版），2009（1）：71–72.